ullstein

Einst erfolgreiche Kochbuch-Autorin, verliert die Wiener Jüdin Alice Urbach unter den Nationalsozialisten Heimat, Familie und Karriere. Sie flieht nach England, wo sie sich als Dienstbotin durchschlägt und später ein Flüchtlingsheim für jüdische Mädchen leitet. Mit Kochunterricht versucht sie ihre Schützlinge von den Kriegswirren abzulenken. Nach dem Krieg geht Alice nach New York, gibt Kochkurse in San Francisco und stellt im amerikanischen Fernsehen ihre besten Rezepte für Mehlspeisen und Tafelspitz vor. In einer Wiener Buchhandlung findet sie sogar ihr Buch wieder. Doch wer ist der Mann, dessen Name auf dem Umschlag prangt? Hat es den »Küchenmeister« Rudolf Rösch je gegeben?

Recherchen führen Alice' Enkelin, die Historikerin Karina Urbach, in Wiener, Londoner und Washingtoner Archive, in denen sie längst verloren geglaubte Briefe, Tonband- und Filmdokumente findet. Sie eröffnen ein bislang unbekanntes Kapitel in der Geschichte der NS-Verbrechen.

KARINA URBACH wurde an der Universität Cambridge promoviert. Sie arbeitete am Deutschen Historischen Institut London und der Universität London. Seit 2015 forscht sie am Institute for Advanced Study in Princeton. Sie war an mehreren historischen Dokumentationen des ZDF, der BBC und des amerikanischen Senders PBS beteiligt. Neben Sachbüchern wie *Hitlers heimliche Helfer* und *Queen Victoria. Die unbeugsame Königin* veröffentlichte sie auch den historischen Roman *Cambridge 5*, der für mehrere Preise nominiert wurde.

KARINA URBACH

DAS BUCH ALICE

Wie die Nazis das Kochbuch meiner Großmutter raubten

Ullstein

Besuchen Sie uns im Internet:
www.ullstein.de

Die im Buch zitierten Briefe, Berichte und Erinnerungen spiegeln die Sicht der Zeitzeugen und Zeitzeuginnen. Flüchtigkeitsfehler wurden behutsam korrigiert, die Schreibweisen den heutigen Regeln angepasst.

Komplett überarbeitete und ergänzte Neuausgabe
im Ullstein Taschenbuch
1. Auflage Oktober 2021

Umschlaggestaltung: zero-media.net, München, nach einer
Vorlage von Cornelia Niere, München
Titelabbildung: Das Foto zeigt Alice Urbachs »jüdische Hände«,
entnommen aus ihrem Buch *So kocht man in Wien!*
Satz und Repro: LVD GmbH, Berlin
Gesetzt aus der Minon Pro
Druck und Bindearbeiten: CPI books GmbH, Leck
ISBN 978-3-548-06516-8

Für
Wera und Otto
mit einer Umarmung

Inhalt

Anhang

Vorwort
Buch einer Unbekannten

Ich kann nicht kochen. Daher interessierte mich auch nie, dass bei uns zu Hause zwei Kochbücher mit dem Titel *So kocht man in Wien!* im Regal standen. Text und Farbfotos beider Bücher waren identisch, nur die Autorennamen auf den Umschlägen unterschieden sich. Auf der Ausgabe von 1938 wurde Alice Urbach als Autorin angegeben, auf der von 1939 ein Mann namens Rudolf Rösch.

Alice Urbach war meine Großmutter. Ich sah sie selten, weil sie in Amerika lebte und ich in Deutschland. Sie starb, als ich noch ein Kind war, und meine Erinnerungen an sie sind vage. Ich wusste aus Familienanekdoten, dass sie in den 1930er-Jahren in Wien eine berühmte Kochbuchautorin gewesen war und ihr Leben dank ihrer Kochkünste hatte retten können. Warum und wie das geschehen war, wurde nie genauer erklärt.

Als ich viele Jahre nach ihrem Tod Historikerin wurde, kam mir nicht die Idee, etwas über sie zu schreiben. Familienforschung gilt unter meinen Kollegen als schwerer Straftatbestand. Der Grund dafür ist verständlich – der Mangel an emotionaler Distanz zu den beteiligten Personen. Genauso wie kein Chirurg seine Familienangehörigen operieren darf, so sollte kein Historiker an der Verwandtschaft herumlaborieren. Bei zittrigen Händen kann die Situation tödlich ausgehen. Denn welcher Historiker ist schon in der Lage, gnadenlos die dunkleren Seiten seiner Familie offenzulegen?

Und dann gab mir eines Tages meine kluge amerikanische Cousine Katrina (nur ein »t« macht den Unterschied in unser beider Namen) eine Kiste mit alten Briefen und Tonbandkassetten. Katrina ist eine engagierte Ärztin, und sie ist Pragmatikerin. In ihren Augen schien es ganz logisch, dass ich die Geschichte unserer Großmutter recherchieren müsse. Doch wie das häufig der Fall ist, kursierten in der Familie viele Anekdoten und wenige Fakten. Als ich die Briefe zu lesen begann und Alice' Stimme auf Tonband hörte, bekam ich eine erste Ahnung davon, was ihr widerfahren war. Von diesem Moment an wollte ich nichts anderes als ihre Geschichte erzählen.

Die Recherche führte mich von Wien über London nach New York. Neben dem geografischen erweiterte sich auch der Kreis der Protagonisten. Alice war Teil einer weitverzweigten Familiengeschichte, die in einem Getto begann und sich in Wiener Millionärskreisen fortsetzte. In ihrem Leben spielten namhafte Personen wie die Psychoanalytikerin Anna Freud oder die Physikerin Lise Meitner eine Rolle, aber auch völlig unbekannte Menschen. Dazu gehörten eine amerikanische Geheimdienstagentin namens Cordelia Dodson, ein Münchner Verleger und 24 jüdische Kinder, die Alice während des Zweiten Weltkriegs im englischen Lake District betreute. Wichtig wurde auch die Geschichte von Alice' eigenen Kindern – ihren Söhnen Otto und Karl. Während Otto in China einige Abenteuer erlebte, glaubte Karl lange Zeit vor den Nationalsozialisten in Wien sicher zu sein.

Dieses Buch ist im Laufe der Recherchen auch zu einer Diebstahlanzeige geworden. Alice war eine Sachbuchautorin, die erleben musste, wie ihr Werk plötzlich von einem »Arier« übernommen wurde. Was ihr widerfuhr, war Teil eines groß angelegten Betrugs, den deutsche Verlage nach dem Krieg fortsetzten. Alice' Fall machte diese kriminellen Methoden im Herbst 2020 öffentlich und führte zu überraschenden Enthüllungen. Sie werden in dieser Neuausgabe erstmals beschrieben.

Alice kämpfte bis zuletzt um ihr Buch, hätte es selbst jedoch abgelehnt, als eine weibliche Hiobsfigur beschrieben zu werden. Sie wollte, dass man sich an ihre »Abenteuer und Taten« erinnert. Ihr Sohn Otto versuchte ebenfalls, Rührseligkeit zu vermeiden. Als er sich 1938 bemühte, seinen Bruder Karl aus Wien zu retten, schrieb er ihm: »Ich möchte dich bitten, alle Sentimentalitäten … auszuschalten. Es ist absolut unnötig, dankbare Apfelsauce in deine Briefe zu schießen.«[1]

Dieses Buch wird versuchen, ohne die Apfelsauce auszukommen.

Karina Urbach
Cambridge, im Juni 2021

Wiener Oper, 1938

»Rot-Weiß-Rot
bis zum Tod!«
Cordelia Dodson, 2003[1]

Am Freitag, den 11. März 1938, kauften Cordelia, Elizabeth und Daniel Dodson Karten für die Wiener Staatsoper. Sie waren schon länger in Wien und kannten sich gut in der Stadt aus. Trotzdem hätte man sie nicht für Einheimische halten können. Die drei Geschwister sahen genau so aus, wie man sich junge Amerikaner aus bester Familie vorstellt: hochgewachsen, sportlich und – auf eine teure Art – leger gekleidet. Cordelia war die Älteste und eindeutig die Anführerin der Gruppe. Die 25-Jährige entschied darüber, was die Geschwister unternahmen, und für diesen Abend hatte sie einen Opernbesuch angesetzt.

Wenn man Cordelias späteren Aussagen glaubt, beschloss sie nach den Ereignissen des 11. März, ihr Leben zu verändern.[2] Bis zu diesem Zeitpunkt war es ein äußerst behütetes Leben gewesen. Wie viele amerikanische Collegestudenten ihrer Generation kannte Cordelia nur ein Leben in Sicherheit. Ihr Vater, William Dodson, war Vorsitzender der Handelskammer von Portland, Oregon.[3] Er hatte all seinen Kindern eine teure Universitätsausbildung finanziert, aber seine größten Hoffnungen lagen auf Cordelia. Es war kein Zufall, dass er ihr den Vornamen einer Shakespeare-Heldin gegeben hatte. Und wie King Lears Tochter würde auch Cordelia Dodson die Erwartungen ihres Vaters am Ende nicht enttäuschen.

Der Grund, warum Cordelia nach Wien gekommen war, lag bereits ein paar Jahre zurück. Als Schülerin hatte sie sich für die Autoren des Sturm und Drang begeistert und entschieden, deutsche Literatur zu studieren. Es war Zufall gewesen, dass sie sich am amerikanischen Reed College in Portland für Literaturwissenschaften eingeschrieben hatte, und es war auch Zufall gewesen, dass sie dort den österreichischen Austauschstudenten Otto Urbach kennenlernte. Der weitere Verlauf der Geschichte war kein Zufall mehr. Cordelia war auf Ottos Rat nach Wien gereist. Sie hatte seine Mutter Alice und seinen Bruder Karl kennengelernt, und diese Freundschaft würde am Ende das Leben von mehreren Menschen retten.

Von dieser Rettungsaktion und ihrer Rolle darin konnte Cordelia noch nichts ahnen, als sie am 11. März 1938 mit ihren Geschwistern in die Oper ging. Auf dem Spielplan stand Tschaikowskis *Eugen Onegin*, die Vorstellung begann um 19 Uhr. *Eugen Onegin* ist keine einfache Oper. Sie handelt von einem russischen Adligen, der die Liebe einer gewissen Tatjana zurückweist und kurz darauf aus völlig banalen Gründen einen Bekannten im Duell erschießt. Interessant an der Figur Onegins ist, dass er keine Empathie zeigen kann. Ein ähnliches Phänomen – ein absolutes Versagen der Empathie – würde bald ganz Wien ergreifen, die Belegschaft der Staatsoper inklusive. Nicht nur der jüdische Dirigent des Abends, Karl Alwin, auch die Darstellerin der Tatjana, Jarmila Nowotna, konnten auf das Mitgefühl ihrer Mitmenschen schon bald nicht mehr hoffen.

Warum Cordelia mit ihren Geschwistern ausgerechnet *Eugen Onegin* ansah und nicht einen Tag später Wagners *Tristan und Isolde*, ist nicht mehr zu ermitteln. Vielleicht war Wagner schon ausverkauft, oder sie mochte ihn nicht. Vielleicht hatte sie aber auch keine besondere Ahnung von Opernmusik und tat nur, was Touristen in Wien bis heute tun – sie kaufen die erstbeste Karte und buchen anschließend noch einen Tisch im Restaurant. An Cordelias Opernbesuch war also nichts Ungewöhnliches, aber die Atmosphäre, in der er sich abspielte, war keineswegs alltäglich. Seit Tagen herrschte eine angespannte Stimmung in der Stadt. Bundeskanzler Kurt Schuschnigg hatte am 9. März eine Volksbefragung angekündigt, in der alle Österreicher die Möglichkeit haben sollten, sich für ein »freies und deutsches, unabhängiges und soziales, ein christliches und einiges Österreich« auszusprechen. Doch schon am 10. März setzte Hitler durch, dass die Befragung abgesagt wurde. Nun warteten alle auf den nächsten Schachzug.

Um 19 Uhr 47, als Cordelia und ihre Geschwister noch dem ersten Akt von *Onegin* folgten, hielt Schuschnigg eine Radioansprache. Er teilte seinen Zuhörern mit, dass er sich entschieden habe, der »Gewalt« zu »weichen« und mit sofortiger Wirkung zurückzutreten. Damit war der Weg frei für die österreichischen Nationalsozialisten. Ein paar Stunden später übernahm Hitlers Vertrauter Arthur Seyß-Inquart die Macht.

Vielleicht erfuhren die Dodsons schon in der Pause nach dem dritten Bild von der Radioansprache. Spätestens aber um 22 Uhr, als sie die Staatsoper verließen, erkannten sie, dass etwas Gefährliches passiert war. Ihr Wiener Freund Karl Urbach stand am Ausgang, um sie abzuholen. Sein Gesichtsausdruck war eindeutig. Der geplante Restaurantbesuch würde ausfallen müssen.

Cordelias Vorliebe für die Literatur des Sturm und Drang war bis zu diesem Zeitpunkt rein theoretischer Natur gewesen. Sie interessierte sich für Emotionen und hatte auf dem College ein Seminar in Psychologie belegt. Was sie in den nächsten Tagen in Wien erleben sollte, war jedoch eine Explosion von Emotionen, die jeden Psychologiekurs gesprengt hätte.

Am Morgen des 12. März 1938 überschritten die ersten deutschen Truppen die Grenze zu Österreich, am Sonntag, den 13. März, erreichten sie Wien. Die Stadt, durch die Karl seine amerikanischen Gäste wochenlang voller Stolz geführt hatte, verwandelte sich in ein nationalsozialistisches Flaggenmeer. Es war eine Orgie aus Jubel und Hass. Cordelia konnte beides beobachten – sowohl ekstatische Siegesgewissheit als auch absolute Verzweiflung. Was sie dabei überraschte, war das enorme Tempo der Verwandlung: »Alles geschah so schnell, die Bürgerrechte, der Schutz durch die Polizei, alles, was man bisher für selbstverständlich gehalten hatte, verschwand sofort. … Ich lernte die Nazis zu hassen, sie waren so arrogant und so gnadenlos.« Ohne Alice' und Karls Namen zu erwähnen, sagte sie über die Szenen auf den Straßen: »Die Verfolgung der Juden war unmenschlich.«[4] Cordelia traf eine Entscheidung, die ihr ganzes weiteres Leben bestimmen würde. Sie wollte etwas für ihre neuen jüdischen Freunde tun. Sie wusste zwar noch nicht, was sie unternehmen konnte, aber sie war bereit, gefährliche Wege zu gehen.

Aus der naiven Collegestudentin wurde im Zweiten Weltkrieg eine nervenstarke Mitarbeiterin des Office of Strategic Services (OSS), dem elitärsten der amerikanischen Nachrichtendienste. Und das lag auch an ihrer Begegnung mit einer kleinen rundlichen Frau namens Alice Urbach.

Ein blinder Vater und ein schlechter Kartenspieler

»Schau ich mir die Juden an,
Hab ich wenig Freude dran.
Fallen mir die anderen ein,
Bin ich froh, ein Jud zu sein.«
Albert Einstein[1]

Es war eine lange, schmale Gasse. Die Häuser klebten eng aneinander, jeder Zentimeter Wohnraum musste genutzt werden. Im Parterre lagen die Läden, vollgestopft mit Stoffen, einen Stock höher die Wohnräume, vollgestopft mit Menschen. Es lebten ungefähr 5000 Leute hier, auch wenn es offiziell sehr viel weniger waren. Nicht jeder wollte gemeldet sein, manche kamen illegal bei Freunden und Verwandten unter. In dieser Judengasse, im Pressburger Getto, 60 Kilometer östlich von Wien, begann Alice' Geschichte. Hier wuchs ihr Großvater Salomon Mayer (1798–1883) auf. Laut einer Familienanekdote stand er als Siebenjähriger mit seinen Eltern am Fenster der kleinen Wohnung und beobachtete, wie Weltgeschichte geschrieben wurde. Seine Mutter soll nach draußen gedeutet und zu ihm gesagt haben: »Schau auf diesen kleinen Mann da unten auf seinem weißen Pferd. Alle Welt zittert vor ihm. Sein Name ist Napoleon.«[2]

Wie so oft bei Familienanekdoten ist auch diese nicht sehr zuverlässig. Der Friede von Pressburg, dem heutigen Bratislava, wurde zwar im Dezember 1805 nahe der Judengasse geschlossen, aber bei den Unterzeichnern handelte es sich um Napoleons Außenminister Talleyrand und Johann Joseph Fürst von Liechtenstein, der die Habsburger vertrat. Napoleon selbst kam erst vier Jahre später nach Pressburg. Vielleicht hatte man sich also einfach in der Jahreszahl geirrt, und Salomon war bereits elf Jahre alt, als er den französischen Kaiser sah. Die Farbe des Pferdes ist allerdings ebenfalls nicht ganz exakt – Napoleons Schlachtpferd war ein hellgrauer Araber namens Marengo. Natürlich könnte es sein, dass Salomons Mutter annahm, das Pferd wäre einfach nur etwas schmutzig von der letzten Schlacht und im Original bestimmt weiß.[3] Fantasie zu entwickeln war im Getto wichtig, um das Grau des Alltags zu verdrängen. Ein weißes Pferd klang auf jeden Fall sehr viel romantischer als ein graues.

Ob Salomon nun Napoleon und sein Pferd 1809 wirklich gesehen hat oder nicht – der entscheidende Grund, warum die Szene einen so hohen Stellenwert für ihn und die anderen Pressburger Juden hatte, wird in der Anekdote nicht erwähnt. Man musste es nicht erklären, weil es damals jeder wusste: Napoleon verkörperte die Französische Revolution, und Frankreich war für viele Juden zum Sehnsuchtsland geworden. Seit 1791 war es dort der jüdischen Bevölkerung erlaubt, freie Franzosen zu werden, die sich – zumindest theoretisch – nur noch durch ihre Religion vom Rest der Bevölkerung unterschieden. In den Augen der Pressburger Juden trug Napoleon diese Idee mit sich durch ganz Europa. Deswegen platzierten sich die

Mayers in ihrer Familienerinnerung am Fenster, wo sie sahen, was sie sehen wollten. Jahreszahl und Pferd spielten letztlich keine Rolle, relevant war allein die Hoffnung auf eine angstfreie Zukunft. Es war eine Art Gründungsmythos für die Mayers, und Alice' Bruder Felix spielte später sogar mit dem Gedanken, eine Familiengeschichte mit dem Titel »Von Napoleon zu Hitler« zu schreiben. Er stellte dafür eine kleine Statistik auf, die zu dem Ergebnis kam, dass es in seiner Verwandtschaft überraschend wenig Scheidungen und Krebserkrankungen, dafür aber zwei Selbstmorde gegeben hatte. Kein Mayer war – laut Felix' Statistik – jemals kriminell geworden,[4] allerdings fielen zahlreiche Familienmitglieder einem Jahrhundertverbrechen zum Opfer. Am Ende konnte Felix sich nicht dazu durchringen, dieses Verbrechen zu beschreiben. Aus seinem Buchprojekt wurde nichts.

Die Familiengeschichte begann also mit Salomon Mayer am Fenster. Salomon war für seine Abkömmlinge auch deshalb von großer Bedeutung, weil er im Leben immer die richtigen Entscheidungen traf. Dazu gehörte es, eine kluge Frau zu heiraten, mit der man etwas Großes aufbauen konnte. Antonia (Tony) Frankl (1806–1895) war eine solche Frau, und sie wurde Teil der Familienlegende.[5] Im Pressburger Getto gab es damals 30 Textilgroßhändler, und dank Tonys gutem Geschmack gehörten die Mayers zu den erfolgreichsten.[6] Tony arbeitete nicht nur ausgesprochen hart, sie gebar nebenher auch noch 16 Kinder, von denen nur neun überlebten. Das war für die damalige Zeit nicht ungewöhnlich. Kinder wurden ständig geboren und starben mit zuverlässiger Regelmäßigkeit. Es gab unendlich viele Krankheiten, an denen Kleinkinder sterben konnten – Keuchhusten, Typhus, Durchfall, Scharlach, Zahnfieber, Masern, Fleckfieber. Die Kindersterblichkeitsrate scheint im Getto allerdings überdurchschnittlich hoch gewesen zu sein. Alice' Vater Sigmund machte für den frühen Tod seiner Geschwister die großen hygienischen Missstände verantwortlich. In seinen Lebenserinnerungen beschrieb er die primitiven Wohnverhältnisse im Getto:

> Hölzerne, wacklige, vollständig finstere Treppen führten zu den Wohnungen, deren rückwärtige, an den Berg stoßende Hälften nicht anders als feucht und dunkel sein konnten. Die Kanalisierung war elend, der Luftzutritt durch den winzigen Hofraum vollständig ungenügend, die Atmosphäre war schwer und dumpf. Kein einziges Haus besaß einen Brunnen. Die ganze Bevölkerung musste aus den zwei Gemeindebrunnen ein schlechtes, kaum genießbares Wasser schöpfen.[7]

Aber es gab noch andere Gründe, warum Sigmund das Getto hasste. Seiner festen Überzeugung nach hatten er und seine Geschwister nie gelacht. Er konnte sich auch an kein einziges spielendes Kind in der Judengasse erinnern. Hier existierte nur ein Gefühl – Angst. Wer im Getto leben musste, war eingeschlossen, im wahrsten Sinne des Wortes. Jeden Abend wurde die »Gasse von der städtischen Polizei durch schwere eiserne Gitter abgesperrt«.[8] Offiziell schützten die Gitter die Christen vor den »gefährlichen« Juden. In Wahrheit ging es darum, Gewalttaten gegen die Juden zu verhindern. Und mit dieser Gewalt war jederzeit zu rechnen. Tagsüber kamen die Pressburger zwar in die jüdischen Geschäfte, um billig einzukaufen, aber die Stimmung konnte schnell umschlagen. Wer am Morgen bei Juden Seide, Kurzwaren, Leinen, Pinsel, Knöpfe und Kämme eingekauft hatte, der ärgerte sich vielleicht schon abends über den Preis. Sigmund erinnerte sich an einen katholischen Kaufmann namens Philipp Scherz, mit dem die Familie zusammenarbeiten musste und der zu sagen pflegte: »Jud und Schwein sind nicht zu schätzen, bis sie tot sein.«[9]

Man lebte nicht nur in Angst vor feindseligen Kunden und Geschäftspartnern, sondern auch vor dem Vermieter, der einen jederzeit auf die Straße setzen konnte. Selbst wenn man genug Geld gespart hatte, durfte man als Jude kein eigenes Haus in der Judengasse kaufen. Es war nur auf Umwegen möglich – indem man einen christlichen Strohmann ein Haus erwerben ließ und mit ihm einen Nießnutz- oder Erbpachtvertrag abschloss.[10]

Die Angst der Erwachsenen, jederzeit alles verlieren zu können, übertrug sich auch auf die Kinder. Sie wurden von ihren christlichen Altersgenossen regelmäßig verprügelt und durften sich nicht darüber beschweren, geschweige denn wehren. Aber nicht nur die Außenwelt galt als bedrohlich, auch im Inneren tobten die Auseinandersetzungen. Die jüdischen Schullehrer ließen ihre Aggressionen an den Kindern aus und prügelten das Wissen in sie hinein. Natürlich unterschieden sie sich damit nur marginal von nichtjüdischen Lehrern, aber die Gewissheit, weder in der Schule noch auf der Straße vor Prügeln sicher zu sein, machte das Leben zur Tortur. Das permanente Gefühl, allem und jedem ausgeliefert zu sein, ließ die Gettobewohner im schlimmsten Fall resignieren, im besten Fall sarkastisch werden. Diese Verhaltensweisen waren für Sigmund der Schlüssel, um die Werke großer jüdischer Autoren zu verstehen: »Nur wer mit diesen Gefangenen der Judengasse mitgelebt und mitgelitten, versteht den grimmigen Hohn Ludwig Börnes, den Zynismus Heines, begreift, warum … Ferdinand Lassalle und Karl Marx gerade Juden waren.«[11]

Man konnte das Getto zwar verlassen, aber das Getto verließ einen nie. In seinen Erinnerungen beschreibt Sigmund die

Judengasse in so drastischer Weise, dass man fast vergisst, wie früh er ihr entkommen konnte. Er war elf Jahre alt, als das Pressburger Getto 1842 geöffnet wurde und die Mayers in ein besseres Haus umzogen. Die Überlebenschancen von Sigmund und seinen nachgeborenen Geschwistern erhöhten sich damit. Sie entkamen den schlechten hygienischen Zuständen und wuchsen gesünder auf.[12]

Als Sigmund Mayer 1917 sein Buch *Die Wiener Juden* publizierte, war er der festen Überzeugung, eine längst überwundene Tristesse zu beschreiben: »Nur sehr wenige der jetzt noch Lebenden werden ein echtes … Ghetto gekannt haben.«[13] Für ihn war es völlig offensichtlich, dass diese Monstrosität niemals wiederkehren würde. Dass 1942 drei seiner Kinder aus ihrer bürgerlichen Realität in ein Getto zurückgestoßen wurden, musste er nicht mehr miterleben. Seine Tochter Alice entkam diesem Schicksal, und das lag ironischerweise auch daran, dass man sie in der Familie immer übersehen hatte.

Alice bewunderte und fürchtete ihren Vater. Für beides hatte sie gute Gründe: »Mein Vater war eine imposante Persönlichkeit. Er war relativ klein, was ihn ein Leben lang ärgerte, aber er kompensierte seine körperlichen Mängel mit einem scharfen Geist. Von seiner Mutter … hatte er den brillanten Verstand, starken Willen, Humor und das Gefühl absoluter Überlegenheit geerbt.«[14]

Sigmunds Traum war es, Anwalt zu werden, und er studierte in Prag und Wien Jura. Eine Infektion ließ ihn jedoch teilweise erblinden, und da niemand einen Juristen beschäftigt hätte, der nur eingeschränkt sehen konnte, blieb ihm am Ende nichts anderes übrig, als in das Familiengeschäft einzutreten. Wenigstens daraus wollte er einen großen Erfolg machen. In den nächsten

Jahrzehnten baute er mit seinen jüngeren Geschwistern Albert und Regine die internationale Textilien-Firma A. Mayer & Co. auf und expandierte in die Levante.[15] Der Firmenhauptsitz befand sich 1882 in Alexandrien, die Zweigniederlassungen unter anderem in Konstantinopel, Smyrna und Wien.[16] Der unermüdliche Einsatz der Mayer-Geschwister rentierte sich schließlich: 1910 standen sie auf der Liste der 1000 reichsten Wiener und Niederösterreicher.[17]

Während seine Geschwister damit zufrieden waren, verfolgte Sigmund noch ein weiteres Ziel – er engagierte sich im Wiener Gemeinderat. Sein Gegenspieler wurde dort der Antisemit Karl Lueger.

Adolf Hitler würde sich später von Lueger in vielerlei Hinsicht inspiriert fühlen, aber »der schöne Karl« war nicht von Anfang an Antisemit gewesen. Sigmund glaubte sogar, Lueger habe sich nur in einen Judenhasser verwandelt, um Bürgermeister von Wien zu werden: »Luegers antisemitische Gesinnung war stets ganz und gar Heuchelei. Vor allem war bei ihm von dem … Rassenhass gegen Juden gar keine Rede. Er verkehrte früher nicht nur gerne, sondern vorwiegend mit Juden. … Im Abgeordnetenhaus … sagte ich ihm: ›Nicht dass Sie Antisemit sind, werfe ich Ihnen vor, sondern dass Sie es in Wirklichkeit *nicht* sind.‹«

Ob nun gespielt oder aufrichtig, der Effekt war am Ende der gleiche. Lueger machte den Antisemitismus in Wien salonfähig. Sigmund erhielt Drohbriefe und Duellaufforderungen, die er mit dem Satz konterte: »Wenn einer schon gar nichts mehr ist, dann ist er Antisemit.«[18]

Als Lokalpolitiker und regelmäßiger Kolumnist der *Neuen Freien Presse* bekämpfte Sigmund jedoch nicht nur Antisemiten.[19] Er schaffte es auch, sich mit dem Zionisten Theodor Herzl anzulegen. Während Herzl glaubte, Juden müssten als Reaktion auf den Antisemitismus einen eigenen »Judenstaat« errichten, lehnte Sigmund den Zionismus rundweg ab und setzte auf Assimilation. Alice schrieb später, dass ihr Vater und Herzl sich hitzige Streitgespräche lieferten.[20] Diese Gespräche werden jedoch 1897 abrupt aufgehört haben, als Sigmund einen sarkastischen Angriff auf Herzl veröffentlichte. Anlass war die Einberufung des ersten Zionistenkongresses in Basel, einer »Stadt ohne Juden«, wie Sigmund süffisant bemerkte. Die Initiatoren dieses Kongresses bezeichnete er als »zwei geistreiche Feuilletonisten, die Herren Herzl in Wien und Nordau in Paris, welche beide plötzlich aus Juden von Zufall und Geburt Juden von Beruf geworden sind«. Ihre Idee eines Judenstaats in Palästina würde dazu führen, dass

> die Juden … eine Heimat von außerordentlich fraglichem Werte gewonnen haben und dafür allüberall in den europäischen Ländern wirklich ein Gastvolk werden! Und um dahin zu gelangen, sollen ihre Besten zwei Jahrtausende gekämpft haben! … Die Gefahr also, dass der Judenstaat zustande kommt, schätzen wir gleich Null und kaum einer Erörterung in einem ernsten Blatte wert. Eine sehr ernste soziale Gefahr für die Juden aber und ihre wichtigsten Interessen … ist Herr Herzl.[21]

Es ist nicht anzunehmen, dass die beiden Männer anschließend noch einmal miteinander redeten. Nur beerdigt wurden sie am Ende am gleichen Ort, in der israelitischen Abteilung des Döblinger Friedhofs.[22]

Sigmund kämpfte nicht nur beruflich an zahlreichen Fronten, auch sein Privatleben war phasenweise ein einziges Schlachtfeld. Alice verdankte ihre Existenz allein der Tatsache, dass Sigmunds erste Frau Henriette ihn betrogen hatte. Anfang der 1870er-Jahre, als er geschäftlich oft in Kairo unterwegs war, nahm sich Henriette einen Liebhaber und wurde schwanger. Sigmund entschied kurzerhand, die Ehefrau zu entsorgen und die kleine Gabriele zu behalten. Henriette erhielt eine finanzielle Abfindung inklusive einer Fahrkarte in das Provinznest, aus dem sie gekommen war. Die Härte, mit der Sigmund sie bestrafte, entsprach seinem gepanzerten Charakter, aber sie war auch typisch für die Zeit. Gustave Flaubert hatte schon 1856 beschrieben, was eine »Ehebrecherin« wie Madame Bovary erwartete, Leo Tolstois Anna Karenina warf sich 1878 vor einen Zug, und 1894 landete Theodor Fontanes untreue Effi Briest im Unglück. Ob Sigmund, der Romane liebte, *Madame Bovary* oder *Anna Karenina* las, ist nicht bekannt. Geändert hätte die Lektüre wenig. Die tiefe Kränkung, die er durch seine Frau erfahren hatte, führte dazu, dass er zehn Jahre lang alleinerziehender Vater von vier Kindern war.[23] Am Ende heiratete er doch noch einmal. Seine zweite Frau, Pauline Gutmann, war 20 Jahre jünger und ordnete sich ihm als dienende Ehefrau bereitwillig unter.[24] Mit ihr hatte er drei weitere Kinder: Felix (geb. 1884), Alice (geb. 1886) und Helene, genannt Mutzi (geb. 1894).

Alice hatte blaue Augen und helles Haar. Sie galt damit als hübsches Kind, aber die viel wichtigere Frage, die sich ihr Vater stellte, lautete: Hatte sie eine besondere Begabung? Etwas, worauf man stolz sein konnte?

In fast allen jüdischen Familien existierte die Sehnsucht, ein Wunderkind zu produzieren. Ein Wunderkind konnte den sozialen Status der gesamten Familie heben und diente als Beleg dafür, dass man in der Gesellschaft angekommen war. Bei der Produktion von Wunderkindern wurde kein Unterschied zwischen Jungen und Mädchen gemacht. Jedes Kind konnte eines sein. Vielleicht hatte es das Potenzial, ein Mathematikgenie oder eine große Pianistin zu werden? Natürlich wollte man dem Wunder etwas nachhelfen. Ganze Kompanien von Privatlehrern und französischen Gouvernanten wurden dafür beschäftigt, und selbst Familien, in denen das Geld knapp war, investierten ihre Ersparnisse in die Optimierung des Nachwuchses. Alice konnte noch Jahrzehnte später aufzählen, welche Wiener Familie die erfolgreichsten Kinder hervorgebracht hatte. Da war an erster Stelle Sigmund Freuds Tochter Anna, dicht gefolgt von den Kindern des Anwalts Dr. Meitner:

> Er brachte seine drei Töchter zu uns, und ich war sehr beeindruckt davon, dass eine von ihnen schon studierte. Dieses anmutige Mädchen, Lise Meitner, war ganz in unschuldiges Weiß gekleidet, und ich konnte nicht ahnen, dass sie eines Tages einen sehr viel weniger unschuldigen Beruf ausüben und am Bau der Atombombe beteiligt sein würde … Auch ihre Schwestern waren hochbegabt, eine davon, die Pianistin, wurde die Mutter von Otto Frisch, den ich noch als Baby kannte.[25]

Und dann waren da noch all die schreibenden Wunderkinder. Alice' Mutter war mit Alfred Polgars Mutter befreundet, und natürlich bewunderte jeder die Familie Schnitzler, die sogar zwei erfolgreiche Söhne – den Arzt Julius und den Schriftsteller Arthur – hervorgebracht hatte. Frau Schnitzler brachte es einfach nicht fertig, die obligatorische Bescheidenheit vorzutäuschen. Als sie gefragt wurde, wie es denn ihrem »berühmten Sohn gehe«, antwortete sie: »Welchem?«[26]

Alice träumte von vergleichbaren Erfolgen. Als Siebenjährige hoffte sie, ein Gesangsstar werden zu können, und brachte ihre Eltern damit in große Verlegenheit. Die ganze Familie war 1893 zur jährlichen Sommerfrische am Altaussee gereist. Alice mopste sich wie immer beim Promenadenspaziergang, als sie plötzlich Johannes Brahms beim Flanieren entdeckte. Sofort brach sie in Gesang aus. Es kann keine besonders gute Darbietung gewesen sein, denn Alice wurde von ihrer Mutter umgehend von der Promenade gezerrt: »Damit war mein Traum, als Wunderkind entdeckt zu werden, beendet.«[27]

In der internen Geschwisterhierarchie nahm Alice einen der unteren Plätze ein. Ihre vier älteren Halbgeschwister galten als intelligent, ihr Bruder Felix arbeitete hart und trat später in die Familienfirma ein. Ihre jüngere Schwester Helene würde den Traum des Vaters erfüllen und in Jura promoviert werden. Alice hingegen litt ihr ganzes Leben lang darunter, in Bezug auf Bildungszertifikate versagt zu haben: »Ich war faul. Dafür habe ich später bezahlen müssen.«[28]

Bis zu Alice' elftem Geburtstag lebte die ganze Familie in der Oberen Augartenstraße 32 in der jüdisch geprägten Leopoldstadt. Im Parterre befand sich das Geschäft, im ersten Stock residierte Alice' Pressburger Großmutter Tony, im zweiten Stock Sigmunds Familie und im dritten sein Bruder Albert. Die Mayers entwickelten großbürgerliche Ambitionen, die Alice genau beschrieb:

> Die Dame des Hauses ging nicht selbst einkaufen, *Frauen* gingen einkaufen, Damen nicht. Die Köchinnen mussten täglich einkaufen gehen, weil es noch keine Kühlschränke gab, um die Zutaten frisch zu halten … Damen kochten also nicht, die Köchin übernahm das. Damen kümmerten sich auch nicht um ihre Babys, das Kindermädchen erledigte das, und sie passten auch nicht auf ihre älteren Kinder auf, die Gouvernante war dafür zuständig. Stattdessen gingen Damen Luxusdinge einkau-

fen und statteten sich gegenseitig Besuche ab … Mittags kamen alle Familienmitglieder wieder nach Hause zurück, und es gab immer eine Suppe als Vorspeise … und dann Fleisch und Gemüse … Die Krönung einer jeden Mahlzeit war die Nachspeise. Typisch wienerisch waren die Knödel mit Pflaumen, Kirschen oder Aprikosen je nach Jahreszeit und natürlich der Strudel. Nach so einem schweren Essen mussten sich alle sofort ausruhen. Die Kinder hatten dann wieder Schule bis vier Uhr nachmittags, und die Männer gingen zurück zur Arbeit. Die Damen hatten ab vier oder fünf Uhr ihre Kaffeenachmittage, zu denen ihre Freundinnen kamen.[29]

Alice' Mutter war eine Dame und stattete der Küche daher nur sporadische Besuche ab, aber für Alice wurde es der wichtigste Ort im Haus. Hier roch es gut, und in der Vorratskammer gab es Süßigkeiten. Schon als kleines Kind durfte sie auf einem Hocker sitzen und den Küchenhilfen zuschauen. Die rührten nicht nur interessante Speisen an, sie sprachen auch über aufregende Themen – Liebesabenteuer beim Heurigen oder die neuesten Mordgeschichten aus der *Kronenzeitung*. Im Salon herrschte Alice' Vater, aber in der Küche hatte die Köchin das Sagen. Sie war ein Feldwebel, und alle erduldeten ihre Launen, denn von ihrer Kreativität hing viel ab. Eine versierte Köchin konnte eine Familie an die gesellschaftliche Spitze kochen, und die Angst, sie an eine konkurrierende Gastgeberin zu verlieren, stand permanent im Raum.[30] Nicht nur das Sacher oder der Demel versuchten, einander die besten Konditoren abzuwerben, auch Privathäuser mussten jederzeit feindliche Übernahmen befürchten. Um die Köchin bei Laune zu halten, arbeitete die Hausherrin in engster Kooperation mit ihr. Gemeinsam wurde die Menüfolge entwickelt, damit jeder Gang, der auf den Tisch kam, »ein kulinarisches Meisterwerk« wurde. Und natürlich träumte jede Gastgeberin davon, bei einer großen Abendeinladung ein Gericht zu servieren, das auf einem Geheimrezept beruhte. Wie verbissen dieser Kampf um Geheimrezepte geführt wurde, zeigt Friedrich Torberg in seiner *Tante Jolesch*. Die Tante war für ihre Krautfleckerln berühmt. Als sie im Sterben lag, unternahm eine Nichte einen letzten Versuch, das Rezept doch noch aus ihr herauszupressen:

> »Tante – ins Grab kannst du das Rezept ja doch nicht mitnehmen. Willst du es uns nicht hinterlassen? Willst du uns nicht endlich sagen, wieso deine Krautfleckerln immer so gut waren?«
> Die Tante Jolesch richtete sich mit letzter Kraft ein wenig auf:
> »Weil ich nie genug gemacht hab …«
> Sprach's, lächelte und verschied.[31]

Mit dieser Methode war die Tante Jolesch Marketingstrategen um Jahrzehnte voraus. Gerichte mussten schmecken und verführerisch aussehen, aber vor allem mussten sie rar sein. Schon als Kind war es Alice' Traum, eines Tages besondere Dinge zu kochen: »Mein Vater war, neben all seinen intellektuellen Ansprüchen, ein großer Gourmet. Sein Gesicht war streng, aber sobald ich groß genug war, um den Küchentisch zu erreichen, wollte ich für ihn kochen, damit er mich anlächelte.«

Es klingt wie krude Küchenpsychologie, dass Alice kochen lernte, weil sie ihrem Vater gefallen wollte. Aber es war tatsächlich die einzige Möglichkeit, um von ihm überhaupt wahrgenommen zu werden:

> Mein Vater sprach selten mit uns, wir Kinder sahen ihn nur zu den Mahlzeiten … Wenn er uns eine Frage stellte, hatten wir

höflich zu antworten, das war alles. An Sonntagen wurden wir zum Spaziergang mitgenommen, aber ich kann mich nicht daran erinnern, dass er jemals mit mir allein spazieren gegangen wäre, bevor ich 20 wurde … Als Kinder lebten wir ein von den Erwachsenen völlig separates Leben.[32]

Die Küche war das Verbindungsglied zur Erwachsenenwelt. Hier lernte Alice etwas, das alle brauchten. Und natürlich hoffte sie, sich die Anerkennung ihrer Umgebung doch noch zu erkochen. Es funktionierte nur teilweise. Sigmund schätzte zwar Alice' Gerichte, die im Laufe der Jahre immer raffinierter wurden, aber die Idee, eine große Köchin hervorgebracht zu haben, kam ihm nie. Wenn ihm jemand prophezeit hätte, dass ausgerechnet die verträumte Alice einen Kochbuchbestseller schreiben würde, wäre er überrascht gewesen. Vielleicht hätte es ihm gefallen, dass sie am Ende doch noch aufgewacht war und etwas aus ihrem Leben gemacht hatte. Doch die Umstände, die zu Alice' »Erweckung« führten, hätten ihn entsetzt.

Über Alice' Generation von Wienerinnen gibt es unzählige Klischees. Für viele davon sind die Bilder Gustav Klimts und die Theaterstücke Arthur Schnitzlers verantwortlich. Bei Schnitzler sind Frauen oft das »süße Mädel« aus der Wiener Vorstadt, das aufrichtig seinen adeligen Verehrer liebt, aber von Anfang an ahnt, dass es am Ende doch den langweiligen Portier heiraten muss. Ihre Gegenspielerin ist die mondäne Ehefrau aus der Oberschicht, die alles andere als »süß« ist und ihren Mann routiniert hintergeht. Alice entsprach keinem dieser Klischees. Sie hatte Angst vor Sex, und diese Angst war in ihrer Generation weitverbreitet. Stefan Zweig, wie Alice in den 1880er-Jahren in eine wohlhabende jüdische Familie geboren, fasste in Worte,

Alice, sitzend, mit ihrer Schwester Dr. jur. Helene Eissler

was sie nie hätte ausdrücken können – wie trostlos das Liebesleben dieser Generation war. In Zweigs Augen hatte sie keine Chance auf normale sexuelle Erfahrungen: »Die jungen Mädchen luftdicht vom Leben abgeschlossen unter die Kontrolle der Familie gestellt, in ihrer freien körperlichen wie geistigen Entwicklung gehemmt, die jungen Männer wiederum zu Heimlichkeiten und Hinterhältigkeiten gedrängt von einer Moral, die im Grunde niemand glaubte und befolgte.«[33]

Dieses Moralkorsett führte dazu, dass die meisten jungen Männer ihre ersten sexuellen Erfahrungen mit Prostituierten machten. An vielen Ecken Wiens standen diese »traurigen Paradiesvögel«, wie Zweig sie nannte, deren kurze »Karrieren« in der Regel im Krankenhaus endeten. Männer aller Gesellschaftsschichten machten von ihnen Gebrauch, ob im Hauseingang oder in den besseren Bordellen Wiens. Ungefährlich war es nirgends. Eine der großen, sehr realen Ängste, die jede sexuelle Begegnung begleitete, waren Geschlechtskrankheiten. In den Großstädten hatte sich die Syphilis ausgebreitet, und es gab noch keine Chance auf Heilung. Arthur Schnitzlers Vater Johann, der Medizin an der Wiener Universität unterrichtete, brach aus Angst, dass sein Sohn sich anstecken könnte, dessen Schreibtisch auf und las sein geheimes Tagebuch. Dort hatte der 16-jährige Arthur all seine – echten und imaginierten – Erlebnisse mit »griechischen Göttinnen« verzeichnet. Die Lektüre brachte den Vater an den Rand eines Herzinfarkts, und er zwang seinen Sohn, ein medizinisches Lehrbuch über Syphilis und Hautkrankheiten zu lesen.[34] Die drastischen Illustrationen taten ihre Wirkung, Arthur stellte seine Besuche bei den griechischen Göttinnen vorübergehend ein. Lang hielt er diese Tortur jedoch nicht durch.

Sexuelle Beziehungen waren also ein Roulettespiel, und ein

jungfräuliches, »luftdicht abgeschlossenes« Mädchen wie Alice konnte nur hoffen, dass ihr späterer Mann sich vor der Heirat nicht angesteckt hatte. Unwahrscheinlich war es nicht.

Alice' Leben hatte mehrere Brüche, der erste kam mit ihrer Hochzeit. Bis dahin war ihr Alltag angenehm verlaufen.[35] Alles war im Überfluss vorhanden, auch schöne Kleider. »Es gibt keine hässlichen Frauen, nur schlecht angezogene«, pflegte man in Wien zu sagen, und Alice teilte diese Meinung. Wie so viele Wienerinnen der Vorkriegsgeneration liebte sie bunte Stoffe, große Hüte und üppige Schleifen. Da sie aus einer Familie stammte, die mit Textilien reich geworden war, musste sie sich um Nachschub keine Sorgen machen. Personal gab es ebenfalls im Übermaß, und das wohlhabende jüdische Bürgertum hatte vom Adel auch die Usance übernommen, Dienstleistungen »im Haus« vornehmen zu lassen. Schneider, Modisten und sogar der Raseur kamen nach Hause.[36] Wenn man keine Maskenbälle oder Abendeinladungen gab, besuchte man Konzerte, die Oper oder das Burgtheater. Alice ging gern aus, und sie war nicht unattraktiv. Ihre »Mehlspeisefigur« mit dem üppigen Dekolleté galt vor dem Ersten Weltkrieg als sehr begehrenswert. Sie hatte zwar relativ große Füße – eine Eigenschaft, die man damals den Wienerinnen nachsagte[37] –, aber trotz der Füße hätte sie auf dem Heiratsmarkt durchaus Erfolge erzielen können. Ihr Interesse daran hielt sich allerdings in Grenzen. Ihre älteren Halbschwestern Sidonie (Sida) und Karoline (Karla) waren bereits verheiratet und schienen damit nicht besonders glücklich zu sein. Sidonies Ehemann Julius Rosenberg war ein charmanter Ungar, der oft den Beruf wechselte und dafür auf das Vermögen seiner Frau zurückgriff.[38] Karoline hatte es nicht sehr viel besser getroffen. Sie war mit dem Buchhändler Richard Löwit verheiratet worden, der vor allem ihrem Vater gefallen hatte. Sigmund Mayer sammelte leidenschaftlich Bücher, und so machte er – mit vielen finanziellen Zuschüssen – aus seinem Schwiegersohn einen Verleger.[39] Für Karoline erwies sich das Arrangement als weniger ideal, sie blühte erst wieder auf, nachdem ihr Mann gestorben war.[40]

Die Erfahrungen ihrer älteren Schwestern erschienen Alice also nicht sehr verheißungsvoll. Sie glaubte nicht, dass eine Ehe ihr Leben verbessern würde. Unverheiratet zu bleiben hatte hingegen viele Vorteile: Sie konnte auf eine Sprachschule gehen, weiterhin Gesangsstunden nehmen und vor allem ihre Kochkünste verfeinern. Ihr Traum war es, eine zweite Anna Sacher zu werden oder zumindest ein kleines Restaurant zu eröffnen:

> Ich interessierte mich für die Gastronomie, aber wie hätte ein Mädchen aus gutem Hause damals ein Kaffee oder ein Restaurant aufmachen können? … Ich hätte gerne als Lehrling in einer von Wiens großen Konfiserien gearbeitet. Aber Mädchen wurden für diesen Beruf nicht zugelassen … Als ich 18 Jahre alt war, eröffnete eine Dame in der Nähe unseres Hauses eine sehr exklusive, snobistische Kochschule …, in der auch ein französischer Patisseriechef aus einem der feinsten Ringstraßenhotels Unterricht gab. Ich besuchte diese Schule, und die wenigen Unterrichtsstunden wurden zu einem Wendepunkt in meinem Leben. Ich hatte damals nicht die geringste Ahnung, wie wichtig sie für mich später sein würden. Dieser Cordon-bleu-Koch aus der Ringstraße brachte mir Dinge bei, die später mein Rettungsboot werden würden. Von diesem Mann lernte ich auch die großen Künste der Konditorei, und ich schätze seine Rezepte noch immer. Damals wusste ich jedoch nicht, was dieses Hobby für mich eines Tages bedeuten würde. Ich nutzte meine neuen

Kenntnisse nur zum Vergnügen. Bei den Einladungen meiner Eltern bot [ich] jetzt noch ein paar extra ausgefallene Desserts an, und in die großen Weihnachts- oder Geburtstagsgeschenkkörbe packte ich selbstgemachte Bonbons, Petits fours und andere Süßigkeiten.[41]

Sigmund sah keine Zukunft in der Herstellung von Süßigkeiten. Wie alle viktorianischen Väter entschied er darüber, welche Karrieren seine Kinder anstreben und wen sie heiraten sollten. Obwohl Alice es schaffte, einer Ehe so lange wie möglich aus dem Weg zu gehen, war ihre Schonfrist im Jahr 1912 endgültig abgelaufen. Sie war 26 Jahre alt, »ein spätes Mädchen«, als sie sich Sigmunds Entscheidung fügte. Sie heiratete den falschen Mann aus den falschen Motiven: um ihre Eltern glücklich zu machen und um den Erwartungen der Gesellschaft zu entsprechen. Im Dezember 1912 wurde Alice in der Synagoge des 18./19. Bezirks die Ehefrau von Dr. Maximilian Urbach.

Auf den ersten Blick war Max Urbach eine gute Partie. Er kam aus einer großen Familie, die Geschäftsleute, Ärzte und Juristen hervorgebracht hatte. Am 1. Juli 1908 war er in Prag zum »Doktor der gesamten Heilkunde« promoviert worden, Spezialgebiet Kindermedizin.[42] Alice schrieb später, Max habe sich für sie interessiert, »weil ich ein hübsches, reiches Mädchen aus guter Familie war. Er wollte eine Praxis eröffnen und brauchte Geld.«[43]

Sie erklärte nie, wie sie einander kennengelernt hatten, und es ist nicht unwahrscheinlich, dass Sigmund zum letzten Hilfsmittel eines besorgten jüdischen Vaters griff und einen »Schadchen« engagierte, einen Heiratsvermittler, dem man im Erfolgsfall hohe Summen bezahlte. Ein Schadchen konnte männlich oder weiblich sein, wichtig war, dass er kompatible Ehepartner auftrieb. Für großbürgerliche Familien wie die Mayers hatten die Schadchen vorzugsweise Anwälte und Ärzte im Angebot, schließlich wollte niemand seine Tochter nach unten verheiraten. Der künftige Ehemann konnte an einer solchen Heirat gut verdienen. Alice' Mitgift belief sich auf 80 000 Kronen, damals eine enorme Summe (ein Dienstmädchen verdiente im Jahr 100 bis 300 Kronen, ein Universitätsprofessor 8000 bis 16 000).[44] Falls Alice' Ehe also wirklich durch einen Heiratsvermittler zustande kam, dann hätte die Familie Mayer guten Grund gehabt, die Kommission zurückzuverlangen. Denn Max Urbach war nicht der seriöse Schwiegersohn, der zu sein er vorgab. Er war ein Spieler, und er hatte etliche Frauengeschichten.

Alice verfasste später zwei Versionen ihrer Memoiren – eine ausführlichere für die Familie und eine sehr kurze für sich selbst.[45] In der offiziellen Fassung erwähnt sie ihre Ehe nur mit ein paar Sätzen: »Nach einer siebenjährigen Ehe starb mein Mann. Ich will nicht erklären, was ich damals fühlte. Im Mittelpunkt dieser Geschichte sollen meine Taten und Abenteuer stehen, nicht meine Gefühle.«[46] In der inoffiziellen Fassung wird klar, warum sie nicht ausführlicher wird. Über die Hochzeit mit Max notiert sie: »Ich habe einen sechsten Sinn, und als ich mich zum Festessen hinsetzte, hatte ich nur einen Gedanken: Oh Gott, was habe ich getan!« Die Einsicht kam ein paar Stunden zu spät. Die Hochzeitsnacht wurde zur ersten in einer langen Reihe von Ehekatastrophen: »Mein Mann hatte keine Ahnung, wie man ein unschuldiges Mädchen behandelt ... er küsste oder streichelte mich nicht, es dauerte nur ein paar Sekunden, und dann rauchte er eine Zigarette und schlief ein. Ich dachte, ich muss meine Pflicht tun, aber ich habe es gehasst.«[47]

Alice brachte es weder in ihren geheimen noch in den offiziellen Aufzeichnungen fertig, Max bei seinem Vornamen zu nennen. Stets bezeichnete sie ihn distanziert und sehr formell als »meinen Mann«. Ein Kosewort fand sie nie, und das hatte gute Gründe. Mit Max verheiratet zu sein war nicht nur eine sexuelle Enttäuschung, es stellte sich auch als großer sozialer Abstieg heraus.

Als Elfjährige war Alice mit ihren Eltern aus der Leopoldstadt ins Döblinger Cottageviertel gezogen.[48] Das »Cottage« galt als die schönste Wohngegend Wiens. In der Nachbarschaft residierten wohlhabende Geschäftsleute und berühmte Künstler. Arthur Schnitzler kaufte 1910 eine Villa in der Sternwartestraße 71, Schnitzlers Freund Felix Salten, der Autor von *Bambi*, lebte in der Cottagegasse 37 (Salten beriet später Alice' kleinen Sohn bei der Aufzucht seines Hasen).[49]

Döbling war also etwas Besonderes, und Alice liebte ihr Zuhause. Die Villa war in einem satten Gelb gehalten, dem berühmten Schönbrunner Gelb. Alle Zimmer strahlten hell, und im großen Garten blühten Apfelbäume, unter denen man sich mit einem Buch niederlassen konnte.

Nach der Hochzeit musste Alice mit Max nach Ottakring ziehen, in einen Stadtteil, den sie bis dahin nur dem Namen nach kannte. Allein ein Wiener kann erahnen, was es 1912 bedeutet haben muss, von Döbling nach Ottakring zu ziehen. Geografisch ist die Entfernung nicht besonders groß, doch der soziale Graben zwischen den Bezirken erscheint auch heute noch unüberbrückbar.

Ottakring war das Gegenteil des Cottage. Es war ein überfülltes Arbeiterviertel mit dunklen und stickigen Wohnungen. Hier gab es weit und breit keine gelben Häuser und parkartigen Gärten, hier herrschte eindeutig tristes Grau vor. Apfelbäume pflanzte niemand an, es hätte in der Asphaltwüste auch keinen

Platz gegeben. 1911 – ein Jahr vor Alice' Hochzeit – hatte die Erhöhung von Mieten und Lebensmittelpreisen zu schweren Unruhen in Ottakring geführt. Der Bezirk galt seitdem als sozialer Brennpunkt und war sicher kein idealer Ort für eine höhere Tochter wie Alice. Auch wenn ihre neue Wohnung recht groß und komfortabel aussah, muss der Kulturschock beträchtlich gewesen sein.

Natürlich hatte Alice nicht erwartet, ein Haus in Döbling zu beziehen. Sie wusste, dass sie einen Arzt heiratete, der seine Praxis erst aufbauen, der von unten anfangen musste. Aber wie tief unten, das schien ihr nicht bewusst gewesen zu sein. Die Patienten von Max hatten kaum genug Geld, um die Miete, geschweige denn ihre Arztrechnungen zu bezahlen. Aber Ottakring weckte Alice auf. Sie sah, wie hart das Leben der Arbeiterfrauen war:

> Die Arbeiterschaft lebte in schrecklichen Verhältnissen. Eine ganze Familie teilte sich nur ein Zimmer und eine Küche. Die Zimmer lagen meistens an lauten, schmutzigen Straßen, und die Küche hatte kein Fenster. Die Hausfrau musste in diesem dunklen Zimmer kochen und ihre Wäsche waschen, umgeben von all ihren Kindern. Manchmal, wenn sie gar kein Geld hatten oder der Vater arbeitslos war, nahmen sie noch einen Schlafgänger auf, der in der Küche schlief, während Vater, Mutter und die Kinder, ob krank oder gesund, nebeneinander in einem Raum lagen … Tuberkulose breitete sich in Wien aus, man nannte die Krankheit den ›weißen Tod‹. Natürlich gab es keine Badezimmer oder eigene Toiletten [nur sieben Prozent aller Wohnungen hatten einen eigenen Wasseranschluss]. Viele Familien teilten sich eine Toilette im Hof. Wegen der Toiletten und dem engen Aufeinanderleben kam es oft zu Auseinandersetzungen unter den Frauen und Schlägereien unter den Männern.[50]

Alice lebte zwar in einer sehr viel besseren Wohnung, aber die Tristesse von Ottakring deprimierte sie. Ihre einzige Freude in dieser Zeit war die Geburt ihres ersten Kindes: »Ich wurde sofort schwanger, und ich liebte den Kleinen, der schrecklich krank war und den ich gesund pflegen konnte … er hatte so viel Charme, ein wunderbarer Sohn.«[51]

Otto wurde im September 1913 geboren, zehn Monate vor Ausbruch des Ersten Weltkriegs. Sein erstes Lebensjahr sollte eines der wenigen Friedensjahre werden, die er erlebte. Kriege und Aufstände begleiteten ihn bis zu seinem Tod – in Wien, in China, als Soldat im Zweiten Weltkrieg und im langen Kalten Krieg. Schon in seinem Elternhaus herrschte eine permanent angespannte Stimmung. In ihren geheimen Aufzeichnungen schreibt Alice:

> Die ersten zwei Jahre meiner Ehe waren nicht völlig unglücklich. Aber dann brach der Krieg aus, und es gab keine Möglichkeiten mehr, Essen zu kochen. Von diesem Zeitpunkt an ging mein Mann jeden Abend in eine Kneipe, wo er aß, trank und mit einfachen Leuten Karten spielte … Ich saß zu Hause mit der Kinderschwester und tat, als würde mir das alles nichts ausmachen. Aber wie konnte sich ein jüdischer Mann so schlecht benehmen? Ich schämte mich entsetzlich, eine so schlechte Wahl getroffen zu haben, und redete mit niemandem darüber. Wem hätte ich es auch erklären können? Meine Eltern waren alt, und man sprach nicht über Dinge, die sich im Schlafzimmer abspielten.[52]

Schlimmer als die Schlafzimmerprobleme war Max' Spielsucht. Nach einem berühmten Bonmot von Alfred Polgar gibt es zwei

Otto als Kleinkind

Arten von Spielern: »Die einen spielen zum Vergnügen, die anderen, weil sie Geld brauchen; zwangsläufig geht nach einiger Zeit die erste Kategorie in die zweite über.«[53] Die Ehe mit Max bedeutete für Alice, dass sie ihr Leben mit einem Suchtkranken verbringen musste, der sie Stück für Stück in den finanziellen Ruin zog. Der Krieg machte die Lage nicht besser. Während Alice' Bruder Felix wie alle jungen Männer der Familie Mayer an die Front ging, wurde Max als Regimentsarzt dem Landsturm zugewiesen.[54] Aber das bedeutete auch, dass er nicht an einer fernen Front diente, sondern in Wien. Alice hätte ihn lieber sehr weit weg gewusst:

> Ich kann mich nicht erinnern, wie es am Ende dazu kam, dass ich noch einmal schwanger wurde. Ich hatte versucht, es zu vermeiden, weil ich glaubte, ein von Alkohol deformiertes Kind bekommen zu können. Als ich dennoch schwanger wurde, sagte mein Mann, ich solle abtreiben, denn er sei geschlechtskrank. Mit dem Baby war an eine Scheidung nicht mehr zu denken. Wir führten völlig getrennte Leben, es war eine schreckliche Zeit.[55]

Um welche Geschlechtskrankheit es sich genau handelte, ob Max sie schon vor der Ehe gehabt und verheimlicht hatte, erfuhr Alice nie. Nur in einem Punkt hatte sie Glück. Weder sie noch ihr Baby waren infiziert. Im November 1917 kam ihr zweiter Sohn Karl gesund zur Welt. »Karli« wurde das völlige Gegenteil seines Vaters: ein lieber, hilfsbereiter Junge, der versuchte, seine Umgebung glücklich zu machen. Die Zeiten, in die er hineingeboren wurde, hätten jedoch nicht unglücklicher sein können.

Im Oktober 1917 war in Russland die Revolution ausgebrochen, und auch in Wien kam es immer häufiger zu sozialen Unruhen. Hunger und Krankheiten griffen um sich, die Leute waren kriegsmüde. Der neue Kaiser Karl versuchte noch, hinter dem Rücken der deutschen Verbündeten Geheimverhandlungen mit den Alliierten zu führen. Die Bemühungen scheiterten und konnten das Auseinanderfallen des Habsburgerreiches nicht mehr aufhalten.[56]

Obwohl sich alle nach dem Kriegsende gesehnt hatten, war die Niederlage am Ende doch ein Schock. Jegliche Sicherheiten, die Alice' Generation gekannt hatte, existierten von einem Tag auf den anderen nicht mehr. Ihre Cousine Lily Bader schrieb darüber: »Tagelang wimmelte es in Wien vor Gerüchten und Aufregung, dennoch kam der Rücktritt des Kaisers am 11. November unerwartet. Es war schwer, sich Österreich ohne die Habsburger vorzustellen, die das Land mehr als 600 Jahre lang regiert hatten. Für uns war dieses Ereignis so seltsam, wie wenn der Mond plötzlich von seinem Posten im Himmel abgedankt hätte.«[57]

Nur noch die Vornamen ihrer Söhne erinnerten Alice jetzt an die Monarchie: Der ältere war nach Otto von Habsburg benannt worden, der jüngere nach dem glücklosen Kaiser Karl. Beide würden alles andere als Monarchisten werden, und auch Alice interessierte sich nach 1918 nicht mehr für liebliche Sisi-Geschichten. Sie hatte die Ottakringer Realität kennengelernt, und daran war wenig romantisch.

Der Kaiser verlor zwar über Nacht seine Autorität, doch in jüdischen Familien überlebten die Hierarchien, Revolution hin oder her, wie folgende Anekdote über Paul und Egon Erwin Kisch zeigt. Der rasende Reporter und glühende Kommunist Egon Erwin Kisch versuchte am 12. November 1918 mit der Roten Garde in das Redaktionsgebäude der *Neuen Freien Presse* einzudringen und stieß im Treppenhaus auf seinen Bruder Paul, Wirtschaftsredakteur der *Presse.* Paul versperrte Egon den Weg mit den Worten:

»Was willst du hier, Egon?«
»Das siehst du ja. Wir besetzen eure Redaktion.«
»Wer – wir?«
»Die rote Garde.«
»Und warum wollt ihr gerade die Presse besetzen?«
»Weil sie eine Hochburg des Kapitalismus ist.«
»Mach dich nicht lächerlich und schau, dass du weiterkommst.«
»Paul, du verkennst den Ernst der Lage. Im Namen der Revolution fordere ich dich auf, den Eingang freizugeben. Sonst …!«
»Gut, Egon. Ich weiche der Gewalt. Aber eins sag ich dir: ich schreib's noch heute der Mama nach Prag.«[58]

Nach dieser furchteinflößenden Drohung zog sich Egon Erwin Kisch zurück. Die Authentizität dieser Geschichte ist bezweifelt worden, obwohl die *Neue Freie Presse* tatsächlich von der Roten Garde kurzfristig besetzt wurde. Zeitgenossen, die Mama Ernestina Kisch noch persönlich kannten, beschwören den Wahrheitsgehalt.[59]

Das Auseinanderfallen des Habsburgerreiches hatte auch dazu geführt, dass der preiswerte Weizen aus Ungarn und die Kohle aus der Tschechoslowakei verloren gingen. Die Wiener mussten sich nun um Tauschgeschäfte auf Bauernhöfen bemühen. Alice schreibt in ihren offiziellen Erinnerungen:

Meine Kinder hatten nie frische Milch getrunken und wussten nicht, wie eine Orange aussah oder wie Schokolade schmeckte. Sie wussten nicht einmal, wie man Brot ohne eine Rationskarte kaufte … In den Nachkriegsjahren kam es zu einem furchtbaren Kampf um Lebensmittel. Offiziell war alles noch rationiert. Wer sich den Schwarzmarkt nicht leisten konnte, hungerte oder versuchte, über die Grenze zu gehen, um seine letzten Besitztümer einzutauschen – ein Pelzmantel für ein paar Pfund Butter, ein Fotoapparat für Kartoffeln. Die Bauern nahmen kein Geld an, weil sie bereits mehr davon hatten, als sie brauchten, aber sie füllten ihre Häuser mit Dingen, die sie nie zuvor gesehen hatten. Ein Klavier, das sie nicht spielen, Abendgarderobe, die sie nicht tragen, oder wertvolle Bücher die sie weder lesen noch verstehen konnten.[60]

Dass Amerika eine reiche Gegenwelt darstellte, lernten die Wiener Kinder im ersten Nachkriegswinter. US-Hilfsorganisationen versorgten sie mit der »amerikanischen Ausspeisung«.[61] Der Schauspieler Leon Askin war eines dieser Kinder. Er beschrieb später, welch manisch-depressive Stimmung damals in Wien vorherrschte. Schulen mussten geschlossen werden, weil sie nicht beheizt werden konnten. Die Kinder lungerten auf der Straße herum und spielten stundenlang Fußball, um nicht zu frieren. Einen richtigen Ball besaß keiner mehr, also rollte man alte Fetzen zusammen, wickelte einen Draht darum und nannte es Fetzenball.

Obwohl Askin aus einer sehr armen jüdischen Familie stammte, konnte er weiterhin am Kulturleben teilnehmen. Lebensmittel waren unerschwinglich in Österreich, Kulturereignisse aber konnte man sich leisten. Um Licht zu sparen, verlegten die Theater ihre Vorstellungen auf den Nachmittag, und um halb acht fiel der Vorhang.[62] Doch das machte niemandem etwas aus. Hauptsache, man konnte aus dem Alltag fliehen. Wie Leon Askin liebte auch Otto diese Fluchten. Beide waren besonders vom Ballett begeistert. In der Staatsoper konnten sie *Rotkäppchen* oder Hans Christian Andersens *Die roten Schuhe* bewundern und die Realität für ein paar Stunden verdrängen.

Auch die Erwachsenen flohen ins Theater und kratzten anschließend etwas Geld für einen Abend im Kaffeehaus zusammen. Für Alice waren diese Ausflüge mit ihren Freundinnen überlebenswichtig:

> Als ich Kind war, … wäre es völlig unmöglich gewesen, ohne Ehemann in ein Kaffeehaus zu gehen. Der Krieg änderte das alles. Die Verknappung von Essen, Elektrizität und Heizmaterial führte dazu, dass auch Frauen ins Kaffeehaus kamen, in dem es warm war und wo sie Bridge spielten, Ersatzkaffee tranken und sich ein Brötchen mit der Rationskarte leisteten. Diese Invasion von Frauen wurde von einigen Männern schwer bedauert, das Kaffeehaus war ihre Domäne gewesen.[63]

Aber Alice wollte ihrem Mann einfach so oft wie möglich entkommen. Die beiden waren nur noch durch Katastrophen miteinander verbunden: »1920 verlor er eine große Summe beim Kartenspiel und zwang mich dazu, mein wunderschönes Diamantarmband zu verkaufen, um seine Schulden zu bezahlen. Das war das Ende. Ich glaube, er lebte danach nur noch eine Woche, denn als er starb, hatte ich noch Geld übrig.«[64]

Es sollte nicht lange reichen.

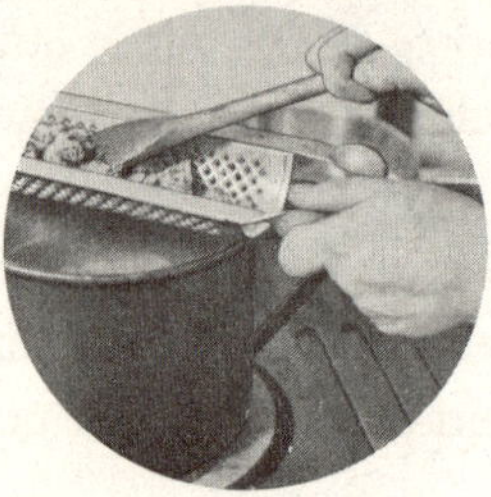

Hungrige Zeiten

»Leute, genießt bloß die Nachkriegszeit.
Denn bald wird sie wieder zur Vorkriegszeit.«
Wolfgang Neuss und Wolfgang Müller
in *Wir Wunderkinder*[1]

Wenn man in Deutschland stirbt, geht das Testament an ein Nachlassgericht. In Österreich gibt es für Nachlassakten ein anderes Wort – man nennt sie »Verlassenschaftsakten«. Die Bezeichnung hat eine leicht dramatische Note, schließlich ist Verlassenwerden in der Regel eine schmerzhafte Erfahrung. Als Max am 1. April 1920 im Alter von 44 Jahren im Wiener Sanatorium Löw starb, war Alice froh, dass er sie endgültig verlassen hatte. Sehr viel länger hätte sie den Part der zufriedenen Ehefrau nicht mehr durchhalten können. Es war eine undankbare Rolle geworden, die ausgesprochen viel Kraft kostete. Max' Tod bedeutete eine Befreiung für Alice, aber die Erleichterung darüber hielt nur kurze Zeit an. Die Eröffnung seines Testaments zeigte ihr, dass Fassade und Realität noch weiter auseinanderklafften, als sie befürchtet hatte.

Das Testament liegt bis heute beim Wiener Stadt- und Landesarchiv. Es ist ein Schriftstück von über 50 Seiten, und wenn man es nach seinem Umfang beurteilen würde, könnte man vermuten, dass es hier etwas zu vererben gab. Die Vermutung ist falsch.

In der relativ kurzen Zeit von sieben Ehejahren hatte Max es geschafft, Alice' Mitgift von 80 000 Kronen zu verspielen. Laut Inventur hinterließ er lediglich folgende Gegenstände:

1. Kleidung und Wäsche im Wert von 1960 Kronen, darunter befanden sich »ein dunkler, beschädigter Winterrock für 150 Kronen, ein Zylinder (50 Kronen), ein Frack (100 Kronen)«.
2. Eine goldene Uhr (1000 Kronen)
3. Bargeld (300 Kronen)
4. Arztinstrumente (Zahnzangen, Pinzetten etc.), diverse kleine Behelfe zur Geburtshilfe, ein großer und ein kleiner Untersuchungstisch, Waschtisch, Sterilisator samt Wandgestell, ein Schreibtisch

Schulden hatte Max bei Sepp Bruckner (15 Kronen); Familie Koet (30 Kronen) und beim Café Stadt Museum (115 Kronen). Geblieben waren Alice ungarische Wertpapiere und eine Police der Germania Lebensversicherung.[2]

Alice erzählte ihrem Vater nichts von Max' Tod.[3] Sigmund Mayer war jetzt 88 Jahre alt, und seine Tochter wollte ihm keine Aufregungen mehr zumuten. Sie konnte erahnen, wie entsetzt er auf die neueste Hiobsbotschaft aus ihrem Leben reagiert hätte. Er hatte sie mit einer großzügigen Mitgift ausgestattet, und nun, nach kurzer Ehe, waren ihr das Geld und der Mann abhandengekommen. In den Augen eines klugen Geschäftsmannes wie Sigmund Mayer war Alice eindeutig ein Verlustposten, den man abschreiben musste. Und genau das hatte er längst getan.

Es existieren unzählige Bonmots über Testamentseröffnungen. Der Emigrant Franz Marischka hat die folgende geprägt: Er und sein Bruder Georg erhofften sich jahrelang große Gewinne vom Ableben ihrer Tante Lilly. Als das Testament eröffnet wurde, telegrafierte Franz seinem Bruder: »Tante Lilly – mir nix – dir nix gestorben.«[4]

Ähnlich erging es Alice, als sie sieben Monate nach Max' Tod auch noch ihren Vater beerdigte. Sigmund bekam ein imposantes Grabmal in der israelitischen Abteilung des Döblinger Friedhofes.[5] Auf einem meterhohen weißen Halbkreis aus Stein prangte rechts oben Sigmunds Name. Daneben blieb noch genug Platz für seine Kinder, die hier eines Tages ebenfalls beerdigt werden sollten (dass sie alle fernab von Wien sterben würden, konnte damals niemand ahnen). Das Grab strahlt großbürgerlichen Wohlstand aus, und auch die Nachrufe, die Sigmund gewidmet waren, feierten einen erfolgreichen Mann. Die *Neue Freie Presse* gedachte des »kleingewachsenen, halbblinden Mann[es] … der starke Wirkung im öffentlichen Leben Wiens ausübte … und die bedeutendsten Theoretiker der Volkswirtschaft zum Aufhorchen zwang«.[6]

Bei der Testamentseröffnung zwang Sigmund auch seine Familie noch einmal zum Aufhorchen. Das große Mayer-Geschäftsimperium war zwar nach dem Krieg genauso untergangen wie die Habsburgermonarchie, aber anders als Max hatte Sigmund 1920 noch einige Besitztümer zu vererben. Er listete sie auch sehr genau auf, darunter waren, neben den üblichen Preziosen, die Döblinger Villa, eine große Bibliothek mit Erstausgaben sowie Wertpapiere.[7] Die erste Fassung des Testaments war 1914 aufgesetzt worden. Damals belief sich sein Vermögen auf ca. 400 000 Kronen und entsprach damit einem heutigen Wert von zwei Millionen Euro. 1920 war es auf 190 000 Kronen geschrumpft, die jetzt nur noch einen Gegenwert von 17 556 Euro hätten. Dieses Geld sollte zu ungleichen Teilen an seine Ehefrau Pauline, an Felix und die Töchter Helene, Sidonie und Karoline gehen. Es war das Testament eines strengen Patriarchen, der das gefügigste Kind am meisten belohnt.

Über Alice stand dort: »Meine Tochter Alice hat bei ihrer Verehelichung ein Heiratsgut per achtzigtausend Kronen und Möbelausstattung im Werte von fünftausend Kronen erhalten. Überdies habe ich für sie aus Anlass ihrer Verheiratung einen Aufwand per rund fünftausend Kronen bestritten. Ich ordne daher an, dass sie aus meinem Nachlass außer das, was ihr unter IIIA zugedacht ist, weiter nichts mehr zu erhalten hat.«[8]

Auch Sigmunds ältester Sohn aus erster Ehe wurde abgestraft: Dr. Arnold Mayer war Germanist und Bibliothekar der Wiener Universitätsbibliothek geworden, was dem bibliophilen Sigmund eigentlich hätte zusagen müssen. Laut Felix' Erinnerungen litt Arnold jedoch »unter jüdischem Selbsthass« und war konvertiert. Für Sigmund scheint damit die Liebe zu seinem ältesten Sohn beendet gewesen zu sein.[9] Arnold bekam nur einen Pflichtteil, während Helene, Sigmunds jüngstes Kind, am großzügigsten bedacht wurde. Mit ihr hatte er seine Manuskripte und Artikel besprochen, sie war das kluge Wunderkind geworden, das er sich immer gewünscht hatte. Aus diesem Grund vermachte er ihr neben Geld auch ein besonderes Souvenir: »Meiner Tochter Helene hinterlasse ich zum Andenken meinen Ehering für ihren zukünftigen Gatten. Möge er ihr Glück bringen.«[10]

Doch obwohl ein paar seiner Kinder ansehnlich erbten, war das Geld bald nicht mehr viel wert. Die Inflation in Österreich stieg nach Sigmunds Tod immer rasanter. 1914 entsprach eine Krone noch dem Wert von 5,12 Euro. 1923 hätte man für 10 000 Kronen gerade einmal 4,37 Euro bekommen. Als Sigmunds Erben 1922 ihr Geld endlich ausgezahlt bekamen, war sein Barvermögen nicht mehr wert als magere 193 Euro.[11] Die Inflation hatte alles aufgefressen.

Die Testamentseröffnung bestätigte, was Alice natürlich bereits wusste: Sigmund hatte sie nicht geliebt, und ihre finanzielle Lage blieb desaströs. Ihr sozialer Abstieg schien nun unausweichlich. Sie war eine 34 Jahre alte Witwe ohne Geld. Kein Mann, der bei klarem Verstand war, würde sich eine mittellose Frau mit zwei kleinen Söhnen aufhalsen. Alice musste einen Weg finden, ihre Kinder zu ernähren. Aber ihr fehlte das Selbstvertrauen: «Ich war der Überzeugung, nichts gelernt zu haben, mit dem man Geld verdienen konnte. Ich hatte Gesangsstunden und Klavierstunden gehabt. Ich war mit meinen Eltern viel gereist und hatte dadurch auf angenehme Weise etwas über Kunst gelernt. Es war die übliche Ausbildung für höhere Töchter, die kein Talent für irgendetwas haben.«[12]

Vorübergehend profitierte Alice von einem Nachkriegsproblem – der großen Wohnungsnot. Sie konnte Untermieterinnen aufnehmen, »denen ich das große Wohnzimmer vermietete, das ich nicht brauchte. Sie bezahlten in tschechischen Kronen, die viel mehr wert waren als österreichische Kronen und Schillinge. Die Mädchen waren Freundinnen, die sich zu dritt oder viert das Zimmer teilten. Ich brachte ihnen bei, für ihre Geburtstagspartys Kuchen und Kekse zu backen.«[13] Das gemeinsame Backen half Alice. Kochen gab ihr immer ein Gefühl von Sicherheit.

Eine andere Sicherheit bot ihr Schwager Ignaz Urbach. Ihm wurde die gesetzlich vorgeschriebene Vormundschaft für Otto und Karl übertragen, und er nahm seine Aufgabe ernst. Ignaz schien in jeder Hinsicht das Gegenteil von Max zu sein, er arbeitete hart, um seiner Familie ein gutes Leben zu bieten, und interessierte sich nicht für Kartenspiele und Frauengeschichten. Seine Ehefrau Marie war eine Wiener Katholikin, und er verwöhnte sie und die gemeinsamen Kinder nach Kräften.[14] Die Familie wohnte in einem eleganten Haus in der Sensengasse 7. Von dort aus hatte Ignaz es nicht weit zu seinem Bankhaus nahe dem Heldenplatz.[15] Seit dem Beginn der Inflation arbeitete er viel, aber er kam trotzdem regelmäßig bei Alice vorbei, um ihr zu helfen. Sie war froh, dass Ignaz ein wenig die Vaterrolle für Otto und Karl übernahm, doch wie so oft in Alice' Leben war auch diese Idylle nicht von langer Dauer.

Im Frühjahr 1924 ging mit Ignaz eine Veränderung vor, die sich Alice nicht erklären konnte. Er war nicht mehr der fröhliche Verwandte, der ihre Kochkunst bewunderte und mit Karl und Otto spielte. Obwohl Ignaz erst 59 Jahre alt war, schien er rapide zu altern. Alice verstand nicht, was diese Entwicklung ausgelöst haben könnte. Am 5. Juli 1924 erfuhr sie es aus der Presse. Mehrere Wiener Zeitungen brachten die Geschichte in großer Aufmachung. Die *Kronenzeitung* entschied sich für eine Überschrift auf der Titelseite, *Der Tag* brachte einen ausführlichen Artikel auf Seite fünf. Unter der Schlagzeile »Der Tod des Bankiers Urbach – Unfall oder Selbstmord« stand dort:

> Ein seltsamer Fall beschäftigt die Polizei. Der Chef des Bankhauses Urbach und Co, Ignaz Urbach, wurde gestern um 8 Uhr früh im zweiten Stock des Hauses Gonzagagasse 23 mit einer großen Wunde am Hinterhaupt aufgefunden. Fünf Minuten später war bereits die Rettungsgesellschaft da und eineinhalb Stunden später die polizeiliche Untersuchungskommission. Rettungsgesellschaft wie Polizei konnten nur mehr den Eintritt des Todes feststellen. Unbeantwortet bleibt die Frage, ob der Bankier Selbstmord verübt hat, ob er im zweiten Stock des Stie-

genhauses, direkt vor der Türe seines Advokaten Dr. Zeisl, von Unwohlsein gepackt, stürzte und sich dabei die Verletzungen zuzog oder –?[16]

Das dramatisch gesetzte Fragezeichen ließ dunklere Motive vermuten. Die *Kronenzeitung* erklärte ihren Lesern erst einmal, wer der Tote war. Bis zu dem schicksalshaften Tag im Juli 1924 habe Ignaz Urbach sich

> wegen seiner Redlichkeit eines guten Rufes [erfreut]. Seit 35 Jahren Börsenbesucher, kam er gewissenhaft allen seinen Verpflichtungen nach. Seit 14 Tagen sprach man aber davon, dass das Bankhaus Ignaz Urbach sich in Zahlungsschwierigkeiten befindet. Man wusste, dass Kommitenten die Firma im Stich gelassen hatten und dass sich Bankier Urbach bemühe, seine Verbindlichkeiten zu erfüllen. Donnerstag nachmittags hatte sich Urbach in Begleitung seines im Bankhaus tätigen Sohnes [Robert Urbach] zum Rechtsanwalt Dr. Zeisl begeben.[17]

Dr. Zeisl war jedoch keine große Hilfe gewesen. Er hatte Ignaz geraten, Dr. Kantor, den Vertreter des Bankverbandes, aufzusuchen. Dessen Kanzlei befand sich auf dem gleichen Stockwerk wie die Dr. Zeisls, nur eine Tür weiter. Ignaz lehnte es ab, bei Kantor zu klingeln: »Urbach erwiderte darauf, dass dies aussichtslos sei. Er habe einen solchen Schritt bereits unternommen, sei aber abgewiesen worden.«[18] Laut den Recherchen des *Tag*-Reporters ging Ignaz nach diesem Gespräch in sein Bankhaus zurück und gab »sofort sämtlichen Beamten den Auftrag, den Status der Firma genau aufzustellen, eine Arbeit, die den größten Teil der Beamten die ganze Nacht durch beschäftigte. Um ¾ 7 Uhr früh traf nun ein Telegramm aus Prag ein, das Urbach in allergrößte Aufregung versetzte. Er stülpte eiligst seinen Hut auf, steckte den von den Beamten des Bankhauses verfertigten Geschäftsstatus in seine Seitentasche, steckte in der Eile noch ein paar gute Zigarren ein und …«[19] Was in dem geheimnisvollen Telegramm aus Prag gestanden hatte, konnte später nicht mehr geklärt werden. Fest steht, dass Ignaz sich nach Erhalt des Telegramms an diesem Morgen auf den Weg zu seinem Anwalt Dr. Zeisl machte. Als er in der Gonzagagasse 23 ankam, klingelte er jedoch nicht im zweiten Stock bei Zeisl oder Kantor. Er ging an ihren Büros vorbei und stieg eine Treppe höher, in den dritten Stock. Dort legte er Hut und Stock ab. Vielleicht wollte er mit seiner Tat demonstrieren, was Zeisl und Kantor ihm angetan hatten. Was auch immer der genaue Grund für seine Entscheidung war, ein paar Minuten später, um acht Uhr morgens, fand die Hausbesorgerin der Gonzagagasse Ignaz Urbach tot auf:

> Die Füße nach oben am Fenster und den Kopf in einer Blutlache, gerade vor der Türe der Rechtsanwälte Dr. Kantor und Dr. Zeisl … Für einen Selbstmord sprechen die Schwierigkeiten des Herrn Ignaz Urbach und seines Bankhauses, das geheimnisvolle Telegramm aus Prag und ein Brief, den man bei dem Toten fand und der an die Frau Urbachs gerichtet war. In diesem allerdings vom 27. Mai datierten und mit zittriger Schrift geschriebenen Brief sagt Urbach unter anderem, dass er sich nicht mehr zu helfen wisse und dass die Einleitung des Ausgleichsverfahrens unvermeidlich sein werde. Nach der Unterschrift folgt ein Zusatz mit dem Wortlaut: Verzeih mir, ich bitte Dich, mich verbrennen zu lassen. Der Zusatz trägt kein Datum, und es ist möglich, dass diese Nachricht von Urbach erst unmittelbar vor dem Selbstmord niedergeschrieben wurde.[20]

Die Zeitungen diskutierten sofort die Frage, wer denn nun eine Mitschuld an Ignaz' Tod trage. Die *Kronenzeitung* glaubte, die Verantwortlichen zu kennen. Unter der Überschrift »Vom Interventionskomitee im Stich gelassen« schrieb sie:

> Schon vorige Woche ist Bankier Urbach beim sogenannten Stützungskomitee erschienen und hat um einen Kredit angesucht, um seine Verbindlichkeiten erfüllen zu können. Den Weg zum Stützungskomitee haben in den letzten Wochen viele einst blühende Firmen und Bankhäuser gehen müssen, vielen wurde geholfen, aber auch sehr viele Kreditwerber sind vom Stützungskomitee fallen gelassen worden. Bankier Urbach setzte dem Stützungskomitee auseinander, dass seine Verbindlichkeiten 1 Milliarde und 300 Millionen Kronen betragen. Es war ihm gelungen, von anderer Seite auch noch Geld zu erlangen, doch benötigte er noch 650 Millionen, die er vom Interventionskomitee als Kredit beanspruchte. Als Sicherstellung bot Bankier Urbach den Schmuck seiner Familie, dann zwei Automobile sowie Wertpapiere im früheren Werte von einer Milliarde Kronen an. Man erzählte gestern an der Börse, dass sich Dr. Bloch, von der Firma Kux, Bloch & Co, der im Interventionskomitee das große Wort führt, gegen die Gewährung eines Kredits ausgesprochen habe.[21]

Für alle Insider schien es klar, dass Bankier Bloch auf diesem Weg einen unliebsamen Konkurrenten ausgeschaltet hatte. Durch seine unterlassene Hilfeleistung sei er eindeutig mitverantwortlich für Ignaz' Tod, ähnlich wie Dr. Kantor und Dr. Zeisl. Doch diese Sichtweise konnte seine Familie kaum trösten. Für Alice bedeutete all das nur eines: Ihr letzter männlicher Beschützer war tot. Auf schreckliche Weise gestorben, und jeder in Wien klatschte darüber. An diesem Tag im Juli 1924 kam Alice zu dem endgültigen Schluss, sich nie wieder auf Männer zu verlassen. Sie schienen den Problemen der neuen Zeit allesamt nicht gewachsen zu sein: Ihr Vater konnte den Niedergang des Habsburgerreiches nicht verkraften, Max hatte sich nach Kriegsende endgültig in seine Spielsucht geflüchtet, und selbst der zuverlässige Ignaz brachte am Ende nur Kummer über seine Familie.[22] In ihren Erinnerungen schrieb Alice: »Man hatte mich dazu erzogen, dem Oberhaupt der Familie Respekt und Bewunderung entgegenzubringen. Und als Ignaz starb, realisierte ich – ich war völlig allein.«[23]

Alice entschied sich in diesem Moment, nur noch mit Frauen zusammenzuarbeiten. Es war die richtige Entscheidung. Frauen würden ihr in den nächsten Jahren zu großen beruflichen Erfolgen verhelfen.

Um die Atmosphäre im Wien der 20er-Jahre zu verstehen, kann man Stefan Zweig, Franz Werfel oder Karl Kraus lesen. Oder man kann Ludwig Hirschfelds längst vergessenen Reiseführer »Was nicht im Baedeker steht« von 1927 durchblättern. Schon vor dem Ersten Weltkrieg hatte er Geschichten über seine Geburtsstadt in der *Neuen Freien Presse* publiziert, aber für seinen Reiseführer konnte er davon keine Zeile mehr verwenden. Die alte Leichtigkeit war verflogen: »Der ärgste Sieg hätte uns nicht so heftig verändern können wie unsere überwältigende Niederlage, wie diese Liquidation der alten G. m. b.H Österreich-Ungarn. Das Unternehmen hat sich aufgelöst, aber das Wiener Zentralbureau funktioniert im Leerbetrieb weiter.«[24] Dieses Zentralbureau untersuchte Hirschfeld jetzt noch einmal völlig neu. Er erkundete die Stadt, ihre Restaurants, Geschäfte, Theater mitsamt den prominenten und ganz normalen Einheimischen.

Wie viele Wiener war Hirschfeld ein Freund guter Restaurants und riet seinen Lesern, unbedingt am Sacher vorbeizuflanieren:

> Manchmal steht Frau Anna Sacher mit ihren weltberühmten Bullis beim Hotel und macht mit dem höchsten Adel Österreichs Konversation, bei der es jedesmal sehr kritisch zugeht. Vor dem Sacher haben schon Vitriolattentate und Ohrfeigenszenen gespielt, aber immer zwischen den Mitgliedern der feudalsten Gesellschaft, so dass sich ernsthaft kein Mensch darüber aufgeregt hat und man es nur als Genugtuung empfand, dass die elegante Welt sich für ihre Ohrfeigen die elegantesten Plätze aussucht.[25]

Das Soupieren im Sacher blieb für die meisten Wiener unerschwinglich, aber Vitriolattentate und die resolute Anna Sacher zu bestaunen waren umsonst. Hirschfeld erkannte, dass es patente Frauen wie Sacher waren, die jetzt gebraucht wurden. Die Schnitzler'schen Frauenfiguren – »die Ehebruchsvirtuosinnen der Oberschicht und die süßen Mädel der Unterschicht« – »haben sich endgültig zur Ruhe gesetzt«. Grund dafür seien, laut Hirschfeld, die schlechten wirtschaftlichen Verhältnisse. Vor allem den Mädchen

> geht's nicht mehr so gut wie ihren literaturhistorischen Vorgängerinnen, die offenbar nichts anderes zu tun hatten, als glücklich oder unglücklich, empfindsam oder leichtsinnig verliebt zu sein. Wer jeden Tag um sechs Uhr aufstehen, sein Zimmer aufräumen, das Frühstück für die Familie kochen, dann mit der Straßenbahn eine Stunde lang zur Arbeitsstätte, zum Bureau fahren muss, dort acht Stunden lang sitzt, schreibt, rechnet, telephoniert, als organisierter Angestellter sich um Steuer- und

Krankenhausabzüge kümmern muss, ein solches Arbeitsmädel hat wahrhaftig keine Zeit für eine Träne im Augenwinkel … sie ist nicht mehr absolut naiv und ahnungslos, im Gegenteil, sie ist restlos aufgeklärt … sie ist vollständig entsüßt.[26]

Alice sah es ähnlich, und diese neue Generation wurde jetzt zu ihrer Chance: »Um 1923/24 gab es endlich wieder viele Nahrungsmittel«, schrieb sie. »Es war fast wie in der Vorkriegszeit! Viele junge Mädchen, die während des Krieges aufgewachsen waren und all diese Zutaten nicht kannten, konnten damit nicht kochen … Meine Zeit war gekommen, obwohl ich es noch nicht wusste!«[27]

Alice' Karriere als Betreiberin einer Kochschule wurde aus drei Gründen möglich: erstens weil diese neue Generation von Frauen Kochunterricht brauchte, zweitens weil in Neubauwohnungen moderne Küchen eingerichtet wurden,[28] und drittens weil die Damen der Wiener Gesellschaft wieder genug Geld hatten, um große Abendgesellschaften zu veranstalten, und dafür Catering benötigten.[29]

Zu diesen Gesellschaftsdamen gehörte auch Alice' Schwester Helene. Sie führte das Leben, das Alice nur noch aus Vorkriegserinnerungen kannte. Helene hatte mittlerweile den wohlhabenden Anwalt Dr. Georg Eissler geheiratet und lebte in einer prachtvollen Wohnung im ersten Bezirk. Sie besaß viele Talente, aber Kochen gehörte nicht dazu. Daher übernahm Alice bei Mutzis Abendeinladungen das Regiment in der Küche. Sie empfand es nicht als Herabsetzung, für die reichen Gäste ihrer Schwester zu kochen. Im Gegenteil, sie beschrieb, wie ihr diese Aufgabe langsam Selbstvertrauen gab. Besonders erfolgreich waren ihre kulinarischen Kreationen für Helenes Bridgepartys. Bridge wurde in den 20er-Jahren für viele zu einer großen Leidenschaft. In ganz Wien entstanden »Bridgestuben«, eine Mischung aus Club und Spielcasino.[30] Helene gehörte zu den besten Spielern Wiens und organisierte zu Hause ihre eigenen Bridgepartys. Der Clou dabei war das Essen, das Alice eigens dafür entwickelt hatte. Da Bridgepartien lange dauern können und niemand sein Blatt aus der Hand legen will, ist es nicht leicht, nebenher satt zu werden, und so erfand Alice die »Bridgebissen«. 2019 entdeckte die österreichische Zeitung *Die Presse* Alice' Rezept wieder und druckte es (unter dem Autorenamen Rudolf Rösch) in ihrer Lifestyle-Beilage ab:

> Eine Abart von belegten Brötchen, in letzter Zeit modern …, sind die sogenannten Bridgebissen. Wie schon ihr Name sagt, werden sie in Bissensgröße angefertigt, so dass eifrige Spieler, ohne das Spiel zu unterbrechen, sie auf einmal in den Mund stecken können. Damit kein Besteck benötigt wird, werden sie an Zahnstocher gesteckt, die zum Anfassen dienen … Das als Unterlage dienende Weiß- oder Schwarzbrot wird meistens ausgestochen oder sehr zierlich geschnitten. Die verschiedensten pikanten Kleinigkeiten dienen als Auflage. Die Bridgebissen pflegt man in Papierkapseln zu stecken, so dass sie das Aussehen kleiner Dessertbäckereien haben. Sie werden meistens nach der Fertigstellung mit kaltem flüssigen Aspik rasch überzogen.[31]

Die Bridgebissen erfreuten sich in den 20er-Jahren größter Beliebtheit, aber Alice glaubte, ausschlaggebend für ihren beruflichen Erfolg seien ihre Petits Fours gewesen:

> Der entscheidende Moment kam, als [Helene] ihre erste Einladung gab und mich fragte, ob ich meine berühmten Petits Fours anfertigen könne. Ihre Gäste waren reiche Damen, die

davon begeistert waren und mich baten, ihnen meine Kunst beizubringen. Ich konnte in meiner kleinen Küche aber nicht mehr als fünf oder sechs Leute unterbringen. Also musste ich mir etwas einfallen lassen … Doch ich hatte keine Geschäftserfahrung und auch kein Startkapital. Ich ging in einen Laden in der Inneren Stadt, der Gas- und Elektroherde verkaufte. Ich wusste, dass sie dort auch eine Testküche hatten. Mein Gespräch mit dem Besitzer dauerte nur ein paar Sekunden:
»Könnte ich Ihre Testküche zweimal die Woche für ein paar Stunden benutzen?«
»Ja, wenn Sie Gas und Strom zahlen.«
»Danke, das werde ich tun!«
Das war der Anfang. Ich hängte in Schaufenstern Karten mit der Ankündigung auf:

Alice Urbach gibt Unterricht in Zuckerbäckerei
Montags und freitags 15 Uhr

Der erste Montag kam … und ich stand mit meiner Haushaltshilfe Mitzi, einem Mädchen vom Land [in der Testküche]. Mitzi war damals 18 Jahre alt, sie blieb viele Jahre bei mir, bis sie heiratete. Sie war hochtalentiert und stellte sich als echter Segen heraus … Unsere einzige Schülerin an diesem Montag war die Frau eines Arztes, der Rest des großen Raumes – gähnende Leere! Es war mir so peinlich und ich war so nervös, dass ich den Kuchen ohne Zucker in den Ofen schob. Aber dann ein paar Tage später quoll der Raum über von Frauen – alten, jungen, Köchinnen, Hausfrauen, jeder Stuhl war besetzt. Ich war so glücklich, ich hätte mir so einen Erfolg nie vorstellen können.

Zwei Dinge schienen für den plötzlichen Erfolg eine Rolle gespielt zu haben: die Mundpropaganda von Alice' vielen Freunden und ihre ungewöhnliche Methode, Schülerinnen zu rekrutieren: »Ich rede immer zu viel«, schrieb sie leicht zerknirscht, »aber es war diese schlechte Eigenschaft, die mir den Erfolg brachte. Die Hälfte meiner Kochschülerinnen bekam ich einfach dadurch, dass ich mit jeder Frau redete, die ich traf.« Alice unterhielt sich überall – auf Bahnsteigen, in der Schlange vor einem Geschäft oder beim stundenlangen Warten auf einer Behörde. Sie redete nicht nur selbst, sie hörte während des Luftholens auch konzentriert zu. Was die Leute dachten, interessierte sie wirklich, und sie sammelte ständig gute Geschichten. Aber das Zuhören und Reden waren nicht nur ein Hobby. Seitdem sie die Testküche gemietet hatte, sah sie in jeder Frau, die sie traf, eine potenzielle Kochschülerin, die man nur noch überzeugen musste. Alice wurde zu einer strategischen Rednerin:

> Ich stellte mich einfach vor die elegantesten Wiener Delikatessengeschäfte, in deren Schaufenster wunderschöne kulinarische Meisterwerke ausgestellt waren. Frauen allen Alters standen da und bewunderten diese glänzenden Dinge. Sie hatten nicht die leiseste Ahnung, wie man solche Wunder anfertigen konnte. Sobald ich merkte, dass eine Frau wirklich interessiert war, gab ich ihr meine Visitenkarte … Und mit absoluter Sicherheit kam sie dann zu meinem Kochkurs. Und sie kam nicht allein, nein, sie brachte Schwestern, Freundinnen, Mütter und Schwiegermütter mit.

Abgesehen von ihrem Wortschwall spielte es sicher auch eine Rolle, dass Alice nicht wie eine strenge Lehrerin aussah. Sie wirkte sympathisch, mütterlich und rund. Wenn man ein Kind gefragt hätte, wie eine Köchin aussieht, es hätte ein Bild von Alice gemalt. Endlich war sie in der Rolle ihres Lebens angekommen:

> Die Nachfrage stellte sich als so groß heraus, dass ein paar Unterrichtstage die Woche nicht mehr reichten. In dem Eisenwarenladen, in dem ich immer meine Töpfe kaufte, mietete ich daher ein weiteres Hinterzimmer … Das Leben war auf einmal gut zu mir, und ich war glücklich. Jetzt konnte ich meinen Söhnen alles kaufen, was sie brauchten, bis auf die Liebe eines Vaters. Ich war den ganzen Tag über sehr beschäftigt … und erweiterte mein Repertoire um Hors d'œuvres und ausgefallene Canapés und Sandwiches … Ich hatte zu dieser Zeit viele Schüler, und dadurch wurden plötzlich auch die Behörden auf mich aufmerksam. Wahrscheinlich wurde ich von einer der anderen Kochschulen angezeigt, die auf meinen Erfolg neidisch waren.

Der berühmte Torberg-Spruch »In Wien gibt es Sacher und Widersacher« traf schon in den 20er-Jahren zu. Aber Alice wusste sich dagegen zu wehren:

> Jedenfalls erfuhren die Behörden, dass eine Frau Urbach, eine Arztwitwe, die nie eine Hauswirtschaftsschule besucht hatte, Hunderte von Schülern unterrichtete. Diese Frau hatte keinen Gewerbeschein und unterrichtete in einem Eisenwarenladen! Dieser Laden hatte ebenfalls keine Genehmigung für solche Veranstaltungen und profitierte von alldem, denn die Kochschüler kauften dort ihre Töpfe und andere Gerätschaften, die diese Frau Urbach in ihren Vorträgen empfahl. All diese Vorwürfe stimmten natürlich, und so wurde die »berüchtigte« Frau

Urbach, die es gewagt hatte, Lehrerin zu sein, ohne je eine Lehrerausbildung absolviert zu haben, aufs Amt zitiert. Aber mein Glück ließ mich nicht im Stich.[32]

Eine ihrer Schülerinnen war die Frau des zweiten Bürgermeisters. Er half Alice, eine einwandfreie Gewerbegenehmigung zu bekommen, und sie konnte daraufhin ihre Kochschule in der Goldeggasse 1 eröffnen. Sie lag in einer schönen Wohngegend, ganz in der Nähe von Schloss Belvedere. Nach dem Unterricht konnten Alice' Schüler im Park spazieren gehen, um die angehäuften Kalorien wieder abzuarbeiten. »Im Laufe der Jahre erlangte meine Kochschule eine solche Beliebtheit«, schrieb Alice, »dass es eine Art ›Muss‹ für junge Mädchen wurde, bei mir einen Kochkurs zu absolvieren. Ich hatte alle möglichen Schüler, Schauspielerinnen, Adlige und sogar ein paar Männer.«

Unter den Männern war auch ein Prinz aus dem Hause Liechtenstein, »ein großer, gut aussehender Mann, der auf eine Weltreise ging und lernen wollte, sich selbst etwas zu kochen, damit er in Südamerika nicht nur gegrillte Grashüpfer essen musste«. Viele Schülerinnen hatten noch nie in ihrem Leben selbst eine Mahlzeit zubereitet, darunter waren die amerikanische Schriftstellerin Prinzessin Amelié Rives Troubetzkoy, eine Gräfin Aehrenthal, die ehemalige Primaballerina Grete Wiesenthal und die »wunderschöne Tochter« des britischen Botschafters Walford Selby.[33] Sie alle machte Alice zu Kennerinnen der Kochkunst.

Helene hatte Alice dabei geholfen, reiche Damen der Gesellschaft zu rekrutieren, aber auch ihre Halbschwester Sidonie unterstützte sie nach Kräften. Der Altersunterschied zwischen den beiden betrug zwar 22 Jahre, aber trotzdem standen sie sich nahe. In der Familie nannte man Sidonie nur Sida, sie hatte rote

Haare und schielte ein wenig, und alle waren sich einig, dass sie zu der Sorte von Frauen gehörte, die sich für alle aufopferte. Felix Mayer schrieb später über seine Halbschwester: »Sie hatte das großzügigste Herz, das man sich vorstellen konnte.«[34] Von ihrem Vater hatte Sida das schriftstellerische Talent geerbt, und sie wollte unbedingt Journalistin werden. Da man Frauen ihrer Generation generell wenig politischen Sachverstand zutraute, wählte sie ein Thema, mit dem sie männlichen Journalisten kaum Konkurrenz bereiten konnte: Hauswirtschaft und Mode. Sidonie war in gewisser Weise eine Art Wegbereiterin für Alice, sie schrieb schon vor dem Ersten Weltkrieg Artikel über Fragen der Haushaltsführung und hielt Vorträge übers Kochen.[35] 1925 publizierte sie mit Alice zusammen ihr erstes Buch: *Das Kochbuch für Feinschmecker*. Es erschien im jüdischen Verlag Moritz Perles, der 13 Jahre später arisiert werden würde.[36]

Sidonie hatte unzählige Ideen, mit denen sie Alice half, stets wechselnde Kurse anzubieten:[37]

> Einmal die Woche lud ich einen berühmten Koch ein, der uns allen ein besonderes Gericht kochte. Einer dieser berühmten Köche war Herr Spork, ein wunderbarer älterer Herr, der noch für den Kaiser Franz Joseph gekocht hatte, und als der Kaiser starb, wurde Spork der Zuckerbäcker von Kaiserin Zita und Kaiser Karl. Er zeigte uns die raffiniertesten Kuchen und Eiscreme-Kreationen, die er für die Geburtstagspartys der kaiserlichen Kinder entworfen hatte.
> Zu dieser Zeit kam mir auch die Idee, eine eigene Kochausstellung zu organisieren. Ein, zwei Mal im Jahr stellten wir die schönsten Gerichte der Schüler aus. Wir präsentierten 100 der besten, verführerischsten Kreationen, und ich lud alle Journalisten der Zeitungen und Zeitschriften zur Präsentation ein. Mit

großer Anspannung warteten wir auf die Kritiken. Sie waren fantastisch … und ich war die glücklichste Frau der Welt.[38]

Alice hielt mittlerweile in der ganzen Stadt Vorträge mit Titeln wie »Die Schnellküche der berufstätigen Frau«,[39] »Die Hausfrau und ihre Einstellung zur neuzeitlichen Ernährung« oder »Das Girl am Herd«.[40]

Die Zeitungen berichteten über die Vorträge, und das *Neue Wiener Journal* brachte unter der Überschrift »Ist Kochen modern?« einen ausführlichen Artikel über Alice' Kurse. Besonders beeindruckt war die Journalistin von den vielen Ausländerinnen in der Kochschule, »deren fremde Idiome das kosmopolitische Bild dieser Kurse bereichern«. Alice konnte auf Englisch-Wienerisch und Französisch-Wienerisch unterrichten, und ihre Zuhörerinnen folgten »mit gespanntem Interesse diesen polyglotten und doch echt wienerischen Lehrkursen, die unter der Leitung einer gebildeten Dame berufen sind, das Renommee der Wiener Küche wieder zu erobern«.[41]

Weil Alice viel Kontakt mit ausländischen Schülern hatte und sich für internationale Trends interessierte, war sie die Erste, die in Wien einen Lieferservice für fertig zubereitetes Essen anbot.[42] Was wir heute für völlig selbstverständlich halten, war damals etwas Neues und wurde von der Presse hoch gelobt:

> Amerikanisierung überall – jetzt werden uns auch schon in Wien die kulinarischen Genüsse im Rekordtempo brühwarm und essbereit ins Haus gestellt! [Gedankt sei] Frau Alice Urbach, die bestbekannte Inhaberin der modernen Kochkurse in der Goldeggasse … Die berufstätige Frau, die die Zeit zum Selbstkochen nicht hat, sich keine Hausgehilfin leisten kann und doch die kurze Essenszeit am eigenen Tische mit ihrer Familie ver-

bringen will, das große Heer der Angestellten mit durchlaufender Arbeitszeit, der Leidende, der ans Haus gefesselt ist, sie alle können … schmackhafte, nahrhafte Hausmannskost bekommen![43]

Alice war jetzt viel unterwegs, um Vorträge zu halten, Zutaten einzukaufen oder Essen auszuliefern. Sidonie und eine Kinderfrau halfen ihr, sich um die Söhne zu kümmern. Während Karl ein braves Kind war, gab es mit Otto in der Schule ständigen »Zores«. Je älter er wurde, umso mehr rebellierte er gegen den Rest der Welt. 1928 hatte er wieder einmal ein vernichtendes Jahreszeugnis des Bundesrealgymnasiums nach Hause gebracht. Bis auf Turnen (sehr gut) und Geografie (gut) waren seine Leistungen in allen anderen Fächern »ausreichend«. Er galt als Unruhestifter, der selten seine Hausaufgaben machte und sich keiner Autorität unterwerfen wollte. Die Antipathie, die er gegenüber seinen Lehrern empfand, beruhte auf Gegenseitigkeit. Otto fand Schule unwichtig. Sein Gehirn raste, er war voller Ideen, die ungeordnet in alle möglichen Richtungen schossen. Er träumte davon, Dinge zu erfinden und die Welt zu bereisen. Aus diesem Grund hatte er sich in Geografie angestrengt, er wollte unbedingt wissen, wo genau welche Landesgrenzen verliefen, um seinen Fluchtplan auszuarbeiten. Gelegentlich gab er sich schulfrei und verschwand auf Skitouren. Im Sommer ging er zu einem der Wiener Bahnhöfe, um abfahrende Züge zu beobachten: Westbahnhof, Südbahnhof, Ostbahnhof, Nordbahnhof und Franz-Josefs-Bahnhof, sie alle wurden seine Reviere. Bis auf den Südbahnhof lagen sie in deprimierenden Gegenden, aber Armut war für jemanden, der in Ottakring aufgewachsen war, nichts Ungewöhnliches. Otto blendete die Tristesse der Umgebung aus und träumte stattdessen davon, zu den Reisenden mit den großen Überseekoffern zu gehören. Vor allem die bunten Gepäckaufkleber von Metropolen, Schifffahrtslinien und eleganten Hotels hatten es ihm angetan. Für ein kleines Taschengeld half er den Trägern gelegentlich beim Aufladen der Koffer, und wenn keiner hinschaute, pulte er ein paar der Schildchen für seine Sammlung ab. Über die Jahre legte er ein großes Sortiment von allen Hauptstädten Europas an, doch die wichtigsten Stücke in seiner Sammlung stammten aus Amerika, Japan und China. Dorthin wollte Otto eines Tages reisen, und wenn es endlich so weit war, würde er diese Aufkleber auf einem großen, eleganten Schrankkoffer anbringen, damit jeder ihn für einen erfahrenen Weltenbummler hielt.

Alice wusste nichts von Ottos Ausflügen zu den Bahnhöfen, aber sie merkte, dass er ihr immer mehr entglitt. Das brachte sie auf die Idee, ihn mehr in ihre Arbeit einzubeziehen. Sie brachte ihm das Kochen bei und war begeistert, wie begabt und kreativ er war. Als er 16 wurde, half er ihr auch bei den Kursen,[44] und die gemeinsame Arbeit brachte die beiden einander näher. Trotzdem war Alice entsetzt, als Otto ihr eines Tages mitteilte, er würde die Schule endgültig verlassen. Er wollte Autos entwerfen und hatte sich bereits eine Lehrstelle bei Renault in Wien besorgt. In Alice' Augen war es eine Katastrophe. Erfolgreiche jüdische Männer wurden keine Mechaniker, sie wurden Ärzte oder Juristen. Otto ignorierte diese Einwände. Er beendete seine Ausbildung und wechselte 1932 für 18 Monate als Techniker zur United Mining Cooperation ins englische Wolverhampton. Das sah er jedoch nur als eine Übergangslösung, denn sein wahrer Traum war es, weit weg von Europa leben zu können. 1934 stellte er einen Antrag zur Einwanderung nach Palästina, entschied sich dann aber kurz darauf für Amerika.[45] Alice wäre bei all dem Tohuwabohu um Otto verzweifelt, wenn nicht Karl zur gleichen

Zeit so große Erfolge in der Schule gefeiert hätte. Wenigstens er wollte Arzt werden und damit die Familienehre retten. Rückblickend schrieb Alice:

> Niemand hätte sich bessere Söhne wünschen können als ich! Mein Ältester [Otto] machte mir als Kind Sorgen … Aber all die Schwierigkeiten glich er um das Tausendfache aus, als er erwachsen wurde und in die USA ging. Als er klein war, hätte ich wissen müssen, dass etwas Besonderes in ihm steckte. Aber die Zeiten waren schrecklich … Bobby [Ottos Spitzname] war in einer sehr fortschrittlichen Schule eingeschult worden – und selbst dort bekam er schlechte Noten fürs Benehmen. Zu Hause hat er nie Schwierigkeiten gemacht, sein Kindermädchen verstand, dass er seine eigenen Ideen verwirklichen musste. Als Teenager wollte ihn keine Schule behalten, weil er sich nie an die Regeln hielt! Wien war zu klein für ihn. Er war ein wunderbarer und liebevoller Sohn, aber er wollte RAUS. Also habe ich ihn gehen lassen, als er 22 Jahre alt war.[46]

1935 ging Otto an das Reed College in Portland im Bundesstaat Oregon. Alice konnte nicht ahnen, wie wichtig diese Entscheidung auch für ihr Leben werden würde.

Endlich Erfolg!

»Nein, nein! Zuerst die Abenteuer,
Erklärungen dauern immer so furchtbar lange.«
Lewis Carroll, *Alice im Wunderland*

Das Reed College liegt in einer der landschaftlich schönsten Gegenden Amerikas. Das Hauptgebäude ist im Tudorgotikstil gehalten, doch die Architektur täuscht. Reed gehört nicht wie Harvard oder Princeton zu den alten amerikanischen Universitäten. Es wurde erst 1908 eröffnet und ist seitdem alles andere als rückwärtsgewandt. Bis heute hat Reed den Ruf, neben Berkeley zu den progressivsten Ausbildungsstätten Amerikas zu gehören. Seit Generationen finden in Reed regelmäßig Studentenproteste statt. Darüber hinaus ist das College dafür bekannt, dass hier der Apple-Gründer Steve Jobs in den 1970er-Jahren seine Liebe zur Kalligrafie entdeckte, die später das Design seiner Firma mitbestimmte.[1] Steve Jobs ist bis heute der berühmteste Reed-Student, doch ein paar seiner weniger bekannten Vorgänger aus den 1930er-Jahren sind ebenfalls einen näheren Blick wert. Auch sie lernten Dinge in Reed, die sie auf ungewöhnliche Wege führen würden.

In den Jahren 1935 und 1936 gehörten zu diesen Studenten

Alice' Sohn Otto, seine Freundin Cordelia Dodson und ein italienischer Adliger namens Emilio Pucci. Die drei passten in keinster Weise zusammen: Cordelia, die Amerikanerin aus bestem Hause, Otto, der arme österreichische Jude, und Pucci, der italienische Faschist. Reed und der Zweite Weltkrieg sorgten dafür, dass die drei einander nicht vergessen würden.

Dass sie überhaupt aufeinandertrafen, lag am Collegepräsidenten Dexter Keezer. Wer Keezers Lebenslauf genauer betrachtet, stellt sich die Frage, ob es sich wirklich um einen Zufall handelte, dass er sowohl Otto als auch einen italienischen Faschisten wie Pucci kostenlos studieren ließ. Keezer scheint Spaß an gesellschaftlichen Experimenten gehabt zu haben. Auf jeden Fall glaubte er daran, dass man unorthodoxe Methoden anwenden musste, um Studenten zum Denken zu bringen. Er selbst hatte mit dem Denken im Ersten Weltkrieg begonnen. Keezer stammte aus einem kleinen Ort in Massachusetts, in dem es kaum kulturelle Anregungen gab. Vielleicht hätte er sich nie für Europa und Europäer wie Otto und Pucci interessiert, wenn er nicht 1917 als Soldat nach Frankreich geschickt worden wäre. Die Begegnungen mit Franzosen und Briten machten ihn weltgewandter und setzten seiner politischen Naivität ein Ende. Nach seiner Rückkehr studierte er Wirtschaftswissenschaften, später arbeitete er für Roosevelts Finanzminister Henry Morgenthau an New-Deal-Projekten.[2] Als Keezer 1934 Präsident des Reed College wurde, beschloss er, den verschlafenen Elfenbeinturm gründlich aufzumischen. Seiner Meinung nach waren die Studenten verzärtelt und mussten dringend mehr gefordert werden.[3] Dazu gehörte neben der geistigen auch die sportliche Herausforderung. Die Dozenten waren schockiert, als Keezer verkündete, er wolle die besten Baseball- und Footballspieler nach Reed holen. Seine Sportbegeisterung erklärt jedoch auch, warum er mittellose Studenten wie Otto und Pucci aufnahm. Die beiden konnten zwar nicht die hohen Studiengebühren bezahlen, aber sie boten Keezer zwei Dinge: Sie konnten ihren amerikanischen Kommilitonen erklären, was in Europa geschah, und sie bauten nebenher eine Skimannschaft für Reed auf.

The Oregonian, die wichtigste Zeitung in Portland, berichtete 1937, dass Otto nur durch einen Zufall vom Reed College gehört hatte: »Dank Dr. Paul Dengler vom österreichischen Amerika-Institut erfuhr [Otto Urbach] von der Existenz des Reed Colleges. Er schrieb an den Präsidenten von Reed, Dexter M. Keezer, und fragte ihn, ob Reed einen Skilehrer brauchen könnte.«[4] Keezer konnte, und Otto reiste im September 1935 nach Amerika. Wie sich bald herausstellte, musste Alice im Gegenzug einen Reed-Studenten in Wien aufnehmen, wovon sie nicht sehr begeistert war: »Sie haben den Austauschstudenten schon weggeschickt«, schrieb Otto kurz nach seiner Ankunft an Alice, »und es tut mir wirklich leid, dass du dieses Opfer für mich bringen musst. Ich glaube aber, dass es [den Aufwand] wert ist, denn hier habe ich wirklich wunderbare Möglichkeiten. Alle sind riesig nett und freundlich hilfsbereit, und es wird nicht schwer sein, die Tante zu befriedigen.«

Otto und Alice hatten vereinbart, das Codewort »Tante« zu benutzen, wenn es um seine Aufenthaltsgenehmigung ging. Als Austauschstudent hatte er nur ein einjähriges Visum erhalten, aber seine Hoffnung war es, in Amerika bleiben und Geld an Alice und Karl schicken zu können. Von diesem Plan sollten weder die österreichischen noch die amerikanischen Behörden etwas erfahren. Da Mutter und Sohn wenig Vertrauen in die Wahrung des Postgeheimnisses hatten, analysierten sie in ihren

Briefen also den gesundheitlichen Zustand der »Tante«. Mal gab es mehr Hoffnung für sie, mal weniger.

Otto musste einen weiteren Punkt verschleiern – dass er nebenher etwas Geld verdiente. Als ausländischer Student besaß er keine Arbeitserlaubnis. Unter der Hand bekam er jedoch eine Stelle in der Skiabteilung des Kaufhauses Meier & Frank (das heute zu der amerikanischen Kette Macy's gehört):

> Ich werde vier Nachmittage und den ganzen Samstag arbeiten und bekomme zwölf Dollar in der Woche. Das Warenhaus ist unerhört klass, ganz funkelnagelneu und modernst eingerichtet. Von außen schaut es aus wie die Nationalbank, nur dass es viel höher ist. Ich arbeite im sechsten Stock. Man hat mir eine kleine Werkstätte eingerichtet, direkt im Geschäft, wo die Käufer zuschauen können, wie die Bindungen und Metallkanten montiert werden.[5]

Das Geld wollte Otto sparen, um einen Rechtsanwalt zu engagieren, der ihm in der »Angelegenheit der Tante« helfen könnte. Die Chancen, genug zu verdienen, standen gut, denn seine Werkstatt zog die Kunden bald in Massen an. Skisport war eine neue Mode in Amerika, und als authentischer Österreicher wurde Otto zur Attraktion des Kaufhauses. Ständig entwickelte er Ideen, wie er seine Werkstatt noch ausgefallener dekorieren könnte. Karl musste ihm aus Wien Original-Skiposter und jede Menge österreichische Strickpullover schicken. Otto baute sogar einen Maronistand und organisierte eine Wiener Woche im Kaufhaus. Am Ende führten seine Marketingideen dazu, dass die jüdischen Besitzer des Warenhauses – Herr Frank und Herr Meier – auf ihn aufmerksam wurden. Julius Meier (1874–1937) war nicht nur ein Kaufmann, er galt als großer Philanthrop, und obwohl er keiner Partei angehörte, war er 1931 Gouverneur von Oregon geworden. Otto konnte sein Glück kaum fassen, als er von Herrn Meier zu Partys in die Gouverneursresidenz eingeladen wurde. Nach all der Tristesse von Wien war er plötzlich umgeben von Luxus. Selbst sein Collegezimmer kam ihm paradiesisch vor. An Alice schrieb er:

> Das College ist unbeschreiblich schön, mitten in Gärten, Blumen überall, und es liegt so eine friedliche Atmosphäre über dem Ganzen … Es ist wie auf einem anderen Stern. Ich habe … eine kleine Wohnung für mich mit zwei anderen Jungens, beide etwas jünger. Drei Zimmer, Bad, ein kleiner Kamin … Das Essen ist ausgezeichnet und reichlich … Fast alle Studenten haben Autos hier. Die Mädchen sind alle sehr hübsch und gescheit, viele waren schon in Europa. Von meinem Fenster sehe ich gerade die Auffahrt der Wagen von den Studenten, die nicht im College wohnen. Es schaut ungefähr so aus wie die Auffahrt der Wagen zum Opernball.[6]

Mit den amerikanischen Frauen schien es auch gut zu laufen, wie er Karl in einem separaten Brief anvertraute. Er hatte zwar mit einer gewissen Jean Schluss gemacht, aber bereits eine neue Freundin, die einen Packard fuhr. Es blieb unklar, was er faszinierender fand, das Auto oder die Frau.[7] Trotz dieser Ablenkungen kam das Studium nicht zu kurz. Aus dem Schulabbrecher Otto Urbach war über Nacht ein Musterstudent geworden. An Alice schrieb er:

> Die Quartalsprüfungen habe ich alle gut bestanden. In Psychologie bin ich sehr gut herausgekommen, habe den achtbesten Grad in der Klasse von 60 Leuten. In Political Science bin ich

nicht so gut, aber auch über dem Durchschnitt … Große Neuigkeit: Ich spreche am nächsten Freitag im Radio. [In der Sendung] »Nachbarn des Nordwest«. Jede Woche stellen sie dem Publikum eine Kapazität in einem Fach vor. Nächste Woche bin ich die Kapazität. Die Amerikaner sind wirklich ziemlich naiv. Vorige Woche war [ein Minister] im Programm, und diese Woche Mr. Otto Urbach. Schade, dass du das nicht hören kannst![8]

Als neu entdeckte Kapazität klärte Otto die Amerikaner über das Skifahren auf. Gleich nach seiner Ankunft hatte er das Reed-Skiteam gegründet, das später im ganzen Land an Uni-Wettbewerben teilnehmen würde.[9] Darüber hinaus baute er auf dem nahe gelegenen Mount Hood mit ein paar Helfern eine Skihütte im österreichischen Stil. Das Collegemagazin druckte jetzt regelmäßig Fotos von den sportlichen Innovationen Ottos ab und brachte Artikel mit Überschriften wie »Urbach organisiert Flying Mile Ereignis«. Über dem Foto seiner selbst gebauten Trockenschanze hieß es: »Warum sollen wir auf den Winter warten? Unter der Führung von Otto Urbach, Wiener Skiexperte, der in Reed studiert, wurde diese hölzerne Schanze gebaut, und zwei Trocken-Skikurse, mit großer Wahrscheinlichkeit die ersten in Amerika, sind im vollen Gange.«[10]

Es ist überraschend, dass Otto bei all diesen Unternehmungen noch immer Zeit fand, Seminararbeiten zu schreiben. Um sie interessanter zu gestalten, bat er Karl, politisches Material aus Wien zu schicken. Für seine Politikaufsätze benötigte er vor allem Publikationen der Vaterländischen Front, und so lernten Reed-Studenten früher als der Rest Amerikas, dass Österreich ein klerikalfaschistischer Staat war, der seit 1934 von Kanzler Kurt Schuschnigg angeführt wurde. Otto konnte auch erklären, warum Österreich seit 1933 von Italien als Schutzmacht abhängig geworden war. Seine Berichte interessierten nicht zuletzt die Psychologiestudenten. Besonders aufmerksam hörte ihm eine junge Studentin zu, die Deutsch, Französisch und Psychologie studierte. Sie stammte aus Portland, war genauso alt wie Otto und ausgesprochen attraktiv. Ihr Name war Cordelia Dodson.

Bis ins hohe Alter zeichnete Cordelia eine Eigenschaft aus, die man am besten als Parkettsicherheit umschreiben kann. Stets schien sie zu wissen, was man in welcher Situation zu tun hatte (und wie man heil wieder herauskam). Cordelia hatte eine Schwäche für hohe Absätze, Schmuck und Make up,[11] aber es wäre ein Fehler gewesen, sie für oberflächlich zu halten. Tatsächlich war sie ausgesprochen intelligent und fest entschlossen, aus ihrem Leben etwas zu machen. Jahrzehnte später erklärte Cordelia einer Kollegin, dass sie bereits in Reed vom amerikanischen Geheimdienst angeworben wurde.[12] Wann genau diese Anwerbung stattfand, lässt sich heute nicht mehr feststellen. Laut ihrem Lebenslauf begann Cordelia ihr Studium im Jahr 1932, unterbrach es mehrmals für Auslandssemester in Frankreich und Österreich und beendete es im Juni 1941.

Im Laufe ihres Lebens würden Cordelia und Otto zu Experten im Bewahren von Geheimnissen werden, und dazu gehörte auch ihre Beziehung. Ob sie jemals ein Liebespaar wurden, ist ungewiss. Aber es gibt ein paar Hinweise darauf, wie wichtig sie einander waren. In ihrem letzten Interview erwähnte Cordelia ihre Freundschaft zu Otto als den ausschlaggebenden Grund, sich mit dem NS-Regime zu beschäftigen. Otto wurde nicht alt genug, um Zeitzeugeninterviews zu geben, aber seine Briefe aus den 30er-Jahren belegen seine Faszination für Cordelia. Er erwähnt sie oft, und obwohl es sich dabei um relativ banale Sätze handelt, sind sie für Otto ungewöhnlich. Er war ein Mann, der Briefe schnell herunterschrieb und dabei einen lakonischen Stil bevorzugte. Wenn es um Cordelia ging, änderte sich sein Ton jedoch um einige Grade. An Karl schrieb er zum Beispiel: »Wenn du diesen Brief erhältst, ist Cordelia Dodson vielleicht schon in Wien … sage ihr, dass ich oft an sie denke.«[13] Für Ottos Verhältnisse grenzte das an eine Liebeserklärung.

Aber nicht nur ihre Beziehung, auch der Psychologiekurs, den die beiden in Reed belegten, würde langfristige Spuren hinterlassen. Otto nutzte seine Psychologiekenntnisse später, um SS-Männer zu verhören, und Cordelia setzte sie während des Krieges bei ihrem ehemaligen Kommilitonen Emilio Pucci ein.

Während Cordelia und Otto zeit ihres Lebens im Hintergrund agieren würden, spielte Pucci eine sehr öffentliche Rolle.[14] Nach dem Krieg wurde er ein berühmter Modedesigner, der Stars wie Jackie Kennedy und Marilyn Monroe einkleidete. 1962 lud das Reed College ihn ein, um über sein Leben zu sprechen. Die kontroverseren Abschnitte umging er gekonnt. Die Zuhörer erfuhren nur, dass er einen Magisterabschluss in Soziologie vom Reed College und einen Doktortitel der Universität Florenz hatte. Sein ursprünglicher Karriereplan sei es gewesen, in den diplomatischen Dienst Italiens einzutreten, aber stattdessen habe er während des Krieges in der Luftwaffe gedient. Damit ließ er seinen Lebenslauf enden und widmete den Rest seines Vortrags der Frage, wie man sich richtig anzieht.[15] Dieser nahtlose Übergang spricht durchaus für Puccis Eleganz – er blieb immer ein grandioser Slalomläufer. Seine amerikanischen Zuhörer wären 1962 sicher entsetzt gewesen zu erfahren, dass er in der italienischen Luftwaffe ein hochdekorierter faschistischer Kriegsheld und der Geliebte von Mussolinis Tochter Edda Ciano gewesen war. Auch dass er und eine Reed-Studentin namens

Cordelia Dodson bei Kriegsende die entscheidenden Rollen bei einer spektakulären Geheimdienstaktion gespielt hatten, wäre vermutlich erklärungsbedürftig gewesen. Über solch komplexe Dinge ging Pucci 1962 lieber hinweg.

Für Cordelia würde Pucci erst im Krieg wichtig werden, für Otto war er es schon zu Studienzeiten. Die beiden Männer wurden auf mehrfache Weise zu Konkurrenten – Pucci übernahm 1936 das Skiteam, brachte seiner weiblichen Fangemeinde Wiener Walzer bei[16] und verteidigte Mussolini in seiner Abschlussarbeit mit dem Titel »Faschismus: Erklärung und Rechtfertigung«. All das brachte Otto verständlicherweise zur Weißglut.

In einem geheimen Lebenslauf erklärte Pucci später, dass er wegen seiner Begeisterung für den italienischen Faschismus mit Kommilitonen in erhitzte Streitgespräche geriet. Die Streitgespräche begannen 1935, als Italien Äthiopien überfiel: »In Amerika herrschte eine weitverbreitete Antipathie gegen die Faschisten vor ... Da ich von meiner Heimat getrennt war, reagierte ich natürlich darauf. Ich vertrat die Meinung, dass Italiens Aktionen gegenüber Äthiopien gerechtfertigt seien. Die Leute antworteten mir, und manchmal hatte ich keine Gegenargumente parat, weil ich so schlecht vorbereitet war.« Aus diesem Grund wechselte er sein Studienfach und belegte ab 1936 in Reed Politische Wissenschaften.[17]

Dexter Keezer nahm den Italiener in Reed auf, genauso wie er Otto aufgenommen hatte. Er erklärte diese Entscheidung mit den Worten: Puccis »akademische Arbeit war ausgezeichnet, und es machte ihm nichts aus, einfache Jobs wie Tellerwaschen und Kellnern zu übernehmen, um etwas Taschengeld zu verdienen«.[18]

Zur gleichen Zeit hatte Alice in Wien mit einem anderen Reed-Austauschstudenten Probleme. Man hatte ihr den Sohn eines Reed-Professors geschickt, einen gewissen Ed Cerf.[19] Ed stellte sich als verwöhnter Egomane heraus, der die Wiener Nächte durchmachte, viel trank und sich ständig Geld von Alice und Karl pumpte. Als er auch noch seinen Kommilitonen Bill McIntyre einlud, ebenfalls bei Alice zu wohnen, war ihre Geduld am Ende. Sie bat Otto um Rat, der ihr sofort antwortete:

> Schreibe einen Flugbrief an seine Eltern und teile ihnen mit, dass du nicht in der Lage bist, Bill zu beherbergen … Du brauchst wirklich nicht rücksichtsvoll und taktvoll sein. Die Amerikaner sind nicht so. Falls ich in dieser Lage wäre, die Leute würden mich glatt an die Luft setzen. Es kommt mir sehr merkwürdig vor, dass er keine Retourkarte hat. Bitte sei nicht sentimental in diesem Fall … glaube nicht, wenn du Bill wegschickst, wird es mir auch so ergehen … Bitte sei wirklich energisch … denk daran, dass mir kein Mensch in den USA etwas umsonst geben möchte.[20]

Alice war zwar nicht glücklich über Ed und Bill, aber alles andere schien ihr im Jahr 1935 zu gelingen. Karl hatte sein erstes Semester als Medizinstudent an der Universität Wien begonnen, und sie zogen gemeinsam um. Bisher war nur die Kochschule in der Goldeggasse 1 untergebracht gewesen, seit August 1935 konnte Alice jedoch eine geräumige Wohnung in der Goldeggasse 7 mieten. Da Ottakring mittlerweile eine Arbeitslosenrate von 50 Prozent hatte und die sozialen Probleme sich dort täglich verschärften, bedeutete der Umzug für Alice und Karl eine große Erleichterung.[21]

Aber die beste Neuigkeit des Herbsts 1935 war, dass Alice' zweites Kochbuch erschien: *So kocht man in Wien!* war 500 Seiten dick und enthielt alles, was sie seit ihrem fünften Lebensjahr über Kochen und Haushaltsführung gelernt hatte.

Die Entstehungsgeschichte des Buches so genau wie möglich zu rekonstruieren ist wichtig, weil Alice' Verlag später eine Version davon in Umlauf setzen würde, die wenig mit der Wahrheit zu tun hatte. Hermann Jungck, seit 1937 Chef des Verlages, beschrieb 1974 in einer Festschrift, was seiner Meinung nach geschehen war. Warum er überhaupt so detailliert auf den Alice-Fall eingeht, bleibt unklar. Vielleicht befürchtete er eine juristische Auseinandersetzung, oder er wollte sich vor sich selbst rechtfertigen. Seine Geschichte beginnt damit, dass sein Onkel, der Verlagsgründer Ernst Reinhardt, 1934 das Buch in Auftrag gegeben habe: »Mein Onkel fuhr nach Wien und besuchte seine dortigen Bekannten, um herauszufinden, wer ein solches Kochbuch schreiben könnte. Es erwies sich, dass alle Leiterinnen von Kochschulen bereits ein Kochbuch herausgegeben hatten, lediglich Frau Alice Urbach, die eine kleinere Kochschule führte, hatte noch keines verfasst.«

Es klingt wie eine Aschenputtelgeschichte, die Jungck hier erzählt: Ein Verleger entdeckte eine unbekannte Frau, die bis zu diesem Zeitpunkt noch keine Zeile geschrieben hatte. Sie scheint eine Art Notlösung zu sein, da »alle Leiterinnen von Kochschulen« bereits Bücher veröffentlicht haben. In Wirklichkeit hatte Alice bereits 1925 ein erfolgreiches Kochbuch mit ihrer Schwester Sidonie herausgegeben und galt in Kochkreisen als eine bekannte Größe. Vielleicht hatte Jungck davon keine Ahnung, aber sein Onkel wusste es mit großer Wahrscheinlichkeit, denn der Verlag Moritz Perles, in dem Alice' erstes Buch erschienen war, vertrat mehrere deutsche Verlage in Österreich, darunter auch

Karl als Abiturient der Höheren Internatsschule
Wien-Breitensee, 1934/35

den von Ernst Reinhardt.[22] Dass Jungck hier nicht detailsicher ist, wäre kein Problem, wenn er in seiner Erzählung nicht noch einen Schritt weitergehen würde: »In kurzer Frist hatte Frau Urbach ihr Kochbuch beisammen – wie sie mir später einmal sagte, habe sie, da sie gar nicht über so viele Rezepte verfügte, sich z. T. damit geholfen, dass sie mit einer andern Bezeichnung Rezepte aus anderen Kochbüchern übernahm.«[23]

Nun wird langsam klar, worauf Jungck hinauswill. Sein Ziel ist es, die Originalität von Alice' Buch infrage zu stellen, um auf diese Weise seine eigene Tat zu verschleiern. In Wirklichkeit hatte Alice so viel Material gesammelt, dass sie bis 1938 sogar noch zwei weitere Kochbücher für Jungck schrieb: ein vegetarisches mit dem Titel *Die fleischlose Kost* und ein cholesterinhaltiges über *Wiener Mehlspeisen*. Beide Bücher erwähnt Jungck in seiner Festschrift mit keinem Wort. Dafür hatte er gute Gründe. Alle drei Werke würde er nach dem Anschluss Österreichs unter dem Namen eines anderen Autors veröffentlichen. Es war also nicht Alice, die »Rezepte aus anderen Kochbüchern übernahm«, sondern Jungck.[24]

In ihren Erinnerungen erzählt Alice die Entstehungsgeschichte des Kochbuches so: »Ich erhielt einen Brief von dem Verleger R. Er schrieb: ›Ich will ein Wiener Kochbuch! Frau S. hat Sie auf einer Zugfahrt nach Gastein kennengelernt, und sie ist eine Freundin von mir. Sie ist überzeugt davon, dass Sie ein solches Buch schreiben sollten. Werden Sie es tun?‹«[25] Alice willigte ein und war stolz darauf, die Familientradition fortführen zu können:

> Mein Vater, einer meiner Brüder, eine meiner Schwestern, mehrere Cousins, fast zwanzig Familienmitglieder, schrieben professionell oder gelegentlich. Selbst einer meiner Söhne [Otto],

> der einen völlig anderen Beruf hatte, verfasste ein Filmskript und verkaufte es an eine Filmfirma in Hollywood … Ich folgte nur dem Muster, und natürlich erwartete ich nicht, dass mein Buch ein Bestseller werden würde.[26]

Jungck erwähnt 1974 nicht, dass *So kocht man in Wien!* ein Bestseller wurde, sondern beschreibt ausführlich all die Probleme, die sein Haus damit hatte. In Österreich war das Buch im Verlag der Zentralgesellschaft für buchgewerbliche und graphische Betriebe (ZG)[27] erschienen, der es anfangs in Hefte aufteilte, um sie einzeln zu verkaufen. Das wiederum stieß bei den österreichischen Käufern auf Missverständnisse, aus irgendeinem Grund glaubten sie, die Autorin würde auf Lesereisen in ganz Österreich Kochkurse anbieten.[28] Herr Jungck hatte also laut seiner eigenen Darstellung nichts als Ärger mit dem Buch – weil die österreichischen Vertreter falsche Versprechungen machten und der Reinhardt Verlag diese Anfragen abwehren musste.

Auch die ausgezeichneten Kritiken, die das Buch erhielt, lässt Jungck unter den Tisch fallen. Im Dezember 1935, rechtzeitig zum Weihnachtsgeschäft, erschien die erste Lobeshymne: »Alice Urbach, die sich des besten ›kulinarischen‹ Ruhmes und Rufes erfreut, hat jetzt ein bildschönes Kochbuch herausgegeben: ›So kocht man in Wien!‹. Der Titel sagt viel, aber nicht alles. Denn auf diesen über 500 Seiten ist so Vieles und Vielerlei enthalten, dass es beinahe die ganze Küchenweisheit umfasst.«[29] Die *Reichspost* kam zum gleichen Schluss:

> So kocht man in Wien! Unter diesem bündigen und einprägsamen Titel ist soeben … ein ausgezeichnetes Koch- und Haushaltsbuch der gut bürgerlichen Küche von Alice Urbach, der Inhaberin der bekannten und auch von Ausländern viel besuch-

ten Wiener Kochschule erschienen … Stets ist in den tausenderlei Rezepten dem unverfälschten Wiener Geschmack Rechnung getragen. Ganz besonders eingehend behandelt Alice Urbach auch das Kapitel der Wiener Mehlspeise, die ja den Ruf Wiens seit langem in alle Welt trägt: der »ausgezogene Apfelstrudel«, die Faschingskrapfen, der Kaiserschmarrn – alle diese für unseren Gaumen bereits zur Selbstverständlichkeit gewordenen Kostbarkeiten sind nicht nur in ihren besten Zubereitungsarten angegeben, sondern auch in ihren wesentlichen Entstehungsphasen photographisch naturgetreu abgebildet. Ein eigenes Kapitel widmet die fachkundige Verfasserin der modernen Ernährungsweise. Wir finden hier Darlegungen auch über Rohkost, über die vegetarische Küche, die verschiedentlichen Diätküchen: nicht minder eingehend und überzeugend ist die Säuglingsernährung gleichwie die Touristen- und Weekendküche behandelt. Und wer trotz der Vielfältigkeit der Rezeptgebung noch immer im Zweifel wäre, was er am nächsten Tag oder bei irgendeinem festlichen Anlasse kochen soll, der braucht nur einen Blick in den Anhang des Buches zu werfen: dort entdeckt er mühelos für alle Tage des Jahres, für Tee- und Kaffeejausen, für Familienfeste wie für Familienabende die erlesensten und gleichwohl billigsten Zusammenstellungen. So kann man zu diesem preiswerten Kochbuch zusammenfassend nichts Treffenderes sagen als das Wort, das auf seinem Titelblatt steht: »So kocht man in Wien!«[30]

Das Buch enthält viele Farb- und Schwarz-Weiß-Fotos, die nicht nur Gerichte abbilden. Auf mehreren Bildern sind junge Kochschülerinnen zu sehen, die in Töpfen rühren. Von Alice selbst werden jedoch nur die Hände gezeigt – wie sie Teig knetet oder Zutaten schneidet. Abgesehen von diesen Händen ist sie eine

»Fleißig bei der Arbeit«, Illustrationen aus So kocht man in Wien!

Frau ohne Körper. Diese Ausblendung ging sicher nicht auf Alice' Wunsch zurück. Sie ließ sich gern fotografieren, und auch wenn sie sich nicht für besonders hübsch hielt, gibt es aus der Nachkriegszeit unzählige Fotos, auf denen sie stolz neben turmhohen Torten posiert.

Es wäre ein Leichtes gewesen, Alice' ganzen Körper bei der Arbeit in der Küche zu fotografieren – und nicht nur ihre Hände. Warum also wurde ihr Gesicht 1935 nicht gezeigt? Ein Grund dafür könnte sein, dass sie mit ihrer frappanten Nase einfach zu jüdisch aussah. Der Nachname Urbach klang nicht jüdisch (es gibt bis heute jüdische und nichtjüdische Urbachs), aber ihr Gesicht hätte eine ganz andere Geschichte erzählt. Und diese Geschichte wollte ein deutscher Verlag im Jahr 1935 auf keinen Fall erzählen. Ein sehr ähnliches Schicksal wie Alice erfuhren zur gleichen Zeit schwarze Kochbuchautorinnen in den USA.[31] Auch ihre Fotos wurden als geschäftsschädigend angesehen, genauso wie ihre »schwarz klingenden« Namen, die einfach nicht genannt wurden. All das wurde ausgeblendet.

Alice beschwerte sich 1935 nicht über fehlende Fotos. Sie war zu stolz auf ihr Buch, und sie feierte seine Veröffentlichung mit all ihren Wiener Freunden.

Sie konnte nicht ahnen, welchen Weg es noch gehen würde.

Shanghai oder der amerikanische Sohn

»seid besorgt, brief folgt.«
Friedrich Torberg über den sparsamen
Telegrammstil jüdischer Familien[1]

»Noch jetzt rieche ich den Gestank verbrannten Fleisches, von Blut und Verwesung, der über Shanghai liegt. Flugzeugabwehr ist alles Quatsch. Kein einziges Mal hat man einen Angriff wirklich abwehren können.«[2]

Es war Samstag, der 14. August 1937. Die ersten Bomben fielen um 16 Uhr 27 auf zwei Hotels.[3] Eine weitere Welle traf den Vergnügungspark »Great World«. Die Zahl der Schwerverletzten und Toten belief sich auf über 2000, allesamt Zivilisten. Der Tag würde als »Blutiger Samstag« in die Geschichte eingehen.

Noch an diesem Abend zog Otto die Uniform des Shanghai Volunteer Corps (SVC) an, einer internationalen Freiwilligentruppe. Ein Pressefoto vom 19. August 1937 zeigt ihn, wie er sich nahe dem Bund – der teuren Uferpromenade Shanghais – mit anderen Freiwilligen, Gewehr im Anschlag, hinter Sandsäcken verschanzt. Die Läden, Restaurants und Kinos, in denen er seit einem Jahr seine Freizeit verbracht hatte, waren zerstört worden.

Aber warum befand sich Otto 1937 überhaupt in Shanghai? Und warum musste Alice befürchten, dass er aus dieser Stadt nicht mehr lebend herauskommen würde? Sie war es nicht mehr gewohnt, sich um ihren ältesten Sohn zu sorgen. Seitdem Otto nach Amerika gegangen war, schien sein Leben endlich in den richtigen Bahnen zu verlaufen. Aus seinen ersten Semesterferien 1936 schrieb er zuversichtliche Briefe an Alice. Seine Sommerjobs machten ihm Spaß, und er konnte endlich etwas Geld verdienen. Er leitete ein YMCA-Ferienlager am idyllischen Spirit Lake im Bundesstaat Washington: »Ich bin jetzt hier in einem Camp ungefähr 100 Kilometer von der nächsten menschlichen Ansiedlung entfernt. Ein herrlicher See, tiefe Wälder und Sonne … Ich habe 45 Burschen unter meiner Aufsicht, alle zwischen 12 und 16 alt. Wir haben eine Köchin, einen Arzt und eine Wäscherin, Motorboote und elektrisches Licht.«[4]

Mit den Kindern kam Otto gut aus, nur mit der Köchin befand er sich von Anfang an in einer Dauerfehde. Alice hatte ihrem Sohn viele kulinarische Kunstgriffe beigebracht, er wusste, wie man mit wenigen, preiswerten Zutaten viel erreichen konnte. Seine Toleranzgrenze war daher in Bezug auf schlechtes Essen ausgesprochen gering. Nachdem die YMCA-Köchin es wieder einmal geschafft hatte, die Mittagsmahlzeit anbrennen zu lassen, feuerte er sie.[5]

In dieser Sommeridylle gab es nur ein Problem, das Otto nicht lösen konnte. Die »Angelegenheit der Tante« hatte sich als sehr viel komplizierter herausgestellt als erwartet. Otto brauchte dringend eine Verlängerung seiner Aufenthaltsgenehmigung. Ohne dieses Dokument durfte er weder sein Studium fortsetzen noch in Amerika eine Stelle antreten. Bislang hatte es die Möglichkeit gegeben, nach Kanada oder Mexiko auszureisen und nach ein paar Wochen Wartezeit mit einem neuen Visum nach

Amerika zurückzukehren. Aber die amerikanische Regierung hatte diese Option überraschend beendet. An Alice schrieb Otto im Juni 1936: »Leider kann ich diesmal nichts allzu Gutes berichten. Ich war in Canada und bin abgewiesen worden, worauf ich nach Mexico gefahren bin, wo mir das gleiche passiert ist. Angeblich sind jetzt die Bestimmungen so, dass man nur einwandern kann, wenn man Verwandte hat.«[6] Und einige Wochen später: »Ich habe jetzt gute Gelegenheit, Geduld zu erlernen. Hier hilft kein Fluchen oder Verärgertsein, und in dieser Beziehung ist die Episode wertvoll. Ich bin froh, hier zu sein, das heißt, weg von Österreich, und trotzdem ich nicht weiß, was meine Zukunft bringt, möchte ich doch nicht um die Welt meinen Platz mit Europa vertauschen … Ich bin froh, dass ich außer euch keine weiteren Bindungen Wien und Österreich gegenüber verspüre.«[7]

Auf der Suche nach einem Land, in das er vorübergehend ausreisen könnte, fiel Otto seine alte Aufklebersammlung ein, die er sich als Kind an Wiener Bahnhöfen zusammengeklaut hatte. Eines seiner Lieblingsstücke war ein China-Aufkleber gewesen. Jetzt bot ihm ausgerechnet dieses Land eine Möglichkeit, seiner Misere zu entkommen. Für Shanghai konnte man relativ unkompliziert Aufenthaltsgenehmigungen beantragen. Es gab nur noch ein Problem – die Überfahrt zu finanzieren. Otto schrieb an Alice: »Morgen habe ich eine Unterredung mit dem Obermacher einer Schifffahrtslinie zwischen hier und Shanghai. Ich habe eine Stelle auf einem Boot ganz sicher zugesagt. Ich weiß noch nicht, was es ist, ich glaube aber als Windenmaschinist. Diese Linie hat hauptsächlich Bretter als Ladung. Wenn das Schiff untergeht, hab ich wenigstens was zum Anhalten.«[8]

Otto rechnete damit, mehrere Monate in China zu verbringen. Am schwersten fiel ihm der Abschied vom Reed College, vor allem nachdem er erfuhr, dass jetzt Pucci die Skimannschaft für die Saison 1936/37 übernehmen würde. Er konnte nur hoffen, dass der Italiener nicht auch noch versuchen würde, Cordelia mit seinen Skikünsten zu verführen.

Ottos offizieller Titel auf dem Schiff lautete »zweiter Deckingenieur«. Für einen Deckingenieur trug er eindrucksvolle Empfehlungsschreiben bei sich. Darunter befanden sich Briefe des Reed-Präsidenten Keezer und des Gouverneurs von Oregon, Julius L. Meier.[9] Otto schien das nicht außergewöhnlich gefunden zu haben. In seiner Welt gab es eben Tage, an denen man an der mexikanischen Grenze abgewiesen wurde, und Tage, an denen einen der Gouverneur von Oregon nach Hause einlud. Er lernte aus diesen Erfahrungen, in beiden Welten zurechtzukommen. Auch auf dem Schiff interessierten ihn sowohl die einfache Besatzung als auch die Offiziere. An Alice schrieb er:

> Das Leben auf einem Frachtdampfer ist überhaupt ganz anders, als man sich vorstellen möchte. Mehr wie eine gut organisierte Fabrik und ganz ohne die Romantik, die man für gewöhnlich der See zuschreibt. Der Kapitän hat überhaupt nicht viel zu sagen, und Seemannsunion oder Gewerkschaft, die auf dem Schiff einen Vertreter haben, bestimmt, wer und was zu arbeiten ist.[10]

Und in einem Brief an seinen Bruder heißt es: »Ich esse an der Offizierstafel, was ganz angenehm ist. Habe auch meine eigene Kabine mit Eisschrank und Ventilator … Der Kapitän auf dem Schiff ist ein Deutscher, der aber kein 卐 ist. Er ist schon lange in den US.«[11]

Bis das Schiff in Japan Zwischenstation machte, konnte Otto

ein wenig Chinesisch und Pidgin English lernen, »was die Hauptsprache in Shanghai ist. Die chinesischen Messboys lachen sich halb tot über meine Aussprache.«[12] Er musste einfach hoffen, dass es fürs Erste reichen würde.

Shanghai war in den 30er-Jahren ein Anziehungspunkt für Leute, die ein neues Leben beginnen wollten – oder mussten. Hier gab es unkomplizierte Aufenthaltsgenehmigungen und die Hoffnung auf gute Verdienste. Eine Emigrantin beschrieb es 1936 so:

> Sie kommen nach China und wollen reich werden, sie denken, wenn sie ihre Dollars beisammen haben, dann gehen sie wieder heim, und bauen sich ein hübsches Haus. Das wollen die Deutschen, die Engländer und alle … Sie siedeln sich in Shanghai an, sie bauen Wolkenkratzer und pflanzen Bäume, aber alles nur provisorisch, weil sie unbedingt nach Europa zurück wollen. Manchmal halten sie die Einsamkeit nicht mehr aus und gehen wirklich heim. Aber dann fehlt ihnen China. Die Sonne fehlt ihnen, die Diener fehlen ihnen, das große Land fehlt ihnen. Die haben eben den Boden unter den Füßen verloren, die gehören nirgends mehr hin.[13]

In anderen Teilen Chinas war die politische Situation sehr viel weniger stabil als in Shanghai. Warlords tyrannisierten die Bevölkerung. General Chiang Kai-shek und seine Kuomintang bekämpften zwar die Warlords, aber gleichzeitig auch die chinesischen Kommunisten. Diese internen Machtkämpfe schwächten das Land, eine Situation, die von Japan ausgenutzt wurde. Fünf Jahre bevor Otto in Shanghai eintraf, 1931, hatten die Japaner unter einem Vorwand die Mandschurei besetzt. Zwar verurteilte die League of Nations diese eklatante Verletzung chinesischer Souveränität, aber Japan ließ sich dadurch nicht aufhalten. Es trat im Februar 1933 einfach aus dem Völkerbund aus und setzte seine Expansionspläne in China fort – auf subtilere Art. Gleichzeitig begannen die Sowjetunion, die USA und europäischen Mächte, sich – ebenfalls verdeckt – stärker in der Region zu engagieren. In diese gefährliche Gemengelage geriet Otto ein paar Monate nach seinem Eintreffen in China.

Es fing alles relativ harmlos an. Gleich nach seiner Ankunft im September 1936 zog er in das YMCA in der Bubbling Well Road und versicherte Alice, dass er es gut getroffen habe: »40 Dollar im Monat mit voller Verpflegung, Schwimmbad, Bibliothek einbegriffen.« Von hier aus konnte er die Stadt erkunden:

> Shanghai ist ein großes Kuddelmuddel, dreckig, aber zur gleichen Zeit eindrucksvoll. Viele arbeitslose russische Flüchtlinge, viel Elend unter den Chinesen, daneben der Luxus der reichen Engländer und Amerikaner. Riesige Kontraste. Wolkenkratzer und Lehmhütten Seite an Seite. Rikschas und Rolls Royce in buntem Ineinander. Alle Nationen, die man sich nur vorstellen kann. Vergleichbar mit Babel in Dimension und Verwirrung. Bin viel eingeladen, habe aber verhältnismäßig wenig nette Leute kennengelernt. Bin viel mit dem Sekretär der amerikanischen Handelskammer zusammen. Ehemaliger Reed-College-Student.[14]

Es ist nachvollziehbar, dass Otto gegenüber seiner Mutter nicht die hohe Kriminalitätsrate und die Opiumhöhlen[15] erwähnte, ebenso wenig wie die Tatsache, dass die Hafenstadt Shanghai ein Anziehungspunkt für Prostituierte war. 16-jährige Chinesinnen mit viel Rouge und aufreizender Kleidung durchstreiften routiniert die Straßen. Die zahlreichen Schönheitssalons verdienten gut an ihnen, aber auch an den normalen Chinesinnen der Mittelschicht. Westlich geschminkt und angezogen zu sein galt als besonders fortschrittlich. Auf Hochzeiten ließen sich chinesische Bräute am liebsten in weißen Kleidern ablichten. Seit 1923 gab es in Shanghai eine amerikanische Radiostation, die ein eigenes Unterhaltungsprogramm für die Stadt sendete und darin viel Werbung für westliche Produkte machte. Die Innenstadt mit ihren unermüdlich blinkenden Leuchtreklamen erinnerte Otto an den New Yorker Times Square, doch obwohl der amerikanische Einfluss stark war, spielten die Briten noch immer die dominante Rolle. Sie hatten nach den Opiumkriegen Mitte des 19. Jahrhunderts die Insel Hongkong und Handelsrechte in den Hafenstädten Kanton und Shanghai zugesprochen bekommen. Mit ihren Villen im englischen Landhausstil prägten sie die Shanghaier Vororte und machten sie zu einem Gartenidyll, das an Kent erinnern sollte. Für die chinesische Mittel- und Oberschicht bedeutete eine englische Schulausbildung einen hohen sozialen Status, und sie schickte ihre Kinder auf örtliche englischsprachige Schulen, wo sie Shakespeare-Stücke aufführten. Wer es etwas derber bevorzugte, ging zu den englischen Greyhoundrennen, für die in Shanghai extra ein Stadion gebaut worden war. Hier konnte man hohe Wetten abschließen und ein Vermögen verlieren.

Otto erzählte Alice in seinen Briefen auch nichts von der manischen Spielleidenschaft, die in allen Schichten Shanghais grassierte (vielleicht wusste er, dass sein Vater ein Spieler gewesen war, und wollte Alice nicht beunruhigen, vielleicht hatte sie diese Schande aber auch vor ihren Söhnen verheimlicht). Nur einmal erwähnte Otto in einem Nebensatz, dass er ein Los der irischen Lotterie gekauft habe. Tatsächlich jedoch spielten fast alle um ihn herum – Europäer, Amerikaner und Einheimische. In Shanghai gab es unzählige Wetthöhlen, in denen Spielsüchtige tagelang verloren gingen (ähnlich wie die vielen Opiumabhängigen, die in ihren eigenen Höllen lebten). Chinesische Wahrsager verdienten ausgezeichnet an dieser Sucht. Sie saßen nahe dem Straßenrand an kleinen Tischen und erklärten ihren Kunden, auf welche Glückszahlen sie setzen sollten. Es war eine konfuse Welt, und Otto lobte in seinen Briefen den neuen Shanghai-Roman von Joe Lederer, *Blatt im Wind*, der am besten beschrieb, was er gerade erlebte.[16] Lederer hatte als jüdisch-österreichische Journalistin in Deutschland gearbeitet und war 1934 nach China emigriert. Sie fand eine Stelle als Kindermädchen, doch bevor sie sich einleben konnte, erkrankte sie an Tuberkulose und musste nach Europa zurückkehren. Ihr Protagonist beschreibt seinen Zuhörern die Schönheit und die Hässlichkeit Shanghais: »Wenn Sie in Shanghai im Sommer in Ihrem Garten sitzen, dann schreien die Zikaden, und der Himmel ist blau … Weiße Reiher im blauen Himmel. Und die Cholera. Und die Lotusblume. Und der Taifun. Und das Drachenfest. Und der Gestank der Kanäle.«[17]

Schlimmer als jeder Gestank quält die Einsamkeit Lederers Helden. Es war eine Einsamkeit, die auch Otto vertraut wurde. Trotz der großen Entfernung spürte Alice, wie allein ihr Sohn war. Sie erinnerte ihn mehrmals daran, endlich seinen Großcousin Dr. Robert Pollitzer aufzusuchen. Pollitzer gehörte zu einer kleinen Gruppe von westlichen Ärzten, die in Shanghai arbeiteten und später dafür sorgten, dass Tausende von chinesischen Patienten die Seuchen des Krieges überleben würden.[18] Auch für Otto wurden die Pollitzers und ihre Kinder eine Art Rettung. Sie boten ihm etwas Familienanschluss, bevor das Chaos ausbrach.

Um Geld zu verdienen, hatte Otto eine schlecht bezahlte Stelle bei den amerikanischen Ford-Werken angenommen. An Karl schrieb er darüber: »Ich bin sozusagen Mädchen für alles. Ich überwache das Ausladen und Einladen aller Wagen ... Wenn in der Fabrik zu tun ist, helfe ich an der Montagelinie. Ich mache viele technische Zeichnungen und prüfe Wagen ... Ungefähr 200 Wagen gehen jeden Monat durch unsere Hände.«[19]

Um dabei nicht abzustumpfen, versuchte er, Sprachen zu lernen: »Ich nehme chinesische und russische Stunden, und außerdem bemühe ich mich, mich in noch ungefähr fünf anderen Sprachen ... zu verständigen. Filipinos und Japaner und Russen und Mongolen arbeiten in der Ford-Werkstätte.«[20]

Trotz dieser scheinbaren Internationalität in der Fabrik saßen die Europäer mittags an einem eigenen Tisch und aßen ihr chinesisches Essen mit Gabel und Löffel. Otto wurde das ziemlich schnell langweilig, er wollte Chinesen kennenlernen. Einige luden ihn in ihr Zuhause ein, und er sprach Gegeneinladungen aus, die gelegentlich etwas kostspielig wurden: »Ich trachte an allen Seiten zu sparen, aber da ich ziemlich viel ausgeben muss, um mein Gesicht zu bewahren, komme ich auf keinen grünen Zweig.«[21] Die Einladungen lohnten sich trotzdem, denn sein Chinesisch wurde besser: »Ich kann mich im Chinesischen schon einigermaßen verständlich machen, obzwar ich noch immer viele Fehler mache und noch fast gar nichts lesen kann.«[22]

Es gibt zwei Quellen aus Ottos Zeit in China: Die erste Quelle sind seine Briefe an Alice und Karl, in denen er gelegentlich erwähnt, dass er länger nicht zum Schreiben kommen werde, weil er in China unterwegs sei. Manchmal nennt er chinesische Orte, die er bereisen wolle. Es heißt nur lapidar: »In den nächsten Tagen fahre ich nach Tientsin. Werde wahrscheinlich ein bis zwei Wochen oben bleiben.«[23] Oder: »Es besteht eine Möglichkeit, dass ich für einige Wochen nach Nordchina fahre, wo wir eine große Lieferung für die chinesische Regierung haben.«[24] So weit, so vage.

Die zweite Quelle sind eine selbst gezeichnete Routenkarte sowie Schwarz-Weiß-Fotos, die Otto mit einer Leica aufnahm. Auf der Karte sind seine Reisestationen und die jeweiligen Verkehrsmittel verzeichnet: nach Nanking, Peking, Lanchow mit der chinesischen Fluggesellschaft Eurasia Aviation, dann mit dem Auto nach Yungtang, Sining und dann wieder mit dem Flugzeug nach Kaifeng.

Die Fotos wirken auf den ersten Blick völlig unspektakulär. Sie zeigen Landschaften, buddhistische Mönche und Flugzeuge. Dabei ist seine Reiseroute durchaus brisant: Mehrere der Orte befanden sich in der von Japan besetzten Mandschurei und anderen Regionen Chinas, in denen Japan versuchte, politische Einflusssphären aufzubauen.[25] Was genau machte Otto in diesen gefährlichen Gegenden?

Darauf gibt es zwei mögliche Antworten – eine harmlose und eine weniger harmlose. Die harmlose Antwort ist: Otto arbeitete für Ford. Ford wollte mit den Japanern Geschäfte machen, auch in Gebieten, die bis vor Kurzem noch chinesisch gewesen waren. Wie andere große Firmen verkaufte Ford – frei von moralischem Ballast – seine Lastwagen an beide Seiten, die japanische und die chinesische. Im Falle eines Krieges würde man auf diese Weise gut verdienen können. Ottos Reisen könnten daher rein geschäftlicher Natur gewesen sein.

Die zweite Theorie wäre etwas komplizierter: Wissen über die japanischen Aktivitäten in China war politisch wichtig geworden. Die UdSSR und die USA arbeiteten – inoffiziell – gemeinsam gegen eine japanische Expansion in China.[26] Schoss Otto deswegen auf seinen ungewöhnlichen Reisen in die Mandschurei und Innere Mongolei noch andere Fotos, die er später nicht in sein Album klebte? Waren diese »anderen« Fotos für seinen neuen Freund im amerikanischen Konsulat in Shanghai oder für seinen Arbeitgeber Ford gedacht? Interessant wären sie für beide gewesen. Ford brauchte gute Lageberichte, schließlich musste die Firma ihre Investitionen in China *und* Japan schützen. Amerikanische Regierungskreise benötigten ebenfalls Informationen aus den besetzten Gebieten. In einem Affidavit gab Otto später an, in Shanghai nebenher nachrichtendienstlich gearbeitet zu haben: »Ich schloss mich in Shanghai als Freiwilliger den US-Marines als Nachrichtendienstler an.«[27] In seinen Briefen an Alice und Karl erwähnt er verständlicherweise nichts dergleichen. Über Japan schreibt er Anfang 1937 nur: »Ich hatte eine Einladung zu einer japanischen Skikonkurrenz, konnte aber natürlich nicht annehmen. Japan ist ganz begeistert vom Skilaufen, und dieser Sport scheint eine Nationalsache zu werden. Es ist leicht möglich, dass die Olympischen Winterspiele 1940 in Japan abgehalten werden.«[28] (Japan war schon damals als Austragungsort umstritten, und 1938 führte der Krieg mit China dazu, dass die Japaner endgültig absagten.)

Otto wusste seit seinen Reisen durch die Mandschurei natürlich sehr gut, dass die Japaner mehr wollten als Skifahren. Er ahnte auch, dass es zu neuen japanischen Überfällen auf chinesisches Gebiet kommen würde.[29] Während er auf Japans nächsten Schritt wartete, brach für ihn jedoch eine persönliche Krise an einem völlig anderen Ort aus – in Wien. Ihm war klar, dass die wirtschaftliche Lage in Österreich seit seiner Abreise noch schwieriger geworden war und die Kochschule nicht mehr so florierte wie einst. Aber im September 1936 hatte er noch angenommen, zu Hause würde alles wie gewohnt verlaufen. An Alice schrieb er: »Du arbeitest sicher an der Wiedereröffnung der Kochschule [nach der Sommerpause] … hoffe, dass wenigstens bissl was für dich herausgeschaut hat. Sobald ich eine Anstellung habe, werde ich Geld schicken.«[30]

Alice' Briefe an Otto sind nicht erhalten geblieben, aber seine Reaktionen darauf. In den nächsten Wochen tauchte jetzt immer wieder eine Frage auf: Otto wollte von Alice wissen, wie es ihren »Kämpfen« gehe und ob sie »viele Kämpfe« habe. Es handelte sich dabei in erster Linie um finanzielle »Kämpfe«, aber bald kamen auch politische hinzu. Wirtschaftlich ging es Alice zunehmend schlechter, obwohl ihr Kochbuch ein Verkaufserfolg war. Sie hatte dafür jedoch 1935 nur eine einmalige Zahlung erhalten und war an den Einnahmen nicht beteiligt worden.[31] Schon ein halbes Jahr nach der Veröffentlichung befand sie sich daher in großer Geldnot.[32]

Auch politisch hatte sich die Situation in Österreich verschlechtert. Im Juli 1936 war es zu einem Abkommen Schuschniggs mit Hitler gekommen, das auf den ersten Blick Österreichs Souveränität zu stärken schien. Hitler versicherte, keine Absichten auf eine Einmischung in die inneren Angelegenheiten Österreichs zu hegen und keine Annexion zu planen. Schuschnigg amnestierte im Gegenzug österreichische Nationalsozialisten. Zur gleichen Zeit wandte sich Mussolini jedoch immer mehr von Österreich ab und Hitler zu.[33] Bisher hatte Italien den Österreichern einen gewissen Schutz vor dem übermächtigen Nachbarn im Norden geboten. »Unsere politische Situation scheint sich immer mehr zu trüben«, schrieb etwa Sigmund Freud im März 1937 an einen Kollegen. »Das Eindringen der Nazis ist wahrscheinlich nicht aufzuhalten … Leider scheint unsere bisherige Schutzmacht – Mussolini – Deutschland jetzt freie Hand zu lassen.«[34]

Politisch und finanziell sah Alice' Zukunft also bedrohlich aus. Sie musste ihr Leben verändern, bevor es zu spät war. England schien einen Ausweg zu bieten, ein elegantes Hotel in Brighton suchte eine Starköchin, und Alice sah sich bereits in dieser Rolle. Sie wollte auswandern.

Otto im weit entfernten China war völlig überrascht von diesen Plänen. Seine Mutter liebte Wien – warum wollte sie plötzlich ihre Heimat und all ihre Freunde verlassen? Er wusste, dass er keine große Chance hatte, sie von diesem Schritt abzuhalten. Wenn seine Mutter einmal eine Entscheidung getroffen hatte, zog sie sie durch. Also versuchte er, Alice aus der Ferne zu unterstützen: »Ich bin zuversichtlich, dass du es in England nicht allzu schwer haben wirst. Am Anfang wird es dir sicher nicht gefallen, obzwar Brighton wunderschön sein soll.«[35] Mit dem Auswandern kannte Otto sich mittlerweile aus. Er wusste nur zu gut, wie hart die ersten Monate sein konnten.

Ende 1936 schloss Alice ihre Kochschule und kündigte die Wohnung in der Goldeggasse. Der 19-jährige Karl musste zu seinem Studienfreund Willy ziehen. Im Februar 1937, fünf Tage nach ihrem 51. Geburtstag, meldete Alice sich in Wien ab und reiste nach London.[36]

Alice' Briefe aus dieser Zeit sind verloren gegangen, aber die ihrer Söhne zeugen davon, dass es in England Probleme mit ihrer Arbeitsgenehmigung gegeben haben muss. Otto saß im fernen China und fühlte sich hilflos. An Karl schrieb er:

8. März 1937

Lieber Karli!

Bekam deinen Brief und einen unglücklichen von der Mutter. Ich bin sehr bedrückt, kann aber nichts machen. Habe aber Mutter geschrieben, dass ich ihr im Notfall telegraphisch etwas Geld schicken kann, da ich mir hier etwas leihen kann … Ich freue mich, dass du den Kopf oben behältst, um dich habe ich aber weniger Angst als um Mutter. Falls es dir mit dem Geld nicht ausgeht, schreibe mir, im … Notfall kann ich dir im Monat 15 $ schicken.«[37]

Nach einem Monat in England kam Alice im März 1937 zurück nach Wien. Es war ein furchtbarer Rückschlag für sie. Auch Otto war entsetzt über das England-Debakel und schrieb an Karl: »Bekam deinen letzten Brief, in dem du mir schreibst, dass Mutter wieder in Wien ist. Ziemlich furchtbar. Hoffentlich renkt sich bald alles ein.«[38]

Otto ahnte, dass die politische Lage in Österreich nicht besser werden würde. Er wollte jetzt nur noch so schnell wie möglich nach Amerika zurückkehren, um dort endlich mehr Geld für Alice und Karl zu verdienen. Und er schien damit Glück zu haben:

Shanghai, 14. Mai 1937

Lieber Karli!

Große Neuigkeit: Ich habe das amerikanische Einreisevisum bekommen. Kannst dir vorstellen, wie ich mich freue. Ich war für zwei Wochen in Nanchang, und als ich zurückkam, war das Visum da. Jetzt dauert es noch zwei Monate, bis ich die Quotennummer vom Wiener amerikanischen Konsulat erhalte … [39]

Otto hoffte also, nur noch ein paar Monate in China durchhalten zu müssen. Doch ausgerechnet jetzt wurde die Situation gefährlich.

Im Mai 1937 wurde es in Shanghai langsam wärmer. Die ersten Tropenhelme tauchten in den Straßen auf, und Otto kaufte sich auch »so ein Unding« als Sonnenschutz. Er konnte es gut auf den vielen Reisen gebrauchen. Sein Arbeitgeber lieferte mittlerweile unermüdlich Lastwagen für den Kriegsfall. Otto war im Dauereinsatz, und im Juli 1937 befand er sich mit seinem neuen Tropenhelm zur falschen Zeit am falschen Ort: in Peking. Bis heute ist umstritten, ob die Japaner oder die Chinesen für den Schusswechsel an der Marco-Polo-Brücke verantwortlich waren. Die Brücke lag nur 15 Kilometer vom Pekinger Stadtzentrum entfernt, und mit diesem militärischen Zwischenfall begann am 7. Juli 1937 der Zweite Japanisch-Chinesische Krieg. Einige Historiker sehen das Datum auch als Beginn des Zweiten Weltkrieges. Für Otto bedeutete es auf jeden Fall den Anfang »seines« sehr langen Krieges, auch wenn er das damals noch nicht ahnen konnte. An Alice schrieb er:

Liebe Mutter,
verzeih mein langes Stillschweigen, das nicht ganz freiwillig war. Wie Du sicher aus den Zeitungen weißt, ist es in Nordchina zu schweren Zusammenstößen zwischen den Chinesen und den Japanern gekommen. Es lag schon lange in der Luft, und die Ford Motor Co. wusste schon seit längerer Zeit, dass es zum Platzen kommen muss. Beide Armeen kauften schon seit zwei Monaten alle Lastwagen, die sie bekommen konnten. Vor ungefähr drei Wochen ging ich mit einem Transport von 50 Lastwagen nach Peking, wo die Chinesen die Wagen übernehmen sollten. Ich langte gut an und sollte nach zwei oder drei Tagen nach Shanghai mit der Bahn zurück. Du kannst Dir vorstellen, wie überrascht ich war, als ich in der Nacht von den Detonationen schwerer Geschütze aufwachte. Mit dem Wegfahren wurde es nichts, und am nächsten Tag ging ich mit allen anderen Ausländern in das amerikanische Konsulatshospital, wo wir Unterkunft fanden. Wir rechneten damit, dass die ganze Sache in wenigen Tagen vorbei sein würde, worin wir uns aber sehr irrten. Am vierten Tag erhielt ich ein Telegramm aus Shanghai, worin man mir mitteilte, dass ich der Transportabteilung der chinesischen Armee in der Übernahme der Lastwagen weiterhelfen sollte. Sehr wider Willen verließ ich das Konsulatshospital, wo es ausgezeichnet zu essen und zu trinken gab, und machte mich auf die Suche nach der Companie, die irgendwo nach Westen weitergegangen war. Ich entdeckte sie nach einigen Stunden Suchens in der Nähe von Fengtai, ungefähr 10 km von Peking. Die Klamotten [Wagen] waren in einem wüsten Zustand, da man versucht hatte, sie ohne Öl zu fahren. Wir stellten eine provisorische Werkstatt in einem Wasserbüffelstall auf und fingen an, Motoren zu überholen. Die Sache ging ganz glatt, bis die Japs Wind bekamen und in unser Idyll hereinzuschießen

anfingen. Darauf hauten alle chinesischen Chauffeure ab, und ich machte mich mit einem Russen und einem Fordschen Traktor quer über die Reisfelder davon. Ich hatte Schwierigkeiten, in die Stadt zu kommen, langte aber schließlich wieder bei den sicheren Reistöpfen des Hospitals an. Vorgestern kam ich via Tientsin nach Shanghai, wo man schon einigermaßen besorgt gewesen war.[40]

Otto erwähnte nicht, warum sehr gute Gründe zur Sorge bestanden. Peking und Tientsin waren jetzt in japanischer Hand. Man musste damit rechnen, dass die Japaner ihren Vormarsch nicht einfach abbrechen würden. Es klang daher ausgesprochen optimistisch, dass Otto seinen Brief mit dem Satz beendete: »Einen Monat, und dann liegt Shanghai hinter mir, worüber ich wirklich mehr als froh bin.«

Es sollte ein sehr langer Monat werden. Was kurz nach seiner Rückkehr in Shanghai geschah, war derart grauenhaft, dass selbst Otto es nicht mehr zu einer Anekdote herunterspielen konnte.

Mittlerweile war es so heiß geworden, dass man es in den Wohnungen nicht mehr aushielt. Die ärmeren Leute stellten ihre Klappbetten auf den Bürgersteigen auf und übernachteten im Freien. Wer Elektrizität hatte, ließ seine Ventilatoren ununterbrochen laufen. Otto schlief schlecht, und tagsüber schleppte er sich wie die anderen Bewohner Shanghais übermüdet zur Arbeit. Alle lechzten nach Abkühlung. In einigen Restaurants wurden Eisblöcke aufgestellt, und in den Tanzlokalen konnte man sogar um sie herumtanzen – falls man dafür noch die Energie aufbrachte.

Das drückende Wetter führte zu Überreaktionen der besonderen Art. Genau wie im Fall der Marco-Polo-Brücke gibt es auch für die folgende Geschichte mindestens zwei Versionen: eine chinesische und eine japanische. Von wem die Provokation ursprünglich ausging, konnte nicht abschließend geklärt werden.[41] Am 9. August versuchte ein japanischer Leutnant, auf den chinesischen Hongqiao-Flughafen zu gelangen, und wurde von einem chinesischen Wächter angehalten. Es kam zu einem Streit. Laut dem chinesischen Bericht erschoss der Japaner den Chinesen, woraufhin er wiederum von den Kugeln anderer chinesischer Wachleute niedergestreckt wurde. Laut der japanischen Erzählung wurde der Japaner völlig grundlos von dem chinesischen Wächter erschossen. Es habe sich dabei eindeutig um einen kaltblütigen Mord gehandelt. Auf diese »Provokation« musste man natürlich sofort reagieren, und diese »spontane Reaktion« war gut vorbereitet. Die Japaner schickten ihr Schlachtschiff Izumo nach Shanghai und ankerten es im Fluss Whangpoo (dem heutigen Huangpu).

In Shanghai hatte es mittlerweile angefangen zu regnen, aber die Freude der Einwohner hielt sich in Grenzen. Der Regen entwickelte sich zu einem starken Sturm, der Telefonmasten zerstörte und die Kommunikation erschwerte. Für die Japaner stellte dies einen Vorteil dar. Am 12. August begannen sie vom Schlachtschiff Izumo aus den Beschuss Shanghais. Das Ziel der japanischen Geschütze war der nördliche Distrikt von Shanghai, in dem fast nur Chinesen wohnten. Es war offensichtlich, dass die Japaner vermeiden wollten, Shanghais International Settlement zu treffen, in dem sich 48 000 Ausländer aller Nationen befanden. Wären sie zu Schaden gekommen, hätte das die Weltöffentlichkeit sehr viel mehr empört als der Angriff auf ein Chinesenviertel. Während dessen Bewohner panikartig versuchten, ins internationale Viertel zu fliehen, stellte sich die Frage, wie die chinesische Führung auf diesen japanischen Kriegsakt reagieren sollte. Und eine noch wichtigere Frage lautete natürlich: Wer würde ihnen gegen die Japaner helfen?

Die Frau des chinesischen Oberbefehlshabers Chiang Kai-shek stammte aus der reichsten Familie Shanghais. Madame Chiang Kai-shek war Christin und in Amerika zur Schule gegangen. Seitdem besaß sie dort die besten gesellschaftlichen Kontakte, und in dieser Krisensituation wandte sie sich automatisch an die Amerikaner. Einer ihrer amerikanischen Militärberater riet ihr, das japanische Kriegsschiff von Flugzeugen aus bombardieren zu lassen. Da die Izumo jedoch nah am International Settlement ankerte, bedeutete dies ein gewisses Risiko. Shanghai war die fünftgrößte und am dichtesten besiedelte Stadt der Welt. Was würde passieren, wenn die chinesischen Piloten aufgrund mangelnder Erfahrung und der schlechten Wetterlage ihr Ziel verfehlten? Trotz all dieser Bedenken gab Madame Chiang Kai-shek den Auftrag zur Bombardierung der Izumo. Die chinesischen Flugzeuge stiegen am 14. August auf.

Otto arbeitete an diesem Tag am Fluss. Es war ein Samstag, in China ein Arbeitstag. Er fluchte wegen des schlechten Wetters, aber er ahnte nicht, dass der 14. August aus ganz anderen Gründen als Bloody Saturday in die Geschichte eingehen würde. An Alice schrieb er:

> Die Japaner provozierten einen Zusammenstoß mit den Chinesen in Shanghai, um Grund zu haben, mit einer Riesenflotte von Schlachtschiffen in den Whangpoo-Fluss einzubrechen. Sie stellten sich am Ufer auf und fingen wüst an, in die Stadt hineinzuschießen … An diesem Nachmittag war ich am Fluss, wo ich Lastwagen in ein Schiff einlud, [als] plötzlich die japanischen Schiffe wie verrückt mit Antiaircraft zu schießen anfingen … Wir ließen die halbe Ladung am Dock und ließen das Schiff

> sofort abfahren. Als ich mit unserem Motorboot zur Fabrik zurückwollte, [sah] ich, dass in der Zwischenzeit die Chinesen den Fluss oberhalb des Settlements mit verschiedenen Schiffen und sandbeladenen Juncken völlig abgesperrt [hatten]. Die Fabrik war von der Außenwelt völlig abgeschlossen. Ich ging in das Stadtbüro und erstattete Bericht (das Telefon hatte inzwischen aufgehört zu funktionieren).[42]

Die erste Fliegerbombe wog 900 Kilogramm und landete um 16 Uhr 27 direkt im International Settlement.[43] Sie traf das Palace Hotel, eine weitere Bombe die Nanking Road und Teile des Cathay Hotels. Anfangs war die Lage völlig unübersichtlich. Die Beschossenen gingen davon aus, dass es sich um japanische Bomben handelte. Shanghai war schon 1932 Ziel japanischer Luftangriffe geworden, und jetzt schien sich die Geschichte zu wiederholen. Welche verheerenden Folgen Fliegerbomben haben konnten, wusste man mittlerweile. Wenige Monate zuvor, im April 1937, war das spanische Guernica von der deutschen Legion Condor zerstört worden. Was im spanischen Bürgerkrieg geschah, spielte sich nun auch in Shanghai ab. Nur die Zahl der Toten verdoppelte sich. In Guernica waren etwa 1000 Zivilisten durch Angriffe getötet worden, in Shanghai beliefen sich die Todesopfer auf über 2000. In seinen Briefen sprach Otto sogar von 3000 Toten.[44] Die genaue Zahl ist bis heute schwer zu verifizieren.

Erst langsam sickerte durch, wer diese Bomben abgeworfen hatte. Nicht die Japaner – die Chinesen hatten aus Versehen ihre eigene Stadt bombardiert. Das Chaos dieser Tage war so groß, dass Otto nur gelegentlich ein paar hingeworfene Zeilen schicken konnte:

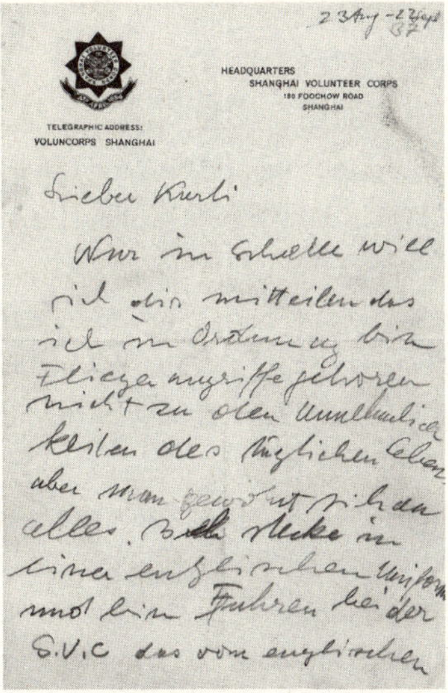

23 Aug – 2 Sept 37

HEADQUARTERS
SHANGHAI VOLUNTEER CORPS
180 FOOCHOW ROAD
SHANGHAI

TELEGRAPHIC ADDRESS:
VOLUNCORPS SHANGHAI

Lieber Kurli
Nur in Schnelle will
ich dir mitteilen das
ich in Ordnung bin
Fliegerangriffe gehören
nicht zu den Annehmlich-
keiten des täglichen Leben
aber man gewöhnt sich an
alles. Ich stecke in
einer englischen Uniform
und bin Fahrer bei der
S.V.C das von englischen

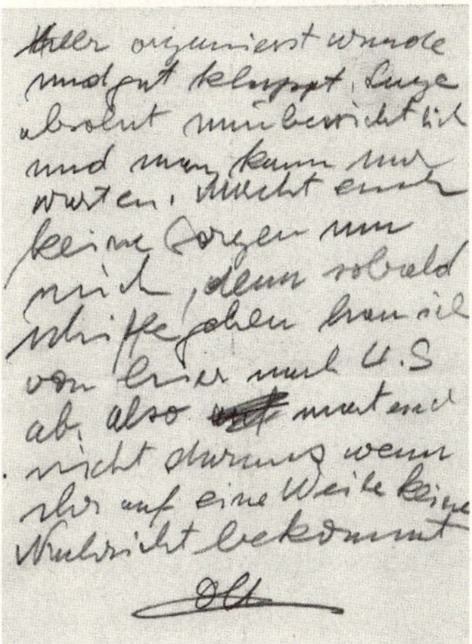

Offizieren organisiert wurde
und gut klappt. Lage
absolut unübersichtlich
und man kann nur
warten. Macht euch
keine Sorgen um
mich, denn sobald
Schiffe gehen kann ich
von hier nach U.S
ab. also macht euch
nicht darum wenn
ihr auf eine Weile keine
Nachricht bekommt
Otto

Ottos Nachricht an Karl mit dem Briefkopf der Shanghai Volunteers, 23. August 1937

> Nur in Schnelle will ich dir mitteilen, dass ich in Ordnung bin. Fliegerangriffe gehören nicht zu den Annehmlichkeiten des täglichen Lebens, aber man gewöhnt sich an alles. Auch stecke ich in einer englischen Uniform und bin Fahrer bei den SVC [Shanghai Volunteer Corps], das vom englischen Heer organisiert wurde und gut klappt. Lage absolut unübersichtlich, und man kann nur warten. Macht euch keine Sorgen um mich, denn sobald Schiffe gehen, hau ich von hier nach US ab. Also macht euch nichts daraus, wenn ihr auf eine Weile keine Nachricht bekommt.[45]

In einem weiteren Brief erklärte er Alice und Karl: »Das SVC ist eine internationale Freiwilligenorganisation, von den Engländern unterstützt und ausgerüstet, und hat ungefähr 600 Mitglieder, die gut ausgebildet sind. In Notfällen geht natürlich jeder dazu, der ein Gewehr tragen kann, was aber nicht heißt, dass er damit schießen kann …«

Otto unterschätzte die Zahl der Freiwilligen, es waren 1500. Aus irgendeinem Grund arbeiteten schottische und jüdische SVC-Mitglieder in einer Gruppe zusammen, Russen in einer weiteren und Amerikaner, Portugiesen und Philippinos in einer anderen. Die meisten von ihnen hatten noch nie eine Uniform getragen und wurden ganz plötzlich aus ihrem Alltag gerissen. Ein damals 17-jähriger Russe erinnerte sich später daran, wie er im Kino saß und den Film *Hollywood Cowboy* sah. Mitten in der Vorstellung wurde eine Nachricht auf der Leinwand eingeblendet: Alle bereits registrierten SVC-Männer sollten sich sofort zum Dienst melden. Als er und mehrere Freiwillige aufstanden, um zu gehen, applaudierte ihnen der ganze Kinosaal.[46]

Die SVC-Freiwilligen mussten sich nach außen hin gelassen zeigen, damit nicht noch größere Panik in der Bevölkerung entstand. Diese schauspielerische Leistung gelang nicht allen. Ein amerikanischer Journalist beobachtete eine Gruppe von SVC-Männern, die Leichen von der Straße abtransportieren mussten. Als sie die verstreuten Leichenteile sahen, übergaben sich einige. Später versuchten sie dann in einer Bar, die Situation mit schwarzem Humor und viel Alkohol zu bewältigen.[47] Als einer von ihnen einen Finger auf dem Fußboden fand, rief er in die Runde: »Fehlt jemandem noch irgendwas?«

Ottos Weg, mit der Situation umzugehen, bestand darin, alles mit seiner Leica zu fotografieren. Auch als er später die Fotos in ein Album einklebte, bemühte er sich, seine lakonische Distanz zu bewahren. Unter das Bild einer Straße, in der zerstörte Autos quer standen, notierte er: »Nanking Road. Shanghais 5th Avenue. Sieht nach einem Luftangriff nicht mehr so gut aus.« Ein anderes zerstörtes Gebäude bekam die Bildunterschrift: »Kaufhaus Sun (vorübergehend geschlossen).« Und das Bild eines Inders, der tot über einem Balkon hing, trug die Beschriftung: »19. August. Dieser Sikh hatte mir zweimal Strafzettel gegeben. Er wurde von einem Granatsplitter getötet.«

Sein Fotoalbum zeigt jedoch auch, wie wütend er war. Auf eine Seite klebte er das berühmt gewordene »Entschuldigungstelegramm« von Madame Chiang Kai-shek: »Niemand verurteilt und beklagt die versehentlich abgeworfenen Bomben mehr als der General [ihr Mann Chiang Kai-shek] und ich.« Darunter setzte Otto ein Foto von Leichenbergen und schrieb: »Eine chinesische 500-Pfund-Bombe fiel auf diese Kreuzung. ›Versehentlich‹, laut Madame Chiang Kai Check. Habe das Foto am 22. August aufgenommen, 2 Minuten bevor ich von einem Schrapnell lahmgelegt wurde, das von einer Wand abgeprallt war. AP [Associated Press] zahlte 15 Dollar dafür.«

Andere Bilder kommentierte er weniger ausführlich. Eines

seiner Fotos zeigt Geschäftsfassaden, die einmal elegant gewesen sein müssen. Auf der Straße davor liegen Leichen. Ottos Kommentar dazu ist nur ein Satz: »Hier wurde Ah-Ling umgebracht.« Er erklärt mit keinem Wort, wer Ah-Ling war. Arbeitete sie in einem der Geschäfte, gehörte sie zu der chinesischen Familie, in die Otto öfter eingeladen war, oder war sie eine Freundin? Ein weiteres seiner Fotos zeigt mehrere Tote, deren Körper man aufeinander gestapelt hatte, darunter steht nur: »Massenweises Abschlachten in der Avenue Edward VII.«[48]

Otto wusste natürlich, dass er Alice die Details dieses Abschlachtens nicht zumuten konnte, und verharmloste die Situation in seinen Briefen an sie:

> An den ersten Tagen vor dem Eingreifen der englischen und amerikanischen Truppen hatte das SVC die Aufgabe, das Settlement vor dem Einbruch von Japanern oder Chinesen zu beschützen … Ich persönlich fuhr zuerst einen Privatwagen für einen Oberbonzen und dann alles mögliche … Feldküchen bis Schweinetransport. Der gefährlichste Job war die Evakuierung von 5000 Häftlingen aus dem Gefängnis, das mitten in der Kampfzone lag. Dabei gab es Tote und Verletzte, und ich hatte Glück, nichts abzubekommen.

Was er hier so lapidar aufzählte, sollte ihm später einen Orden einbringen. Merkwürdigerweise nicht für die Evakuierung der Gefangenen aus dem Ward Road Jail, sondern für das Kunststück, Schweine durch die Kampfzone transportiert zu haben. Die Chinesen schätzten Schweine als besonders wichtiges Nahrungsmittel – für das Überleben der Gefangenen scheint man sich weniger interessiert zu haben. Otto selbst empfand sich nicht als besonders tapfer. An Alice und Karl schrieb er: »Ich habe mir immer eingebildet, dass ich ziemlich mutig bin. Ganz falsch, denn ich habe die ganze Zeit ziemlich Angst gehabt. Gott sei Dank alle anderen auch, so dass es ganz gleichgültig ist.« Es waren vor allem die Fliegerbomben, die die Freiwilligen des SVC aus der Fassung brachten. In Ottos Brief hieß es weiter: »Shanghai ist die erste Stadt der Welt, die unter modernen Fliegerangriffen zu leiden hat. Man kann sich ein gutes Bild machen, wie es in europäischen Hauptstädten aussehen wird, wenn feindliche Flieger ein paar wohlgezielte TNT-Bomben hinlegen.«[49]

Otto hatte ganz offensichtlich vergessen, was in ähnlicher Weise bereits ein paar Monate zuvor in Guernica geschehen war. Er kannte Spanien nicht, und der dortige Bürgerkrieg war weit entfernt von seiner Realität. Er saß in Shanghai fest und glaubte, dieses Ausmaß an Zerstörung sei etwas völlig Neues. Doch er ahnte, dass er die Kriegsführung der Zukunft erlebte. Um zu dokumentieren, was diese Bomben anrichten konnten, wollte er für die Veröffentlichung seiner Fotos sorgen. Es waren gute Bilder, die später in mehreren Zeitungen abgedruckt wurden. Doch keines seiner Fotos löste eine solch emotionale Wirkung aus wie das Bild des chinesischen Kameramannes Wong Hai-Sheng. Es veränderte über Nacht die Einstellung der westlichen Welt gegenüber China und löst bis heute Entsetzen aus: Man sieht darauf ein chinesisches Kleinkind. Es sitzt ganz aufrecht an den Gleisen des Shanghaier Südbahnhofs, sein Körper ist voller Verbrennungen und der Mund zu einem Edvard Munch'schen Schmerzensschrei aufgerissen. Das Bild des einsamen, schwer verletzten Kindes inmitten des zerbombten Bahnhofs hatte eine solche Wucht, dass es in den USA eine Sympathiewelle für China auslöste und zum Foto des Jahres 1937 gewählt wurde. Die Japaner hingegen fühlten sich als »Babymörder« diffamiert und zweifelten die Authentizität des Fotos an. Sie warfen Wong vor, das Bild absichtlich dramatisiert zu haben – er hätte das Kind selbst allein inmitten des Chaos positioniert und Rauch hineinretuschiert. Die Wut auf den Fotografen war so groß, dass die Japaner später sogar ein Kopfgeld auf ihn aussetzten. Wong hatte jedoch mehrere Fotos von dem Vorfall gemacht und ihn teilweise sogar gefilmt, und diese Aufnahmen zeigen, dass der Vater sich um mehrere Kinder kümmerte und das verwundete Baby am Ende in Sicherheit gebracht wurde. Später sieht man es auf einer Krankenbahre liegen. Ob nun der Rauch künstlich war oder nicht, dass dieses Kind schwer verletzt wurde, kann nicht angezweifelt werden.

Auch für Otto war es völlig eindeutig, dass an diesem Tag ein schreckliches Verbrechen begangen worden war. Er hatte SVC-Dienst am Südbahnhof, und sein Bericht über den Vorfall wurde unter der Überschrift »Augenzeuge Otto Urbach beschreibt Bombardierung am Shanghaier Südbahnhof« veröffentlicht. Zu diesem Zeitpunkt war ihm seine Lakonie endgültig abhandengekommen. Sein Bericht wirkt auch heute noch – dem Foto nicht unähnlich – wie ein einziger Wutschrei:

> Die Bombardierung des Südbahnhofs von Shanghai übersteigt alle Grausamkeiten, die in modernen Kriegen verübt worden sind. Am 28. August informierte die Shanghaier Gemeindeverwaltung die japanische Militärführung, dass von jetzt ab jeden Nachmittag um drei Uhr Züge mit Flüchtlingen in sichere Gebiete gebracht werden würden. Chinesische Truppen würden sich aus diesem Grund nicht in der Nähe der Bahngleise aufhalten. Der japanische Konsul gab daraufhin sein Wort, dass es zu keinen Bombardierungen im Umkreis

des Südbahnhofs kommen würde. Auch die Chinesen versprachen im Gegenzug, keine militärischen Aktionen zu planen. 6000 Frauen und Kinder warteten nun am Südbahnhof auf Züge, um ins Innere Chinas reisen zu können, als eine Schwadron von 12 Bombern aufzog … ein schockiertes Shanghai musste mitansehen, wie ein Flugzeug nach dem anderen Bomben auf den Bahnhof warf. Die Jagdflugzeuge zogen nach unten und durchlöcherten die Überlebenden mit Maschinengewehren. Die chinesische Flugabwehr konnte nicht eingesetzt werden, weil sie völlig unvorbereitet war. Sie hatten sich an die Vereinbarung gehalten, um die Abfahrt der Flüchtlingszüge nicht zu gefährden. Ich möchte nicht sentimental werden, aber es gibt nur ein Wort für diese unglaubliche Brutalität: Mord.[50]

In der Zwischenzeit machte man sich zu Hause Sorgen um ihn. Alice' Briefe sind nicht erhalten geblieben, aber Karls und Cordelias. Cordelia reiste zu dieser Zeit gerade durch Frankreich und hatte bisher regelmäßig Post von Otto bekommen. Als plötzlich keine Briefe mehr eintrafen, schrieb sie an Karl, den sie auf ihrer Europareise kennengelernt hatte: »Wir durchforsten voller Angst die Zeitungen wegen Nachrichten aus Shanghai. Ich hoffe, Otto kommt aus diesem Chaos raus und verfällt nicht auf die Idee, den Krieg für China gewinnen zu müssen.«[51]

Otto hatte diese Ambition aufgegeben. Er wollte jetzt tatsächlich nur noch eines: raus aus diesem Wahnsinn. Eine amerikanische Zeitung berichtete später, wie es ihm gelang: »Das Schiff President McKinley lag acht Meilen vom Hafen entfernt im Meer. Man konnte nur mit einem japanischen Boot dorthin gelangen. Die japanischen Funktionäre zwangen Urbach, für diese Bootsfahrt alles abzugeben, was er besaß, auch seine Leica. Doch zuvor konnte er die Filme herausnehmen. Sie dokumentieren die Grausamkeiten, die sich in Shanghai abspielten.«[52]

Sobald er auf dem Schiff war, schrieb er lange Briefe an Alice: »Augenblicklich bin ich damit beschäftigt, all das möglichst schnell zu vergessen. Ich erhole mich wirklich … und esse so viel, dass der Steward sagt, das Schiff verdient nichts an mir.«[53]

Den Grund für seinen Appetit erwähnte er nicht. Während der Kämpfe in Shanghai war er völlig abgemagert. Cordelia, die immer noch in Europa war, schrieb Karl:

> Ich bekam einen Brief von meiner Mutter, die mir sagte, dass Otto [in Portland] angekommen ist und schon zum Abendessen bei uns war. Er ist endlich aus diesem chinesischen Chaos raus und glücklich, wieder in den USA zu sein. Mutter sagt, er ist sehr dünn, weil er unentwegt damit beschäftigt war, Frauen und Kinder aus der Stadt zu evakuieren. Mein Vater glaubt, er kann ihm einen Job in dem neuen Hotel auf Mount Hood verschaffen. Ich hoffe sehr, dass er diesen Job bekommt, er braucht etwas Ruhe nach all dem, was er durchgemacht hat.[54]

Cordelias nächster Brief zeigt, dass Ottos Gesundheitszustand sehr viel schlechter war als anfangs vermutet: »Meine Mutter hat mir geschrieben, dass Otto eine Blinddarmentzündung hatte und ins Krankenhaus musste. Der arme Junge hat wirklich das größte Pech, aber wenn er in Portland bleibt und dort arbeitet, ist alles in Ordnung. Und es ist gut, dass er die Entzündung in Portland bekam und nicht in China, mitten in diesem schrecklichen Chaos.«[55]

Seinen 24. Geburtstag verbrachte Otto im Krankenhaus von Portland, wo er darüber nachdachte, wie er die 100 Dollar für seine Blinddarmoperation aufbringen sollte. Was ihn jedoch noch mehr beunruhigte, war die Sorge um seine Shanghaier Freunde, vor allem um die Pollitzers und ihre Kinder. Seit der Bombardierung des Bahnhofs war Otto der festen Überzeugung, die Japaner würden weitere Verbrechen an der Bevölkerung begehen. Aus diesem Grund gab er mehrere Interviews, in denen er das schwärzeste Bild für China zeichnete. Eine Zeitung nahm seine Fluchtgeschichte als Aufhänger und titelte: »Doppelter Flüchtling – zuerst aus seiner österreichischen Heimat und jetzt aus dem Kriegsgebiet Shanghai«.[56]

In allen Artikeln war es sein wichtigstes Anliegen, vor Japan zu warnen. Unter der Überschrift »Japan hält die Welt zum Narren« erklärte er, Shanghai sei nur ein Nebenschauplatz, und das japanische Militär werde innerhalb der nächsten drei Monate den ganzen Nordosten Chinas überrennen.[57] Er überschätzte zwar das Vordringen der japanischen Armee, aber ihre brutale Vorgehensweise hatte er richtig erkannt. Ein paar Monate nach dem Interview, im Dezember 1937, eroberten die Japaner Nanking. Berechnungen zufolge ermordeten sie dort über 200 000 Zivilisten und verübten sechs Wochen lang Massenvergewaltigungen.[58]

Otto war dem Krieg also noch rechtzeitig entkommen. Ein Studium konnte er sich nicht mehr leisten, er musste jetzt so schnell wie möglich Geld verdienen. Doch obwohl er eine Stelle als Designer bei dem Skihersteller C. A. Lund in Minnesota fand und endlich Geld an Alice schicken konnte, kam er lange nicht von China los. Er wollte die Geschehnisse dokumentieren – auch für österreichische Leser. In einem Brief an seinen Bruder Karl hieß es: »Beigeschlossen findest du ein Manuskript, das ich in der Eile geschrieben habe. Ich weiß nicht, ob es gut genug für eine Veröffentlichung ist. Vielleicht kannst du dich mit Victor Pollitzer in Verbindung setzen … da er gute journalistische Kontakte hat. Wenn du es anbringen kannst, behalte das Geld.«[59]

Kurz vor Weihnachten 1937 bekam Otto noch einmal Post aus Shanghai. Es war eine Nachsendung, die zuerst an die Ford Motor Company in Michigan geschickt, dann aus irgendeinem Grund nach Hongkong weitergeleitet worden war und am Ende endlich an Ottos neuer Arbeitsstelle in Minnesota landete. In dem Paket lag ein Orden des Shanghai Volunteer Corps für besondere Tapferkeit.[60]

Es gibt ein Foto, auf dem Otto den Orden in die Höhe hält. Kurz darauf verlor er ihn bei einem seiner vielen Umzüge. Er brauchte ihn nicht mehr als Erinnerung, denn er hatte endlich einen Weg gefunden, um die Ereignisse zu verarbeiten. Er fing an, Japanisch zu lernen, ganz nach Sunzis Weisheit: »Wenn du dich und den Feind kennst, brauchst du den Ausgang von hundert Schlachten nicht zu fürchten.«

1937: Besuch der jungen Dame

»Das Problem für jeden Wiener:
Man kann es in Wien nicht mehr aushalten,
aber woanders auch nicht.«
Helmut Qualtinger

Nach nur einem Monat in England kehrte Alice im März 1937 nach Wien zurück. Was genau geschehen war, erwähnt sie in ihren Erinnerungen nicht, sie wollte nicht bemitleidet werden. Doch an ihrer Situation gab es nichts zu beschönigen. Sie hatte in Wien keine Wohnung und keine Kochschule mehr und musste ganz von vorne anfangen. Karl lebte mit seinem deutschen Kommilitonen Willy Schultes mittlerweile in einem kleinen Apartment am Wiedner Gürtel, und Alice wollte weder ihm noch ihren Schwestern zur Last fallen.[1] Sie zog erst einmal bei ihrer besten Freundin Paula Sieber ein. Die beiden Frauen kannten sich seit den 20er-Jahren und waren fast gleich alt. Paula hatte ähnlich desaströse Eheerfahrungen wie Alice gemacht. Gleich nach der Geburt ihres Sohnes hatte sich ihr Mann anderen Damen zugewandt, worauf Paula sehr viel konsequenter reagierte als Alice. Sie ließ sich scheiden und zog ihr Kind allein groß. Da sie ein großer Filmfan war, kam sie auf die Idee, aus ihrer Leidenschaft einen Beruf zu machen. Mit ihrer Schwester Selma eröffnete Paula 1914 in der Josefstädterstraße das Palastkino.[2] Der Name versprach Prunk, und die Innenausstattung mit den üppigen roten Samtsesseln und goldenen Verzierungen erinnerte tatsächlich ein wenig an ein plüschiges Opernfoyer. Wie in der Oper gab es auch im Palastkino ein Live-Orchester, das die Stummfilme auf der Leinwand effektvoll begleitete.[3] Paula liebte dramatische Filme, und auch ihr Privatleben verlief phasenweise dramatisch. Anfang der 20er-Jahre heiratete sie noch einmal, den Anwalt Dr. Hermann Sieber, und bekam ihren zweiten Sohn Peter.[4] Doch auch diese Ehe war nur von kurzer Dauer, Hermann Sieber starb 1926 bei einem Autounfall, und Paula war jetzt wie Alice alleinerziehende Mutter zweier Söhne.

Die beiden Frauen hatten also viel gemeinsam – sie mussten ihre Kinder ernähren und sich in wirtschaftlich schwierigen Zeiten als Geschäftsfrauen durchschlagen. Wie Alice mit ihrem Lieferservice hatte auch Paula ein gutes Gespür für neue Trends. Sie versuchte, so flexibel wie möglich auf die Wünsche ihres Publikums zu reagieren, und als 1929 der Tonfilm in die Wiener Kinos einzog, stellte sie ihr Etablissement schnell auf die notwendige Technik um (die Kinomusiker zeigten sich davon weniger begeistert und demonstrieren in ganz Wien gegen ihre Entlassung).

Paula und Alice waren bemüht, einander zu helfen, vor allem, wenn es der einen finanziell gerade schlechter ging als der anderen. 1937 war eindeutig Paula die erfolgreichere Geschäftsfrau, und daher zog Alice zu ihr und dem 16-jährigen Peter Sieber. Die Siebers lebten in der Schreyvogelgasse 3, einem eleganten Haus im Stil der Wiener Neorenaissance. Für Alice war die Sieber'sche Wohnung auch deswegen attraktiv, weil sie ganz in der Nähe ihres Lieblingscafés lag, dem Landtmann.

Kaum war Alice wieder in Wien angekommen, erhielten sie und Karl mahnende Briefe von Otto aus China. Seine Studienfreundin Cordelia Dodson plane, nach Wien zu kommen, und man solle für sie so schnell wie möglich die beste und gleichzeitig preiswerteste Pension finden. Otto wollte unbedingt, dass Cordelias erster Wienbesuch ein großer Erfolg würde. Aus diesem Grund sollte Karl die Rolle des Touristenführers übernehmen: »Bitte vergiss nicht, sehr höflich zu sein. Die Familie von ihr war zu mir … unerhört nett und ich war sehr oft eingeladen.«[5]

Karl fühlte sich von den Ermahnungen seines älteren Bruders gekränkt. Otto schien keine Ahnung zu haben, wie erwachsen er mittlerweile war. Er war ein 19 Jahre alter Medizinstudent, der nicht mehr rot anlief, wenn er ein Mädchen interessant fand. Zwar kannte er sich nicht besonders gut im Wiener Nachtleben aus und traute sich immer noch nicht zu tanzen, aber das würde sich jetzt ändern. Sein Freund Willy sollte ihm dabei helfen. Sie hatten sich im letzten Schuljahr kennengelernt. Äußerlich war Willy das Gegenteil von Karl – groß gewachsen, ein Schrank von einem Mann und ein Frauenschwarm. Er war kein Jude, hasste aber die Hakenkreuzler. Karl wusste, gemeinsam würden sie Cordelias Aufenthalt zum Ereignis machen.

Als Karl und Cordelia sich im April 1937 kennenlernten, konnten sie nicht wissen, dass sie nur noch ein Jahr Zeit hatten, bis ihre Jugend vorbei sein würde. Dass diese elf Monate – von April 1937 bis März 1938 – etwas Besonderes waren, ahnten sie jedoch. Karl schrieb darüber einen Tagebuchbericht, und auch Cordelias Briefe aus dieser Zeit sind erhalten geblieben. Nur an ein paar Nebensätzen merkt man, dass ihre Umgebung langsam bedrohlicher wurde. Bei ihrer ersten Begegnung war davon noch nichts zu spüren. Cordelia schrieb an Karl:

> Ich komme am 9. April mit dem Zug aus Venedig an … Du wirst sicher keine Probleme haben, mich zu erkennen. Ich sehe wahrscheinlich aus wie eine typisch amerikanische Touristin. Also: Ich habe dunkle Haare und Augen, bin ziemlich groß und trage ein beiges Kostüm mit einem Pelzkragen. Ich habe die dritte Klasse buchen müssen, weil ich in Italien zu viel Geld ausgegeben habe.[6]

Die Beschreibung war treffend, aber als Karl an jenem Aprilabend auf dem Bahnsteig wartete, überfiel ihn plötzlich ein beunruhigender Gedanke:

> Was soll ich machen, wenn sie unattraktiv ist? … Es wäre furchtbar, zwei Wochen lang mit einem dürren Mädchen durch Wien laufen zu müssen. Aber nein, das kann nicht sein. Mein Bruder hat immer den besten Geschmack bei Frauen … Dann kommt endlich der Zug mit der Aufschrift Venedig-Triest-Klagenfurt-Semmering-Wien und Leute mit glücklichen Gesichtern steigen aus … Ich laufe die Wagen entlang und suche sie … Plötzlich höre ich meinen Namen, sie schaut aus dem Zugfenster … sie ist jenseits aller Erwartungen … Volles, dunkles Haar, dunkle lebendige Augen, interessante Gesichtszüge und wunderschöne schlanke Hände, sogar die roten Fingernägel passen zu ihr, obwohl ich eigentlich lackierte Nägel nicht mag … Ich schüttle ihre Hand und versuche verzweifelt, nach englischen Worten zu suchen … Sie hat unglaublich viel Gepäck dabei und ich muss einen Träger rufen.[7]

Die Träger waren in Wien eine Institution. In seinem alternativen Touristenführer hatte Hirschfeld 1927 den korrekten Umgang mit ihnen beschrieben. Gleich nach dem Aussteigen solle man sich nach Männern in blau-weißen Kitteln umsehen und möglichst laut und energisch rufen: »Träger!« Man solle Durchsetzungskraft zeigen, denn von diesen Trägern gebe es nie genug. Ihren Dialekt zu verstehen sei dann die nächste Herausforderung: »Habns a großes a?« bedeute nicht, was man vermuten könne, sondern einfach nur: »Haben Sie großes Gepäck?« Anschließend müsse man zum Autotaxi gehen. Ein Autotaxi war – laut Hirschfeld – schicker als die alten Fiaker. Die standen zwar auch vor dem Bahnhof, aber sie seien »im Aussterben begriffen und stellen überraschende Forderungen, wenn man sie in dieser Beschäftigung stört«.

Karl konnte sich weder einen Fiaker noch ein Autotaxi leisten und entschied sich für die Tram. Cordelia zeigte sich von allem begeistert. 2003 würde sie schreiben: »Während dieses ersten, kurzen Besuchs war ich fasziniert, ich liebte Wien, und ich liebte die zwei jungen Studenten Karl und Willy, die mir das echte Wien zeigten.«[8]

Eigentlich wollten Karl und Willy den Gast schon am zweiten Abend in ihre Wohnung zum Essen einladen, aber da sie nicht sicher waren, wie amerikanische Frauen auf solche Einladungen reagierten (Willy hatte in dieser Beziehung schlechte Erfahrungen gemacht) und da sie sich für ihre heruntergekommene Unterkunft schämten, diskutierten sie die Sache hin und her. Am Ende trauten sie sich und räumten auf. Als Cordelia tatsächlich zum Abendessen kam, bereitete Karl sein Spezialgericht zu, Wiener Schnitzel, und Willy dekorierte den Tisch mit österreichischen und amerikanischen Flaggen. Cordelia brachte ihre amerikanischen Schallplatten mit, über die Karl schrieb: »Sie klingen fantastisch. Es fühlt sich an, als ob Fred Astaire und die Broadway Melody 1936 bei uns in die Wohnung eingezogen sind. Wir sind jetzt 42nd und Broadway Street!«

Es gab nur ein Problem: Karl hatte vor dem Beginn der Semesterferien noch ein Examen zu absolvieren, vor dem ihm graute. Im österreichischen Ständestaat wurden von den Universitäten nicht nur Forschung und Lehre erwartet, sie sollten auch zur staatsbürgerlichen Erziehung der Studenten beitragen. Jeder Student musste weltanschauliche Pflichtvorlesungen besuchen und eine Prüfung über die »theoretischen und historischen Grundlagen des österreichischen Staates« ablegen. Karl hatte sich die 120 Seiten Lehrmaterial bisher nicht einmal angesehen, und es blieben ihm nur noch 24 Stunden Zeit bis zur mündlichen Prüfung. Er kam auf die Idee, dass Alice in der Zwischenzeit Cordelia Gesellschaft leisten könnte: »Aber ich mache mir Sorgen, wie sie miteinander auskommen werden. Cordelia ist ein junges amerikanisches Mädchen aus einer völlig anderen Welt, und meine Mutter ist typisch wienerisch, mit all dem Charme und all den Fehlern ihrer Generation. Andererseits sind beide Menschen aus anderen Ländern gewöhnt.«[9]

Es war einen Versuch wert. Er brachte die beiden Damen im Café Sacher zusammen, und Alice erzählte Cordelia erst einmal ganz genau, was sie von Amerikanern hielt (nicht viel). 66 Jahre später schrieb Cordelia über diese Begegnung:

> Bei meinem ersten Wienbesuch lernte ich Alice Urbach kennen und erfuhr von ihrem Ruhm in der Welt des Kochens. Sie sagte mir ziemlich direkt, dass Amerikaner nicht ihre bevorzugten Landsleute seien. Ich glaube, sie hatte eine unangenehme Erfahrung mit … Ed Cerf gemacht, der als Austauschstudent für Otto aus Reed gekommen war. Anscheinend benahm sich Ed wie ein verwöhnter und hinterhältiger Teenager.[10]

Alice' Direktheit amüsierte Cordelia, und in den nächsten Jahren würde sie es auf spektakuläre Weise schaffen, ihr ein besseres Bild von Amerikanern zu vermitteln.

Als jüdische Mutter erwartete Alice natürlich, dass Karl erfolgreich von seiner Prüfung zurückkehren würde. Sie rief ihm zum Abschied im Sacher hinterher: »Du bist noch nie durch ein Examen gefallen, Karl!« Der Satz war ihm in Cordelias Gegenwart furchtbar peinlich, aber Alice würde recht behalten. Karl schaffte die Prüfung, weil er genug patriotische Sätze über Österreichs glorreiche Geschichte auswendig gelernt hatte. Von nun an konnte er sich ganz Cordelia widmen. Tagsüber zeigte er ihr alle Sehenswürdigkeiten Wiens, und abends zogen sie mit Willy durch die Bars. Ihre erste Anlaufstelle war das neue Wiener Hochhaus in der Herrengasse. Im 16. Stock gab es einen verglasten Turm, in dem ein elegantes Tanzlokal eröffnet hatte.[11] Karl wäre allein nie dorthin gegangen, aber mit Cordelia und Willy schien es völlig normal. Er trank zum ersten Mal einen Cocktail und war überrascht, wie teuer ein so kleines Getränk war. Trotzdem rentierte sich jetzt jede Investition:

> Cordelia trägt ein schwarzes Kleid … Sie ist so elegant, Otto hat wirklich einen sehr guten Geschmack. Ich bin froh, dass sie hier ist und er in Shanghai … Während Willy und Cordelia nach unten gehen, um zu tanzen, spricht mich auf Englisch ein Mann vom Nebentisch an und fragt, ob wir Engländer wären. Ich zögere einen Moment und sagte dann: »Nein, wir sind Amerikaner.« Ich schäme mich etwas für die Lüge, aber es ist einfacher, als eine lange Erklärung abzugeben, und es ist einen Moment lang schön, sich als Amerikaner auszugeben. Ich kann sehen, wie sich die Gesichter meiner Nachbarn mit Bewunderung füllen. Aber mein gutes Gefühl hält nicht lange an. Einer von ihnen

war schon mal in New York. Sein Englisch ist schlechter als meines, aber er fängt an, Fragen zu stellen, und ich sage ihm, dass ich New York nicht kenne. Ich stehe auf und gehe an die Balustrade und schaue nach unten auf die Köpfe der Tanzenden. Cordelia und Willy drehen sich nach oben zu mir und ich wünschte, ich könnte tanzen.

Karl war sich zu diesem Zeitpunkt nicht ganz sicher, warum er sich seit Cordelias Ankunft so glücklich fühlte. Da sie vier Jahre älter war, kam er zu dem Schluss, dass er keinesfalls in sie verliebt sein könnte. Man war nicht in ältere Frauen verliebt. Trotzdem erschien ihm alles an Cordelia aufregend, und er stellte sie stolz seinen Freunden vor. Eine dieser Begegnungen beschrieb er sehr genau:

> Ein paar deutsche Freunde von mir laden Cordelia und mich zum Abendessen ein. Anschließend fragt mich Cordelia:
> »Waren diese deutschen Flüchtlinge Juden?«
> »Ja, warum?«
> »Nur so, ich wollte es einfach wissen.«
> Ich frage mich plötzlich, ob Cordelia weiß, dass ich jüdisch bin. Es tut weh, aber ich schaue sie an und sage:
> »Weißt du, dass ich jüdisch bin?«
> »Nein, Karl, das wusste ich nicht.«
> »Macht es für dich einen Unterschied?«
> »Karl, du solltest mich langsam besser kennen. Das grenzt fast an eine Beleidigung.«
> »Danke.«
> Sie schaut mich mit einem verständnisvollen Blick an, dann sagt sie:
> »Glaubst du, die Nazis werden nach Österreich kommen?«

»Vielleicht.«

»Was machst du, wenn das passiert?«

»Es ist nicht so schlimm, bis dahin werde ich mein Studium abgeschlossen haben, und dann wollte ich sowieso weg.«

»Wohin?«

»Zu meinem Bruder natürlich.«

»Ich frage mich, ob du in Amerika glücklich wärst, Karl.«

»Wieso?«

»Das Leben dort ist anders, nüchterner, nicht sehr romantisch.«

»Das ist genau, was ich will, ich glaube, ich werde dort sehr glücklich sein. Aber das ist natürlich alles nur ein Traum. Ich habe keine Ahnung, wo ich landen werde.«[12]

Das Überraschende an diesem Dialog ist, dass Otto seiner amerikanischen Freundin offensichtlich ein wichtiges Detail über seine Familie verschwiegen hatte. Obwohl er in Reed mit den anderen Studenten monatelang über den Faschismus diskutiert hatte und Aufsätze über die Vaterländische Front schrieb, hatte er nie preisgegeben, dass er als Jude von alldem ganz konkret betroffen war. Bis auf den Unipräsidenten Keezer und den – jüdischen – Gouverneur von Oregon schien niemand davon zu wissen. Karl hingegen ging mit seiner Herkunft sehr viel offener um. Er reiste sogar mit Cordelia für ein Wochenende an den Ort, aus dem die Mayers stammten. An einem wunderschönen Frühlingstag nahmen sie das Boot von Wien die Donau hinunter Richtung Pressburg. Karl hatte ganz vergessen, dass es ein Feiertag war: »Als wir die Grenze zur Tschechoslowakei passieren, sehe ich am Ufer Häuser, die mit den roten Flaggen der sozialdemokratischen Partei geschmückt sind. Es liegt schon ein paar Jahre zurück, seitdem ich diese Flaggen in Wien gesehen habe, und es ist ein gutes Gefühl, in einem Land zu sein, in dem es mehrere politische Parteien gibt und noch richtige Maifeiern stattfinden.«[13]

Im österreichischen Ständestaat waren die Maifeiern 1933 abgeschafft worden, und man hatte sie durch regierungstreue Aufmärsche ersetzt. Auch das war ein Grund, warum Karl davon träumte, eines Tages an einem anderen Ort leben zu können. Mit Cordelia in Pressburg zu sein bedeutete für ihn, ein Wochenende lang ein anderes Leben zu führen. Karl kannte die Tschechoslowakei gut, er hatte die Sommerferien oft bei seinem älteren Cousin Poldi (Leopold) und dessen Kindern in Janowitz verbracht.[14] Im Ersten Weltkrieg war Poldi in russischer Kriegsgefangenschaft gewesen, und seitdem lebte er in der ständigen Sorge, ob alle Familienmitglieder genug zu essen hätten. Er schickte Karl häufig Geld nach Wien und ermahnte ihn, unbedingt Tschechisch zu lernen. Poldi war ein tschechischer Patriot, der sich weigerte, Deutsch zu sprechen, und da Karl ihn nicht enttäuschen wollte, versuchte er tatsächlich, seine Sprachkenntnisse zu verbessern.

Für Pressburg reichte sein Tschechisch auf jeden Fall. Cordelia war ausgesprochen beeindruckt, und Karl träumte davon, sie auf ihrer weiteren Europareise zu begleiten und ihr alles zu übersetzen, was sie wollte. Natürlich sagte er ihr davon kein Wort, und da die Osterferien mittlerweile vorbei waren, fuhren sie zurück nach Wien. Am Tag ihrer Abreise überreichte er ihr sein Abschiedsgeschenk: ein Zigarettenetui mit 16 Chesterfields und vier Camels. Er hatte lange gebraucht, um sie zusammenzubekommen, in Wien waren amerikanische Zigaretten Mangelware. Cordelia hatte ebenfalls ein passendes Andenken für Karl, eine ihrer amerikanischen Schallplatten. Sie versprach, wiederzukommen, aber Karl schrieb deprimiert: »Eines Tages möchte ich mit diesem Zug Richtung Amerika aufbrechen, es ist schwer, immer Menschen zu verabschieden und zurückzubleiben.«[15]

Während Karl glaubte, sich nicht verliebt zu haben, musste Alice sich wieder einmal mit sehr viel prosaischeren Problemen herumschlagen. Sie konnte nicht ewig bei Paula Sieber wohnen und fand im April 1937 eine Lösung. Ein jüdischer Arzt leitete ein Sanatorium in Hietzing und suchte für seine Patienten eine gute Diätköchin. Alice zog in das schöne Gebäude in der Speisinger Straße 111 ein und würde dort fast ein Jahr lang wohnen und arbeiten können, bis der Besitzer 1938 floh.[16] Es war nur eine Teilzeitstelle, aber sie machte ihr Spaß. Sie konnte ihre Ideen zur gesunden Ernährung einbringen und plante, die Kochschule und den Lieferservice wieder zu eröffnen. In der *Neuen Freien Presse* annoncierte sie für den Herbst 1937: »Die modernen Kochkurse von Frau Alice Urbach befinden sich jetzt 3, Untere Viaduktgasse 57. Kursbeginn 1. Oktober, Menüs ins Haus, allerbeste Küche.«[17]

Alice wusste, sie würde diesen Nebenverdienst ab Herbst dringend brauchen, um genügend Geld für sich und Karl zu verdienen. Sie selbst leistete sich nie Ferien, aber ihre Reserven reichten im Sommer 1937 nicht einmal aus, um Karl eine Reise zu spendieren. Sie ahnte, dass ihr »nicht verliebter Sohn« am liebsten zu Cordelia nach Frankreich gefahren wäre. Aber Alice hoffte auch, dass sich sein Leben bessern würde, sobald er sein Studium beendet hätte. Um das zu beschleunigen, entschied Karl sich im Sommer 1937, das obligatorische Hochschullager hinter sich zu bringen. Im Austrofaschismus musste seit 1936 jeder männliche Student einen Aufenthalt in einem dieser Lager zur »körperlichen und geistigen Wehrhaftmachung« absolvieren. Die Idee dahinter war, eine ideologische Alternative zu den Nationalsozialisten zu bieten und die Studenten zu »neuen österreichischen Menschen« zu erziehen.[18] Karl fand sich bereits österreichisch genug, aber er wollte die Angelegenheit trotzdem so schnell wie möglich abhaken:

> Alle meine Freunde sagen, wie verrückt es von mir ist, das ausgerechnet im Sommer vor dem Anatomie-Examen zu machen. Aber ich finde es gut, von den Büchern wegzukommen und etwas hinter mich zu bringen, was ich laut Gesetz sowieso absolvieren muss … und als wir Studenten im Ausbildungslager ankommen, bin ich positiv überrascht. Wir sind in einem alten Mönchskloster nahe eines Sees untergebracht[19] … Ein Oberst hält uns einen Vortrag über Disziplin … Das Training ist ziemlich langweilig, wir wiederholen immer das Gleiche … Das Gasmaskentraining ist unangenehm, bei jeder Bewegung bricht man in Schweiß aus, und man denkt anfangs, man erstickt, bis man sich daran gewöhnt. An einen Morgen sitze ich zum ersten Mal hinter einem schweren Maschinengewehr, ich bin nervös, und da ist so viel Lärm um mich herum, dass ich vergesse, richtig zu zielen. Wir denken alle, dass wir das sowieso nicht brauchen, es kommt einem vor wie ein Spiel oder eine Art Sport.[20]

Karl machte das Beste aus dem Lageraufenthalt. Er liebte den See und die Berge und ging mit seinen Kommilitonen schwimmen und rudern. Einer von ihnen hatte ein Akkordeon dabei, und abends, wenn sie keine Nachtwache hatten, sangen sie zusammen. Es war eine Sommeridylle, bis eines Nachts der Bildungsführer in die Schlafbaracke kam und brüllte:

> »Alle in 10 Minuten in Uniform zum Exerzierplatz!«[21] Wir haben keine Ahnung, was los ist. Ich ziehe meine Lageruniform über den Pyjama und hoffe, bald wieder ins Bett zu können. Wir war-

ten [auf dem Exerzierplatz] und diskutieren, was geschehen sein könnte. Plötzlich kommt der Leutnant und hält mit ernster Stimme eine Ansprache: »Ich habe einen eurer Kameraden nach Hause geschickt. Es wurde mir berichtet, dass er heute einen deutschen Motorradfahrer mit dem Hitlergruß empfangen hat. Ich habe euch in meiner ersten Ansprache davor gewarnt, dass wir hier keine Politik dulden. Ich werde den Fall meinen Vorgesetzten melden. Ihr könnt wieder ins Bett gehen. Gute Nacht.« Der Vorfall schlägt ein wie eine Bombe. Wir wussten alle, dass Nazis unter uns sind, aber wir haben einfach nicht länger darüber nachgedacht. Ich fühle mich jetzt nicht mehr so glücklich hier.

Das Einzige, was Karl noch aufheiterte, war, endlich Nachrichten von Cordelia zu erhalten:

In meiner letzten Woche erhalte ich einen Brief von Cordelia. Es ist ein blauer Umschlag, und die Jungens an meinem Tisch machen ein paar blöde Bemerkungen deswegen. Es ärgert mich, und ich laufe rot an. Sobald das Essen vorbei ist, gehe ich weg, um den Brief in Ruhe zu lesen. Sie erzählt von Paris, den teuren Läden, den Cafés und den amerikanischen Mädchen, die sie getroffen hat. Ich realisiere plötzlich, dass ich schon lange keine schön angezogenen Frauen mehr gesehen habe, ich komme mir vor wie jemand am Nordpol, der einen Brief aus der Zivilisation erhält.

Cordelia beschrieb nicht nur die eleganten Frauen. Sie interessierte sich vor allem für die Weltausstellung. Einige Pavillons waren zwar noch nicht fertig, aber die der Sowjetunion und des Deutschen Reichs standen schon:

Sie sind enorm groß, und komischerweise stehen sie einander genau gegenüber. Aber nichts an ihnen ist im Geringsten komisch, sie sehen eher gefährlich aus. Auf dem russischen Gebäude stehen zwei riesige Statuen, ein Mann und eine Frau, die marschieren und Hammer und Sichel in den Händen halten … und diese beiden Figuren stehen genau dem überdimensionalen Adler des 3. Reiches gegenüber, der auf dem deutschen Pavillon prangt.[22]

Die Schöpfer beider Pavillons wurden später mit Goldmedaillen ausgezeichnet, Boris Iofan für den sowjetischen und Albert Speer für sein martialisches Design des deutschen. Karl war sich nicht sicher, ob er diese Bauten unbedingt sehen wollte, aber er schickte Cordelia als Antwort ein Foto von sich mit einer Gasmaske, was sie mit den Worten kommentierte: »Du siehst fantastisch damit aus.«[23]

Im Herbst 1937 fing das Semester wieder an, und Karl half Alice gelegentlich mit dem Lieferservice. Alles war alltäglich und monoton. Und dann kam endlich ein interessanter Brief. Otto schrieb aus Portland:

Ich weiß nicht, ob du schon weißt, dass die ganzen Dodson-Kinder diesen Winter in Wien sein werden. Cordelias Schwester will nach Wien kommen und Musik studieren. Cordelia und ihr Bruder Daniel werden im Winter auch irgendwelche Studien verfolgen. Ich weiß, dass dich das freut, da du ja von Amerikanern so wie ich begeistert bist. Bitte erkundige dich bei Mutter, wie teuer erstklassige Gesangsstunden sind, und frage nach, wie die Gebühren in der Akademie am Konzerthaus sind. Schicke diese Informationen direkt an Mr. W. B. Dodson, Portland Chamber of Commerce, Portland, Oregon AIRMAIL. Ich

> lege zu diesem Zweck einen Dollar bei … Ich wäre dir wirklich sehr dankbar, wenn du was für die Dodsons in Wien tun könntest. Ich meine mehr in gesellschaftlicher Beziehung. Ich habe schon seit langer Zeit keinen direkten Brief von Mutter, trotzdem ich zwei oder drei Briefe und ein Telegramm … geschickt habe. Was ist da eigentlich los? Ich bin überzeugt, dass Mutter mir doch wenigstens ein paar Zeilen schicken könnte, selbst wenn sie viel zu tun hat. Auch die Tanten haben nichts von sich hören lassen, und es kommt mir schon so vor, als ob ich boykottiert würde. Das macht mich fuchsteufelswild und nimmt mir die Lust zum Schreiben, wenn ich nie eine ordentliche Antwort bekomme.[24]

Otto hatte keine Ahnung, was diese Nachricht bei Karl auslöste. Cordelia würde mit ihren Geschwistern kommen und einen ganzen Winter in Wien bleiben. Das Jahr 1938 würde fantastisch werden.

66 Jahre später schrieb Cordelia über diese Zeit: »Der Winter 1937/38 war das Ende unseres romantischen Studententraums. ›Rot-Weiß-Rot bis in den Tod‹, sangen wir mit den Studentengruppen.« Was kurz darauf geschah, öffnete ihr die Augen für die Realität: »Keine schöne Realität, aber so war's.«[25]

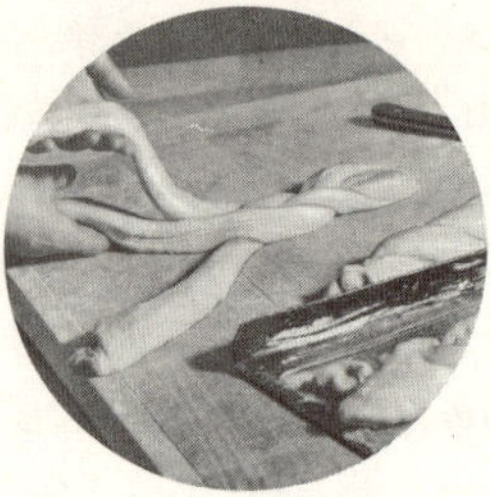

Es wird gejagt

»Wir haben Bücher geschrieben
Und Menschen gesund gemacht
Wir sind bei den Fahnen geblieben
Und wurden trotzdem vertrieben
Bestohlen, gequält und verlacht.«
Ernst Lothar, Dezember 1938

New York, 1962. Das Formular des Österreichischen Hilfsfonds lag auf dem Esstisch in Alice' kleiner New Yorker Wohnung. Da lag es jetzt schon seit einigen Tagen – unausgefüllt, vorwurfsvoll. Je länger Alice es unbearbeitet ließ, umso größer wurde der Vorwurf. Natürlich hatte sie es durchgelesen, mehrmals. Sie stellte fest, dass sie zwei einfache Fragen nicht beantworten konnte, und sie verstand nicht, warum. Wieso hatte sie diese wichtigen Fakten vergessen? Das passte gar nicht zu ihr. Sie hatte immer ein phänomenales Gedächtnis gehabt. Sie konnte seitenlange Gedichte aufsagen, merkte sich jede Telefonnummer. Aber jetzt fehlte ihr ein entscheidendes Stück Erinnerung. Genauer gesagt, ganze sechs Monate. Sobald sie an die Zeit von März bis Oktober 1938 dachte, entstand dieser Nebel in ihrem Kopf. Sechs Monate, der ganze Sommer 1938, schienen ausgelöscht zu sein. Alice ahnte natürlich, warum diese Erinnerung fehlte, aber sie war nicht in der Lage, es sich einzugestehen.

Sie spannte ein Blatt Papier in die Schreibmaschine und las noch einmal die Fragen:

Frage Nr. 7: Genaue Adresse am 13. 3. 1938.

Wo wohnte sie kurz nach dem deutschen Einmarsch? In der Speisinger Straße 111 oder wieder bei Paula Sieber? Alice tippte einfach die Adressen ihrer Vergangenheit in die Maschine. Paulas Wohnung: I, Schreyvogelgasse 3. Sie setzte ein Fragezeichen dahinter.

Dann zur Frage Nr. 8, die noch schwieriger zu beantworten war: Letzte Adresse in Österreich vor Auswanderung oder Deportierung.

Wieder nur Nebel. Sie war zeitweise in einer Pension gewesen, aber war sie dann im Oktober 1938 noch einmal bei Paula untergetaucht? Sie wusste es nicht mehr. Zuerst schrieb sie daher: »selbe«, dann strich sie es wieder und notierte per Hand dahinter die Adresse ihrer Schwester Helene: »letzten Tage: I, Ebendorferstr. 10«, dahinter wieder ein Fragezeichen.[1]

Es fiel ihr schwer, Helenes letzte Anschrift aufzuschreiben. Sie war die Klügste unter den Geschwistern gewesen, eine Juristin, die an Recht und Gesetz glaubte und nicht verstehen wollte, was es bedeutete, in einem rechtsfreien Raum zu leben.

Alice ahnte nicht, dass die Quälerei mit dem Fragebogen völlig überflüssig war. Die Stadt Wien wusste sehr genau, wo sie wann gelebt hatte. Jeder Umzug war verzeichnet worden, bis heute kann man Alice' Anschriften bei der Meldebehörde gegen eine kleine Gebühr einsehen. Die letzten fünf Tage vor ihrer Flucht hatte sie tatsächlich bei Helene verbracht. Im Dokument heißt es lapidar:

»24 Oktober 1938–28 Oktober 1938: 1, Ebendorferstrasse 10/12
Abgemeldet: England«[2]

Es gab natürlich gute Gründe, warum Alice' Gedächtnis an diesem Punkt versagte. Es war eine Amnesie, die sie am Leben erhielt. Was damals passierte, ist schon oft erzählt worden, aber Alice konnte es selbst nie in Worte fassen. Es passte nicht zu ihrer Entscheidung, kein Opfer zu sein. In ihren Aufzeichnungen steht nur: »Ich sollte mehr über die Monate in Wien während der Hitlerzeit schreiben, aber ich kann es einfach nicht. Es ist eine so schreckliche Erinnerung. Auf die Straße zu gehen und nie zu wissen, ob man grundlos verhaftet wird … Und ich kam noch früh raus, die Zurückbleibenden hatten viel mehr zu leiden, wurden deportiert, gefoltert und ermordet.«[3]

Im März 1938 wurde Österreich an das Deutsche Reich »angeschlossen«, doch das Ende eines souveränen Österreichs begann schon einige Wochen zuvor. Am 12. Februar 1938 unterzeichnete Bundeskanzler Kurt Schuschnigg das Berchtesgadener Abkommen und nahm den Nationalsozialisten Arthur Seyß-Inquart als Innenminister in sein Kabinett auf. Es war der Anfang einer langen Bankrotterklärung. Otto beobachtete die Entwicklungen von Amerika aus und schrieb schon am 10. Februar an Karl:

> Ich bin sehr beunruhigt über die letzten politischen Entwicklungen in Österreich. Ich hoffe, dass die amerikanischen Zeitungen übertrieben haben und dass es nicht ist, wie es geschildert wird. Auf jeden Fall musst du dich gefasst machen, dein Studium vielleicht woanders fertigzumachen. Du kannst dich auf mich verlassen, dass ich dir dabei so viel wie möglich helfen würde. In Frage käme natürlich Prag oder die Schweiz. Mate-

Cordelia und Lisbeth, ca. 1939

riell würde ich natürlich nicht im Stande sein, all deine Ausgaben zu bestreiten, wenn es aber sein muss, werde ich mich so viel wie möglich anstrengen.[4]

Otto glaubte also, dass es jetzt nur eine Frage der Zeit sei, bis in Österreich ein nazifreundliches Regime an die Macht käme. Er wusste, was das für seine Familie bedeutete. Aber er ahnte auch, wie schwierig es sein würde, Alice und Karl nach Amerika zu bringen. Die amerikanische Regierung hatte die Einreisequoten nicht erhöht, und nur sehr wohlhabende Emigranten konnten diese Hürde umgehen.

Während Otto anfing, Pläne zu machen, schien Karl den Ernst der Lage noch nicht begriffen zu haben. Im Dezember 1937 hatten er und Willy eine große Willkommensparty für die Dodsons gegeben, und seitdem fühlte er sich permanent beschwingt. Elizabeth (Lisbeth) Dodson war noch schöner als ihre Schwester Cordelia und nur ein Jahr älter als Karl. Dieser Altersunterschied schien in seinen Augen durchaus vertretbar, und so hatte er beschlossen, dass Cordelia seine Seelengefährtin bleiben und Lisbeth sein neuer Schwarm werden würde. Auch der 20-jährige Daniel Dodson brachte Abwechslung in Karls Leben. Er sah ebenfalls gut aus und nahm – obwohl ihm seine amerikanische Freundin Lucia nachgereist war – bei mehreren Wienerinnen ausgesprochen intensiv »Deutschunterricht«. Karl half Daniel, dieses Vabanquespiel zu meistern, wahrscheinlich auch, weil er Lucia nicht besonders intelligent fand. Sie betonte mehrmals am Tag, wie »fantastisch, wunderbar und umwerfend« in Österreich alles sei.[5]

Die Liebeleien, die sich in Wien abspielten, waren amüsant, aber sie begannen Otto zu beunruhigen. An Karl schrieb er: »Bitte fange aber nicht an, dich zu verbummeln, und verliebe dich auch nicht in eine von den Amerikanerinnen, außer wenn du sie heiraten kannst. Sonst gibt es Kopfweh, wenn sie wegfahren …«[6] Otto lebte schon lange genug in den USA, um zu wissen, was Amerikanerinnen von einer Beziehung erwarteten. Doch abgesehen von potenziellen Missverständnissen war es überlebenswichtig geworden, dass Karl keine Zeit auf Privates verschwendete und so schnell wie möglich sein Examen ablegte. Für Liebeleien war die politische Lage im Februar 1938 viel zu bedrohlich geworden.

Am 24. Februar 1938 hielt Bundeskanzler Schuschnigg eine Rede, die eine Mischung aus Mut, Verzweiflung und falscher Hoffnung war. Die letzten Sätze lauteten: »Bis hierher und nicht weiter! … Bis in den Tod! Rot-Weiß-Rot! Österreich!«[7]

Laut Cordelias Erinnerungen wurde der Satz zum Schlagwort der nächsten Tage. Mit Karl und anderen Gleichgesinnten liefen die Dodsons durch Wien und skandierten: »Bis in den Tod! Rot-Weiß-Rot!«[8] Alice wird nicht mitgerufen haben, aber auch sie war jetzt zum ersten Mal auf der Seite des Bundeskanzlers. Sie musste hoffen, dass er Stärke gegen Hitler zeigen würde.

Doch der rot-weiß-rote Tod kam früher als erwartet. Am 9. März kündigte Schuschnigg überraschend eine Volksbefragung über die Souveränität Österreichs für den 13. März an. Hitler und Hermann Göring konnten jedoch schon am 10. März durchsetzen, dass diese Befragung abgesagt wurde. Gleichzeitig beschleunigten sie jetzt ihre Annexionspläne. Jeder in Wien ahnte, dass die Situation sich gefährlich zugespitzt hatte. Trotzdem gingen die Dodsons am Freitag, den 11. März, in die Staatsoper, um wie geplant Tschaikowskis *Eugen Onegin* zu sehen. Karl und Willy blieben zu Hause am Radio und hörten um 19 Uhr 47 Schuschniggs Rücktrittsrede. Sie war nur drei Minuten lang. Als der Tod vor der Tür stand, hatte der Bundeskanzler entschieden, ihn einzulassen. Er würde der nationalsozialistischen Gewalt weichen und die Macht an Seyß-Inquart übergeben. Seine Ansprache endete mit den Worten: »So verabschiede ich mich in dieser Stunde vom österreichischen Volke mit einem deutschen Wort und einem Herzenswunsch: Gott schütze Österreich!«[9]

Karl war 20 Jahre alt und fühlte sich in dieser Nacht wie ein Hundertjähriger. Trotzdem machte er sich auf den Weg zur Staatsoper, um die Dodsons abzuholen. Auf den Straßen skandierten bereits österreichische Nazis: »Ein Volk, ein Reich, ein Führer! Sieg Heil, Sieg Heil, Sieg Heil.« Ihre Wünsche wurden am Tag darauf erfüllt. Am 12. März 1938 marschierte die deutsche Wehrmacht in Österreich ein, und Heinrich Himmler kam mit dem Flugzeug nach Wien, um mit seinen »Aufräumarbeiten« an politischen Gegnern und Juden zu beginnen. Cordelia hat in diesen Tagen offenbar versucht, die Stimmung in Wien auf Fotos einzufangen. An Karl schrieb sie darüber ein paar Wochen später in etwas holprigem Deutsch: »Ich erinnere mich endlich daran, dass der Engländer (Rofe) die Nacht des Umsturzes ist hin und her mit meinem Apparat gelaufen und überall geknipst hat. Der blöde Kerl hat gesagt, dass er ein Fachmann sei, und dann hat er ganz einfach meinen Apparat weggenommen. Jetzt bin ich furchtbar böse, wenn ich nur daran denke …«[10]

Keines dieser Fotos ist erhalten geblieben, und niemand erinnerte sich später noch daran, wer genau dieser Engländer Rofe war, aber es gibt genügend Bilder und Filmaufnahmen, die bezeugen, was an den folgenden Tagen geschah. Am Montag, den 14. März, zog Hitler unter dem Geläut der Kirchenglocken in Wien ein. Eine euphorische Wienerin beschrieb den Tag so:

> Den Jubel, den kann man sich nun wirklich nicht vorstellen, wenn man ihn nicht gesehen hat! Kam die Kolonne der Motorräder, Tanks und Wagen ins Stocken, so stürzten unter dem schallenden Jubel aller Tausender sich die Mädels auf die Soldaten und küssten sie ab!! Wir rasten, weil wir diesmal nicht einmal auf einem Autodach Platz finden konnten, in die Mariahilfer Straße, wo ja der endlose Zug hereinkam … wir fanden gleich in der ersten Reihe einen Platz auf der Straße. Da war das Spalier so eng, dass die Militärwagen nur mit wirklichem Kunstfahren hindurchkamen. Und da standen wir nun alle sechs und brüllten wie die Tollen, und schwenkten unsere Fahnderln und schüttelten den Soldaten die Hände und fragten sie aus.[11]

In den Seitenstraßen passierten gleichzeitig noch ein paar andere Dinge, die mit Jubel wenig zu tun hatten.

Bis zum März 1938 erwähnen Alice und Karl in ihren Briefen nie das Wort Antisemitismus. Das bedeutet natürlich nicht, dass sie ihn nicht erlebten. Er war einfach etwas, an das man sich gewöhnt hatte, ein pfeifendes Nebengeräusch, wie bei einem Tinnitus. Manchmal war das Rauschen schmerzhafter, manchmal leichter. Wiens führender Antisemit Karl Lueger hatte zwar schon 1910 das Zeitliche gesegnet, aber seine Ideen lebten weiter. Alice' Vater Sigmund blieb es erspart mitanzusehen, wie in den 1920er-Jahren aus den Lueger-Anhängern die »Hakenkreuzler« wurden. Mayer hatte seinen ehemaligen Parteifreund Lueger immer für einen Opportunisten gehalten, nie für einen echten Antisemiten. Über die Hakenkreuzler hätte er das nicht sagen können. Sie hassten aus absoluter Überzeugung: die Juden, die aus dem Osten in die Hauptstadt gekommen waren, für ihre Armut und die arrivierten Wiener Juden für ihren Wohlstand. Es war ein diffuses Gemisch aus Ekel und Sozialneid. Reiche wie arme Juden schienen durch das Elend der Nachkriegsjahre noch sichtbarer geworden zu sein. Die Nachnamen von Wiener Anwälten und Ärzten klangen auf einmal verdächtig jüdisch, und jeder Hausierer mit Schläfenlocken schien dunkle Geschäfte zu verfolgen. Alice gehörte schon lange nicht mehr zu den reichen Juden, aber auch nicht zu den armen aus dem Osten. Sie befand sich irgendwo in der Mitte der Skala. Wäre sie gefragt worden, wer oder was sie war, hätte sie wahrscheinlich nach einiger Verwunderung geantwortet: eine Wienerin. Ihr Vater hatte ihr gepredigt, ihren Glauben zu behalten und sich darüber hinaus zu assimilieren. Alice' Söhne waren beschnitten, und an Feiertagen ging man gelegentlich in die Synagoge. Damit war die Angelegenheit für Alice erledigt. Sie hatte keine Zeit für eine längere Analyse ihrer jüdischen Identität, sie musste arbeiten.

Natürlich wusste sie sehr gut, was um sie herum geschah. Als Filmfan sah sie 1924 den Stummfilm *Die Stadt ohne Juden*, in dem Hans Moser einen verrückten Antisemiten spielt.[12] Vor allem die Anfangsszenen kamen ihr vertraut vor. Der Film basiert auf dem gleichnamigen Roman des jüdischen Journalisten Hugo Bettauer und behandelt das Lebensthema von Alice' Vater – die Frage, ob die Juden zu Wien gehören. Im Film verjagt ein Bundeskanzler namens Schwerdtfeger alle Juden aus Wien, und kurz darauf bricht das Kultur- und Handelsleben völlig zusammen. Die Kaffeehäuser verkümmern zu Bierhallen, die Theater spielen nur noch Bauernschwänke, alle tragen Lodenmäntel und niemand gibt mehr gute Trinkgelder. Der Film endet jedoch versöhnlich. Der von Hans Moser dargestellte Antisemit wird in die Heilanstalt eingeliefert, und die Juden werden wieder nach Wien zurückgerufen. In der Realität hat man auf diese Rückrufaktion allerdings vergeblich gewartet, und auch der

Autor Hugo Bettauer erfuhr wenig Gnade. Er wurde 1925 von einem Nationalsozialisten erschossen.

Die Ereignisse des 12. März 1938 übertrafen alle Erfahrungen, die Wiener Juden je gemacht hatten. Der österreichische Regisseur Ernst Haeusserman kam zu dem Schluss: »Der Unterschied zwischen Deutschland und Österreich in puncto Antisemitismus war der, dass die Deutschen Antisemiten wurden, weil sie Nationalsozialisten waren, die Österreicher aber Nationalsozialisten wurden, weil sie Antisemiten waren.«[13]

Das war sicher richtig, doch es gab einen weiteren spezifischen Grund für die Wucht der jetzt ausbrechenden Hassorgien: Die österreichischen Nationalsozialisten hatten während ihrer Verbotszeit Haftstrafen absitzen und in Putzscharen ihre eigenen Naziparolen entfernen müssen. Diese »Erniedrigungen« hatten sie noch stärker brutalisiert. Jetzt wollten sie mit ihren alten »Gegnern« gründlich abrechnen. Sie nutzten dabei all die Methoden, die bereits in Deutschland gut erprobt worden waren, und ergänzten ein paar sadistische Details. Unzählige Fotos zeigen, wie Menschen, mit Hut und Mantel bekleidet, von grölenden Nazis und Gaffern dazu gezwungen werden, auf dem Boden zu knien und den Gehsteig zu reinigen. Diese sogenannten ›Reibpartien‹ waren die Revanche für die Putzscharen im Ständestaat. Sie wurden zu einem neuen Volkssport. Nirgends wird dies besser erklärt als im Bühnenstück *Der Herr Karl* von 1961.[14] Herr Karl, ein fiktiver Durchschnittswiener, schwelgt in Erinnerungen an den Anschluss:

> Da sammer alle, ich weiß noch, am Ring, am Heldenplatz gestanden. Es war wie beim Heurigen, wie ein riesiger Heuriger, aber feierlich, ein Taumel … Die Polizei ist gestanden mit den Hakenkreuzbinden, fesch … Man hat eine gewisse Größe ge-

spürt … Da war ein Jud im Gemeindebau, der Tennenbaum. Sonst a netter Mensch. Da ham's so Sachen gegen de Nazi g'schrieben auf die Trottoir … und der Tennenbaum hat des aufwischen müssen. Net er allan, die anderen Juden eh aa … i hab ihm hingführt, dass ers aufwischt. Der Hausmeister hat glacht, er war immer bei a Hetz dabei … Nochn Kriag is er zurückgekommen, der Tennenbaum. Da hab ich ihn auf der Straße getroffen und gesagt: »Habe die Ehre Herr Tennenbaum«, und der hat mich nicht angeschaut. Ich grüß ihn noch einmal … der schaut mich nicht an. Da denk ich mir … jetzt ist er bös. Dabei, irgendwer hätts ja wegwischen müssen. Der Hausmeister war ja auch kein Nazi … Alles, was man heute darüber spricht, ist falsch. Es war eine herrliche, schöne … ich möchte die Erinnerung nicht missen. Dabei habe ich ja gar nichts davon gehabt. Andere, mein Lieber, die haben sich gesund gestoßen. Existenzen wurden damals aufgebaut, Geschäfte arisiert, Häuser, Firmen, Kinos. Ich hab nur a Juden geführt, ich war ein Opfer. Die anderen sind reich geworden. Ich war Idealist.[15]

Otto kannte den Wiener Antisemitismus (und Menschen wie Herrn Karl) zur Genüge, aber er konnte im fernen Amerika trotzdem nur erahnen, was jetzt in Wien passierte. Seine Briefe an Alice und Karl waren schon veraltet, als er sie auf die Post brachte.

13. März 1938

Lieber Karli,

ich bin sehr beunruhigt über die Lage in Österreich, und ich hoffe, dass es zu keinen Unruhen kommt. Mir persönlich ist es ganz gleich, was in Österreich los ist, aber für euch ist es arg.

Bitte tue, was ich dir in meinem letzten Brief geschrieben habe [einen Studienplatz in Prag finden]. Wenn ich oder du Geld hätten, würdest du … in wenigen Wochen hier sein, aber es heißt Realitäten in die Augen schauen. Mit zwei- oder dreitausend Dollar könntest du herüberkommen, aber von wo hernehmen? Ich werde aber auf jeden Fall unternehmen, was nur menschenmöglich ist … Falls du hier wärst, könnte ich dich unter Umständen in irgendeinem College unterbringen, aber auch das braucht Zeit, um es auszuarbeiten. Bitte sei vorsichtig und schick mir Zeitungen, damit ich weiß, was eigentlich los ist. In der Zwischenzeit Kopf hoch![16]

Alice muss am gleichen Tag einen bedrückten Brief an Otto geschrieben haben. Sie teilte ihm mit, dass sie nicht nur ihre Stelle im Hietzinger Sanatorium, sondern auch noch ihren kleinen Hund Fido verloren hatte. Otto antwortete ihr auf betont burschikose Art:

28. März 1938

Liebe Mutter,

ich habe deinen Brief vom 13. [März] erst sehr verspätet erhalten … Es tut mir leid, dass der kleine Hund eingegangen ist. Fido war ein netter Hund, und ich bin überzeugt, dass es sehr schwer sein wird, sich an ein Leben ohne ihn zu gewöhnen. Dass du deine Stelle verloren hast, ist sehr traurig, da du doch gerne dort warst. Kann man aber nichts machen. Ich erwarte mit Spannung, ob Karli nach Prag geht. Ich bin gerne bereit, ihm finanziell auszuhelfen, so gut ich kann. Falls du dringend Geld brauchst, kann ich dir auch etwas schicken. Ich bin zwar selbst ziemlich stier, aber wenn es nötig ist, kann ich schon was aufreißen. ... Ansonsten kann ich heute nur hoffen, dass Euch allen in Wien nichts Unangenehmes in den Weg läuft.

Herzlichst Otto[17]

Die Nonchalance dieses Briefes war selbst für Ottos Verhältnisse ungewöhnlich. Aber es gab einen Grund, warum er sich noch flapsiger als sonst ausdrückte. Er wusste, dass alle Briefe aus dem Ausland geöffnet wurden, und er wollte auf keinen Fall erklären, was er wirklich über das »Unangenehme« dachte, das Alice und Karl über den Weg laufen könnte. Da die beiden nicht zu verstehen schienen, wie gefährlich es war, sich in Briefen offen mitzuteilen, wurde er am 10. April deutlich und schrieb an den Rand: »LETTERS ARE READ! USE DISCRETION IN ANSWERING.«[18]

Friedrich Torberg erzählte, wie die Emigranten eine Geheimsprache zu erfinden begannen. Ein Schreckenswort wie die Gestapo wurde zum »Herrn Lehrer«, das KZ zum »Konzerthaus«. Es ergaben sich dann so bizarre Sätze wie »Der arme Onkel Sigi sitzt schon seit zwei Wochen im Konzerthaus« oder »Gestern wurden wir vom Herrn Lehrer ins Hotel Metropol bestellt«. (Was das bedeutete, war recht eindeutig, die Gestapo hatte 1938 das Hotel Metropol zu ihrem Wiener Hauptsitz gemacht.)[19] Torberg versuchte, die Verzweiflung dieser Zeit in einen Witz zu fassen, und erzählte die Geschichte von zwei Wiener Freunden, die 1938 miteinander korrespondieren wollten: Der eine hatte es schon ins Ausland geschafft, der andere saß noch in Wien fest und gab vor, ein begeisterter Nazi zu sein: »Jetzt sind herrliche Zeiten angebrochen. Soeben wurden in der Inneren Stadt wieder ein paar jüdische Geschäfte arisiert. Die Besitzer haben wir in den Prater geführt, um sie dort turnen zu lassen. Es war ein köstlicher Anblick und noch viel zu wenig für diese Blutsauger. Hoffentlich kann ich dir bald wieder so gute Nachrichten geben. Heil Hitler! Dein Sami Grünzweig.«[20]

Die Realität unterschied sich kaum von der Satire, wie die Kommunikationsprobleme von Alice' Bruder Felix noch zeigen werden.[21]

Alice trauerte im März 1938 nicht nur um ihren Hund und den Verlust ihrer Stelle. Was sie besonders traf, war, dass Karl der Universität verwiesen worden war. Die Hoffnung, dass er es doch noch schaffen könnte, sein Studium abzuschließen, bevor die Nazis kamen, war endgültig gestorben. Karl selbst war so wütend und verzweifelt, dass er jetzt nur noch aus der Stadt hinauswollte. Cordelia schrieb 66 Jahre später: »Karl rettete uns mal wieder. Er richtete es ein, dass wir nach Lech am Arlberg fuhren, wo wir bei einer Familie Wolf wohnten. Ich glaube, wir realisierten gar nicht, was für ein wunderschöner Ort Lech war und was für eine perfekte Lösung es uns bot.«[22]

Doch auch in Lech schien sie das Pech zu verfolgen. Die Dodsons und Karl waren begeisterte Skifahrer und ignorierten die Warnungen der Dorfbewohner. Nur ein paar Tage nach ihrer Ankunft gerieten Karl, Daniels nervige Freundin Lucia und Lisbeth Dodson in eine Lawine. Cordelia stand am Rand der Piste, als es passierte: »Ich erinnere mich daran, wie [die drei] verschwanden und ich nur noch die Spitze eines Skis herausragen sah und dann einen Arm und einen Skistock.«[23]

Ausgerechnet mit der quasselnden Lucia verschüttet zu werden kann für Karl keine Freude gewesen sein. Aber in diesem Moment verstummte sogar Lucia, um Sauerstoff zu sparen. Sie fing erst wieder zu reden an, als sie befreit wurde. Im Vergleich zu der politischen Lawine, die über das Land hereingebrochen war, waren die Schneemassen in Lech eine Lappalie. Doch Karl wusste natürlich, dass er sich nicht ewig mit den Dodsons in der Bergwelt verstecken konnte. Er musste nach Wien zurückkehren, um seine und Alice' Ausreise voranzutreiben. Die Dodsons wollten vorerst nicht zurück, sie hatten von den brüllenden Nazihorden in Wien genug gesehen und zogen lieber weiter nach St. Georgen im Attergau. Von dort schrieb Cordelia an Karl im April 1938: »Es tut mir so leid, und ich bin so aufgebracht über all die Schwierigkeiten, die du hast. Gibt es denn gar keinen Weg für dich, hierherzukommen? Es ist so friedlich und wunderschön hier, dass man die Dinge fast vergisst.«[24]

Karls Antworten sind nicht erhalten, weil Cordelia seine Briefe sicherheitshalber vernichtete. Genauso wie Otto ermahnte sie ihn, vorsichtiger in seiner Wortwahl zu sein: »Karli, es wäre vielleicht besser, nicht so viel gegen unseren ›Freund‹ zu schreiben. Ich glaube nicht, dass Briefe zwischen hier [St. Georgen] und Wien geöffnet werden, aber für deine eigene Sicherheit, sei bitte ein wenig vorsichtiger.«[25]

Das Wort »emigrieren« ist ein aktives Verb. Es insinuiert einen gewissen Tatendrang, man unternimmt etwas, man emigriert eben. Aber niemand wanderte 1938 aus freien Stücken aus, man *wurde* emigriert. Der Komponist Georg Kreisler beharrte darauf, die Emigration als einen Akt zu beschreiben, der ihm aufgezwungen worden war – er war 1938 »geflüchtet worden«.[26] Freiwillig wollte sich so etwas niemand antun. Es ist trotzdem oft die Frage gestellt worden, warum »die Juden« nicht früher gingen. Daraufhin könnte man den Dramatiker Johann Nestroy zitieren – »Nachher ist jeder a guter Prophet« – oder die Gegenfrage stellen: Wohin sollte man fliehen, wenn keiner einen aufnehmen wollte? Und selbst wer ein Land fand, hatte noch ein anderes Problem: Wie sollte er die Flucht finanzieren? Mit neu erfundenen Auflagen und Steuern wurden die Emigranten systematisch ausgeplündert. Es gab jetzt eine »Judenvermögensabgabe«, eine »Reichsfluchtsteuer«, eine »Golddiskontbankabgabe« und eine »Zwangsabgabe an die jüdische Gemeinde«.

Trotzdem ließ man nichts unversucht. Die Jagd nach Stempeln begann in Österreich gleich nach der Annexion. Nichts war jetzt wichtiger, als sich die richtigen Stempel auf den richtigen Dokumenten zu erkämpfen. Für Amerika brauchte man ein Affidavit, das heißt, man musste einen amerikanischen Bürgen finden, der sich gegenüber den US-Behörden schriftlich verpflichtete, den Emigranten finanziell zu unterstützen. Otto gab in den nächsten Jahren mehrere Affidavits für Familienmitglieder ab, aber da er nicht viel verdiente und noch immer nicht die amerikanische Staatsbürgerschaft besaß, hatten diese Erklärungen kein großes Gewicht. Man musste mehr bieten können als ein Affidavit von Otto Urbach.

Jeder potenzielle Emigrant versuchte sich nun verzweifelt an Verwandte oder Freunde im Ausland zu erinnern. Die kürzesten Begegnungen wurden aus dem Gedächtnis hervorgekramt. Wen kannte man in New York oder Texas? Alice' Cousine Lily Bader fielen in ihrer Verzweiflung zwei amerikanische Frauen ein, die sie während eines Ferienaufenthalts in Norwegen kennengelernt hatte. Man hatte sich zwar nur dreimal miteinander unterhalten, aber sie schrieb ihnen trotzdem einen Brief. Zu ihrer Überraschung bekam Lily am Ende tatsächlich ein Affidavit der beiden und war damit der Ausreise einen Schritt näher. Wer keine Bekannten im Ausland hatte, musste erfinderisch sein. Ein besonders kreativer Flüchtling besorgte sich ein amerikanisches Telefonbuch und schrieb jeden an, der den gleichen Nachnamen hatte wie er. Obwohl er mit keinem der Adressaten verwandt war, fand sich darunter einer, der ihm tatsächlich die Bürgschaft schickte. Doch selbst wenn man alle Papiere zusammenhatte, musste man mit der Willkür der Behörden rechnen. Lily Baders Tochter, die damals 13-jährige Dorit, beschrieb, wie sie die Jagd auf ihre Eltern erlebte:

> Am Tag nach dem Einmarsch der Nazis in Österreich versank die Welt in Finsternis … Die Erwachsenen in meinem Leben wirkten auf einmal aschfahl, sprachen im Flüsterton und waren mit Dingen beschäftigt, die wir nicht verstanden.[27] … Einmal mussten wir Kinder unsere Eltern zu einem Amt begleiten. Ich erinnere mich an ein dunkles Gebäude mit abbröckelndem Verputz. Eine Wendeltreppe verband mehrere Stockwerke miteinander. Auf jeder Stufe stand jeweils eine Familie. Die Familienmitglieder stiegen auf die nächste Stufe, sobald ein Antragsteller das Büro verließ. Diejenigen, die die Treppe herunterstiegen, sahen entweder hocherfreut und erleichtert oder zu Tode betrübt aus. Stundenlang stiegen wir in diesem dunklen Gebäude Stufe um Stufe hinauf. Niemand sprach. Eine eisige, beängstigende Stille hatte sich über die Stiege gelegt … Als wir endlich beim Käfig angelangt waren, sah ich große Angst in den Gesichtern meiner Eltern. Da sie starke Menschen waren, die in der Regel ihre Sorgen nicht vor ihren Kindern zeigten, hatte ich sie vorher noch nie so gesehen. Das versetzte mich in Angst.[28]

Alice selbst hatte schon im Februar 1937 erlebt, wie schwierig es war, eine Arbeitsgenehmigung für England zu erhalten. Jetzt schien sich alles zu wiederholen, aber noch einen Fehlschlag konnte sie sich nicht leisten. Sie lebte wieder mit Paula und Peter

Sieber in der Schreyvogelgasse, aber die Arisierung von Paulas Wohnung schwebte drohend über ihnen. Da sie im eleganten 1. Bezirk lag, musste man damit rechnen, dass ein »verdienter« Nationalsozialist sie begehrte (zwischen März 1938 und Mai 1939 wurden in Wien ca. 44 000 Wohnungen arisiert). Gleichzeitig machte sich Alice Sorgen um die Lage ihrer Schwestern. Sidonies Mann, Julius Rosenberg, war schwer krank, und Juden wurden von »arischen« Ärzten nicht mehr behandelt. Obwohl Sidonie alles unternahm, um Julius am Leben zu erhalten, starb er fünf Monate nach dem »Anschluss«, am 10. August 1938.[29] Sidonie und Karoline waren jetzt beide Witwen und hatten keine Bindungen mehr an Wien, sie wollten ausreisen. Aber da sie über 70 Jahre alt waren, schien es fast unmöglich, ein Aufnahmeland zu finden. Arbeitsfähig waren von den Mayer-Geschwistern nur noch Alice, ihr Bruder Felix und ihre jüngste Schwester Helene Eissler. Alle drei versuchten nun, aus Hitlers »Ostmark« herauszukommen. Otto glaubte immer noch, dass es am besten wäre, in die Tschechoslowakei zu gehen:

24. April 1938

Liebe Mutter,

ich freue mich immer, von euch zu hören, auch wenn die Briefe, die ich erhalte, alle geöffnet werden. Bezüglich Karli kann man für den Augenblick nichts machen. Persönlich halte ich es für am besten, wenn er sein Doktorat in Europa ablegt, da es fast unmöglich wäre, ihn hier an eine Universität zu bringen. Er müsste mindestens 2 Jahre an ein College gehen, und das ist fast unerschwinglich. Wenn er aber sein Doktorat hat, kann er viel leichter herüberkommen und hat dann nur eine Staatsprüfung zu erledigen … Wenn es irgendwie möglich ist, sollte Karli in Prag fertig studieren. Finanziell kann ich euch in Europa besser helfen als hier, da der Dollar mehr wert ist.[30]

Doch Otto musste bald einsehen, dass die Tschechoslowakei Hitlers nächstes Ziel sein würde. Nach der Annexion Österreichs startete das NS-Regime im April 1938 einen Propagandakrieg gegen die Prager Regierung (wie Goebbels in seinem Tagebuch verzeichnete, hatte Hitler seine Absicht, das Nachbarland zu »zerschlagen«, intern schon am 20. März 1938 verkündet).[31] In Deutschland machte der Reim die Runde: »Im April macht Hitler, was er will, im Mai holt er sich die Tschechei.« Otto begriff jetzt, dass Karl besser gleich nach Amerika kommen sollte:

8. Mai [1938]

Lieber Karli,

ich werde dir in ein oder zwei Monaten ein Affidavit schicken. Es hängt natürlich von dem Konsul in Wien ab, ob er das genügend stark findet. Persönlich glaube ich nicht, dass mein Affidavit allein genug ist, da ich nicht genug Bargeld habe. … Eine Stelle … kann ich dir finden. Wenn du auf dem Konsulat bist, sage aber nichts davon, sondern betone nur, dass du hier fertig studieren wirst … Ich werde dir eine … Bewilligung in irgendeinem College verschaffen … Glaubst du, dass du mit den Dodsons gut genug bist, um sie um ein Affidavit anzugehen? Es ist schwer, für jemanden anderen um ein Affidavit zu bitten … Hier noch ein paar Punkte, die du beachten musst: Am Konsulat nicht sagen, dass du Arbeit in Aussicht hast (contract labor exclusion cause). Dass dir jemand finanziell die Einwanderung ermöglicht. Es muss so aussehen, dass du allein genug Geld hast, die Überfahrt zu bezahlen und dich für einige Zeit über Wasser zu halten. Wenn die Sache zum Klappen kommt, werde ich dir hier ein Bankkonto in deinem Namen aufmachen, und du musst lügen, dass du das Geld herübergeschickt hast über längere Zeit. Das ist wichtig … Auf jeden Fall musst du etwas Geduld haben und warten, da es schlecht ist, wenn man einmal abgewiesen wird. Im schlimmsten Fall kannst du es dann in Prag noch einmal versuchen. Dort müsstest du aber verschweigen, dass du in Wien einmal abgelehnt wurdest …

Herzlichst Otto[32]

Otto verstieß mit diesem Brief gegen seine eigenen Vorsichtsmaßnahmen, er hatte vor lauter Erschöpfung vergessen, sich selbst zu zensieren.

Karl musste, obwohl es ihm sehr unangenehm war, jetzt die Dodsons um ein Affidavit bitten. Seine Chance kam, als Daniel Dodson aus den Skiferien nach Wien zurückkehrte und bei Willy und Karl einzog. Auch Otto war endlich einen Schritt weitergekommen:

5. Juni 1938, Alpena Hotel, Michigan

Lieber Karli,

ich habe deinen letzten Brief [bekommen], in dem du mir schreibst, dass Daniel [Dodson] bei dir wohnt. In der Zwischenzeit habe ich mit meiner Firma ausgemacht, dass sie mir ein employment statement geben, das du gleichzeitig mit den Affidavits vorweisen wirst. Es wird noch einige Tage dauern, bis ich das Affidavit schicken kann, aber ich werde es beschleunigen, wie ich nur kann. Ich möchte dich bitten, alle Sentimentalitäten aus deinen Briefen auszuschalten. Es ist absolut unnötig, dankbare Apfelsauce in deine Briefe zu schießen. Es ist selbstverständlich, dass du froh bist, von Österreich wegzukommen, und dass ich meinerseits alles tue, um dieses Ziel zu erreichen … Grüße alle von mir herzlichst, Otto[33]

Am 16. Juni 1938 hatte Otto endlich einen Notar gefunden, der sein Affidavit beglaubigte. Darin wurde unter anderem erklärt, dass er als Designer und technischer Berater bei der C. A. Lund Company 240 Dollar im Monat verdiene und bis auf die Abzahlung seines Autos keine finanziellen Verpflichtungen habe. Sein Anliegen sei es, seinem Bruder Karl Urbach die Einreise nach Amerika zu ermöglichen, damit dieser sein Medizinstudium beenden könne. Otto erklärte in dem Affidavit, er werde die volle finanzielle und moralische Verantwortung für seinen Bruder übernehmen, bis er seine Promotion abgeschlossen habe.[34]

Mr. und Mrs. Dodson ließen Karl ebenfalls nicht im Stich.[35] Cordelia schrieb ihm – auf Deutsch – aus St. Georgen: »Ist es wahr, Karli, dass du vielleicht im Herbst nach Amerika fahren kann? Das wäre unglaublich schön. Meine Mutter schreibt, dass sie sich ernstlich bemühen, dich wegzubringen.«[36]

Doch die Hürden blieben für alle Flüchtlinge, inklusive Karl und Alice, enorm. Auf der Konferenz von Évian im Juli 1938 weigerten sich so gut wie alle Teilnehmerstaaten, jüdische Flüchtlinge aus Deutschland und Österreich aufzunehmen. Franklin D. Roosevelt erschien, obwohl er die Konferenz selbst initiiert hatte, nicht persönlich. Der Zionistenführer Chaim Weizmann kam zu dem Schluss: »Die Welt scheint nur zwei

Arten von Ländern zu haben: die, in denen die Juden nicht leben können, und die, in die sie nicht einreisen dürfen.«[37]

Évian war vor allem ein großer Erfolg für die Nationalsozialisten. In einem internen NS-Bericht, den »Meldungen aus dem Reich«, wurde befriedigt festgestellt:

> Auf der Évian-Konferenz ... wurde aller Welt vor Augen geführt, dass das Judenproblem keineswegs nur eine von Deutschland provozierte Streitfrage, sondern dass es ein Problem von aktueller weltpolitischer Bedeutung ist. Trotz der übereinstimmenden Ablehnung der Behandlung der Judenfrage in Deutschland durch die Évian-Staaten hat sich mit Ausnahme von Amerika grundsätzlich kein Land bereit erklärt, bedingungslos eine beliebige Anzahl von Juden aufzunehmen. Bemerkenswert war, dass der australische Vertreter sogar von der Gefährdung der eigenen Rasse durch die jüdische Einwanderung sprach.[38]

Solch antisemitischen Töne waren von der amerikanischen Delegation zwar nicht zu hören, doch auch die USA unternahmen am Ende nichts. Im Gegenteil. Die Einreise wurde nach der Konferenz noch schwieriger. Otto sah für Alice keine Chance und riet ihr, sich auf ein europäisches Land zu konzentrieren.[39]

Alice arbeitete zwar an ihrer Auswanderung nach England, aber die Vorstellung, nicht nur von Otto, sondern nun auch noch von Karl getrennt zu werden, erschreckte sie. Sie wollte jetzt auch nach Amerika. Karl schrieb daher an seinen Bruder:

> Gestern deinen Brief [vom 23. Juli] erhalten ... Ich bin natürlich ziemlich bestürzt wegen Mutter. Sie hat alle ihre Hoffnungen ... darauf gesetzt, auch in nicht allzu langer Zeit nach USA gehen zu können. Ich hoffe, dass sich doch später irgendein Weg fin-

den lassen wird. Mutter muss ja nicht unbedingt gerade als Hausangestellte arbeiten. Aber du hast ganz recht, erst muss ich drüben sein, dann wird sich schon ein Ausweg finden lassen. Das weiß Mutter auch. Ich hoffe, dass sie inzwischen einen Posten in England finden wird. Wenn das nicht geht, ist es allerdings sehr tragisch, denn wenn du schreibst, dass du Mutter in Europa besser unterstützen kannst wie in Amerika, so ist das zwar ganz klar, aber trotzdem illusorisch. Denn man kann nicht: nach Ungarn, Schweiz, Tschechoslowakei, Italien, Balkanstaaten, Holland, Belgien, Frankreich. Weiter nicht in die nordischen Staaten. Du siehst, dass man also praktisch in keinen einzigen Staat Europas hineingelassen wird. Hier kann man aber auch nicht bleiben, weil man erstens über kurz oder lang doch ausgewiesen wird und zweitens ist es einfach, ohne Sentimentalität bitte, psychisch wirklich nicht auszuhalten. Warte, bis ich dir erzählen kann. Mutter bemüht sich jetzt ebenfalls um ihre Ausreise und wird hoffentlich in England etwas halbwegs Passendes finden … Von Mr. Dodson oder dem Affidavit noch immer kein Lebenszeichen. So habe ich mich zusammengenommen und habe ihm persönlich nach langem Überlegen vorgestern geschrieben. Ich habe ihm zuerst für alles sehr höflich gedankt, dass er sich wegen mir so große Mühe macht, und habe ihn dann gebeten, falls er das Affidavit noch nicht weggeschickt hat, es über Washington DC zu schicken, da es dort überprüft wird und andernfalls von Wien zwecks Überprüfung wieder zurück nach Washington geht … Du kannst dir natürlich vorstellen, dass ich so höflich geschrieben habe, wie es nur möglich ist. Ich hoffe, dadurch Ende dieses Monates von Mr. Dodson irgendeine Antwort zu haben … Wenn du nach New York kommst, so suche bitte, wenn es dir irgend ausgeht, einen gewissen Arthur Horowitz auf. Adresse: 190 Miller Aven. Brooklyn N. Y. Ein Studienkollege und sehr guter Freund von mir. Denn wenn es mit Dodsons aus irgendeinem Grund, den ich mir zwar absolut nicht vorstellen kann, nicht klappen sollte, muss ich ja doch irgendjemand anderen finden.[40]

Cordelia schien anzunehmen, dass das Affidavit nur eine Formalität war, und schrieb Karl am 8. August 1938 – auf Deutsch – von ihren Reisen: »Wir werden diese Woche nach Salzburg fahren, um ein Festspiel anzusehen – Salzburg ist furchtbar dieses Jahr. Nur Reichsdeutsche, hässliche Leute. Die ganze Stimmung ist gegangen. Es (wird) vermutet, dass ›sie‹ wollen überhaupt weg mit Salzburg und alles in Bayreuth konzentrieren.«[41]

Ob die Bayreuther die Salzburger Festspiele ersetzen würden, war eine Luxusfrage, die mit Karls Realität wenig zu tun hatte. Das Dodson-Affidavit war noch immer nicht angekommen, und er wurde jetzt täglich nervöser. Otto musste ihn beruhigen:

> Bitte, Karli, sei nicht ungeduldig. Ich verspreche dir, dass ich dich hierher bringe und du weißt, dass ich allerhand durchgesetzt habe. Sei [nicht verzweifelt] und freue dich auf deine Zukunft in U. S. Hauptsache, dass du gutes Englisch sprichst. Versprich mir, dass du jeden Tag wenigstens etwas Englisches liest, wenn du schon keine Gelegenheit hast zu sprechen. Das ist das Allerwichtigste.[42]

Während Karl nur noch an Affidavits dachte, versuchte Otto ihn mit dem Traum von einem gemeinsamen Skihotel abzulenken: »Mein neuester Plan ist folgender … ich möchte gleichzeitig mit meiner Arbeit für die C. A. Lund Fabrik ein kleines Skihotel [in Laconia] bauen. Das klingt fantastisch, ist aber nicht allzu schwer durchzuführen, falls du und ich Hand in Hand arbeiten.

Laconia ist wunderschön gelegen, an einem See, und ist im Winter ein Skigebiet wie ungefähr der Semmering.«[43]

Otto war nicht der einzige Emigrant, der davon träumte, den Charme österreichischer Skiorte nach Amerika zu bringen. Die bildschöne Schauspielerin und Emigrantin Hedy Lamarr verfolgte die gleiche Idee. In den 50er-Jahren schaffte sie es, aus dem kleinen Ort Aspen in Colorado eine exklusive Wintersportgegend zu machen. Bis heute verabreden sich hier – ganz ähnlich wie in Davos – Politiker und Wirtschaftsgrößen zu Gesprächen beim Après-Ski.

Während Otto und Karl sich ihre amerikanische Zukunft ausmalten, verbesserten sich wenigstens Alice' Ausreisemöglichkeiten. Sie konnte Kontakt zu ihrer 20 Jahre älteren Cousine Rose in England aufnehmen: Rose' Mutter Regine Squarenina hatte mit ihren Brüdern Sigmund und Albert Mayer der Familienfirma im 19. Jahrhundert zum internationalen Durchbruch verholfen. Rose war als junge Frau in Wien zur klassischen Pianistin ausgebildet worden und wäre gerne in Österreich geblieben, aber 1901 zog sie mit ihrem Ehemann Adolf Landstein nach London. Dort anglisierten sie ihren Familiennamen zu Landstone und gründeten eine Regenschirmfirma, die trotz des englischen Wetters nicht besonders gut lief. Vielleicht lag das auch daran, dass Rose sich in erster Linie mit Musik beschäftigte und weiterhin mit einem Ohr in Wien lebte. England sah sie als eine musikalische Wüste, in der man nur dank der Lieferung von österreichischen Schallplatten überleben konnte. Sie war kurz davor, sich mit ihren Schallplatten aus der prosaischen Realität zurückzuziehen, als in Deutschland die Nationalsozialisten die Macht übernahmen. Obwohl Rose 1933 schon 70 Jahre alt war, beschloss sie, Hitler zu überleben und dies auch all ihren Freunden in Deutschland und Österreich zu ermöglichen. Viele, wenn auch nicht alle, überlebten tatsächlich dank Rose' unermüdlichem Einsatz. Darunter waren zwölf Mitglieder der Mayer-, Landstein- und Squarenina-Familien.[44] Rose' Sohn, Charles Landstone, der später ein bekannter Dramaturg und Theaterproduzent wurde, beschreibt in seinen Erinnerungen, wie seine Mutter unzählige befreundete Unternehmer anbettelte, fiktive Arbeitsverträge für Emigranten auszustellen, und unermüdlich Ämter aufsuchte, um Anträge für Visa einzureichen.[45] Den englischen Beamten fiel es schwer, eine alte Dame abzuwimmeln, die fest entschlossen war, vor Bürotüren zu campieren, um ihr Ziel zu erreichen. Charles Landstone gab seiner Autobiografie später den kongenialen Titel »I Gate-Crashed«.[46] Hereinzuplatzen hatte er von seiner Mutter gelernt.

Dank der resoluten Rose hegte Alice neue Hoffnung auf eine Ausreise nach England. Otto schrieb im September darüber begeistert an Karl: »Dass Mutter mit England Aussicht hat, ist mehr als erfreulich, denn selbst wenn sie in England keine Stelle hat, kann ich genug Geld schicken, um es wenigstens erträglich für sie zu gestalten. Pfund ist sehr nieder.«[47]

Nach dem Nürnberger Reichsparteitag im September 1938 wurde es für Alice und Karl noch wichtiger, ihre Ausreisebemühungen zu verdoppeln. Hitler hatte bei seiner Abschlussrede am 12. September neue Drohungen gegen die Tschechoslowakei ausgesprochen. Ein Krieg schien unmittelbar bevorzustehen. Premierminister Neville Chamberlain reiste für letzte Verhandlungen ins Deutsche Reich, und Karl muss befürchtet haben, dass jeden Moment die Grenzen geschlossen werden könnten. Er schickte ein verzweifeltes Telegramm an Otto, der antwortete: »Ich habe natürlich nach Erhalt deines Kabels sofort alle Hebel in Bewegung gesetzt. Ich hoffe, in wenigen Tagen alle nötigen Papiere nach Wien abzuschicken. In der Zwischenzeit bitte verzage nicht und bleib geduldig. Ich bin sicher, dass wir uns bald sehen.«[48]

Am 30. September war Chamberlains Appeasement-Politik gegenüber Hitler erfolgreich. Das Münchner Abkommen verhinderte fürs Erste einen Krieg – auf Kosten der tschechischen Souveränität. Die Dodsons erfuhren davon in Frankreich, auf dem Weg zum Hafen. Ihr Vater hatte angeordnet, dass die Geschwister wegen des drohenden Krieges sofort nach Amerika zurückkommen sollten. An Bord erhielten sie von Karl und Willy ein Telegramm mit dem Wortlaut: »Hurrah for peace!«[49] Karl dachte in diesem Moment nicht an seinen Cousin Poldi, den tschechischen Patrioten, für den am 30. September eine Welt zusammenbrach.[50] Er war einfach nur erleichtert, dass der Krieg in letzter Minute abgewendet werden konnte. Wie immer reagierte Cordelia am besonnensten auf die Ereignisse. Sie schrieb, gleich nachdem das Schiff in New York angelegt hatte:

> Jawohl, Hurrah for Peace, aber ihr müsst raus, bevor eine weitere Krise ausbricht. Versteht ihr? Karli – mein Vater hat wegen des Affidavits nach Washington geschrieben. Ich glaube, dass du gleich etwas erfahren wirst. Aber, um Gottes willen, bitte gib die Hoffnung nicht auf, dein letzter Brief hat mir Angst gemacht. Er klang, als würdest du nicht erwarten, uns wiederzusehen. Bitte, bitte, Karli, halt den Kopf oben und bleib mutig. Wir hoffen alle, dich hier in den USA zu sehen und auch zu hören, dass Willy in England ist. Enttäusche uns nicht.

Und Lisbeth fügte hinzu: »Schau dich noch einmal gut um, bevor du wegfährst. Du wirst das gleiche Europa nicht wiedersehen.«[51]

Ende Oktober schaffte Alice es nach langem Hin und Her

auszureisen. Sie musste Karl, ihre Geschwister und Paula Sieber in Wien zurücklassen. Aber sie war sich sicher, dass zumindest Karl bald nach Amerika aufbrechen würde. Auch Otto glaubte im November 1938 daran: »Ich bin herzlich froh, dass Mutter in England ist, und es wird jetzt sicher nicht lange dauern, bis wir uns … in USA sehen.«[52]

Otto täuschte sich. Sein letzter Brief erreichte Karl nicht mehr. Willy nahm ihn in Empfang. Er war verzweifelt. Seit dem 10. November war Karli verschwunden.

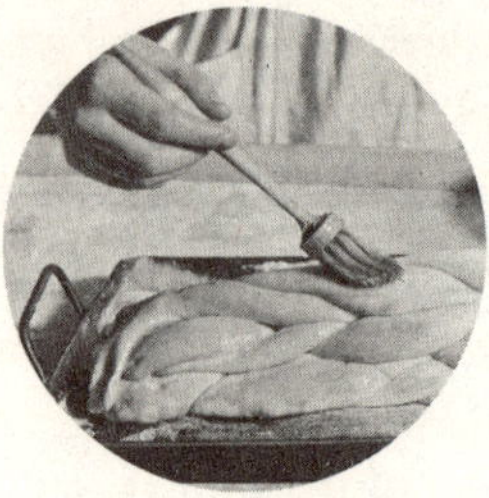

Bücherdiebe

»Einem Raubvogel
Tief in mein Innres reichen seine Krallen:
Er stiehlt schon, was mir noch nicht eingefallen.«
Karl Kraus

1913 veröffentlichte Egon Erwin Kisch die Reportage *Magdalenenheim*. Darin schilderte er seinen Besuch in einer Prager Anstalt für »gefallene Mädchen«. Die Anstaltsdame führt den berühmten Journalisten durch das Gebäude und erklärt ihm wortreich, wie sehr sie ihre Schützlinge verachtet. Als Kisch einen der Arbeitsräume betritt, wird er von den Mädchen erkannt und begeistert empfangen: »Der Egon ist da! … Gib mir eine Zigarette, wir kriegen hier keine … Grüß mir die Bengels in der Bar Brasilia.« Der Besuch wird daraufhin abrupt beendet.

Mehr als zwei Jahrzehnte später, in der Emigration, stellte Kisch fest, dass ein gewisser Hanns ut Hamm seine Geschichte plagiiert hatte. Hanns ut Hamm war das Pseudonym des norddeutschen Mundart-Schriftstellers und Nationalsozialisten Hans Reimer Steffen. Er hatte Kischs Reportage einfach von Prag nach Hamburg verlegt. Die Mädchen redeten jetzt Platt und begrüßten nicht mehr »den Egon«, sondern »ihren Hanns«. Steffen gewann damit 1000 Reichsmark bei einem von der Stadt Hamburg ausgelobten Kurzgeschichten-Wettbewerb.

Vielleicht hätte er mehr verändern sollen, denn als die Laudatoren erfuhren, dass sie ein »jüdisches Machwerk« geehrt hatten, geriet Hamm/Steffen in Schwierigkeiten. Sie dauerten jedoch nicht lange an, im Krieg durfte er wieder Witzkanonen wie *Hier lacht die Front* abschießen. Für potenzielle NS-Plagiatoren hatte der Fall jedoch eine lehrreiche Seite: Erzählende Texte eigneten sich offenbar nur bedingt für ihre Zwecke. An originelle Geschichten erinnerten sich – trotz all der verbrannten Bücher – zu viele Leute. Sachbücher boten sich für einen Diebstahl sehr viel eher an.[1]

Bis heute ist die Arisierung von Büchern nicht untersucht worden. Es gibt nicht einmal eine einheitliche Bezeichnung für den Vorgang. Der Begriff »arisierte Bücher« wird bisher für ein anderes Verbrechen der Nationalsozialisten benutzt – man beschreibt damit die Plünderung jüdischer Bibliotheken.[2] Mit dem – sehr viel schwerer wiegenden – geistigen Diebstahl von Leistungen jüdischer Autoren und Herausgeber hat sich niemand systematisch beschäftigt.

Einer der Gründe dafür ist paradoxerweise die Bücherverbrennung von 1933. Mit dieser Aktion der Nationalsozialisten schien das Problem gelöst: Bücher unliebsamer Autoren wurden einfach zerstört. Seit November 1933 galten in Deutschland die neuen Regelungen der Reichskulturkammer, die im Mai 1935 noch einmal verschärft wurden.[3] Es war untersagt, »schädliches und unerwünschtes Schrifttum« zu verlegen, das heißt Bücher, »die den kulturellen und politischen Zielen des nationalsozialistischen Reiches widersprechen«.[4] Damit schien die Sache erledigt. Aber diese Regelungen waren sehr vage gehalten, und hinter den Kulissen tobte ein Konkurrenzkampf um die Frage, wer denn nun die NS-Buchpolitik bestimmen dürfe. Mindestens sieben NS-Institutionen hielten sich für zuständig.[5] Das Chaos der Zuständigkeiten war sowohl ein Problem als auch eine Chance für die Verlage. Mit guten Beziehungen und dem richtigen Ansprechpartner konnte man sich lange Zeit erfolgreich durch das System lavieren. Alice' Verleger Hermann Jungck erinnerte sich in den 1970er-Jahren, dass

> bis zum Ende des Krieges keinerlei Vorzensur über die Produktion der Verlage [erfolgte]. Die Nazis hatten das zwar beabsichtigt und … eine Parteistelle errichtet, der alle Manuskripte vor Druck eingereicht werden sollten. Es erwies sich jedoch, daß diese Stelle unter dem Haufen eingereichter Manuskripte erstickte … Darauf wurde diese Stelle aufgelöst und verfügt: jeder Verleger haftet persönlich für das, was er verlegt. Mit anderen Worten: Man konnte (allerdings unter eigener Verantwortung) weiterhin die Produktion völlig selbstständig bestimmen, bis zur Zeit, wo man im Kriege für die Bücher einen Papierantrag beim Propagandaministerium einzureichen hatte.[6]

Dieser Spielraum taucht die Rolle der Verlage in ein neues Licht. Zensierten sie sich ab 1933 in vorauseilendem Gehorsam selbst, um dem neuen Regime entgegenzukommen? Denn warum sollten sich Verlage von anderen Unternehmen unterscheiden, die sich ebenfalls schnell mit den neuen Machtverhältnissen arrangierten? Man musste als Verleger nicht von Hitler überzeugt sein, um ein wirtschaftliches Interesse daran zu haben, unter dem neuen Regime weiterarbeiten zu können.[7] Volker Dahm hat über den Börsenverein der deutschen Buchhändler festgestellt:

»Die buchhändlerische Standesorganisation [legte] ein solches Maß an politischer Beflissenheit an den Tag, dass die Nationalsozialisten mit einer selbsttätigen Gleichschaltung rechnen konnten.«[8] Der Börsenverein hatte schon 1933 »ohne Not – versprochen, die Anordnungen der Reichsregierung in der ›Judenfrage‹ … ›ohne Vorbehalt‹ durchzuführen«.[9]

Der Verleger Klaus G. Saur betont in einem Aufsatz zur Verlagslandschaft im Dritten Reich jedoch, wie negativ die Repressalien des NS-Regimes sich auf zahlreiche deutsche Verlage auswirkten und wie mächtig der Zentralverlag der NSDAP, der Franz Eher Verlag, wurde.[10] Das war allerdings nur die eine Seite der Geschichte. Nach 1933 gingen zwar, wie Saur betont, »etwa 800 Verleger und Buchhändler« in die Emigration,[11] aber damit verschwanden eben auch missliebige Konkurrenten. Der Wegfall dieser Konkurrenten tat eine Lücke auf, die »arische« Verlage schnell und bereitwillig füllten. Vom kaufmännischen Standpunkt aus war es eine ideale Situation.

Und auch für das Problem jüdischer Sachbücher fand man eine lukrative Lösung: Wenn man diese Bücher einfach vom Markt genommen hätte, wäre das ein Verlustgeschäft gewesen, denn »Sachbücher und Tatsachenromane gehörten zu den erfolgreichsten Buchtypen im Dritten Reich«.[12] Gewinnbringender war es, Wege zu finden, um sie weiter zu veröffentlichen. Man musste sie einfach nur stehlen. Ein logischer Gedanke, denn in einem Land, in dem Juden ihren rechtlichen Schutz ab 1933 sukzessive verloren, war ihr geistiges Eigentum – genau wie ihr materielles – der Willkür preisgegeben. Jeder »arische« Autor und jeder Verlag konnten sich jetzt an diesem geistigen Eigentum bedienen, ohne Konsequenzen befürchten zu müssen.

Genau das widerfuhr Alice' Buch 1938. Es bekam einen neuen Autor.

Bisher haben nur wenige Verlage ihre Archive geöffnet. Auf Anfragen wird häufig erklärt, dass Archivbestände im Zweiten Weltkrieg zerstört wurden. Der Geschäftsführer eines Kinderbuchverlags drückte es so aus: »Die meisten Verlage haben sich vom Nationalsozialismus in Form eines Großbrandes verabschiedet.«[13] Auf die Bitte, Einsicht in das Archiv des Ernst Reinhardt Verlags zu erhalten, um Alice' Fall zu rekonstruieren, äußerte die Assistentin der Geschäftsleitung per E-Mail 2018 ihr Bedauern, dass es »kein Archiv mehr« über Alice Urbach gäbe. Der Verlag hätte während des Krieges Deutschland verlassen und mehrere Jahre in der Schweiz weitergearbeitet, später sei er zurückgekehrt. Doch durch »die Wirren« gäbe es »überhaupt nur noch wenig Unterlagen«, es sei eben »viel verloren gegangen«.[14]

Um das einordnen zu können, muss man wissen, dass der Ernst Reinhardt Verlag 1974 und 1999 zwei Festschriften veröffentlichte, die auf Archivmaterial aus der Vorkriegs- und Kriegszeit beruhten. Die Argumentation war also wenig überzeugend, und tatsächlich fanden sich – nachdem Alice' Fall 2020 öffentlich wurde – doch noch Archivalien.

Nicht alle Verlage haben Probleme, ihr Archivgut zu finden. Die Historikerin Angelika Königseder konnte den Wissenschaftsverlag de Gruyter untersuchen. Sie zeigt, wie dieser Verlag ab 1933 in einem ersten Schritt versuchte, jüdische Autoren auszuzahlen.[15] Ein solches Angebot wurde zum Beispiel dem Linguisten Hans Sperber gemacht. Sperber kam wie Alice aus Wien, sie waren fast gleich alt. 1933 wurde ihm als Jude die Lehrbefugnis der Universität Köln entzogen, und kurz darauf kamen auch seinem Verlag ernsthafte Bedenken, ihn als Autor zu behalten. Sperber hatte bereits ein Buch bei de Gruyter publiziert und die »Oberleitung« von *Trübners Deutschem Wörterbuch* übernommen. Für dieses monumentale Projekt hatte er extra einen Forschungsaufenthalt in Amerika abgesagt. Mitten in den Vorarbeiten zum Wörterbuch erhielt er 1933 einen Brief seines Lektors: »Ich möchte Sie, so leid es mir tut, bitten, von der Herausgabe des Wörterbuchs zurückzutreten, zum mindesten in offizieller Form.«

Als Trostpflaster bot man Sperber eine Zahlung von 500 Reichsmark an sowie die Möglichkeit, weiterhin Artikel für das Wörterbuch zu schreiben – anonym.[16] Sperber war tief verletzt, eine Kränkung, über die er auch in der Emigration nicht mehr hinwegkam. Der Verlag hingegen konnte im weiteren Verlauf des Projekts Sperbers Vorarbeiten nutzen und den Rest des Wörterbuchs auf NS-Linie umschreiben.

Die Behandlung Sperbers war noch relativ kulant. Andere jüdische Autoren des Verlags wurden mit warmen Worten auf die Zukunft vertröstet: »abwarten, bis sich die politische Lage beruhigt hat«.

Verlagsintern war der Ton jedoch eindeutig. In einem Verlagsprotokoll von 1939 heißt es zusammenfassend:

1. Bei Neuauflagen Arierschaft feststellen (nach Nürnberger Gesetzen).
2. Bei nicht-arischen Büchern prüfen, wie weit Neuauflage von Ariern herausgebracht werden kann.
3. Werbung für Bücher inländischer Juden in Prospekten usw. unterlassen. So beschlossen.[17]

Punkt 2 ist besonders interessant. Wie ließen sich »nicht-arische« in »arische« Bücher verwandeln? Man erfand dafür eine Methode, die auch Alice' Verlag anwenden würde.

Der Ernst Reinhardt Verlag ist stolz auf seine Verlagsgeschichte: 1899 kam der Schweizer Ernst Reinhardt nach München, um dort eine Buchhandlung zu eröffnen. Er freundete sich mit der Autorin Ricarda Huch an und beschloss, einen kleinen Verlag zu gründen. Seine Themen waren für die damalige Zeit ausgesprochen fortschrittlich. Er verlegte Bücher über Sexualität, Psychiatrie und gesunde Ernährung. Viele seiner Autoren waren Sozialisten oder Juden, der bekannteste von ihnen der konvertierte Psychotherapeut Alfred Adler. Eine Autorin des Verlags, die linke Publizistin Elga Kern, musste emigrieren, kurz bevor ihr Buch *Führende Frauen Europas* verboten wurde.[18] Obwohl Ernst Reinhardt Vorstandsmitglied des Börsenvereins war,[19] stand er den Nationalsozialisten privat kritisch gegenüber. Mit dem Jahr 1937 änderte sich jedoch die Richtung des Verlagshauses. Reinhardt starb überraschend, und sein Schweizer Neffe Hermann Jungck trat die Nachfolge an.

Ein Porträtfoto aus der Nachkriegszeit zeigt Jungck als einen ernst dreinblickenden Mann mit kantigem Gesicht und schwarzer Hornbrille.[20] Seine Vorfahren waren Schweizer Pfarrer, und auch Jungck ähnelt ein wenig den Klischeevorstellungen eines strengen Predigers – Härte scheint sich fest in sein Gesicht gegraben zu haben. Es war eine Eigenschaft, die er früh entwickelte. Jungck wurde 1904 in Weißenburg im Elsass geboren. Schon sein Geburtsort sorgte dafür, dass er lernte, sich Veränderungen anzupassen. Wie in einem grausamen Ping-Pong-Spiel gehörte Weißenburg/Wissembourg abwechselnd zu Frankreich und zum Deutschen Reich. 1871 wurde es deutsch, nach dem Ersten Weltkrieg wieder französisch, durch den Zweiten Weltkrieg wieder deutsch und nach 1945 endgültig französisch. Die Familie Jungck entzog sich nach einer Weile diesem politischen Wechselspiel und siedelte in die Schweiz über. Dort wurde

Hermann Jungck Mitglied des Schweizer Wandervogels. Bis zu seinem Abitur 1923 verlief seine Ausbildung in ruhigen Bahnen, dann kam es zu einem Bruch. In seinen Erinnerungen erwähnt Jungck dies nur in einem Nebensatz: »Da mein Vater (der einen Schreibwarenladen betrieb) durch die Inflation sein Vermögen verloren hatte, schlug mein Onkel Ernst Reinhardt mir vor, Buchhändler und sein Nachfolger zu werden, da er nicht verheiratet war und keine Kinder hatte.«[21]

Der Bankrott des Vaters muss für Hermann Jungck eine erniedrigende Erfahrung gewesen sein. Er konnte jetzt nicht mehr studieren und musste Geld verdienen. Aber er erkannte schnell, welch große Chance das Angebot seines Onkels darstellte. Ernst Reinhardt war ein großzügiger Mann, der in den nächsten Jahren viel in die Ausbildung seines Neffen investierte. Er ermöglichte es ihm, Volontariate in Paris und New York zu absolvieren und anschließend fest im Verlag zu arbeiten. In den 1930er-Jahren konnte Jungck noch ein paar Semester Jura studieren, brach das Studium jedoch ab, als Reinhardt 1937 starb. Von nun an führte Jungck den Verlag mit fester Hand. Die Situation, die er vorfand, erschien ihm alles andere als ideal. Sein Onkel hatte über Jahrzehnte erfolgreich die Werke vieler jüdischer Autoren veröffentlicht. Jetzt waren sie zu einer Belastung geworden. Schnell fand Jungck heraus, dass andere Wissenschaftsverlage ähnliche Probleme hatten. Sie verlegten Reihen und Sachbücher, die von jüdischen Autoren und Herausgebern stammten. Dieser »jüdische Überschuss« hatte sicher damit zu tun, dass Publikationen und Bildungszertifikate in jüdischen Familien immer einen besonders hohen Stellenwert einnahmen. Sie dienten als eine Art Überlebensstrategie: Seit Jahrhunderten mussten Juden damit rechnen, dass ihnen materieller Besitz jederzeit genommen werden konnte. Die Reaktion darauf hat der Dramatiker

David Mamet so beschrieben: »Seit 2000 Jahren sind wir darauf gefasst, dass jemand an unsere Tür klopft und sagt: ›So, jetzt geht es euch an den Kragen.‹ Und so fragten wir uns: Was können sie uns nicht rauben? Ganz einfach: Bildung.«[22]

Bildung schien also diebstahlsicher. Schon Alice' Vater hatte seine Kinder immer wieder daran erinnert, dass die Mayers dank Bildung und harter Arbeit dem Getto entkommen waren. Dass er über diese Erlebnisse auch noch ein Buch geschrieben hatte, untermauerte noch einmal seinen Standpunkt. Für das »Volk des Buches« bedeutete ein Autor in der Familie enormes soziales Prestige. Man glaubte fest daran, dass ein Buch für immer Bestand haben würde. Da Alice bei den Bildungszertifikaten versagt hatte, war es ihr besonderer Stolz gewesen, zwei Bücher zu publizieren. Auch wenn ihr Vater das Erscheinen dieser Werke nicht mehr miterlebt hatte, gaben sie ihr das Gefühl, seine hohen Erwartungen am Ende nicht völlig enttäuscht zu haben. Aber selbst eine Autorschaft konnte man stehlen. Das mussten nun viele jüdische Autoren erfahren.

Gleich nach Hitlers Machtübernahme entdeckte der jüdische Jurist Max Friedlaender durch Zufall in einer Buchhandlung eine juristische Neuerscheinung. Sie hatte den »verheißungsvollen« Titel *Kommentar zur Rechtsanwaltsordnung*. Als Friedlaender anfing, den Kommentar zu lesen, kam er ihm ausgesprochen bekannt vor. In der Einleitung wurde zwar behauptet, dass die Juden den deutschen Anwaltsstand auf sein tiefstes »sittliches Niveau« gebracht hätten und die Nationalsozialisten dies jetzt für alle Zeiten ändern würden. Doch überraschenderweise hatte man für die Neuerscheinung ausgerechnet einen dieser »sittenlosen« Juden bestohlen.

> Nach … einer halben Stunde fand ich über 20 offensichtliche Plagiate. Das waren nicht mehr wörtliche Abschriften ganzer Sätze, sondern Excerpte aus unserem Buch unter Verwendung etwas anderer Worte, aber unter genauer Wiedergabe der Gedankengänge, ja der logischen Folge und Einteilung ganzer Stellen. Oder es waren in Fragen, die anderweit überhaupt noch nicht oder in ganz anderem Sinne behandelt wurden, unsere Resultate ohne Begründung wiedergegeben, als ob sie selbstverständlich die allein richtigen wären. Das war nun wirklich eine neue Form der Bekämpfung des jüdischen Gedankenguts und jüdischer Literatur: man stellte beides als minderwertig dar, kopierte es aber dann ohne Namensnennung und pries es als arische Schöpfung an.[23]

Besonders interessant war an diesem Fall, von wem Friedlaender denn da bestohlen worden war. Der Plagiator, ein Mann namens Erwin Noack, arbeitete ursprünglich als Rechtsanwalt in Halle. Er war bereits seit 1931 glühender Nationalsozialist und bekam nach der Machtübernahme schnell einen Lehrstuhl. Später stieg er zum Vizepräsidenten der Reichsrechtsanwaltskammer auf und verkündete in dieser Funktion die »Entjudung der deutschen Anwaltschaft«.[24] Von dieser »Entjudung« profitierte er ausgiebig. Sein Kollege, der Präsident des Volksgerichtshofs Roland Freisler, lobte Noacks Werk ausdrücklich und kam zu dem Schluss, dass sich »die deutsche Anwaltschaft mit der beschämenden Tatsache abfinden [musste], dass ihr Standesgesetz [bisher] von Juden kommentiert worden war«. Dank Erwin Noack war nun endlich »ein deutscher Kommentar« erschienen.[25]

Überraschenderweise bewahrte sich Friedlaender seinen Humor und schrieb rückblickend: »In Kollegenkreisen hat man übrigens bald gewusst, was von dem Büchlein zu halten war; man nannte es vielfach den ›kleinen Friedlaender‹.«[26]

Ein bekannterer Juristen-Fall ist mit dem *Palandt* verknüpft, dem Kurzkommentar zum Bürgerlichen Gesetzbuch (BGB), der als Band 7 einer Reihe juristischer Kurzkommentare vom traditionsreichen Verlag C. H. Beck herausgegeben wird, mittlerweile in der 80. Auflage. 2013 arbeiteten Stefan Rebenich und Uwe Wesel die Geschichte des Beck Verlags auf und beschäftigten sich dabei auch mit dem Palandt.[27]

Otto Palandt, der von 1938 an als Herausgeber des Kurzkommentars zum BGB fungierte, war ein hoher NS-Funktionär im Reichsjustizministerium. Eine Gruppe von Juristen, Politikern und Journalisten erreichte nach jahrelangen Auseinandersetzungen im Sommer 2021 die Umbenennung des Werkes.[28] Es war bekannt, dass die Idee und das Konzept der gesamten Kurzkommentar-Reihe ursprünglich von Otto Liebmann stammte. Liebmann war ein deutsch-jüdischer Verleger, der sich auf rechtswissenschaftliche Publikationen spezialisiert hatte. Doch 1933 sah er sich gezwungen, sein Unternehmen zu verkaufen. Der Käufer war der C. H. Beck Verlag – und der machte ein gutes Geschäft mit den neu erworbenen Titeln, während Otto Liebmann die »Auslöschung seiner Person im kollektiven Gedächtnis der Rechtswissenschaft und der Verlagsbranche erlebte«, wie Stefan Rebenich schreibt. Anfangs habe Liebmann sich noch dagegen gewehrt, dass die Idee der Kurzkommentare plötzlich einem anderem zugeschrieben wurde, dem Juristen Adolf Baumbach. Ausrichten konnte er nichts.[29]

Ferner strich der Beck Verlag Liebmann aus dem Impressum der *Deutschen Juristen-Zeitung*, die er 1896 gegründet hatte. Der NS-Jurist Carl Schmitt übernahm nun dort die Führung.

Juristische Publikationen waren ein Schwerpunkt des Verlags, aber auch in seinen anderen Sparten kam es zu ›ungewöhnlichen Übernahmen‹: 1944 veröffentlichte der Geschäftsmann Ludwig Reiners bei Beck das Buch *Deutsche Stilkunst. Ein Lehrbuch deutscher Prosa*, das zu großen Teilen auf dem Werk des jüdischen Autors Eduard Engel beruhte.[30] Wie bei Friedlaender wurden Sätze einfach umgeschrieben und Beispiele eins zu eins übernommen. Reiners' Vorteil war, dass der plagiierte Autor Engel sich nicht mehr wehren konnte. Er war bereits 1938 gestorben. Engels Original war zwar nicht bei Beck erschienen, aber der Verlag konnte natürlich davon ausgehen, dass sich im NS-Staat niemand für dessen Urheberrechte einsetzen würde. Sogar der Titel *Deutsche Stilkunst* war übernommen worden, um den Verkaufserfolg zu erhöhen. Es funktionierte ausgezeichnet, das Plagiat wurde ein kommerzieller Erfolg, der sich im Nachkriegsdeutschland fortsetzte. Der Plagiator Ludwig Reiners brachte es 1956 sogar zu einer *Spiegel*-Titelstory, in der sein Werk ausgiebig gefeiert wurde.

Einer der spektakulärsten Fälle arisierter Fachliteratur betrifft jedoch ein medizinisches Werk: *Knaurs Gesundheitslexikon*. Dieses praktische Nachlagewerk erschien erstmals 1930. Sein Schöpfer, der jüdische Mediziner Josef Löbel, verlor die Herausgeberschaft nach Kriegsausbruch. Seinen Namen zu streichen verlangte besondere Chuzpe, denn Löbel war eine Art Eckart von Hirschhausen seiner Zeit. Als Arzt, Schriftsteller und Journalist galt er als Meister der humorvollen Wissensvermittlung. Er publizierte seine brillanten, witzigen Artikel in Berliner, Wiener und Prager Zeitungen und schrieb mehrere populärmedizinische Bestseller, die in 16 Sprachen übersetzt wurden. Zudem hatte Löbel ein aufklärerisches Anliegen: Er warb für die Früherkennung von Krebserkrankungen und propagierte die Einnahme von Vitaminen. Löbel taucht sogar als Romanfigur in

Joseph Roths *Radetzkymarsch* auf – als weiser Menschenfreund Dr. Skowronnek aus Franzensbad. Dort praktizierte Löbel tatsächlich jeden Sommer als Kurarzt, während er den Winter in Berlin oder Wien verbrachte. Wie der Medizinhistoriker Peter Voswinckel herausfand, übernahm ab 1940 ein Peter Hiron das *Knaurische Gesundheitslexikon*. Hiron war das Pseudonym des NSDAP-Mitglieds Dr. med. Herbert Volkmann, der das Lexikon sofort arisierte. Er fügte Einträge wie »Erbgesundheit«, »Rasse« und »Kampfgasvergiftung« hinzu und strich dafür Lemmata wie »Homosexualität«, »Haftpsychosen« (von denen die Nazis mittlerweile eine Menge verursacht hatten) und sicherheitshalber auch noch »Größenwahn«.[31]

Hiron/Volkmann konnte ausgezeichnete Referenzen im Arisieren von Fachliteratur vorweisen: Kurz bevor er sich Löbels Lexikon unter den Nagel riss, hatte er bereits einen anderen jüdischen Autor »ersetzt«, Dr. Walter Guttmann – ebenfalls eine atemberaubende Leistung, denn die Guttmann'schen Lehrbücher galten als Standardwerke und lagen wie Löbels Arbeiten in mehreren Übersetzungen vor. Eine von Guttmanns wichtigsten Publikationen war die *Medizinische Terminologie*, die er seit der Erstveröffentlichung 1902 kontinuierlich verbesserte. In einem Vorwort bezeichnet er sie als sein Lebenswerk. Wie Peter Voswinckel herausfand, wurde Guttmann dieses Lebenswerk mit der 29. Auflage genommen. Die Enteignung wurde mit keinem Wort erwähnt. Das Buch verkaufte sich hervorragend, während der mittellose Walter Guttmann 1941 Selbstmord beging.[32]

Diese Verzweiflungstat verbindet ihn mit Josef Löbel. Beide waren vom selben Mann bestohlen worden, beide begingen am Ende Suizid – Löbel 1942 in Prag, nachdem die Nazis seine Frau deportiert hatten.

Die Methode, Fachliteratur zu arisieren, wurde nicht nur von großen Verlagen angewendet, sondern auch von kleineren Häusern wie dem Ernst Reinhardt Verlag. Zwei seiner Autoren waren davon betroffen: Alice und ein Mann namens Dr. Paul Wessel. Die beiden lernten sich nie kennen und wussten zeitlebens nicht, dass sie ein gemeinsames Schicksal hatten: Sie waren beide jüdische Sachbuchautoren des Ernst Reinhardt Verlags, sie flohen beide nach England, und sie kämpften beide nach dem Krieg um die Rückgabe ihrer Bücher.

Die Geschichte von Dr. Paul Wessel beginnt an der Münchner Universität. Wessel betrieb eine sogenannte Presse, eine Art privates Repetitorium für Studenten. In »Pressen« wurden Studenten aufs Examen vorbereitet, man »presste« den ganzen Stoff der letzten Semester noch einmal in sie hinein. Paul Wessel hatte sich in seiner »Presse« auf naturwissenschaftliche Fächer spezialisiert, er brachte Medizinstudenten das nötige Wissen in Physik, Chemie, Botanik und Zoologie bei. Dafür entwickelte er Skripte, die in vier Teile untergliedert waren: »Grundriss, kurzes Repetitorium, Prüfungsfragen und Antworten.«

Anfang der 1930er-Jahre beschloss Paul Wessel, aus seinen Skripten Bücher zu machen. Damals lebte noch der Onkel Hermann Jungcks, der Verlagsgründer Ernst Reinhardt. Er schloss mit Paul Wessel am 4. April 1933 einen ersten Verlagsvertrag über ein »Repetitorium für Physik für Medizinstudenten« ab. Der Vertrag sah vor, dass weitere Titel entwickelt werden sollten, und im Laufe der nächsten Jahre entstand eine Reihe von neun Bänden unter dem Titel »Reinhardts naturwissenschaftliche Kompendien«. Paul Wessel entwarf die Konzepte und schrieb mehrere Bücher selbst. Für die anderen Bände engagierte er seine »Presse«-Mitarbeiter: Sein Angestellter Dr. Max Ott firmierte als Verfasser des Bandes über organische und anorganische Chemie, Dr. Felix Pagast schrieb den über Zoologie. Beide übernahmen Wessels Konzepte und erarbeiteten ihre Manuskripte mit ihm.

Genau wie Alice war Paul Wessel also eine Entdeckung des alten Verlegers Ernst Reinhardt gewesen. Und genau wie der Name Urbach klang auch der Nachname Wessel nicht jüdisch. Schließlich kannte jeder Horst Wessel, den Märtyrer der nationalsozialistischen Bewegung. Dr. Paul Wessel stand jedoch in keinem verwandtschaftlichen Verhältnis zu Horst Wessel und, schlimmer noch, galt nach den Nürnberger Rassegesetzen als Halbjude.

In seiner Verlagsfestschrift beschreibt Jungck sehr genau die erste Begegnung mit Wessel im Jahr 1937. Paul Wessel sei im Verlag in der Uniform der SS-Reiterstandarte aufgetaucht: »Wie er mir später sagte, hatte er diese entliehen, um mich zu beeindrucken und mir seine arische Abstammung zu suggerieren.« Wessel habe erklärt, er plane eine Reise nach China und wolle deswegen eine gute Bekannte, Frau Dr. Viola Riederer von Paar, an seiner Stelle in »alle Rechte und Pflichten des Verlagsvertrages« einsetzen. Daraufhin habe man am 7. Mai 1937 ein Dreiervertrag zwischen Paar, Wessel und Jungck abgeschlossen. Von nun an firmierte Frau Riederer von Paar als Herausgeberin der Reihe.[33] Ihr Name stand jetzt – anstelle Wessels – auf allen Einzelbänden. Der Band über Zoologie laute nun zum Beispiel: Eugen Felix Pagast/Viola Riederer von Paar: *Zoologie für Studierende.*

Paul Wessel wurde als Herausgeber seiner eigenen Reihe gestrichen. Nur bei seinem Physikbuch tauschte man seinen Namen nicht aus, sondern gab ihm nun Frau Riederer von Paar als Herausgeberin zur Seite.

Jungcks Geschichte über das Treffen von 1937 erinnert an eine schlechte Burleske. Trat Paul Wessel wirklich in SS-Uniform auf? Und warum sollte er wegen einer Reise nach China dem Verlag solch weitreichende Zugeständnisse machen? Hatte wirklich er die Idee für den Dreiervertrag gehabt und Frau Riederer von Paar als Mitherausgeberin vorgeschlagen?

Viola Riederer von Paar studierte von 1930 bis 1935 in München Medizin und könnte daher durchaus eine Schülerin in Wessels »Presse« gewesen sein. Allerdings publizierte sie 1937 ein Buch über die NS-Vererbungslehre im Reinhardt Verlag.[34] Als Halbjude musste Wessel damit rechnen, wegen dieser Vererbungslehre im KZ zu landen. Würde er seine Verlagsrechte also ausgerechnet einer Frau übertragen, die sich auf das Thema Rassenkunde spezialisierte? Vielleicht litt Paul Wessel unter einer schweren Form jüdischen Selbsthasses, und die beiden waren tatsächlich so gut miteinander befreundet, wie Verleger Jungck behauptete. Wahrscheinlicher ist jedoch, dass Jungck diese Lösung vorschlug, damit die gesamte Reihe einen – über alle Zweifel erhabenen – »arischen« Herausgeber erhielt. Seine Intention war es wohl auch, Frau Riederer von Paar zum neuen Wissenschaftsstar seines Verlags aufzubauen. Sie hatte jetzt eine eigene Reihe, und ihr Buch über Vererbungslehre konnte auf diese Weise ebenfalls beworben werden. In seiner Version der Geschichte vergisst Jungck auch zu erwähnen, dass Frau Riederer von Paar eine gute Freundin von *ihm* war. Sie stammte aus altem niederbayerischem Adel und sorgte 1943 unter anderem dafür, dass Jungcks Verlagssortiment vor Bombenangriffen in Sicherheit gebracht wurde. Jungck transportierte persönlich unzählige Kisten in das Schloss der Familie Riederer von Paar. Darunter waren, laut Jungck, »wertvolle Bücher, die auch späterhin noch verkäuflich zu sein versprachen«.[35] Unter diesen »wertvollen Büchern« müssen auch Kessels und Alice' Werke gewesen sein, denn Jungck konnte sie nach dem Krieg sofort wieder auf den Markt bringen.

Nach dem Gespräch mit Jungck flüchtete Paul Wessel 1937 in die Schweiz. In Jungcks Version der Geschichte kommt diese Wendung allerdings völlig überraschend – er hatte ja angeblich an eine Chinareise geglaubt. Er schloss daraus, dass Wessel wohl »der Boden langsam zu heiß« geworden sei. Die Wortwahl erinnert an das Verbrechermilieu, und Jungck fährt auch tatsächlich fort, Wessel als eine Art Betrüger zu beschreiben. Obwohl er mehrfach betont, wie unwichtig Wessels Wissen für die Reihe gewesen sei, scheint er doch noch einen letzten Band seines Autors gebraucht zu haben. Dafür reiste Jungck 1938 sogar extra nach Zürich. Dort angekommen, musste er feststellen, dass Wessel nach seiner Fluchterfahrung ausgebrannt war. Jungck notierte entrüstet, Wessel habe versucht, ihm einen mangelhaften Text unterzuschieben: »Er zeigte mir ein umfangreiches Manuskript, aber als ich es durchblätterte, stellte ich fest, dass es zum großen Teil aus Seiten seines Buches Physik zusammengeklebt war.« Inwieweit dies stimmt, ist schwer zu verifizieren. Laut Jungcks Version habe er das Manuskript dann abgelehnt.

Man kann nur erahnen, in welch verzweifelter Lage sich Paul Wessel bei seinem Treffen mit Jungck 1938 bereits befunden haben muss. In der Schweiz erhielt er keine weitere Aufenthaltsgenehmigung, und so musste er nach England fliehen. Dort lebte er, genau wie Alice, in ärmlichen Verhältnissen, ohne jemals irgendwelche Einkünfte aus seinen Werken zu beziehen.

Dabei verkauften sich sein Physikbuch und seine gesamte Reihe im Krieg ausgezeichnet. Jungck beschrieb diesen Erfolg

1974 sogar voller Stolz in seiner Verlagsfestschrift. Da im Krieg Ärzte verstärkt gebraucht wurden, erlebten »alle Bände einen gesteigerten Absatz, so dass sie immer wieder nachgedruckt werden mussten«.[36] (Auch in Spanien war Wessels Physikbuch ein Erfolg. Jungck erwähnt in seiner Festschrift nicht, dass es 1942 ins Spanische übersetzt wurde.)

Interessanterweise wird Jungcks Version der Wessel-Geschichte in einer späteren Festschrift des Verlags nicht mehr erwähnt. Der Autor der Festschrift von 1999 ist Hermann Jungcks Sohn, Christoph Jungck. Er schreibt nur:

Als besonders zukunftsträchtig erwies sich ein Projekt, das [Ernst Reinhardt] eingeleitet hatte: Die Herausgabe naturwissenschaftlicher Kompendien auf der Grundlage von Skripten zur Examensvorbereitung. Am erfolgreichsten war ein kurz gefasstes Physikerlehrbuch ... Es erreichte rasch recht hohe Auflagen und konnte bis tief in den Krieg produziert werden, da es als kriegswichtig eingestuft wurde.[37]

Paul Wessel wird hier nicht namentlich genannt. Aber man macht sich trotzdem noch einmal lustig über ihn: »Kurz nach der Verlagsübernahme erschien der Autor des erwähnten Physik-Kompendiums in SS-Uniform. Später stellte sich heraus, dass er, der Halbjude war, sich diese nur entliehen hatte, um Eindruck zu machen ... Das Ereignis hatte weiter keine Folgen; der betreffende Autor konnte sich noch rechtzeitig nach England absetzen.«[38]

In dieser Version hat Paul Wessels Geschichte also ein Happy End, er kann sich noch »absetzen«. Auch über den Dreiervertrag und die Strohfrau-Funktion von Frau Riederer von Paar findet sich kein einziges Wort. Nur ihr Buch über Vererbungslehre musste 1999 dann doch irgendwie erklärt werden. Christoph Jungck zeigte sich verständnisvoll für die Motive seines Vaters, ein solches Buch zu verlegen: »Wir haben das Recht, wohl sogar die Pflicht, die Schriften von damals mit unserem heutigen Wissen zu lesen. Problematisch wird es, wenn unser Urteil allzu rasch zu einer moralischen Verurteilung wird.«[39] Zu einer moralischen Verurteilung kruder Rassentheorien kam es also auch in der Festschrift von 1999 nicht.

Die Vererbungsexpertin Viola Riederer von Paar wurde nach dem Krieg mehrmals hoch geehrt. Die römisch-katholische Kirche verlieh ihr den päpstlichen Orden »Pro Ecclesia et Pontifice« und der Deutsche Caritasverband 1971 die »Goldene Ehrennadel«. Paul Wessel hingegen hatte – wie noch gezeigt werden wird – ein völlig anderes Schicksal.

Die Strohmann-Methode funktionierte also 1937 ausgezeichnet, und Jungck hatte bald darauf Gelegenheit, sie noch einmal anzuwenden. Die Ereignisse im März 1938 waren für ihn ein Segen, denn jetzt wurden die Geschäfte noch einfacher: »Als dann später der Anschluss Österreichs erfolgte, ließ sich der Versand nach Österreich natürlich noch viel einfacher durchführen, da nun alles direkt von München aus erfolgen konnte.«[40] Nur Frau Urbach wurde jetzt ein Problem. Bis zu diesem Zeitpunkt war sie eine Ausländerin gewesen, aber jetzt wurden alle Österreicher deutsche Staatsbürger und unterstanden damit den Nürnberger Gesetzen. Jungck entschied, dass Alice ab sofort nicht mehr die Autorin ihres eigenen Buches sein konnte. 1974 stellt er lapidar fest: »Nach dem Anschluss Österreichs sah ich mich genötigt, für das Kochbuch einen neuen Verfasser zu suchen, da Alice Urbach Jüdin war und das Kochbuch sonst nicht mehr hätte vertrieben werden können.«[41]

Geschichten über Strohmänner kannte Alice nur aus den Kindheitserinnerungen ihres Vaters. Im Pressburger Getto durften Juden keine Häuser besitzen. Man konnte jedoch versuchen, über Strohmänner ein Haus zu kaufen. Allerdings gab es auch hier ein Risiko: Man konnte nie ganz sicher sein, ob der Strohmann sich an den Vertrag halten würde.

Alice glaubte fest daran, solche Methoden niemals selbst erleben zu müssen. Die Gettoerfahrung ihres Vaters erschien ihr wie ein böses altes Märchen, das man Kindern zur Abschreckung erzählte: Sei dankbar für alles, deine Vorfahren hatten ein so viel härteres Leben.

Als 1938 Strohmänner im Dritten Reich Wiederauferstehung feierten, erlebten Juden jedoch ein gespenstisches Déjà-vu. Von einem Tag auf den anderen war Alice einfach nicht mehr die Autorin ihres eigenen Buches. In den 1970er-Jahren schrieb sie darüber: »Das Buch war erst drei Jahre alt, als Hitlers Gesetze jüdische Autoren verboten. Mein Verleger gab mein Buch, Wort für Wort abgeschrieben, an einen anderen Verfasser.«[42]

Erst 2020 konnte durch neue Quellenfunde rekonstruiert werden, was damals passierte. Im September 1938, als Alice versuchte, ihre Flucht nach England zu organisieren, bekam sie Post aus München. Man schickte ihr eine »Erklärung« zu. Aus dieser Erklärung geht hervor, dass Alice in der Zwischenzeit zwei weitere Kochbücher für den Verlag geschrieben hatte, die noch nicht veröffentlicht worden waren. Es handelte sich dabei um ein vegetarisches Kochbuch *Die fleischlose Kost* und um ein Buch über *Wiener Mehlspeisen*. Der Verlag schlug Alice vor, gegen eine Zahlung von 1000 Reichsmark auf ihre Rechte an diesen neuen Büchern zu verzichten: »Sämtliche Verlags- und Urheberrechte sowie an den dem Verlag zur Verfügung gestellten Bildern gehen damit an den Verlag Ernst Reinhardt in München über.« Auch ihr Buch *So kocht man in Wien!* sollte Alice zur freien Verfügung stellen.[43]

Verträge, die nach dem Inkrafttreten der Nürnberger Gesetze 1935 abgeschlossen wurden und zu Vermögensverlusten führten, werden heute nicht mehr anerkannt und fallen unter das NS-Verfolgtenentschädigungsgesetz. Denn spätestens seit diesem Zeitpunkt war es für Juden alltäglich geworden, ihre Besitztümer unter Druck und weit unter Wert abtreten zu müssen. Unmittelbar nach dem Anschluss, am 22. März 1938, geriet zum Beispiel der österreichische Verlag Perles, der Alice' erstes Kochbuch herausgegeben hatte, ins Visier von Arisierern. Richard Hollinek zwang die Familie Perles zur Übergabe einer ihrer wichtigsten Zeitschriften, der *Medizinischen Wochenschrift.* Paul Perles, der den Holocaust überlebte, berichtete, wie ihm und seiner Familie »ein Schreiben zum Unterzeichnen vorgelegt (wurde), demzufolge die Wiener *Medizinische Wochenschrift* an Hollinek gegen Auflassung der offenen Rechnungen übergeben wird. Es wurde uns gesagt, falls die Inhaber (mein Vater und Onkel) nicht unterschreiben, wird die Zeitschrift von der Partei sofort eingestellt und nächste Woche von Hollinek mit andersfarbigem Umschlag aufgelegt. Ich selbst sollte mich verpflichten, ohne Entgelt den Hollineks für mehrere Wochen zu zeigen, wie man die Zeitschrift führt. (Als) ich fragte, was geschieht, wenn ich mich weigere, hat Hollinek gesagt, da wird es schon Mittel geben, Sie zu überreden.«[44]

Alice hatte sehr viel mehr Glück. Hermann Jungck drohte ihr nicht, er gab ihr sogar noch Geld, das sie dringend für ihre Flucht brauchte. Im Herbst 1938 hätte sie alles unterschrieben, um aus Wien herauszukommen. Sie scheint jedoch – ähnlich wie Paul Wessel – geglaubt zu haben, dieses Arrangement wäre nur eine Notlösung, und Herr Jungck würde sich auch in Zukunft fair verhalten. Sie sollte sich irren.

Jungck hatte sich nun das Recht zugesichert, einen neuen Verfasser für Alice' Bücher einzusetzen. Die Funktion, die Frau Riederer von Paar im Fall Paul Wessel übernommen hatte, übertrug Hermann Jungck bei Alice' Werken überraschenderweise einem Mann. Jungck selbst schrieb darüber 1974: »Ich fand [einen neuen Verfasser] in Rudolf Rösch, der das Kochbuch nicht nur überarbeitete, sondern die zum Teil sehr reichhaltigen Gerichte der Frau Urbach auf einen modernen Stand (entsprechend den Erkenntnissen über neuzeitliche Ernährungsweise) brachte, so dass es in der Tat sein eigenes Werk war – allerdings unter Zugrundelegung des Kochbuchs von Frau Urbach.«[45]

Tatsächlich kam es zu Paraphrasierungen, Streichungen und einigen Ergänzungen. Der österreichische Historiker und Kochbuchexperte Walter Schübler verglich die beiden Bücher mit forensischer Genauigkeit und kam zu dem Schluss:

> Rösch gruppierte da und dort um, änderte streckenweise die Abfolge der eins zu eins übernommenen Rezepte innerhalb der einzelnen Speisenkategorien, variierte geringfügig die Kapitelüberschriften – die Camouflage-Absicht ist mit Händen zu greifen –, formulierte die jeweiligen Einleitungen um, strich einzelne kurze Abschnitte wie etwa »Die Küche für das Weekendhaus« oder »Touristen- und Reiseproviant«, übernahm aber neben den 200 Abbildungen ganze Kapitel über dutzende Seiten wortwörtlich oder nur minimal variiert.[46]

Die erste Streichung betraf Alice' »Vorrede« von 1935, in der sie die Internationalität der Wiener Küche herausstellte. Dort hieß es:

> Die Wiener Küche hat mit Recht einen internationalen Ruf. Sie ist ungemein abwechslungsreich, denn sie hat aus dem bunten Volksgemisch der ehemaligen österreich-ungarischen Monarchie als einem reichen Reservoir schöpfen können … so sind der Strudel und das Gulasch eine ungarische Erfindung, die Knödel böhmischer Herkunft und verschiedene feine Kleinigkeiten der französischen Küche entnommen.[47]

Begriffe wie »buntes Volksgemisch« und »internationaler Ruf« waren bei den Nationalsozialisten weniger gefragt. Die »Vorrede« wurde durch ein »Vorwort« komplett ersetzt. Darin lobte Rudolf Rösch sich selbst mit der überraschenden Feststellung: »Es erfordert ungemein viel Kleinarbeit, ein Kochbuch so zu formen und zusammenzustellen.«

Er dankte dann zwei Mitarbeiterinnen – Maria Gerhardt und Elfriede Goll – für ihre »tätige Mithilfe« bei dieser schweren Kleinarbeit. Womöglich sollte ihre Erwähnung auch verständlich machen, warum auf all den Fotos im Buch nur Frauenhände zu sehen waren – Alice' Hände. Röschs Vorwort schloss dann mit den Worten: »Und so geht dieses Buch nun hinaus in alle deutschen Gaue … als ein Zeuge dafür, dass man in der zweitgrößten Stadt des Reiches auch [in der Kochkunst] Meisterhaftes leistet.«[48]

Jungcks Behauptung, man habe Alice' Buch »modernisieren« müssen, bezog sich also auf die Nazifizierung des Textes. Die Rede von den »deutschen Gauen« sowie die Feststellung, dass Wien nun die »zweitgrößte« Stadt des Reichs geworden sei, waren an Aktualität tatsächlich nicht zu überbieten. Auch Rezepte mit jüdischen Namen wie »Rothschild-Biskuit«, »Rothschild-Omelette« oder »Jaffa-Torte« wurden jetzt gestrichen und ausländische Rezeptnamen eingedeutscht: »Lungenbraten

(Filet) Parmentier« bekam den »bodenständigen« Titel »Lungenbraten, mit Kartoffelteig garniert« und »Lungenbraten (Filet) Wellington« wurde zu »Lungenbraten im Schlafrock«.

Jungcks Behauptung man habe die »reichhaltigen Gerichte der Frau Urbach auf einen modernen Stand (entsprechend den Erkenntnissen über neuzeitliche Ernährungsweise)« bringen müssen, traf nicht zu – schließlich war das Buch erst drei Jahre zuvor erschienen, und es bot neben den typischen reichhaltigen Wiener Nachspeisen auch sehr viele Tipps für gesunde Ernährung. Alice hatte nicht umsonst jahrelang Vorträge über vegetarische und ausgewogene Kost gehalten. Was der Verlag jedoch strich, waren Passagen, die ganz offensichtlich von einer Frau verfasst worden waren. Sie betrafen den zweiten Teil des Buches, in dem Alice sehr persönliche Vorschläge zur Haushaltsführung machte. Ihr Rat klang definitiv zu einfühlsam für eine männliche Autorenstimme. Gestrichen wurde zum Beispiel dieser kurze Absatz in Alice' Unterkapitel »Über den Umgang der Hausfrau mit der Haushaltsgehilfin«: »Jede Hausfrau sollte sich im Umgang mit dem Mädchen immer vor Augen halten, dass sie sich dem Mädchen gegenüber in einer bevorzugten Lage befindet; sie hat ein festes, gesichertes Heim, das Mädchen muss es über ihren Wunsch von heute auf morgen verlassen, manchmal ohne zu wissen, wo es wieder Arbeit und Obdach finden wird.«[49]

Dieser Gedankengang klang wohl nicht männlich genug (und hätte mit Kriegsbeginn auch nicht mehr auf die Behandlung einer polnischen Zwangsarbeiterin gepasst). Alice' emanzipatorisch angehauchte Ideen verschwanden ebenfalls. Dazu gehörte dieser Satz: »Ohne dass es allen Frauen richtig ins Bewusstsein dringt, arbeitet (die Hausfrau) mit in nationalökonomischer Beziehung, denn neun Zehntel aller Gelder, die ausgegeben werden im Lande, gibt die Frau aus, das meiste Geld geht durch ihre Hand; deswegen aber soll und muss sie vorgebildet sein für ihren schweren und verantwortungsvollen Beruf.«[50]

Rösch strich diese Ausführungen und übernahm erst wieder einen Satz von Alice, in dem es um Sparsamkeit ging: »Erst das Notwendige, dann das Nützliche, erst dann das Angenehme und dann erst das Überflüssige.«

Am Ende war das Rösch-Buch zu 60 Prozent ein Plagiat von Alice' Werk.

Alice' Buch war jetzt das Werk eines Mannes. Aber wer war dieser Mann?

In allen Ausgaben, die zwischen 1939 und dem Ende des NS-Regimes erschienen, wurde Rudolf Rösch als »langjähriger Küchenmeister in Wien und Mitarbeiter des Reichsnährstandes« vorgestellt. (Nach dem Krieg wurde Letzteres verständlicherweise gestrichen.) Doch bei Nachforschungen im Bundesarchiv konnte kein Rudolf Rösch als Mitarbeiter des Reichsnährstandes ermittelt werden. Auch in der Reichsschrifttumskammer existierte kein Rudolf Rösch.[51] Theoretisch hätte er dort als Mitglied registriert sein müssen, um publizieren zu dürfen.

Rudolf Rösch ist kein seltener Name. In Deutschland und der neuen »Ostmark« gab es in den 1930er-Jahren auch zahlreiche Rudolf Röschs, die Mitglieder der NSDAP wurden. Auf ihren Mitgliedskarten sind unter anderem ihre Berufe verzeichnet. Kaufmännische Angestellte waren darunter, Arbeiter, Kraftfahrer, ein Schlosser und sogar ein Generalmajor. Einen Küchenmeister gab es nicht. Nur einer der Rudolf Röschs, die vom Alter her passen würden, hat einen österreichischen Hintergrund: Es handelt sich um einen Salzburger Diplomkaufmann, der von 1939 bis 1945 in der Wehrmacht diente.[52] Dass er in dieser Zeit nebenher als Hobbykoch fungierte, ist eher unwahrscheinlich. War Rudolf Rösch also ein Pseudonym oder vielleicht sogar ein Phantom, dass Jungck einfach erfunden hatte? Die heutige Geschäftsführerin des Reinhardt Verlags gibt an, keine Archivunterlagen mehr über Rudolf Rösch zu besitzen. Sie glaubt jedoch, er sei eine reale Person gewesen und keine Erfindung des Verlegers.[53]

Wenn Rösch also kein Mitarbeiter im Reichsnährstand und kein »Wiener Küchenmeister« war, ist es am wahrscheinlichsten, dass es sich bei ihm um einen Münchner handelt. 1932, 1933 und 1935 trat ein Mann namens Rudolf Rösch in drei Sendungen des Münchner Radios auf. Laut Radiozeitschrift redete er dort über Rezepte für Zwetschgenknödel und Traubenkuren.[54] Es könnte also durchaus sein, dass Jungck 1938 entschied, aus diesem Rösch einen Buchautor zu machen. Es war die gleiche Methode, die auch andere Verlage anwendeten. Genau wie das NSDAP-Mitglied Volkmann/Hiron wurde Rösch damit über Nacht zu einem Bestsellerautor.

Ankunft im Schloss

»›Den Schreck dieses Augenblicks werde ich nie vergessen‹,
fuhr der König fort.
›Du wirst ihn vergessen‹, sagte die Königin,
›es sei denn, du errichtest ihm ein Denkmal.‹«
Lewis Carroll, *Alice im Spiegelland*

Im Londoner Stadtteil Bloomsbury, ganz in der Nähe des Britischen Museums, steht Woburn House. Ende der 1930er-Jahre war dieses imposante Gebäude die erste Anlaufstelle für jüdische Emigranten.[1] Um die Flüchtlinge auf den Besuch vorzubereiten, drehte die britische Regierung einen Informationsfilm über Woburn, von dem noch ein paar unzusammenhängende Szenen erhalten sind.[2] In einer Einstellung sieht man, wie ein österreichisches Emigrantenpaar das Gebäude betritt. Die beiden sind etwa 40 Jahre alt und gut gekleidet. Der Mann trägt einen makellosen warmen Mantel, die Frau eine große weiße Schleife an ihrem dunklen Kleid. In der nächsten Szene, die der Regisseur mehrmals wiederholen lässt, sitzen die beiden einem englischen Woburn-Mitarbeiter gegenüber. Er spricht gut Deutsch, und es kommt zu folgendem Dialog:

Mitarbeiter: »Sie waren in der Schweiz?«

Mann: »Ja, ich war in der Schweiz.«

Mitarbeiter: »Sie sind ohne Visum eingereist?«

Mann: »Ja, ich musste Wien innerhalb von 48 Stunden verlassen, in dieser Zeit hätte ich mir das Visum nicht mehr verschaffen können. Also musste ich durch Vorarlberg … durch Wald und Berge mit meiner Frau flüchten.«

Mitarbeiter: »Wie ist es Ihnen dann gelungen einzureisen?«

Mann: »Ich musste illegal … über die Berge, die ich als Tourist sehr gut kannte, flüchten. Auf diesem Wege hoffte ich, keinen Kontrollbeamten …«

Der Regisseur unterbricht nun aus dem Off und lässt die Szene wiederholen. In der nächsten Version erklärt der namenlose Emigrant genauer, warum er fliehen musste. Er war fünf Wochen inhaftiert gewesen und hatte bei seiner Entlassung eine Erklärung unterschrieben, dass er sofort ausreisen würde. Die Flucht über die Berge wagten er und seine Frau um fünf Uhr morgens, in der Hoffnung, um diese Zeit keinem Grenzbeamten zu begegnen. Während der Mann spricht, sitzt seine Frau wortlos neben ihm. Am Anfang der Filmaufnahmen wirkt sie noch gefasst, aber im Laufe der Befragung sackt ihr Körper langsam in sich zusammen, als würde sie vor lauter Scham verschwinden wollen. Und genau das passiert in der nächsten Einstellung. Die Kamera konzentriert sich jetzt nur noch auf ihren Mann, dem es zwar sichtlich unangenehm ist, immer wieder die Geschichte seiner Flucht zu erzählen, der aber weiterhin versucht, Haltung zu bewahren, bis der Regisseur endlich mit den Aufnahmen zufrieden ist.

Alice durchlief ein ähnliches Prozedere in Woburn House. Wie die österreichische Emigrantin in der Filmsequenz trug auch sie gern verspielte Schleifen an ihrem Kostüm. Abgesehen von diesem femininen Detail war Alice allerdings kein mädchenhafter, verzagter Typ, der öffentlich die Fassung verlor. Zumindest nach außen hin spielte sie die starke Frau, die durch nichts zu erschüttern war. Auch sie wird die Situation in Woburn House als erniedrigend empfunden haben, aber sie hatte mittlerweile einige Übung darin, Erniedrigungen gekonnt zu überspielen. Sie wusste nur zu gut: Es gab kein Rückreiseticket mehr für sie, England war das einzige Land, das sie aufnehmen wollte.

Da sie gern redete, ist anzunehmen, dass sie den diensthabenden Woburn-Mitarbeiter einfach in Grund und Boden quasselte. Es ist außerdem anzunehmen, dass der Mann – nachdem diese Fülle relevanter und irrelevanter Informationen ihn erschöpft hatte – Alice so schnell wie möglich durchwinkte. Vielleicht nahm er sich gerade noch die Zeit, ihr eine Informationsbroschüre mitzugeben, in der alle wichtigen Regeln für Flüchtlinge verzeichnet waren. Das Heft hatte den umständlichen Titel: *Für die Zeit Ihres Aufenthalts in England: Hilfreiche Informationen und Anleitungen für jeden Flüchtling*. Es war von jüdischen Organisationen in Absprache mit der britischen Regierung erstellt worden, und der Titel deutete an, was man damals hoffte: dass es sich nur um eine Übergangslösung handelte und die Flüchtlinge nicht lange in Großbritannien bleiben würden. Doch solange sie da waren, sollten sie sich an bestimmte Regeln halten. Alice verstand, was von ihr erwartet wurde. Dank ihres brillanten Gedächtnisses kannte sie das Heft schnell auswendig. In den nächsten Jahren würde sie alle Regeln wortgetreu befolgen – nicht immer zur Freude ihrer Schutzbefohlenen.

Die Broschüre war zweigeteilt: Auf der linken Seite stand der englische Text, auf der rechten eine deutsche Übersetzung. Alice ignorierte die rechte Seite und studierte die ersten Absätze, in denen Flüchtlingen die Angst vor der Polizei genommen werden sollte. Das war auch dringend notwendig. Viele Emigranten hatten erleben müssen, dass der Polizist ihres Viertels, den sie seit Jahren kannten, ungerührt zugeschaut hatte, wie jüdische Bürger misshandelt und ihre Wohnungen und Geschäfte geplündert wurden. Polizeiuniformen standen jetzt für Verhaftungen, Gewalt und Gefängnis. Vor allem Flüchtlingskinder beschrieben später, wie überrascht sie waren, als englische Polizisten sie freundlich anlächelten. Genau das war die erste wichtige Botschaft des Informationsheftes: »Polizisten sind Ihre Freunde und bereit, Ihnen zu helfen, wo auch immer Sie sich befinden mögen.« Im Gegenzug musste man allerdings eine gewisse Kontrolle akzeptieren. Jeder Flüchtling hatte sich bei Wohnungswechsel innerhalb von 48 Stunden umzumelden.

Darüber hinaus ermahnte die jüdische Gemeinde alle Flüchtlinge, folgende Hinweise zu befolgen:

1. Verwenden Sie Ihre freie Zeit unverzüglich zur Erlernung der englischen Sprache und ihrer richtigen Aussprache.
2. Sprechen Sie nicht Deutsch in den Straßen, in Verkehrsmitteln oder sonst in der Öffentlichkeit, wie z. B. in Restaurants. Sprechen Sie lieber stockendes Englisch als fließendes Deutsch – und sprechen Sie nicht laut. Lesen Sie keine deutschen Zeitungen in der Öffentlichkeit.
3. Kritisieren Sie weder Bestimmungen der Regierung noch irgendwelche engl. Gebräuche. Sprechen Sie nicht davon, »um wie viel besser dies oder das in Deutschland getan wird«.
4. Treten Sie weder einer politischen Organisation bei noch nehmen Sie sonst Anteil an politischen Bewegungen.
5. Benehmen Sie sich nicht auffallend durch lautes Sprechen,

> durch Ihre Manieren oder Kleidung. Den Engländern missfallen Schaustellungen, auffallende oder nicht-konventionelle Kleidung und Manieren.[3]

Alice nahm sich vor, leise zu sprechen, und überprüfte ihre Kleidung sicherheitshalber noch einmal auf bunte Farben. Sie konnte nichts Außergewöhnliches finden, seit Jahren hatte sie sich nichts Schönes mehr zum Anziehen kaufen können. Es bestand also keine Gefahr, dass sie auffallen würde.

Ein anderer Punkt war jedoch wichtiger: Laut den Bestimmungen des Innenministeriums durfte Alice sich nur so lange in England aufhalten, wie sie eine Anstellung als Dienstbotin nachweisen konnte. Es war ihr nicht erlaubt, einen anderen Beruf auszuüben.

Schon bei ihrem ersten Aufenthalt 1937 hatte Alice bemerkt, dass das Dienstpersonal in Großbritannien knapp war. Nur wenige Engländerinnen wollten als Hausmädchen arbeiten: »Die Mädchen arbeiteten lieber in den Fabriken und konnten abends ausgehen. Sie hassten es, eine Herrin zu haben, die ihnen den ganzen Tag Anordnungen gab und ihnen vorschrieb, was sie anziehen sollten. Obwohl die Fabrikarbeit weniger einträglich war, weil die Mädchen Essen, Unterkunft und Kleidung selbst bezahlen mussten, zogen sie dieses freiere Leben vor.«

Dank der Arbeitserlaubnis für Dienstboten (den domestic permits) füllten jetzt Flüchtlinge diese Lücke im britischen Arbeitsmarkt, was jedoch nicht immer reibungslos funktionierte, wie Alice beschrieb:

> Jetzt übernahmen jüdische Frauen und Männer, die ehemals wohlhabend waren und aus der Mittelschicht kamen, diese Stellen. Für die Frauen, die noch nie in ihrem Leben ihre eigenen

Betten gemacht oder eine Tasse abgewaschen hatten, war es hart, plötzlich die Badezimmerböden zu putzen! Und für die Männer war es noch schlimmer. Sie waren Anwälte oder Bankiers gewesen, gewohnt, ständig bedient zu werden, und jetzt mussten sie als Diener oder Butler fungieren. Und für die britischen Hausfrauen, die plötzlich lauter unqualifiziertes Personal im Haus hatten, war es auch nicht leicht. Den Mädchen, die immer schon gearbeitet hatten, als Näherinnen, Hutmacherinnen und so weiter, fiel die Umstellung nicht ganz so schwer. Aber auch diese Berufe durften sie nicht ausüben, sie durften nur Haushaltsgehilfin sein.[4]

Es lag nahe, dass Alice als Köchin arbeiten würde. In Woburn House konnte man sich über Jobangebote informieren, und hier wurde ihr sofort eine Stelle vermittelt. Das Angebot klang vielversprechend: Sie würde auf Harlaxton Manor, einem Schloss in Lincolnshire, arbeiten.

Harlaxton Manor ist ein großer Landsitz, zwei Autostunden von London entfernt. Seit den 1970er-Jahren ist das palastartige Anwesen eine beliebte Filmkulisse für Kostümdramen. Viktorianische Kutschen fahren dann die lange Auffahrt zum Haupteingang hinauf, und Damen in Reifröcken streifen durch die endlosen Zimmerfluchten. Die Theatralik des Gebäudes hat etwas Exzentrisches, und es überrascht nicht, dass hier Filme wie »Das Geisterschloss« und »The Ruling Class« entstanden, in denen es um Menschen geht, die langsam dem Wahnsinn verfallen. Als Alice im Winter 1938/39 auf diesem Landsitz eine Stelle antrat, kam sie schnell zu der Überzeugung, dass die Eigentümerin nicht bei klarem Verstand sein konnte.

Um gut auf ihre Arbeit vorbereitet zu sein, hatte Alice als

Erstes alles über englische Lebensmittel in Erfahrung bringen wollen. Sie war der festen Überzeugung, die englische Sprache ausgezeichnet zu beherrschen. In der Schule hatte sie Shakespeare und Byron gelesen und glaubte, damit auf alle Eventualitäten vorbereitet zu sein. Nach ihrem ersten Lebensmitteleinkauf kamen ihr jedoch Zweifel. Sie suchte Marmelade und musste feststellen, dass in England mit »marmalade« eine bittere Masse aus Zitrusfrüchten gemeint ist. In ihren Augen hatte ihr Englischlehrer damit klar versagt. Die Marmelade blieb aber nicht ihr einziges Problem. Viele andere englische Worte ergaben ihrer Meinung nach keinen Sinn. »Biscuit« bedeutet im Englischen Keks und nicht Biskuitkuchen. Der Wiener Biskuitkuchen, den sie kannte, ähnelte eher den englischen »scones«. »Cakes« konnten sowohl Kuchen als auch Torten sein. Englische »tarts« wiederum waren keine Torten, sondern Obstörtchen (wobei Alice lange nicht verstand, dass auch Prostituierte damit gemeint sein konnten). Petits Fours schienen in England überhaupt niemandem ein Begriff zu sein, und wenn, dann galten sie als zu kompliziert und zeitaufwendig in der Herstellung. Besonders schockiert war Alice darüber, dass englische Kinder jederzeit Eiscreme essen durften und Eltern darin keine Gefahr sahen. In Wien galt Eiscreme als Kalorienbombe, die man Kindern nur zum Geburtstag oder nach dem überstandenen Besuch beim Zahnarzt erlaubte. Auch der in England beliebte Wackelpudding war für eine Konditorin wie Alice ein kulinarisches Verbrechen.

Friedrich Torberg hat beschrieben, welches Bild Kontinentaleuropäer in den 1930er-Jahren von der englischen Küche hatten: Sie galt als »anerkannt ungenießbar«.[5] Für Wiener wie Alice und Torberg, die die österreichisch-ungarisch-tschechisch-jüdische Kost gewohnt waren, stand England auf der untersten Stufe der

Geschmackshierarchie. Wenn man als Österreicher das Pech hatte, hier essen zu müssen, gab es nur eine Möglichkeit zu überleben: Man musste ein koscheres Lokal finden. Allein dort konnte man gute Fleisch- und Mehlspeisen bekommen, und so befanden sich in diesen Restaurants nicht nur Juden unter den ausgehungerten Gästen.

Alice war sich zwar bewusst, dass sie in einer kulinarischen Ödnis gelandet war, aber sie musste ihre Meinung für sich behalten, wenn sie nicht Gefahr laufen wollte, ihren »domestic permit« zu verlieren. Niemand würde eine Köchin einstellen wollen, die sich über die Essgewohnheiten eben jenes Landes lustig machte, das sie vor den Nazis gerettet hatte.

Alice versuchte, sich ihren Unmut nicht anmerken zu lassen, aber das war nicht immer leicht. Wie das Wunderland der Romanheldin, nach der sie benannt worden war, stand auch ihre Welt mittlerweile auf dem Kopf. Seit der Annexion Österreichs hatten sich die Verhältnisse ins Gegenteil verkehrt: In ihrer Kochschule hatte sie Personal beschäftigt und in ihrem Buch *So kocht man in Wien!* einen ganzen Absatz der freundlichen Behandlung des Dienstmädchens gewidmet. Nun fand Alice sich selbst in dieser Lage wieder, und wie sich schon bald zeigte, würde sie dabei wenig Nettes erfahren. Das lag vor allem an ihrer ersten Arbeitgeberin, der Besitzerin von Harlaxton Manor – Violet Van der Elst.

In Großbritannien erinnert sich heute kaum jemand mehr an Mrs. Van der Elst, dabei war sie in den späten 1930er-Jahren eine schillernde Figur mit festem Platz in den britischen Klatschspalten. Violet, wie sie von ihren Bewunderern genannt wurde, kam aus einfachen Verhältnissen und hatte sich mit großer Energie hochgearbeitet. 1882 als Tochter einer Wäscherin geboren, diente sie anfangs selbst als Waschmädchen. Da sie hübsch und intelligent war, schaffte sie den Sprung aus dem Dienstbotenverhältnis und wurde Tänzerin.[6] Sie trat in eher zwielichtigen Etablissements auf und lernte dort ihren ersten Mann, Henry Nathan, kennen. Nathan war ein jüdischer Ingenieur und fünfzehn Jahre älter als Violet. Da ihr eine Karriere in einem Amüsierlokal als wenig aussichtsreich erschien, nahm sie seinen Heiratsantrag an. Die Ehe bot ihr materielle Sicherheit und die Möglichkeit, in die Mittelschicht aufzusteigen.

Auch wenn Henry Nathan das Startkapital mitbrachte, so war es am Ende Violet, die daraus ein Vermögen machte. Seit ihrer Zeit als Waschmädchen hatte sie sich mit Seifen beschäftigt, damals war sie auf die Idee gekommen, eigene Produkte zu entwickeln. Sie erfand einen Rasierschaum für Männer und später mehrere Gesichtscremes für Damen. Bald nachdem Henry Nathan 1927 gestorben war, heiratete Violet ihren Manager und heimlichen Liebhaber, den Belgier John Van der Elst. Gemeinsam weiteten sie das Geschäft aus und erfanden eine äußerst erfolgreiche Hautlotion namens Doge. Alles schien gut zu laufen, bis John 1934 ebenfalls das Zeitliche segnete und Violet in eine schwere Depression verfiel. Von diesem Zeitpunkt an war sie ungenießbar.

Als Alice im November 1938 am Bahnhof von Grantham ankam, wusste sie nichts über ihre künftige Arbeitgeberin und deren Erfolge in der Kosmetikindustrie. Seit ihrer Flucht aus Wien konnte Alice sich keine teuren Hautcremes mehr leisten, und sie hatte ohnehin andere Probleme als Gesichtspflege.

Nach ihrer Ankunft in Grantham musste sie sich als Erstes auf der örtlichen Polizeistation melden und ihre neue Anschrift angeben. Sie lautete: Alice Urbach, Köchin bei Mrs. Violet Van der Elst, Grantham Castle.

Letzteres war ein Fantasiename, den Violet Van der Elst für den Landsitz Harlaxton Manor erfunden hatte. Harlaxton war 1937 in der Zeitschrift *Country Life* zum Verkauf angeboten worden, und als Violet die Fotos sah, wollte sie es auf der Stelle ihrer Sammlung opulenter Wohnsitze hinzufügen. Das Landhaus lag in einem wunderschönen, riesigen Park, in dem mehrere Seen und Teiche angelegt worden waren. Es war eine Art Retroprodukt – der Architekt hatte es in den 1830er-Jahren im elisabethanischen Stil entworfen. Angeblich stach Mrs. Van der Elst mit ihrem Kaufangebot berühmte Interessenten wie den Herzog von Windsor und Henry Fords Sohn aus, aber das ist eher unwahrscheinlich.[7] Eine derart verwöhnte Klientel hätte vermutlich kein Interesse an einem Haus gehabt, das weder Elektrizität noch fließend Wasser vorweisen konnte. Violet schreckten derartige Details jedoch nicht ab. Innerhalb eines Jahres ließ sie sowohl elektrisches Licht installieren als auch acht Badezimmer einrichten. Da sie von Understatement nicht viel hielt, ordnete sie an, dass Harlaxton mit sofortiger Wirkung ein Schloss sein sollte: Sein neuer Name lautete Grantham Castle, benannt nach der nächstgelegenen Ortschaft.[8]

Anfangs besaß Violet nicht genügend Möbel, um das Schloss bewohnbar zu machen, und startete daher eine große Einkaufstour. Wie immer fing sie ganz oben an – ihre erste Anlaufstelle war Buckingham Palace. Durch die Vermittlung eines Antiquitätenhändlers konnte sie Gobelins erstehen, die Queen Alexandra einst von ihrem Neffen Zar Nikolaus II. geschenkt bekommen hatte. Sie zeigten den Wechsel der Jahreszeiten, und Mrs. Van der Elst entwickelte eine solche Begeisterung für Wandteppiche, dass sie im Laufe der Jahre mehr als hundert weitere kaufen würde (insgesamt wurde ihr Wert auf 30 000 Pfund geschätzt, eine hohe Summe für damalige Verhältnisse). Da sie

Violet Van der Elst vor ihrem Porträt, nachdem sie den Maler Arthur Pan dafür bezahlt hatte

außerdem eine Schwäche fürs Mittelalter hatte, wurden die Gänge von Grantham Castle mit Ritterrüstungen und antiquarischen Waffen geschmückt.

Eine ihrer spektakulärsten Anschaffungen war ein 150 Lichter starker Kronleuchter, der in der Marmorhalle angebracht wurde. Er war in der Tschechoslowakei hergestellt worden und ursprünglich für die Königliche Bank von Madrid vorgesehen gewesen. Als jedoch 1936 der Spanische Bürgerkrieg ausbrach, hatte man ihn nicht mehr zustellen können. Mrs. Van der Elst konnte ihn jetzt zu einem Schnäppchenpreis erwerben und erklärte all ihren Besuchern, sie besäße den größten Kronleuchter der Welt. Auf einem Kaminsims darunter platzierte sie die Urne mit der Asche ihres zweiten Mannes. Eine der wichtigsten Aufgaben der Dienstmädchen wurde es, diese Urne jeden Tag abzustauben und mit frischen Blumen zu schmücken.

Dieses prunkvoll ausgestattete Schloss also sollte Alice' neues Zuhause sein. Auf dem Polizeirevier von Grantham buchstabierte sie ihren Nachnamen mehrmals. Auch das war ein typisches Emigrantenerlebnis: »How do you spell it?, lautete die unvermeidliche, die erniedrigende, die inbrünstig gehasste Frage.«[9] Alice würde im Laufe der Jahre eine große Routine darin entwickeln, ihren Namen zu buchstabieren, natürlich immer mit einem starken Wiener Akzent.

Als sie die Polizeistation verlassen wollte, wurde sie auf Deutsch von einem Mann angesprochen, der ebenfalls in der Schlange gestanden hatte. Sein Name war Arthur Pan, und genau wie Alice war er ein Produkt der versunkenen Habsburgermonarchie. Pan stammte ursprünglich aus Ungarn, er war Maler, und seine Bilder von Winston Churchill sind bis heute bekannt. 1938 lag das jedoch noch in weiter Ferne, und er hatte nur eine Auftraggeberin: Mrs. Van der Elst. Pan erzählte Alice von seiner Bekanntschaft mit dieser Frau, die bei ihm ein repräsentatives Porträt in Auftrag gegeben hatte. Es war keine besonders ermutigende Geschichte. Mrs. Van der Elst hatte sich bei den Sitzungen als äußerst anspruchsvolles Modell erwiesen. Sie bestand darauf, ganz in Schwarz und auf einem Stuhl sitzend gemalt zu werden, auf dem Jahrhunderte zuvor die Dogen von Venedig gethront hatten, bevor sie ihre Todesurteile fällten. Da sie sich selbst als hochtalentierte Malerin sah, forderte sie bei allen künstlerischen Details ein Mitspracherecht. Mit dem Endprodukt war sie zwar zufrieden, als es aber an die Bezahlung ging, tauchten neue Probleme auf. Violet Van der Elst war dafür bekannt, Dienstleistungen nur nach langer Verzögerung zu honorieren – und oftmals gar nicht. Nicht wenige Gerichtsverfahren waren die Folge. In einem Fall weigerte sie sich, eine Porträtmalerin zu bezahlen, auf deren Bild sie sich nicht attraktiv genug fand. Vor Gericht wurde ihr langer Beschwerdebrief verlesen: »Ich habe zu viele Haare [auf dem Bild], und meine untere Gesichtspartie sieht zu schwach aus. Ich habe ein kantiges Kinn … ich habe [in der Realität] wunderschöne Hände und keine knochigen …«[10]

Auf Arthur Pans Porträt wirkte Mrs. Van der Elst jünger und schlanker, als sie tatsächlich war, er musste also nicht besorgt sein, brieflich abgemahnt zu werden. Auch sein Geld bekam er schließlich (wenngleich erst nach langwierigen Verhandlungen), und er erzählte Alice, dass er über die Weihnachtsferien sogar nach Grantham eingeladen worden sei. Seine Freude darüber hielt sich in Grenzen, doch er versicherte Alice, sie auf jeden Fall in der Küche zu besuchen.

Nachdem sie sich verabschiedet hatten, musste Alice sich auf den Weg nach Grantham Castle machen. Mit ihren Koffern beladen, war das Schloss zu Fuß nur schwer zu erreichen, weshalb der Chauffeur sie ausnahmsweise abholte. Es war eine interessante Autofahrt. Laut Alice' Erinnerungen brauchte der Wagen allein für die lange Schlossauffahrt 15 Minuten (hier scheint sie etwas zu übertreiben, die Auffahrt ist etwa 1,6 Kilometer lang, das Auto müsste also sehr langsam gefahren sein). Da der Chauffeur normalerweise kein Personal mitnehmen durfte, hatten alle Dienstboten Fahrräder. Alice konnte jedoch nicht Rad fahren und würde daher das Schlossareal während ihres gesamten Aufenthalts kein einziges Mal verlassen.

Obwohl sie in der Habsburgermonarchie aufgewachsen war und Schloss Schönbrunn gut kannte, beeindruckte Alice die Größe von Grantham Castle. Das Schloss hatte eine eigene Orangerie voller exotischer Blumen und Pfirsichbäume, die auch im Winter blühten. Insgesamt verfügte es über etwa 100 Räume, niemand schien genau gezählt zu haben, wie viele es tatsächlich waren. Alice erkannte gleich nach ihrer Ankunft, dass für diese Menge von Zimmern viel zu wenig Personal vorhanden war. Die meisten Räume wurden nie geputzt, und die Dienstboten schienen sich in einer Dauerfehde mit der exzentrischen Schlossherrin zu befinden.

Atmosphärisch hatte Grantham Castle nicht viel mit dem fiktiven Grantham-Clan aus *Downton Abbey* zu tun. Die Fernseh-Granthams sind eine nette Familie, die sich rührend um die Sorgen der Dienerschaft kümmert. Ganz anders Violet Van der Elst, sie misstraute ihrem Personal zutiefst. Sie wurde daher nicht nur häufig wegen unbeglichener Rechnungen verklagt, sondern erschien auch selbst des Öfteren als Klägerin vor Gericht. Es kam zu mehreren Verfahren, in denen sie ihr Personal beschuldigte, Kleidung, Schmuck, Schecks, Teppiche und Pelze gestohlen zu haben. Eine ihrer Methoden, um Dienstboten zu testen, bestand darin, Geldscheine unter die Teppiche zu legen (wohl auch, um herauszufinden, ob dort jemals geputzt wurde) und auf die Reaktion zu warten. Ein Stubenmädchen war darüber so erbost, dass es den Geldschein am Boden festnagelte. Dieses Mädchen hatte eine besondere Antipathie gegenüber Mrs. Van der Elst entwickelt, weil sie von ihr wiederholt um drei Uhr früh aus dem Bett geklingelt worden war, um die Bettwäsche zu wechseln.

Das Personal musste es auch ertragen, dass Mrs. Van der Elst bei ihren emotionalen Ausbrüchen mit Gegenständen um sich warf. Sie konnte daher nur auf wenig Mitleid hoffen. Als sie eines Abends die Treppe herunterfiel, zischte der Butler: »Ich hoffe, sie hat sich das Genick gebrochen.« Selbst ihr junger Sekretär Ray, mit dem sie ein sporadisches Verhältnis unterhielt, gab später zu, dass Mrs. Van der Elst absolute Unterordnung verlangt und ihr Personal wie »Sklaven« behandelt hatte (er selbst musste einige Eifersuchtsdramen überstehen).

Da die Hausangestellten Mrs. Van der Elst als gemeinsamen Feind ansahen, herrschte untereinander großer Zusammenhalt. Alice erwähnte später nie, dass es zu irgendwelchen Problemen mit ihren Kollegen gekommen war. Dabei war eine derartige Solidarität alles andere als selbstverständlich. Viele englische Dienstboten wehrten sich gegen neu angekommene Kolleginnen wie Alice. Zwischen 1933 und 1939 konnten 20 000 jüdische Frauen nach Großbritannien fliehen. Sie alle suchten Dienstbotenstellen, und das englische Personal befürchtete dadurch Einkommenseinbußen. Einige schlossen sich in Reaktion darauf rechtsradikalen Bewegungen an. Die Zahl von englischen Dienstboten, die die British Union of Fascists unterstützten, nahm Ende der 30er-Jahre stark zu. Sie verstanden sich als überzeugte Antisemiten.[11]

In Grantham Castle spielte Antisemitismus keine Rolle. Das

könnte auch daran gelegen haben, dass zwei wichtige Männer in Mrs. Van der Elsts unmittelbarer Umgebung – ihr Sekretär und Liebhaber Ray wie auch ihr Chauffeur – jüdisch waren.[12] Alice schien endlich in Sicherheit zu sein, weit weg von den Schrecken Österreichs. Aber sie wusste, dass sie Wien noch lange nicht entkommen war. Karl wartete noch immer auf sein Affidavit. Solange Karl in Österreich festsaß, war Alice nicht frei.

Seit dem 10. November 1938 hatte sie nichts mehr von ihm gehört. Sie wusste, dass jeder Brief geöffnet wurde, und sie wollte ihn auf keinen Fall mit direkten Fragen in Gefahr bringen. Alice hätte jede Formulierung von Karl sofort verstanden, aber es kamen keine Nachrichten mehr von ihm. Sie ahnte, dass etwas Furchtbares passiert sein musste.

Am 9. November 1938 hatte Karl mit ein paar Freunden seinen 21. Geburtstag gefeiert. Die Party musste zu Hause stattfinden, denn der Besuch von Restaurants und Kaffeehäusern war Juden mittlerweile verboten. Seit Karl der Universität verwiesen worden war, sah er nur noch wenige seiner Kommilitonen. Willy stand jedoch weiterhin zu ihm, und die beiden teilten sich immer noch eine kleine Wohnung. Sie konnten nicht wissen, dass zeitgleich mit Karls Geburtstagsfeier in Deutschland Synagogen angezündet und jüdische Geschäfte geplündert wurden. Ein paar Stunden nachdem ihre Feier vorbei war, am 10. November um vier Uhr früh, erhielten alle Wiener SS- und SA-Formationen die Anweisung, sich ebenfalls an die Arbeit zu machen und so viele Juden wie möglich zu verhaften. Die Österreicher würden sich zwar verspätet, aber dafür mit umso größerer Verve in die »Pogromarbeit« stürzen. Karl hatte keine Ahnung, was ihn erwartete, als er am 10. November das Haus verließ, um ein letztes Dokument für seine Ausreise zu besorgen:

Ich stand um sechs Uhr früh auf, um sicherzugehen, dass ich ganz vorne in der Schlange stehen würde. Auf dem Weg zur jüdischen Auswanderungsbehörde sehe ich die Zeitungsüberschrift »Herr vom Rath tot. Juden werden dafür zahlen«. Ich bin geschockt, aber ich denke mir, was können sie uns denn noch mehr antun. Ich fühle mich sicher mit meinem Brief vom amerikanischen Konsulat und meinem Schiffsticket. Um acht Uhr erreiche ich die jüdische Auswanderungsbehörde und merke, dass etwas nicht stimmt. Nirgendwo ist eine Schlange. Ich drehe mich um und will sofort wieder gehen. Ein Mann in Zivilkleidung kommt auf mich zu und fragt mich, was ich hier mache. Ich sage ihm, ich muss noch ein Dokument abholen, und er meint: »Gehen Sie ruhig rein und besorgen Sie es sich.« Es ist zu spät, um wegzulaufen. Männer stehen überall, sie sehen aus wie Gestapobeamte. Ich öffne die Tür, und da, auf beiden Seiten der Treppe, ist eine lange Reihe von bulligen SA-Männern in voller Montur. Der Erste greift meinen Mantel und schreit: »Jetzt haben wir dich.« Ich drehe mich um, und er fängt an, mit den Fäusten auf mich einzuschlagen, ein Schlag nach dem anderen, Tritte in mein Gesicht und Stiefel auf meinen Rücken. Aber ich fühle nichts, es ist ein zu großer Schock. Sie schmeißen mich die Treppe rauf und runter. Es scheint ihnen großen Spaß zu machen.[13]

Nachdem es den SA-Männern langweilig geworden war, schubsten sie Karl in einen kleinen Raum. Er sah etwa zwanzig Menschen vor sich, Männer, Frauen und Kinder. Einige von ihnen weinten. An einem Schreibtisch saß ein SA-Mann, der Telefonanrufe entgegennahm. Mit sarkastischer Höflichkeit erteilte er jedem Anrufer die gleiche Auskunft: »Unser Telefonsystem funktioniert heute leider nicht, ich kann Sie nicht mit der gewünschten Abteilung verbinden. Sie kommen besser persönlich vorbei. Oder geben Sie mir Ihre Anschrift, dann schicke ich Ihnen jemanden vorbei.«

Der Akzent des Mannes klang so preußisch, dass Karl sicher war, kein Wiener Jude würde darauf hereinfallen. Jeder, der bei klarem Verstand war, würde das Auswanderungsbüro jetzt meiden. Für ihn aber war es zu spät.

> Wir stehen da und warten und warten. Nach einer Weile ordnet ein Gestapobeamter an, dass alle Frauen und Kinder unter 16 Jahren gehen dürfen. Ein Mann sagt, er habe ein Herzleiden, und fragt, ob er auch gehen darf. Der Gestapomann sagt: »Halt's Maul. Wir kennen eure schmutzigen Tricks. Wir werden euch schon davon kurieren.« Er gibt dem SA-Mann ein Zeichen und sagt: »Nimm das Schwein mit und kuriere sein Herzproblem.« Wir werden in mehrere Lastwagen verladen, die vor dem Haus warten. Der SA-Mann sagt: »Wenn ihr Ärger macht, erschieße ich euch. Aber wir werden euch sowieso erschießen.« Ein älterer Mann verliert die Nerven und fängt an zu weinen und zu schreien. Er hat schon einen Sohn in Dachau und ist gerade erst aus einem Nazi-Gefängnis entlassen worden. Ich treffe ihn später im KZ wieder, er ist verrückt geworden. Der Lastwagen fährt uns in ein Gefängnis. Vor dem Anschluss war es eine Wiener Schule, aber Hitler braucht jetzt mehr Gefängnisse als Schulen. Wir bleiben dort fünf Nächte.[14]

Karl konnte nicht wissen, dass sich sein Onkel Felix Mayer zur gleichen Zeit in einer ähnlichen Situation befand. Die beiden gehörten zu den 6500 Männern (und 200 Frauen) die während des Novemberpogroms in Wien verhaftet wurden. Felix wurde am 10. November in seiner Wohnung in der Döblinger Hauptstraße 39 festgenommen und die Wohnung geplündert.[15] Ähnlich wie Karl transportierte man ihn danach tagelang von einem improvisierten Gefängnis zum nächsten. Zuerst war Felix in der Reitschule in der Porzellangasse inhaftiert, später in einer Schule in der Kenyongasse, dann in einer weiteren Schule in der Karajangasse 14 (hier war schon der spätere Bundeskanzler Bruno Kreisky im April 1938 festgehalten worden).[16] Von der Karajangasse aus ging es für die meisten Inhaftierten nach Dachau, aber Felix hatte Glück. Er wurde in ein Gebäude in der Elisabethpromenade weiterverlegt, wo er am 28. November freigelassen wurde, wahrscheinlich dank falscher Papiere und Bestechungsgeldern. Franziska Tausig, eine entfernte Verwandte, schrieb über diese Methode später: »Es hatten sich in Wien einige Büros etabliert, die von Verwandten der Gefangenen aufgesucht und deren Adressen im Flüsterton weitergegeben wurden …« Franziska kaufte dort für viel Geld falsche Affidavits, um zu belegen, dass ihr Mann ausreisen könne.[17] Felix' Frau muss Ähnliches für ihn organisiert haben. Was genau er bei seiner Rundreise durch die Gefängnisse erlebte, erzählte er später niemandem in der Familie. Der einzige Hinweis findet sich in einem Antrag, den er 1956 beim österreichischen Hilfsfonds einreichte. Dort erklärte er: »Ich habe in der Haft (Kenyongasse) schwere Misshandlungen zu erdulden gehabt und als Folge nervöse Störungen gehabt (Halluzinationen).«[18]

Karl hatte weniger Glück als sein Onkel. Er blieb in einem Wiener Gefängnis:

> Während der ersten zwei Tage kommt ein Lastwagen nach dem anderen. Es gibt nicht mehr genug Platz, um auf dem Boden zu sitzen. Gelegentlich hält die Gestapo in der Nacht Inspektionen ab. Am Sonntagmorgen verliert ein Mann den Verstand und

springt aus dem Fenster. Der Kommandant kommt und sagt uns, dass wir wegen dieser Schandtat zwei Stunden lang stehen müssen. Ich hatte bis dahin immer gedacht, dass es unmöglich ist, zwei Stunden lang zu stehen, ohne sich zu bewegen, aber … es war ein gutes Training für das, was uns noch erwartete. Einer von uns hat Herzprobleme und fällt auf den Boden. Niemand kann ihm helfen, niemand wagt, sich zu bewegen. Anschließend sagt uns der Kommandant, wenn noch einer von uns wagt, aus dem Fenster zu springen, wird er zehn von uns erschießen.

Wir glauben ihm.

In Wien war der Novemberpogrom besonders brutal verlaufen, und Willy ahnte daher längst, dass Karl etwas zugestoßen sein musste. Nachdem er nicht nach Hause gekommen war, versuchte Willy, Alice' Geschwister und alle Urbachs zu benachrichtigen.[19] Aber es dauerte eine Weile, bis er sie ausfindig gemacht hatte. Otto schrieb einige Zeit später aus Amerika an seine »arische« Tante Marie Urbach:[20]

Ich erhielt heute einen Brief von Karlis Freund Willy … in dem er mir mitteilte, dass Karli am 10. dieses Monats spurlos verschwand. Es soll angeblich im Zusammenhang mit einer Schuld sein, die Mutter in Wien hinterlassen hat. Die ganze Sache ist sehr unklar, und obzwar ich sofortige Schritte unternehmen will, kann ich nicht viel tun, ohne genau zu wissen, was geschehen ist … Ich bin schrecklich besorgt, was mit Karli los ist, und ich kann mir absolut keinen Grund vorstellen, der zu so etwas führen könnte. Karli hat angeblich schon eine Fahrkarte nach Amerika, und obzwar ich nicht weiß, ob er sein amerikanisches Visum hatte, glaube ich ziemlich bestimmt, dass das amerikanische Konsulat ihm das Visum erteilt hat. Ich setzte mich heute mit einem Wiener Rechtsanwalt in Verbindung, um zu sehen, ob er etwas tun kann. Sein Name ist Dr. Hardt, und ich glaube, dass er über gute Kontakte verfügt.[21]

Als Otto diesen Brief schrieb, hatte man Karl schon verlegt:

Am Montagmorgen kommt ein SA-Mann und sagt, wir hätten ein paar Decken gestohlen und müssten dafür bezahlen. Wir haben während der ganzen Zeit keine einzige Decke gehabt, aber jeder zahlt. Später kommt ein anderer Mann rein und sagt, dass Teller gestohlen worden wären. Jeder von uns zahlt wieder. Wenn man kein Geld hat, muss jemand anderer für einen zahlen. Kurz danach verladen sie uns wieder wie Vieh … Jetzt, hoffe ich, werde ich endlich vor einem Gericht meinen Fall vortragen können. Und ich bekomme tatsächlich eine Art von Gerichtsverfahren. Zuerst stellt mir ein Arzt in Uniform eine einzige Frage:

»Gesund?«

»Ja«, sage ich. Ein SS-Mann schubst mich in einen anderen Raum. Ein hoher Gestapobeamter sitzt hinter einem Schreibtisch, als wäre er Gott. Er fragt mich, welche Schritte ich unternommen habe, um das Land zu verlassen. Jetzt bin ich absolut sicher, dass ich in den nächsten 10 Minuten frei sein werde. Ich zeige ihm meine Vorladung auf das amerikanische Konsulat, meinen Pass und meine Schiffsfahrkarte und sage ihm, dass ich am 20. Dezember ausreisen werde.

»Das ist gut«, sagt er, »du hast noch viel Zeit.«

Er schreibt dann ein großes rotes D auf meine Papiere. »D«, sagt er zu dem wartenden SS-Mann. Noch ein Stoß, und dann bin ich wieder auf dem Gang und muss mit dem Gesicht zur Wand stehen.

»Nicht bewegen und nicht reden.«

… Dann sagt eine Stimme hinter mir … :

»Ihr Schweine wollt uns Deutsche töten? Ihr werdet schon sehen. Weißt du, wo es hingeht?«

»Nein«, sage ich.

»Dachau, mein Freund.«

Ich kann es nicht glauben. Ich will es nicht glauben. Es ist unmöglich. Dachau! Das Wort bedeutet Mord, Gemetzel, Hölle. Ich glaube es, als am Abend mein Zug den Westbahnhof verlässt.

Dass sie Karl damals nicht helfen konnte, war für Alice eine traumatische Erfahrung. Nachdem sie aus den englischen Zeitungen von der »Reichskristallnacht« erfahren hatte, schaffte sie es, ihre Halbschwester Karoline in Wien zu erreichen. »Karla« erzählte ihr, dass unzählige Verhaftungen stattgefunden hatten. Unter den Verhafteten seien auch Karl und Felix. Karoline glaubte, Karl könnte mittlerweile wie viele andere nach Dachau gebracht worden sein (was Dachau bedeutete, wusste jeder. Ein Wiener Flüsterwitz lautete: »Schweigen ist Gold, reden ist Dachau.«[22])

Für Alice war dies die katastrophalste Nachricht in ihrem an Katastrophen nicht eben armen Leben. Sie hatte die Brutalität der ersten Verhaftungswelle im März/April 1938 erlebt und konnte sich daher ungefähr vorstellen, was jetzt passiert war.[23] Aber sie hatte keine Möglichkeit, irgendetwas zu unternehmen. Sie saß in einem englischen Schloss, völlig abgeschnitten von ihrer Familie. Außer Rose Landstone kannte sie niemanden in England, der ihr helfen konnte. Bisher hatte sie noch nicht einmal die Gelegenheit gehabt, mit ihrer neuen Arbeitgeberin zu sprechen oder sie zumindest mit ihrer Kochkunst zu beeindrucken. Von der Dienerschaft hatte sie erfahren, dass Violet Van der Elst unter Gewichtsproblemen litt und eine strenge Diät aus

Nov 27. 1938.

Liebe Tante Marie:

Ich erhielt heute einen Brief von Karlis Freund Willy mit dem er zusammen wohnte, in dem er mir mit teilt das Karli am 10 dieses Monates spurlos verschwand. Es soll angeblich im Zusammenhang mit irgend einer Schuld sein die Mutter in Wien hinterlassen hat. Die ganze Sache ist sehr unklar und obzwar ich sofortige Schritte unternehmen will kann ich nicht viel tun ohne genau zu wissen was geschehen ist. Ich waere Dir vom Herzen dankbar , falls Du mir per Flugpost all Details mitteilen wuerdest. Karlis Fr Freund Willy hat sich angeblich mit irgendwelchen Verwandten in Verbindung gesetzt. Ich weis nicht mit wem, aber ich bin ziemlich sicher das er Robert von diesen Vorfall informiert hat. Ich schreibe Robert ebah auch einen Brief um ihn zu bitten mir mit Auskungt zu bitten.

Ich bin schreklich besorgt, was mit Karli los ist und ich kann mir absolut keinen Grund vorstellen , der zu so etwas fuehren koennte.

Karli hat angeblich schon sene Fahrkarte nach Amerika und obzwar ich nicht weiss ob er sein amerikanisches Visum hatte glaube ich zimlich bestimmt das das Amerikanische Consulat ihn das Visum erteilt hat.

Ich setze mich heute mit einem Wiener Rechtsanwalt in Verbindung um zu sehen ob er etwas tun kann. Sein Name ist Dr. Hardt und ich glaube das er ueber gute Verbindungen verfuegt.

Geld kann ich im telegrafischen Wege umgehend anweisen falls es notwendig ist. Ich moechte aber das Geld nur an jemanden wirklich vertrauenswuerdigen schicken. Bitte teile mir mit wenn etwas gebraucht wird. Wenn du mir ein Cable sendest brauchst du nur den Betrag zu telegrafieren und ich weis dann schon was gemeint ist. Ich gebe dir weiter unten meine Adresse unter der ich fortweahrend erreicht werden kann. Ich hoffe das Du

diese schweren zeiten so gut wie moeglich ueberstehst. Ich kann mir vorstellen wie euch allen zu mute sein muss.

Dir im voraus dankend verbleibe ich Dein Neffe

Otto

Otto B. Urbach , 2306 Hampden Ave St. Paul, Minn, Diese Adresse ist fuer Briefe.
U.S.A.

Urbach, Northland Ski Co , St. Paul, Minn. Diese Adresse fuer Cablegramm

Ottos Brief an seine »arische« Tante Marie Urbach, 27. November 1938

Toast und Äpfeln einhielt. Obwohl Violet Stunden auf einem Fitnessrad verbrachte, nahm sie nicht ab. Es ging deshalb die Vermutung um, dass sie nächtliche Fressattacken hatte und heimlich die Speisekammern plünderte.

Offiziell bestand Alice' Aufgabe darin, für die Hausgäste zu backen und das Weihnachtsmenü zu planen. Für die Festtage erwartete man eine große Gesellschaft auf Grantham Castle. Violet Van der Elst umgab sich gern mit verarmten Adligen, die weithin als Schnorrer bekannt waren und ihre reiche Gönnerin in französische Spielcasinos begleiten durften. Darüber hinaus verkehrte Violet mit Lokalpolitikern, die ihr helfen sollten, für einen Parlamentssitz aufgestellt zu werden. Sie wollte für die Labour Party kandidieren und engagierte sich für die Abschaffung der Todesstrafe in Großbritannien.[24] Wie beim Verkauf ihrer Kosmetikprodukte nutzte sie die neuesten Marketingstrategien für ihre Kampagne. Sobald ein Angeklagter zum Tode verurteilt wurde, startete sie eine große Unterschriftensammlung. Am Tag der Hinrichtung ließ sie sich dann in ihrem Rolls-Royce zu dem jeweiligen Gefängnis fahren und hielt dort per Megafon eine Ansprache gegen die Todesstrafe. Während ihrer Rede kreiste über der Haftanstalt ein extra für diese Zwecke gechartertes Flugzeug, das ein tiefschwarzes Banner hinter sich herzog. Es lenkte jedoch nur vorübergehend von den Ereignissen auf dem Boden ab, denn hier kam es jedes Mal zu einem Gerangel zwischen Mrs. Van der Elsts Anhängern und der Polizei. Die Ordnung konnte erst wiederhergestellt werden, als der Tod des Verurteilten bekannt gegeben wurde und die Protestmenge ein »Bleib bei mir, Herr« sang. Anschließend wurde Van der Elst meist wegen Unruhestiftung verhaftet und verbrachte ein paar Nächte in Polizeigewahrsam.

Bei aller Exzentrik hatte Mrs. Van der Elst also auch eine beeindruckende soziale Seite. Ihr Engagement stand in der langen Tradition der Suffragetten, und es war am Ende auch ihr zu verdanken, dass die Todesstrafe in Großbritannien 1964 endgültig abgeschafft wurde.

Die Mehrzahl der Dienstboten, Alice eingeschlossen, glaubte 1938 jedoch, dass Mrs. Van der Elsts Kampagne gegen die Todesstrafe ein einziges egomanisches Spektakel sei, in dem sie sich als große Kämpferin inszenierte. In den Augen der Dienerschaft konnte Violet einfach kein guter Mensch sein. Alice schloss sich der Meinung ihrer Leidensgenossen an, ohne groß darüber nachzudenken. Sie war auch über Mrs. Van der Elsts geschäftliche Erfolge falsch informiert und glaubte, dass es deren erster jüdischer Ehemann gewesen sei, der das Kosmetikimperium allein aufgebaut habe, und seine Witwe jetzt nur noch das Geld »verjubele«.

All diese Gerüchte waren keine guten Voraussetzungen für das erste Aufeinandertreffen der beiden Damen. Als Violet Van der Elst nach einiger Verzögerung ihre neue Köchin empfing, waren sich die beiden auf Anhieb unsympathisch. Für Mrs. Van der Elst war das nichts Ungewöhnliches. Sie misstraute Frauen grundsätzlich und behandelte auch die Gattinnen ihrer Gäste frostig. Für sie waren nur Männer ebenbürtige Gesprächspartner.

Alice hingegen bevorzugte die Gesellschaft von Frauen. Seit ihrer desaströsen Ehe mit Max mied sie Männer. Wahrscheinlich hatte sie gehofft, doch irgendwie mit Mrs. Van der Elst auszukommen, schließlich waren sie doch im gleichen Alter. Aber das soziale Gefälle zwischen den beiden Frauen war zu groß. Ihre Leben waren quasi in entgegengesetzte Richtungen verlaufen: Mrs. Van der Elst hatte sich von der Waschfrau zur Millio-

Violet im Kampf gegen die Staatsgewalt

närin hochgearbeitet, während Alice von der höheren Tochter zur Dienstbotin abgestiegen war.

Obwohl Alice sofort bemerkte, dass ihre Arbeitgeberin ihr kühl begegnete, bat sie um Hilfe. Sie erzählte Violet Van der Elst von einem Lager namens Dachau, in dem schreckliche Dinge mit ihrem Sohn passierten. Mrs. Van der Elst hörte sich die Geschichte an und sagte, sie würde einen Brief an Hitler schreiben. Alice war darüber entsetzt, sie glaubte, Karl damit in noch größere Schwierigkeiten gebracht zu haben. Rückblickend kam sie jedoch zu der Überzeugung, dass Mrs. Van der Elst diesen Brief nie aufgesetzt hatte: »Karl wäre sonst sofort umgebracht worden.« In ihren Augen blieb Mrs. Van der Elst »enorm reich, enorm dick und enorm meschugge«.

Es war ein grauer Novembertag, als Karl in Dachau ankam.[25] Zur Begrüßung ließ man ihn und die anderen Neuankömmlinge sieben Stunden lang in der Kälte strammstehen. Dann wurden ihre Personalien aufgenommen, drei Fotos von ihnen gemacht und die Haare geschoren. Karl schrieb darüber 1939:

> Diese ganze Arbeit wurde von den nicht-jüdischen Gefangenen erledigt. Sie trugen dunkel gestreifte Anstaltskleidung mit roten Dreiecken und waren politische Gefangene. Sie waren alle sehr nett zu uns Kameraden. Einer fragte mich, wie alt ich sei, und sagte dann: Habe keine Angst, Junge. Behalte deinen Humor und kämpfe es durch. Sei froh, dass du Jude bist, du wirst sicher viel früher entlassen als wir. Dann gab er mir ein Stück Brot.

Karl schätzte, dass in Dachau ca. 8000 Nicht-Juden und 12 000 Juden inhaftiert waren. Heute weiß man, dass nach dem

Novemberpogrom 1938 etwa 11 000 Juden aus Österreich und Deutschland in das bereits überfüllte KZ eingeliefert wurden.

> Uns war verboten, mit arischen Gefangenen zu sprechen. Aber wir fanden immer einen Weg und ich habe noch nie bessere Menschen getroffen wie diese Gefangenen. Jeder war da vertreten, vom Arbeiter bis zum Universitätsprofessor. Von ihnen erfuhren wir auch, dass die Vorbereitungen für unsere Ankunft schon drei Wochen vor der Ermordung vom Raths begonnen hatten … In den nächsten Wochen mussten wir entweder stundenlang durch das Lager marschieren oder stillstehen: Schneesturm und eisiger Regen kamen. Es starben während der Märsche oder beim Appell ca. 30 Menschen pro Woche … Es gab ein Krankenhaus mit SS-Ärzten, aber man kam erst ins Krankenhaus, wenn man über 40 Fieber hatte, und dann war es meistens sowieso schon zu spät.

Die Nächte waren so schrecklich wie die Tage:

> Abends fielen wir auf das Stroh, wir lagen da wie Sardinen in einer Dose. Es war so eng, dass wenn sich einer von uns umdrehte, alle anderen sich auch umdrehen mussten. Die ganze Nacht gingen immer wieder die Scheinwerferkegel [an den Fenstern] vorbei … Wir durften zweimal im Monat eine Postkarte schreiben … Die erste Postkarte wurde uns diktiert: »Ich bin gesund und es geht mir gut.« Natürlich war alle eingehende Post an uns zensiert, und obwohl unsere Angehörigen sich darin vorsichtig ausdrückten, machte sich der Zensor trotzdem einen Spaß daraus, die Briefe und Postkarten zu zerschneiden, so dass man sie nicht mehr lesen konnte.

Der Mann, der Karls Deportation nach Dachau organisiert hatte, hieß Franz Novak. Novak gehörte zu den Hakenkreuzlern der ersten Stunde. Er hatte 1934 am gescheiterten Putsch gegen die Dollfuß-Regierung teilgenommen und daraufhin seine österreichische Staatsbürgerschaft verloren. Wie viele österreichische Nationalsozialisten sah er den »Anschluss« als Chance zur Revanche. Endlich konnte er mit jedem in Wien abrechnen, der ihm einmal in die Quere gekommen war. Juden und Sozialisten standen ganz oben auf seiner Abschussliste. Im Herbst 1938 arbeitete Novak für die Zentralstelle für jüdische Auswanderung, die im Wiener Rothschildpalais untergebracht war und der SS unterstand. Obwohl die Zentralstelle Auswanderungen anfangs beschleunigt hatte (nicht ohne den Ausreisewilligen zuvor ihr Vermögen abgenommen zu haben), änderte sich mit dem Novemberpogrom 1938 die Taktik. Männliche Häftlinge wurden von Wien nach Dachau transportiert, und Novaks Stunde hatte geschlagen. Indem er unermüdlich vollbeladene Waggons in das Konzentrationslager expedierte, beeindruckte er seine Vorgesetzten. Sein unerschöpfliches Organisationstalent und seine hohe Erfolgsquote erfreuten vor allem seinen Chef Adolf Eichmann. Er würde Novak später nach Prag mitnehmen, um dort – basierend auf dem Wiener Modell – die nächste Zentralstelle für jüdische Auswanderung zu eröffnen. Wie die Historikerin Eva Holpfer gezeigt hat, arbeitete sich Novak in Prag endgültig zu Eichmanns »Transportspezialisten« hoch.[26]

In einem von Novaks Dachau-Transporten befand sich neben Karl auch der berühmte österreichische Satiriker Fritz Grünbaum. Grünbaum war bereits 60 Jahre alt, als er in Dachau ankam, und hatte somit weitaus schlechtere Überlebenschancen als ein junger Mann wie Karl. Obwohl es Grünbaum von Anfang an gesundheitlich nicht gut ging, sind manche Bonmots aus Dachau von ihm überliefert. Als wieder einmal das Essen rationiert wurde, sagte er: »Wenn ma kein Geld hat, soll ma sich keine Gefangenen halten.«[27]

Karl erfuhr wahrscheinlich schnell, dass sich der berühmte Grünbaum im Lager befand. In seinem Dachaubericht von 1939 nennt er jedoch keine Namen, um niemanden zu gefährden. Über die prominenten Häftlinge sagte Karl nur: »Ich traf mehrere österreichische Kabinettsmitglieder. Leute aus ganz Deutschland waren da, man hörte jeden Dialekt, und während ich dort war, kamen auch die Transporte aus dem Sudetenland.« Wie in Karls Fall versuchten auch Grünbaums Freunde, alles in Bewegung zu setzen, um ihn herauszuholen. Friedrich Torberg schrieb einem Freund:

> Nach den letzten Nachrichten, die [Grünbaums] Frau aus Wien ins Ausland gelangen lassen konnte, gibt es eine einzige Möglichkeit, ihn zu retten: es müsste für ihn ein Affidavit mit gleichzeitigem … Arbeitsvertrag für USA beigebracht werden. Offenkundig handelt es sich hier um eine willkürliche Schikane der Nazibehörden, welche die von ihnen allgemein geübte Praxis – sofortiges Verlassen des Reichsgebietes als Bedingung der Freilassung – in diesem Fall noch besonders erschweren wollen und die Bedingung also dahin erweitert haben, dass G., wie es hieß, »sofort und unter Garantie nach Amerika fährt«.[28]

Wer in Amerika würde einem 60-jährigen Kabarettisten schon einen Arbeitsvertrag geben? Da hatte Otto es mit seinem 21-jährigen Bruder schon etwas leichter. Otto und Torberg würden sich nach dem Krieg kennenlernen und um die gleiche Frau konkurrieren,[29] aber 1938 hatten sie ein sehr viel ernsteres

Problem. Sie versuchten verzweifelt, jemanden, der ihnen sehr nahestand, aus Dachau herauszuholen. Geld für einen Freikauf aufzutreiben schien eine Option zu sein, aber wie oft dies geschah und welche Erfolgschancen es hatte, ist bis heute schwer zu recherchieren. Selbst die bürokratiebesessenen Nationalsozialisten führten nicht Buch über derartige Einnahmen, und die Empfänger von Bestechungsgeldern machten sich mit Sicherheit keine Notizen. Grünbaums Frau wäre ohnehin nicht mehr in der Lage gewesen, welche zu zahlen. Obwohl Fritz Grünbaum aus einer wohlhabenden Kunsthändlerfamilie stammte und neben Dürer-Bildern auch eine große Egon-Schiele-Sammlung besessen hatte, war davon nichts geblieben. Die Nazis hatten den Familienbesitz bereits vollständig geplündert und damit gute Devisengeschäfte gemacht.[30] Selbst wenn Torberg und seine amerikanischen Freunde es am Ende geschafft hätten, Geld oder einen Arbeitsvertrag zu organisieren, bleibt es fraglich, ob die Behörden Grünbaums Ausreise jemals genehmigt hätten. Er war Zeuge des nationalsozialistischen Kunstraubes geworden, und darüber hinaus hätten seine scharfe Zunge und sein Witz dem Regime auch im Ausland schwer geschadet. Er wurde so lange gequält, bis er sich 1941 das Leben nehmen wollte. Letztlich starb er an den Folgen dieses Suizidversuches.

Karl war kein prominenter Häftling, und er hatte Otto und die Dodsons, die alles in Bewegung setzten, um ihn herauszuholen. Im Januar 1939 geschah das Wunder:

> Eines Morgens wurde meine Nummer aufgerufen. Ich wurde freigelassen. Ich konnte es nicht glauben, es war so plötzlich, ich weinte wie ein kleiner Junge, ich konnte gar nicht mehr aufhören. Um fünf Uhr nachmittags kam ein Lagerleiter, der uns eine

Rede hielt, und sein letzter Satz lautete: »Wenn ihr irgendjemandem, während ihr in Deutschland seid, etwas über dieses Lager erzählt, bringen wir euch hierher zurück, und ich kann euch versprechen, ein zweites Mal kommt ihr hier nicht mehr raus. Was ihr im Ausland erzählt, ist uns egal, denn euch wird niemand glauben …« Dann marschierten wir aus dem Lager, begleitet von zwei SA-Männern.

Karl musste an mehreren Bahnhöfen umsteigen, bis er bei Willy in Wien ankam. Sein Anblick muss erschreckend gewesen sein, kahl geschoren und völlig abgemagert, aber Willy war einfach nur glücklich, ihn endlich wiederzusehen. Er schickte sofort ein Telegramm an Alice ab und ging einkaufen. Karl würde in den nächsten Wochen umsonst bei ihm wohnen, und Willy sorgte für ihn, so gut er konnte. Einmal am Tag musste Karl das Haus verlassen, um sich auf der örtlichen Polizeistation zu melden. Er hatte jetzt einen Monat Zeit, das Land zu verlassen. Den ersten Brief nach seiner Entlassung schickte er an Alice:

Freitagabend

Liebe Mutter! Auf die Gefahr hin, dass dich dieser Brief nicht erreicht (da das sogleich an dich abgesandte Telegramm zurückgekommen ist), schreibe ich dir den ersten Brief, den zu schreiben ich fähig bin. Ich bin gestern früh in Wien angekommen. Ich bin völlig gesund! Es ist mir natürlich furchtbar, dass ich euch allen so unsagbare Sorgen und Mühen bereitet habe, aber das ist wirklich nicht durch Fahrlässigkeit geschehen, sondern war Schicksal. Was hier Robert [Urbach] und alle übrigen Verwandten, in USA Bobby [Otto] für mich getan haben, um mich wieder zurückzubringen, lässt sich überhaupt nicht beschrei-

> ben. Über dich bin ich nicht gut informiert und hoffe bald auf einen ausführlichen Bericht. Ich habe am 15. Februar eine ärztliche Untersuchung. Am 17. fahre ich wahrscheinlich nach Rotterdam … Verzeih, dass ich nicht mehr schreibe. Aber ich bin außerstande. Die Veränderung ist zu plötzlich, ich bin noch zu nervös. Der Schock zittert zu stark in mir nach. Hoffentlich wird das bald besser. Viele, liebe Küsse Karli[31]

Währenddessen war Otto damit beschäftigt, die Ausreise zu regeln, und schrieb an Karl:

> Wir haben hier alle möglichen Schritte unternommen, und ich hoffe, dass du bald gesund genug sein wirst, um das Leben wieder zu genießen. Alle Leute fragen fortwährend nach dir und deinen Wiener Freunden und hoffen, für alle bald etwas tun zu können. Das amerikanische Konsulat ist informiert durch Senator McNary, und ich hoffe, dir einen Empfangsbrief von ihm schicken zu können.[32] Geld bringe ich in Bälde zur Absendung. Herzlichst, Otto[33]

Er legte einen Brief von Cordelia bei: »We were so riesig glücklich zu erfahren, dass Karlie ganz gesund und wieder in Wien ist.«[34]

Karl war nur einer von vielen Häftlingen, die Anfang 1939 plötzlich aus Dachau freigelassen wurden. Da alle Häftlingsakten vernichtet worden sind,[35] finden sich im Archiv der KZ-Gedenkstätte nur seine Häftlingsnummer 28194 und die Tage seiner Einlieferung und Entlassung.[36] In der Familie Urbach kursierten noch Jahrzehnte später alle möglichen Theorien darüber, warum Karl 1939 aus Dachau freikam. Eine beliebte Version handelte von seiner Cousine Anni. Sie war die Tochter von Marie und Ignaz Urbach, der sich 1924 wegen des drohenden Zusammenbruchs seiner Bank das Leben genommen hatte. Anni galt als eine besonders hübsche Wienerin, und da ihre Mutter »arisch« war und angeblich Leute mit Verbindungen zur Partei kannte, sei es Anni gewesen, die Karl aus Dachau »herausgeholt« habe. Laut dieser Geschichte war es ihren weiblichen Reizen zu verdanken, dass ein hochrangiger Nazi sich erbarmte.[37] Es ist nicht überraschend, dass diese Version Ende der 1970er-Jahre plötzlich als Familiensage auftauchte. Sie erinnert stark an die Fernsehserie *Holocaust*, in der Meryl Streep mit einem SS-Offizier schläft, um ihren jüdischen Mann zu retten. Dabei ist es eher unwahrscheinlich, dass Anni von Wien aus irgendetwas beeinflussen konnte. Die Wahrheit war wohl sehr viel prosaischer. Die Haftentlassung konnte Anfang 1939 veranlasst werden, wenn eine Auswanderungsbescheinigung vorlag, und die hatte Otto mittlerweile organisiert. Als Karl verschwand, hatte Otto den Wiener Anwalt Dr. Hardt engagiert, der belegen konnte, dass Karl endlich ein Affidavit und eine Ausreisegenehmigung besaß. Vielleicht musste Hardt auch noch Bestechungsgelder zahlen, wie der folgende Brief von Otto an Karl aus dem Februar 1939 vermuten lässt:

> Ich erhielt gestern ein Kabel von Poldi [ihrem tschechischen Cousin Leopold], in dem er mir mitteilt, dass die Anwaltsgebühr für dich 1500 Dollar beträgt. Diese Summe habe ich nicht zur Verfügung und ich weiß augenblicklich nicht, was ich machen kann, um das Geld aufzubringen. Ich weiß nicht, ob diese Forderung von Dr. Hardt oder jemand anderem ist. Es erscheint mir unwahrscheinlich, dass Dr. Hardt eine solche wahnsinnige Forderung stellen sollte.[38]

Otto oder Poldi müssen es am Ende geschafft haben, das Geld aufzubringen. Es wäre die letzte Hilfe, die Poldi seinem Lieblingscousin Karl erweisen konnte. Als Hitler im März 1939 die »Rest-Tschechei« besetzte, beging der tschechische Patriot Selbstmord.

Die jüdische Gemeinde Wien gab Karl einen großzügigen Zuschuss zu seiner Schiffsfahrkarte,[39] und er konnte am 17. Februar 1939 endlich den Zug in die Niederlande besteigen. Er war begeistert von Holland: »Das ganze Land atmete Freiheit. Es war kaum zu glauben, dass Leute wieder nett zu einem waren. Zu einem Juden.«[40] Von Rotterdam aus reiste er mit der Holland-America Line, und während der Wochen auf dem Schiff fühlte er sich wie in einem der eleganten Fred-Astaire-Filme, die er in Paula Siebers Palastkino gesehen hatte:

> Liebe Mutter!
>
> Ich habe deinen lieben Brief vom Dienstag erhalten … Heute bin ich den ersten Tag an Bord und sitze nun nach einem unerhörten Frühstück im Rauchraum. Denke dir, mit mir in der Kabine fährt auch ein K. Urbach. Neffe vom Dozenten Urbach, aus Prag, wir haben sehr gelacht, wie wir uns entdeckt haben. In Holland waren die 5 Tage, die ich dort verbracht habe, ganz wunderbar. Ich war auch in Den Haag und in Amsterdam und eigentlich hat es mir leid getan, dass ich schon weiter musste, aber eine Sensation jagt die andere. Das Leben ist wieder herrlich geworden. Du fragst mich, was ich durchgemacht habe: die Hölle. Mir kann im Leben nichts mehr geschehen, denn ärger kann es nicht sein. Aber ausführlich über all das Furchtbare zu schreiben, bin ich außerstande. Mir verklebt sich das Hirn, wenn ich daran denke, vielleicht wird das später anders … Die

Passagiere sind meistens Emigranten und außer Kurt Urbach war noch keine Gelegenheit, jemand näher kennen zu lernen … Ich bin sehr glücklich, dass du jetzt endlich das gefunden zu haben scheinst, was du wolltest [Alice hatte das Angebot bekommen, ein jüdisches Kinderheim zu leiten], und dass du dich wohl fühlst. Das Gehalt ist zwar verdammt klein, aber das spielt keine so große Rolle, wenn du dich nur wohl fühlst. Ein paar Dollar zu schicken, wenn es dir schwer ausgeht, dürfte ja nicht allzu schwer sein. Ich schreibe absichtlich nicht über die Zukunft, lassen wir alles schon herankommen. [Hauptsache], dass wir alle zusammenkommen wollen. … Ich kann es noch immer nicht so ganz fassen, dass ich frei bin, es ist wirklich herrlich. Nur die vielen, die noch zurückbleiben, das ist sehr arg und ein großer Wermutstropfen.

Alles Beste, Karl[41]

Karl war plötzlich wieder ein junger Mann, der einfach alles verdrängen wollte, was geschehen war. Und manchmal gelang es ihm auch. An Alice schrieb er kurz vor der Ankunft des Schiffes in New York:

6. März 1939

Ich aß und esse furchtbar viel und erhole mich wirklich hier sehr rasch. Meine Haare sind schon etwas mehr gewachsen, so dass man schon nicht mehr sieht, von wo ich komme, obwohl ich auf Dachau eher stolz bin. Nämlich dass ich durchgehalten habe … Das Leben an Bord ist natürlich ideal. Kino, Spiele, Tanz, Flirt, Lesen. Mir war keinen Augenblick langweilig … Kurt Urbach und ich flirten kreuz und quer. Jeder kennt die beiden Urbachs an Bord … Alles ist so, wie man es im Film sieht … Wenn ich hier alles so selbstverständlich niederschreibe, wie ein ganz versierter Vielgereister, so entspricht das natürlich nicht ganz meinen Gefühlen. Es ist ja doch wie ein Märchen, so von einem Kontinent zum anderen zu hüpfen … Der Ton und die Gesellschaft am Schiff sind sehr gut und ungezwungen, es fehlt jede Steifheit … Gestern war ein sehr schönes Purimfest an Bord. Auch die Holländer und Amerikaner waren dabei (Christen), der Kapitän und die Offiziere. Ein gutes Gefühl. Der Saal war mit der USA-Flagge, der holländischen und den jüdischen Nationalfarben geschmückt. Ah, es ist schon gut, wieder frei zu sein. Nur muss man sich erst wieder daran gewöhnen, denn ich staune immer wieder, dass man sich frei bewegen kann.[42]

Wie alle Emigranten betrat Karl auf Ellis Island[43] erstmals amerikanischen Boden. Ein anderer Wiener, der Schauspieler Leon Askin, beschreibt in seinen Memoiren, wie sehr ihn dieser Ort verwirrte. Er hatte alte Zeitungsfotos in Erinnerung, auf denen Massen von heruntergekommenen, armen Menschen abgebildet waren. In seiner Vorstellung war Ellis Island deshalb chaotisch und schmutzig, und er war überrascht, dass alles geordnet ablief und um ihn herum ständig geputzt wurde. Was ihm jedoch besonders auffiel, war, dass es hier einen jüdischen Polizisten gab. So etwas hatte er noch nie in seinem Leben gesehen. In seiner Heimat hätte ein Jude niemals Polizist werden können, und Askin gelangte zu dem Schluss, dass er im Paradies angekommen war.[44]

Karl verbrachte ein paar Tage bei Ottos Freunden in New York und nahm dann den Bus quer durchs Land, bis er in Portland ankam.[45] Otto sorgte dafür, dass sein Reed-College-Freund Francis Murphy Karl interviewte. Er wollte unbedingt, dass die Welt erfuhr, was in den Konzentrationslagern vor sich ging. Im Kampf um die öffentliche Meinung in Amerika erschien es besonders wichtig zu betonen, dass es nicht nur Juden waren, die vom Regime inhaftiert wurden. In Dachau war Karl von dem Mut der politischen Gefangenen beeindruckt gewesen, und seine Berichte darüber wurden ebenfalls in den Artikel eingebaut. Murphy anonymisierte den Text, damit niemand gefährdet wurde. Doch auch wenn der Artikel am Ende eine ganze Seite im *Oregonian*, der führenden Zeitung des Bundesstaates Oregon, bekam, war die Wirkung gering. Mehrere amerikanische Zeitungen druckten damals Augenzeugenberichte, doch sie kamen nicht an gegen den Einfluss der amerikanischen Isolationisten.[46] Zu ihnen gehörten reiche Männer des America First Committee wie der Fliegerheld Charles Lindbergh oder der Autokönig Henry Ford. Beide waren überzeugte Antisemiten, die glaubten, Juden würden mit Gräuelpropaganda Amerika in einen weiteren Krieg treiben wollen. Diese Ansicht hatte 1933 schon der preußische Kronprinz Wilhelm in der *Herald Tribune* vertreten, und die Isolationisten schlossen sich dem illustren Agitator im Dienste der Nationalsozialisten gerne an.[47] Aufgrund derartiger Propaganda und des Drucks der Isolationisten erhöhte Amerika seine Einwanderungsquote nicht und entwickelte keinen Rettungsplan, wie Großbritannien es mit seinen »domestic permits« getan hatte. Auch die Idee eines amerikanischen Kindertransports scheiterte.

Nach dem Interview arbeitete Karl als Dachdecker und Feuerwehrmann, um sein Studium am Reed College zu finanzieren. Er versuchte, das KZ zu vergessen, und erfuhr auch nach dem

Krieg nicht, dass Franz Novak, der seine und Fritz Grünbaums Deportation nach Dachau organisiert hatte, 1969 von einem österreichischen Gericht doch noch schuldig gesprochen werden konnte. Seine Haftzeit betrug am Ende fünf Jahre. Reue zeigte Adolf Eichmanns »Transportspezialist« nicht.

Die Kinder von Windermere

»On the Continent people have good food, in England they have good table manners.«
George Mikes[1]

Im Januar 1939 entschied Mrs. Van der Elst, dass ihre Abnehmversuche nicht gelingen könnten, solange eine Konditorin wie Alice in Grantham Castle arbeitete. Die Gefahr, sich nachts doch heimlich in die Speisekammer zu schleichen, um Torten zu essen, war einfach zu groß. Van der Elst ordnete an, dass die Wienerin gehen müsse. Alice machte die Kündigung nicht viel aus. Wiener Küche war in England mittlerweile sehr beliebt. Emigranten, die in ihre Stellengesuche das Wort »Österreich« einflochten, hatten gute Chancen, Arbeit zu finden. Plötzlich gab es überall Wiener Köche: »Pastry Cook (Viennese) looking for position. Experienced cook«, lautete eine Annonce, eine andere: »2 Austrians want situation as cook and parlourmaid. Small family. No rough.«[2]

Eine authentische Wiener Starköchin wie Alice fand natürlich sofort eine neue Stelle: Lady Eden, eine Schwägerin des Politikers Anthony Eden, suchte dringend Personal. Die Eden-Familie hatte keine Vorbehalte gegenüber jüdischen Flüchtlingen. Im Gegenteil. Anthony Eden hatte die britische Beschwichtigungspolitik gegenüber Hitler abgelehnt und war deswegen 1938 als Außenminister zurückgetreten. In Alice' Augen schien Anthony Eden einer der wenigen Politiker zu sein, die verstanden, dass man mit einer »Gangsterbande« wie den Nationalsozialisten nicht verhandeln konnte. Für seine Schwägerin zu arbeiten war für Alice eine Ehre, aber bald darauf wurde sie zu noch besseren Konditionen von einer Londoner Arztfamilie abgeworben.[3] In London zu leben erschien ihr besonders verlockend, denn hier hatte im März 1939 das Austrian Centre in der Westbourne Terrace seine Tore geöffnet. Es bot den heimwehkranken Emigranten ein wenig Wienatmosphäre. Neben österreichischen »Speisen und Trank zu billigsten Preisen« konnte man dort deutsche Bücher lesen, seine Schuhsohlen preiswert reparieren lassen und vor allem Vorträge hören. Für ein kleines Eintrittsgeld hielten Emigranten, die zu Hause Koryphäen auf ihrem Gebiet gewesen waren, Referate über Kunst, Wissenschaft, Musik und Literatur.[4]

Alice versuchte in ihrer Freizeit so oft wie möglich ins Austrian Centre zu gehen. Nach all den Schrecken der letzten Monate schien ihre Lage sich langsam zu verbessern. Sie hatte eine sichere Stelle in London, Karl war frei, und auch ihr Bruder Felix hatte ein Visum für England in Aussicht. Doch trotz allem verfolgten sie nachts noch immer Albträume. Ihre Schwestern Karoline, Sidonie und Helene saßen weiterhin in Wien fest.[5] Alice musste etwas unternehmen, um nicht von Schuldgefühlen zerfressen zu werden. Sie erinnerte sich an die Informationsbroschüre von Woburn House. Unter Punkt 8 stand:

> Die jüdische Gemeinde verlässt sich darauf, dass Sie die besten jüdischen Eigenschaften beibehalten, dass Sie Würde bewahren

und anderen helfen und dienen. Verwenden Sie Ihre Energie und Ihre besondere Begabung darauf, denen zu helfen, die noch unglücklicher als Sie selbst sind, den einsamen Flüchtlingen, Kindern sowie Alten und Kranken in ihrer Nachbarschaft.

Alice wusste, dass sie Wichtigeres leisten konnte, als wohlhabende Londoner zu bekochen. Als die Anfrage von Woburn House kam, ob sie ein Heim für Flüchtlingskinder in Newcastle leiten wolle, dachte sie nicht lange nach. Endlich konnte sie etwas Sinnvolles tun.

Leo Rapp war ein Münchner Junge. Als er nach England fuhr, packte seine Mutter ihm viele praktische Dinge ein, darunter eine Lederhose, mehrere Kopfkissenbezüge und Schuhe, die ihm noch ein paar Nummern zu groß waren. Vor allem aber wollte Frau Rapp, dass Leo in England seine Schularbeiten machte. Sie legte ihm deshalb mehrere Lehr- und Wörterbücher sowie einen Messschieber in den Koffer. Und gegen das Heimweh sicherheitshalber noch ein Album mit Familienfotos.[6]

Leos Gepäck war im Grunde nicht sehr aufsehenerregend. Nur die übergroßen Schuhe deuteten auf eine längere Abwesenheit von zu Hause hin, und dann sind da noch zwei ungewöhnliche Gegenstände im Koffer: ein Gebetsriemen und ein Gebetbuch.

Frau Rapp wollte nicht nur, dass Leo in England seine Hausaufgaben machte, sie hoffte auch, dass er seinen jüdischen Glauben nicht vergessen würde.

Schätzungen zufolge starben 1,5 Millionen Kinder im Holocaust. Leo Rapp hatte Glück. Er gehörte zu den 10 000 Jungen und Mädchen, die nach England fliehen konnten. Während die USA zwischen 1934 und 1945 nur 1400 unbegleitete Kinder aufnahmen, reagierte Großbritannien anders. Am 21. November 1938, zwölf Tage nach der »Reichskristallnacht«, beschloss das britische Unterhaus, jüdische Kinder ohne Visum einreisen zu lassen. Dank dem Engagement von britischen und holländischen Privatpersonen konnten nun die Kindertransporte beginnen. Die Geschichte dieser Rettungsaktion ist schon oft erzählt worden.[7] Bei aller Tragik ist es eine große Erfolgsgeschichte. Denn das Überraschende daran ist, dass die Mehrzahl dieser Kinder später etwas aus ihrem Leben machte. Obwohl sie allen Grund dazu gehabt hätten, verzweifelten sie nicht. Ganz im Gegenteil, fast alle von ihnen fanden am Ende Berufe und gründeten Familien. Ihr Gepäck gibt einen Hinweis darauf, warum ihnen das gelingen konnte. Wir kennen den Inhalt einiger Koffer, da er in vorgedruckte Listen eingetragen werden musste. Ein Junge nahm zum Beispiel bunte Spielkarten mit, auf denen das Brandenburger Tor und andere deutsche Wahrzeichen abgebildet waren; andere Kinder packten – ähnlich wie in Judith Kerrs berühmtem Roman *Als Hitler das rosa Kaninchen stahl* – ihre Lieblingsstofftiere ein. Viele dieser Spielsachen gingen im Laufe der Jahre verloren, aber einen Gegenstand verlor kaum jemand: die Familienfotos. Sie erinnerten die Kinder an zwei entscheidende Dinge. Ihre Eltern hatten sie geliebt und hatten alle Hoffnungen darauf gesetzt, dass sie ein besseres Leben beginnen könnten. Es blieb den Kindern also nichts anderes übrig, als weiterzumachen. Aufgeben war keine Alternative.

Trotzdem wäre es naiv zu glauben, dass der Weg in ein normales Leben für diese Kinder gradlinig verlief. Das Gegenteil war der Fall. Die Kriegsjahre wurden für sie zu einem emotionalen Zickzackkurs, und einige Kinder entwickelten zeitweise schwere psychische Probleme. Mit diesen Problemen wurden auch ihre Pflegefamilien und Heimbetreuer konfrontiert. Alice und Paula Sieber gehörten zu diesen Heimbetreuerinnen. Die beiden hätten sich kaum eine schwerere Aufgabe aussuchen können.

Laut Peter Siebers Recherchen entstand die Idee für das Flüchtlingsheim im November 1938. Nach der »Reichskristallnacht« bat Woburn House alle jüdischen Gemeinden in Großbritannien, verfolgte Kinder aus Deutschland und Österreich aufzunehmen. Eine kleine Nachbarschaftsgruppe in Newcastle las den Appell und beschloss sofort, etwas zu unternehmen. Der Leiter der Gruppe war Mr. Summerfield, ein jüdischer Juwelier, der einen Laden in Newcastle besaß. Er war ein völlig unspektakulärer Mann, der etwas Spektakuläres tat – über Nacht gründete er ein privates Kinderheim. Unterstützt wurde er dabei von seiner Frau und seinen Freunden in Newcastle: Rita Jackson, die bereits im Women's Voluntary Service engagiert war, Mrs. Rita Freedman und ihrem Mann Dr. Wallace Freedman sowie Nolly und Ike Collins und Mrs. Wilkes. Die Familien lebten nur ein paar Straßen voneinander entfernt, und die ersten Gründungstreffen fanden in ihren Wohnzimmern statt. Sie waren eine tatkräftige Truppe, die schnell und unbürokratisch helfen wollte und nicht einmal Zeit darauf verschwendete, Protokolle von ihren Sitzungen anzufertigen.

Ihr erster Schritt war, in den Synagogen der Umgebung Spendenaufrufe zu verlesen. Mithilfe zweier Rabbiner konnte genug Geld gesammelt werden, um ein Haus zu mieten: 55 Percy Park, Tynemouth. Der kleine Ort Tynemouth lag außerhalb von Newcastle und war etwas preiswerter. Percy Park befand sich jedoch in keinem besonders guten Zustand. Peter Sieber beschrieb, wie die Komiteemitglieder all ihre Freunde und Bekannten um Hilfe baten: »Man heuerte Handwerker an, die das Haus renovierten und die Heizung zum Laufen brachten … Alle in der jüdischen

Gemeinde spendeten, was sie entbehren konnten, und die Lastwagen brachten die Einrichtungsgegenstände nach Tynemouth.«[8] Darunter waren Vorhänge, Teppiche, 20 Betten und Wiegen, Bettwäsche, Küchengeschirr und Besteck mit den Buchstaben m und f (*milchig* und *fleischig*), denn das Kinderheim sollte koscher geführt werden. Newcastle hatte unter der wirtschaftlichen Depression der 30er-Jahre schwer gelitten, aber trotzdem gelang es dem Komitee, genügend Essensvorräte, Kleider, Mäntel und Schuhe für die Kinder zu sammeln.

Nachdem das Haus fertig eingerichtet war, stellte sich die Frage, wen man aufnehmen sollte – Jungen oder Mädchen? Ein gemischtes Kinderheim zu führen galt als moralisch heikel, und es kam nun zu langen Diskussionen, wer dringender Hilfe brauchte. In Newcastle mussten sich damals viele arbeitslose junge Mädchen allein auf der Straße durchschlagen. Die Gruppe um Summerfield befürchtete, dass dies auch jüdischen Flüchtlingsmädchen passieren könnte und sie im schlimmsten Fall noch missbraucht würden. So entschied man sich, 20 bis 24 von ihnen aufzunehmen.

Aber wer würde die Aufgabe übernehmen, das Heim zu leiten? In Newcastle meldete sich niemand freiwillig dafür. Das Komitee bat Woburn House in London um Rat und bekam zur Antwort: Es gebe zwar mehrere Emigrantinnen, die für diese Stelle infrage kämen, aber niemand sei besser dafür geeignet als Alice Urbach. Rita Jackson reiste daraufhin im Auftrag des Komitees nach London, um Alice kennenzulernen. Die beiden Frauen verstanden sich sofort.[9] Das Gehalt war zwar minimal und eine Verschlechterung für Alice, aber sie dachte an Regel Nr. 8 der Informationsbroschüre und sagte zu.

Es war eine völlig verrückte Idee. Bis auf ihre Kochkünste hatte Alice keinerlei Voraussetzungen für eine solche Aufgabe.

Obwohl sie von Otto manchmal an den Rand der Verzweiflung gebracht worden war, hatte Alice sich jedoch eine stark idealistische Vorstellung von Kindern bewahrt und glaubte, dass Mädchen mit Sicherheit einfacher zu betreuen wären, als ihr wilder Sohn es gewesen war. Nur die Größe der Gruppe machte ihr Sorgen, und sie bat das Komitee, eine zweite Betreuerin mitbringen zu dürfen – ihre alte Freundin Paula Sieber. Paula befand sich nach ihrer Flucht in einem schlechten mentalen Zustand. Ihr Palastkino war, wie alle jüdischen Kinos, nach der Annexion sofort arisiert worden. Laut dem zeitgenössischen *Kinojournal* konnten im Oktober 1938 bereits 55 der Wiener Kinos an »verdiente Parteigenossen« übergeben werden. Im Dezember des gleichen Jahres war die Arisierung bis auf zwei Kinos abgeschlossen.[10]

Dass man ihr das Kino – und damit ihre einzige Einnahmequelle – weggenommen hatte, war nur eines von Paulas Problemen in Wien gewesen. Was sie am meisten erschüttert hatte, war der Novemberpogrom. Plünderer waren in ihre Wohnung in der Schreyvogelgasse eingedrungen, hatten Gegenstände zerschlagen und sie gezwungen, ihre Koffer zu packen. Nach vielen Hindernissen konnte sie mit ihrem Sohn Peter ausreisen, aber in Wien blieb ihre ältere Schwester Selma zurück, mit der sie das Kino geführt hatte. Am liebsten wäre Paula nach diesen traumatischen Erfahrungen für alle Zeiten in die Fantasiewelt eines englischen Kinosaals abgetaucht. Alice verhinderte das. Sie ließ nicht zu, dass Paula aufgab. Sie kannte die träumerische Seite ihrer Freundin, aber sie war der festen Überzeugung, dass Paula eine neue Aufgabe brauchte und Wichtiges für das Kinderheim leisten konnte. In Wien hatte sie Paula als eine patente Geschäftsfrau und Organisatorin erlebt. Solche Fähigkeiten würden für das Kinderheim nützlich sein. Alice plante, dass Paula die Verwaltungsarbeit übernehmen sollte, während sie selbst als »Matron«, als Hausmutter, fungieren würde.

Obwohl Paula und Alice zwei patente Frauen waren, die gelernt hatten, hart zu arbeiten, wirken sie als Heimleiterinnen aus heutiger Sicht völlig ungeeignet. Keine von ihnen hatte jemals eine Kindergruppe betreut, geschweige denn ein einschlägiges Fach studiert. Das würde sich als Manko erweisen, denn die Kinder, um die sie sich jetzt kümmern mussten, waren verängstigt und todunglücklich. Sie waren über Nacht aus ihrer vertrauten Umgebung gerissen worden und mussten in einem Land leben, dessen Sprache sie nicht verstanden. Alice und Paula unterschätzten die Situation gründlich. Das lag nicht nur an ihrem naiven Enthusiasmus, sondern auch am Newcastler Komitee. Mr. Summerfield und seine Freunde hatten ihnen versichert, dass man ihre Hilfe nur vorübergehend brauchen würde. In ein paar Monaten kämen die Eltern der Kinder nach und holten sie ab. Dann könne das Kinderheim geschlossen werden. Niemand ahnte im Sommer 1939, dass aus diesen »paar Monaten« sieben Jahre werden sollten.

Peter Sieber war 17 Jahre alt, als er mit seiner Mutter Paula nach Newcastle kam. Als Junge durfte er nicht im Heim wohnen und musste stattdessen bei einer der Komiteefamilien in der Nähe unterkommen. Trotzdem versuchte er, Paula und Alice so viel wie möglich zu helfen. In seinem Bericht zählt Peter Sieber all die Mädchen auf, die im Sommer 1939 im Heim ankamen.[11] Eines der Kinder war die neunjährige Lisl Scherzer aus Wien. Sie lebt heute als Alisa Tennenbaum in Israel, und ein Bild des Kinderheims hängt an ihrer Wohnzimmerwand. Sie erzählt mit Begeisterung von ihrer Zeit in England, doch der Weg dorthin war alles andere als einfach: Lisls Eltern besaßen einen Lebensmittelladen in Wien. Genau wie Karl wurde auch Lisls Vater, Moshe Scherzer, im November 1938 nach Dachau deportiert. Ende Januar 1939 entließ man ihn mit der Auflage, das Deutsche Reich innerhalb eines Monats zu verlassen. Lisl beschreibt, wie entsetzt sie war, als ihr Vater aus Dachau zurückkehrte: »Ein Mann ohne Haare, der weinte, und ich dachte, das ist doch nicht mein Vater!« Aber Herr Scherzer nahm noch einmal all seine Kraft zusammen und verschaffte Lisl einen der hart umkämpften Plätze des Kindertransportprogramms. Am 22. August 1939 saß sie mit vielen anderen Wiener Kindern in einen Zug nach Holland, fuhr dann mit einem Schiff weiter nach Harwich und bestieg – nach einer weiteren Zugfahrt – in London zum ersten Mal in ihrem Leben eine Untergrundbahn. Als sie endlich im Bahnhof Kings Cross ankam, wartete eine Mitarbeiterin von Woburn House auf sie. Die Dame gab Lisl etwas Obst, setzte sie in einen weiteren Zug und schärfte ihr ein, in Newcastle auszusteigen.[12] Bis zu diesem Zeitpunkt war Lisl in einer größeren Kindergruppe gereist, jetzt begleitete sie niemand mehr. Die Situation verängstigte sie. Im Zug geriet sie in Panik:

> Meine Mutter hatte mir ein deutsch-englisches Wörterbuch mitgegeben, aber ich verstand nicht, wo ich aussteigen sollte. Ich fing an zu weinen, und ein Mann, der mir gegenübersaß, ging den ganzen Zug ab und fragte alle Passagiere, ob sie Deutsch sprechen. Am Ende fand er eine alte Dame und einen Pfarrer, und die Dame verstand mich. Ich fragte sie: »Was ist Newcastle?«, und sie sagte: »Du wirst in einer Stunde in Newcastle sein.« Eigentlich wollte die Dame nach Edinburgh reisen, aber am Ende stiegen sie und der Pfarrer mit mir in Newcastle aus und fanden meine Abholerin.

Lisl wurde von Paula Sieber erwartet, und die beiden fuhren mit einem Taxi weiter nach Tynemouth: »Es war dunkel, und ich hatte furchtbare Angst. Als wir im Heim ankamen, standen acht Mädchen zwischen drei und neun Jahren am Eingang.«[13] Lisl war erleichtert, wieder andere Kinder zu sehen. Alice hatte ihre besten Kekse gebacken, um dem Mädchen die Angst zu nehmen. Es funktionierte, Lisl beruhigte sich nach einer Weile. Doch die Keksmethode half nicht bei allen. Peter Sieber berichtet, wie schwierig die ersten Wochen für die Neuankömmlinge waren: »Die älteren Kinder sagten anfangs kaum ein Wort, die jüngeren konnten nicht aufhören zu weinen. Alle wurden von Albträumen heimgesucht. Paula und Alice waren jede Nacht auf den Beinen, um sie zu beruhigen.«[14] Die Nächte waren hart, aber die Tage verliefen kaum besser. Alle Kinder warteten ununterbrochen auf Nachricht von ihren Eltern: »Der Besuch des Postboten wurde zu einem täglichen Ritual aus Hoffnung und Enttäuschung.«[15]

Am 29. August 1939, nur ein paar Tage nachdem das letzte Kind eingetroffen war, verkündete Hitler seine Gebietsforderungen an Polen. Großbritannien hatte der polnischen Regierung militärische Unterstützung zugesagt, und jeder ahnte, was dies bedeuten könnte. Im Heim lief seit dem 29. August ununterbrochen das Radio. Peter Sieber schrieb rückblickend: »Alice, Paula und die Kinder konnten vor Sorge nur noch wenig essen und kaum mehr schlafen.«[16]

Am 1. September überfiel Hitler Polen, und Großbritannien musste jetzt reagieren. Trotz der Anspannung versuchte Alice, im Heim einen Anflug von Normalität zu verbreiten. Lisls zehnter Geburtstag stand bevor, und Alice plante eine besondere Feier. In ihrem Kochbuch hatte sie ausführlich beschrieben, welche Torten, Eiscremesorten, Waffeln und belegte Brötchen ideal für Kindergeburtstage seien: »Gerade bei Sandwiches kann die Jugend ganz erstaunliche Leistungen vollbringen.« Sie hatte auch großen Wert auf die Dekoration gelegt: »Ein bunt und festlich gedeckter Tisch, ein kleines Geschenk für jedes Kind … und ein gut ausgedachtes Vergnügungsprogramm werden die Stimmung aufs Höchste steigen lassen.«[17]

Am Ende musste das Vergnügungsprogram ausfallen. Trotzdem erinnerten sich später alle an Lisls zehnten Geburtstag am 3. September 1939. Um 11.15 Uhr hielt Premierminister Chamberlain in der BBC eine kurze Ansprache, in der er erklärte, dass Hitler nicht auf das britische Ultimatum, seine Truppen aus Polen abzuziehen, reagiert habe. Daher befinde sich Großbritannien jetzt im Krieg mit Deutschland. Kurz darauf schrillten im ganzen Land die Sirenen. Es waren ohrenbetäubende Töne, an die man sich bald gewöhnen sollte. Lisls Erinnerung setzt mit den Sirenen ein:

> Der 3. September war ein Sonntag. Auf einmal gingen die Sirenen los, und ich sagte zu Ruth: »Oh, Musik zu meinem Geburtstag!« Und Ruth sagte: »Bist du blöd? Das sind Sirenen!« Ich hatte in Wien nie Sirenen gehört. Die Betreuerinnen riefen: »Mädchen, kommt zum Radio, der König wird gleich eine wichtige Erklärung abgeben. Und dann sagte Georg VI., dass England jetzt im Krieg sei.[18]

Es war eine Katastrophe für alle im Heim. Nur ein paar Eltern hatten es geschafft, nach England zu fliehen – die Väter von Lisl und Helga und die Mütter von Ilse und Edith.[19] Die Eltern der anderen Kinder sowie Alice' und Paulas Schwestern saßen jetzt in der Falle.

Im Heim veränderte sich nach Lisls Geburtstag einiges. Die

Briten rechneten anfangs mit einer deutschen Invasion, und die Angst davor erfasste auch Alice und Paula. Sie entsorgten alle deutschen Bücher und ordneten an, dass die Kinder ihre deutschen Briefe zerreißen sollten. Falls die Nazis kommen würden, dürfte nichts darauf hinweisen, dass man aus Deutschland und Österreich stammte. Es war eine exzentrische Überreaktion, denn wären tatsächlich Wehrmachtssoldaten in Newcastle aufgetaucht, hätte Paulas und Alice' starker Akzent sie kaum getäuscht (ganz zu schweigen von den wenigen englischen Wortbrocken der Kinder). In Großbritannien fürchtete man jedoch nicht nur Invasoren, sondern auch die Deutschen, die sich bereits im Land befanden. Jeder von ihnen konnte ein Spion sein. Alle Deutschen und Österreicher mussten damit rechnen, als »feindliche Ausländer« interniert zu werden. Alice selbst hatte keine Probleme, das Innenministerium stellte sie mit der Begründung frei, dass ihre zwei Söhne in Amerika lebten und sie ein »Anti-Nazi« sei.[20]

Lisl erinnerte sich noch Jahrzehnte später an die Panik dieser Tage: »Wir waren jetzt feindliche Ausländer, und die Betreuerinnen gaben uns die Anweisung, außerhalb des Hauses kein Deutsch mehr zu sprechen. Nur noch Englisch ... Jeden Nachmittag kam eine Dame zu uns und brachte uns Englisch bei.«[21]

Nicht jeder deutsche Flüchtling erhielt so intensiven Englischunterricht. Noch 1941 schrieb die Londoner Exilzeitung *Zeitspiegel* einen Preis für die besten Witze über »Refugee-Englisch« aus. Als Beispiel wurde dieser Wortwechsel angeführt, der ein wenig an die berühmte Dialogszene im Film *Casablanca* erinnert:

»›How much the cauliflower?‹

›Sevenpence.‹

›Such much? Too much! For sevenpence I can become a cauliflower round the corner!‹«[22]

Bei allem Humor wollte Alice auf keinen Fall, dass »ihre« Kinder so ein Englisch sprechen würden. Sie selbst machte zwar noch grammatikalische Fehler, besaß aber einen großen englischen Wortschatz. Sie bestand darauf, dass die Kinder nur ein paar Tage nach ihrer Ankunft sofort eine englische Schule besuchten. Was heute als »Immersionsmethode« gelehrt wird, das völlige Eintauchen in eine andere Sprache und Kultur, kannten damals nur wenige. Alice hatte dieses Konzept in ihrer Wiener Sprachschule kennengelernt, doch die Kinder taten sich damit schwer. Besonders Dasha, ein Mädchen aus der Tschechoslowakei, fühlte sich überfordert. Paula Sieber sprach zwar ein paar Worte Tschechisch, die anderen Kinder aber nicht. Jetzt musste Dasha über Nacht Englisch lernen, und keiner konnte ihr die neuen Wörter in ihre Muttersprache übersetzen. Auch Lisl war orientierungslos. An ihrem ersten Schultag in der Priory School in Tynemouth verstand sie kein einziges Wort:

> Die erste Stunde war Geometrie. Die Lehrerin kommt zu meinem Pult und sieht, dass ich nichts aufgeschrieben habe. Sie zieht mich am Ohr und stellt mich vor die ganze Klasse. Sie nimmt ihren Schlagstock und sagt: »Streck deine Hand aus!« Sie will gerade zuschlagen, als ein Mädchen aufsteht und sagt: »Die ist mit den anderen Kindern aus dem Heim gekommen.« Und die Lehrerin senkt ihren Schlagstock und fragt mich:
> »Wo wohnst du?«
> »55 Percy Park.«
> Sie umarmte mich, und später hat sie mir bei meinen Schulaufgaben geholfen.[23]

Alice wollte auf keinen Fall, dass ihre Schützlinge zu Außenseitern würden. Ihr Ziel war es, sie mit aller Kraft zu integrieren – und sie hatte Punkt 5 der Woburn-Informationsbroschüre verinnerlicht: »Der Engländer schätzt gute Manieren bedeutend höher ein als alle Zeichen von Reichtum. Sie werden bemerken, dass er für den kleinsten Dienst *Dankeschön* sagt.«[24] In diesem Sinne legte Alice größten Wert auf gute englische Manieren und korrekte Kleidung. Keinesfalls sollten die Kinder als verwahrlost wahrgenommen werden. Paula Sieber brachte ihnen bei, jedes Strumpfloch sofort zu stopfen, und besserte unentwegt Kleider aus. Für die damalige Zeit waren die Kinder immer tadellos angezogen.

Abgesehen vom Newcastle-Komitee besuchten auch offizielle jüdische Hilfsorganisationen die Mädchen und legten Akten über sie an, die seit 2018 zugänglich sind.[25] Die Akten geben zum Beispiel Aufschluss darüber, wie oft die Kinder über ihren gesundheitlichen und mentalen Zustand befragt wurden. Die Akte von Margot (geb. 1924) reicht bis ins Jahr 1947. Ihr Vater war Metzger in Frankfurt, die Mutter Hausfrau. 1939 kam Margot in Alice' und Paulas Kinderheim. Ihr Gesundheitszustand wurde als gut bewertet, aber sie war anämisch und musste bestimmte Aufbaumittel trinken. Da sie das älteste Mädchen im Heim war und sich nach Gleichaltrigen sehnte, wurde vereinbart, dass sie anderen Flüchtlingsmädchen aus Danzig vorgestellt werden sollte. Im Laufe der Jahre nahmen Alice und Paula mehrmals mit dem Jewish Refugees Committee Kontakt auf, um die Probleme einzelner Kinder zu lösen. Zugleich mussten sie um das schiere Überleben des Heims kämpfen.

Der Winter 1939/40 war schrecklich kalt. In dem alten Haus in Tynemouth platzten die Rohre, und das ganze Heim wurde überschwemmt: »Frau Urbach und Frau Sieber taten alles, um mit uns Kindern das Wasser aus dem Haus zu bekommen«, schrieb Ruth später, »aber es wurde bald klar, dass wir dort nicht bleiben konnten.«[26] Ohne Heizung und fließend Wasser mussten die Kinder bei Privatfamilien in der Umgebung untergebracht werden. Ruth war dort so unglücklich, dass sie nach ein paar Tagen zu Alice und Paula zurücklief. Die beiden Betreuerinnen nahmen sie auf und schafften es schließlich, das Haus wieder beheizbar zu machen. Auch alle anderen Mädchen konnten jetzt zurückkehren, doch die harten Wetterbedingungen führten zu einem weiteren Problem. Die Kinder bekamen Keuchhusten und Grippe. Um die Ansteckungsgefahr zu verringern, legten die Betreuerinnen von nun an den größten Wert auf Hygiene. Schon in ihrem Kochbuch hatte Alice geschrieben: »Die ganze Tätigkeit der Hausfrau ist auf die Bekämpfung von drei Feinden gerichtet: Hunger, Kälte und Schmutz.«[27] Der Kampf gegen Schmutz erwies sich jedoch keineswegs als einfach. Alle Reinlichkeit konnte nicht verhindern, dass die Kinder Läuse aus der Schule nach Hause brachten. Unter großen Protesten mussten sie es ertragen, dass man ihnen kurze Jungenhaarschnitte verpasste.

Die Läuse waren lästig, aber wirklich gefährlich wurde die Situation, als ein Mädchen sich mit Diphtherie ansteckte, und bald darauf das halbe Heim im Krankenhaus landete.[28] Dank ihrer Ehe mit einem Arzt war Alice in der Lage, Krankheiten schnell zu erkennen. Max war zwar ein lausiger Ehemann gewesen, aber er hatte seiner Frau medizinisches Basiswissen vermittelt. Diese Expertise war jetzt gefragt. Nachdem die Diphtherie überstanden war, konnte Alice außerdem eines der Mädchen vor einem Blinddarmdurchbruch retten.[29]

Sie musste in dieser Zeit öfters den Krankenwagen rufen, aber schwerer zu diagnostizieren als Bauchschmerzen waren die emotionalen Probleme der Kinder. Alice' Kompass im Labyrinth der Kindererziehung wurden die Theorien ihrer ehemaligen Kochschülerin Anna Freud. 1936 hatte Anna Freud einen Kindergarten für Wiener Arbeiterkinder gegründet. Ihr Timing stellte sich als ausgesprochen schlecht heraus. Nach dem »Anschluss« musste sie mit ihrem Vater nach London fliehen und wieder von vorne anfangen. Sie baute eine neue Einrichtung auf: die Hampstead War Nurseries. Hier wurden Kinder von alleinerziehenden Müttern aus dem Londoner East End aufgenommen.[30] Nach Ausbruch des Krieges gehörte Anna Freud außerdem zu den Experten, die darüber berieten, wie man Kinder aus bombardierten Städten am besten aufs Land evakuieren könne. Sollte man sie in Pflegefamilien oder in Heimen unterbringen? Freuds Meinung dazu war eindeutig. Sie lehnte es ab, Kinder »wie Soldaten zu behandeln, die man einfach zwangsweise in fremde Familien einquartiert«.[31] Ihrer Ansicht nach sollten die Jungen und Mädchen schulgruppenweise und nach Alter getrennt untergebracht werden. Alice und Paula befolgten diesen Vorschlag und teilten »ihre« Kinder in drei Gruppen auf: die Kleinen, die Mittleren und die Großen.

Ein weiterer Vorteil der Gruppenunterbringung war laut Freud das bessere Essverhalten der Kinder. Essstörungen hatte sie in ihrer War Nursery nicht beobachten können, während diese innerhalb von Familien ihrer Einschätzung nach häufiger vorkamen. Etwas Ähnliches erlebte auch Alice. In ihrem Heim entwickelten einige Kinder später Neurosen, Essstörungen tauchten jedoch nie auf.[32] Schon in ihrem Kochbuch hatte Alice beschrieben, wie wichtig es war, gemeinsam zu essen: »Ist doch die Mahlzeit oft die einzige Gelegenheit, bei der sich alle Familienmitglieder treffen, und es sollte diese kurze Zeit für die Familie ein Ruhepunkt im Tageslauf sein.«[33]

Besonderes Gewicht legte Alice auf das Frühstück. Jeden Morgen servierte sie den Kindern Schweizer Müsli, eine Spezialität, die damals in England noch unbekannt war:[34]

> Es ist außerordentlich wichtig, dass die Kinder genügend Zeit zum Frühstück haben, sodass sie nicht in ihrer Angst, zu spät zu kommen, ohne Frühstück davonlaufen. Viele Fälle der sogenannten Schulnervosität, [bei der] die Kinder das zu hastig genossene Frühstück erbrechen oder sich weigern, ein solches zu sich zu nehmen, könnten vermieden werden, wenn die Kinder genügend Ruhe und Zeit für diese erste wichtige Mahlzeit hätten.[35]

Der Aga-Herd, an dem Alice arbeitete, wurde zum Mittelpunkt des Hauses und bekam sogar einen eigenen Spitznamen – »Jo«. Für die Mädchen wurde Jo zu einem weiteren Familienmitglied, und sie sammelten Holz, um ihn am Laufen zu halten. Alice stand täglich viele Stunden am »Jo« und sah es gern, dass die älteren Kinder sich für das Kochen interessierten. Einmal im Monat durften einige Mädchen beim Kochen helfen. Lisl hatte besonderes Glück, sie erwischte einen Donnerstag, und an diesem Wochentag wurde Hefekuchen gebacken. Bis heute backt Lisl donnerstags ihren Hefekuchen.

Gemeinsames Kochen und Essen waren also wichtig. Eine weitere Erziehungsregel Anna Freuds, die Alice und Paula übernahmen, war es, die Eltern so gut wie möglich miteinzubeziehen. Freud hatte in ihren Untersuchungen festgestellt, dass Heimkinder, die von ihren Müttern häufig besucht wurden, ausgeglichener waren als andere. Im Krieg arbeiteten viele dieser Mütter lange Schichten in Fabriken, aber Freud ermunterte sie trotzdem, möglichst oft vorbeizukommen. Sie unternahm auch große Anstrengungen, männliche Rollenvorbilder für die Kinder zu finden. Da die Väter zur Armee eingezogen worden waren oder die Familie aus anderen Gründen verlassen hatten, überredete Anna Freud die Luftschutzwarte und andere Männer aus ihrer Umgebung, Zeit mit den Kindern zu verbringen.[36]

Alice versuchte etwas Ähnliches. Vier der Heimkinder hatten Eltern, die in England lebten. Lisls Vater diente im Royal Pioneer Corps, und Alice lud ihn ein, so oft wie möglich im Heim zu essen. Lisl war stolz auf ihn: »Mein Vater sagte zu mir: Schreibe all die Namen der Mädchen auf und was sie sich zum Geburtstag wünschen. Also schrieb ich: Inga mag Haarschleifen und Margot malt gerne, und dann brachte er allen 20 Mädchen Geschenke.«[37]

Auch Helgas Vater wurde in den Alltag der Kinder miteinbezogen. Als ein nahe gelegenes Hotel einen Koch suchte, bewarb er sich. Obwohl er nie in seinem Leben gekocht hatte, schaffte Alice es, ihn mit einem Schnellkurs perfekt auf das Vorstellungsgespräch vorzubereiten. Er bekam die Stelle und konnte seine Besuche bei den Kindern fortsetzen.[38] Ilses Mutter Margarethe versuchte ebenfalls, den Kontakt mit ihrer Tochter aufrechtzuerhalten. In Wien hatte sie einen von Alice' Kochkursen besucht, und das lohnte sich für sie in jeder Hinsicht. Ihrer Enkelin würde sie später erzählen, sie habe wegen ihres Gebäcks überlebt. Tatsächlich bekam sie eine Dienstbotenstelle bei der reichen Familie Shand Kydd auf Hayling Island, wo sie den Krieg über erfolgreich Kekse backte.[39]

Die Erwachsenen versuchten also trotz der widrigen Umstände, den Kindern zumindest ansatzweise ein Gefühl von Stabilität zu vermitteln. Dazu gehörte auch der Entschluss, einen anderen Ort für das Kinderheim zu finden.

Newcastle liegt im Nordosten Englands. In dieser Gegend

befanden sich kriegswichtige Industrieanlagen, die im Sommer 1940 zum Ziel der deutschen Luftwaffe wurden. Die Sirenen heulten nun jede Nacht. Eines der jüngeren Heimkinder, Lore, erinnerte sich später, wie sie immer wieder im Halbschlaf in den Luftschutzkeller getragen wurde. Zwischen Juli 1940 und Dezember 1941 wurden 400 Zivilisten im »Blitz von Newcastle« getötet. Alice, Paula und das jüdische Komitee entschieden, das ganze Heim nach Windermere im Lake District zu evakuieren. Ihre neue Anschrift erinnert ein wenig an die berühmte Adresse von Pu dem Bären: Statt »100 Acre Wood« lautete sie »Southwood, The Wood, Windermere«.

Es gibt in Großbritannien wohl kaum unterschiedlichere Gegenden als die Industriestadt Newcastle und die Ortschaft Windermere im Lake District. Der Lake District ist für Briten bis heute ein Ferienparadies, in dem man wandert, die wunderschönen Seen fotografiert und sich bei der Lektüre der Lake-Dichter in das 19. Jahrhundert zurückversetzen lässt. Die Heimkinder kannten zwar nicht die Gedichte von William Wordsworth und Samuel Taylor Coleridge, aber sie kannten Pu den Bären. Für sie spielte es keine Rolle, dass Pu und Christopher Robin in einem Wald in Sussex lebten, sie glaubten, dass ihr Windermere-Wald mit dem von Pu identisch war. In Windermere heulten keine Sirenen, und das Haus, in dem sie jetzt wohnten, glich ein wenig Christopher Robins Zuhause: Es war eine große, verwunschene Villa nahe am Wald. Vor dem Eingang blühten Rhododendronbüsche, und alle Schlafzimmerfenster gaben den Blick frei auf einen großen Garten, durch den ein kleiner Bach floss. 80 Jahre später beschreibt Lisl das Haus noch immer mit einem gewissen Besitzerstolz: »Wir hatten eine große Veranda, und im Parterre waren ein Esszimmer und ein Wohnzimmer, in dem wir unsere Hausaufgaben machten. Im ersten Stock befanden sich die Schlafzimmer, wir hatten unser eigenes Bett und einen eigenen Tisch.«[40]

Die Kinder erforschten sofort die Umgebung und unternahmen Spaziergänge und Schwimmausflüge (was nicht alle Mädchen genossen – Ruth beschrieb, wie sie im Lake Windermere beinahe ertrunken wäre). Die filmbegeisterte Paula Sieber sorgte dafür, dass sie alle, sooft sie wollten, ins örtliche Kino gehen durften. Tagsüber besuchten sie die nahegelegene St. Mary's Church School, für die man keine Gebühren bezahlen musste. »Dort gingen wir in den ersten Jahren hin«, erzählt Lisl, »doch als wir älter wurden, kam das Komitee und sagte zu uns: ›Wir wissen nicht, wo eure Eltern sind und wie lange der Krieg noch dauern wird. Wir haben nicht genug Geld, um euch eine höhere Schule zu finanzieren. Denkt jetzt schon darüber nach, was für eine Lehre ihr machen wollt.‹«[41]

Es war zu erwarten gewesen. Bereits die Woburner Informationsbroschüre hatte allen Emigrantenfamilien geraten, »Knaben für die Landwirtschaft und Handwerk, Mädchen für Krankenpflege und Haushalt auszubilden … Erwarten Sie nicht, dass diese jungen Leute zu Ärzten … oder Anwälten ausgebildet werden. Für den gegenwärtigen Bedarf gibt es bereits viel zu viele Akademiker unter den Flüchtlingen.«[42] Für die Heimkinder in Windermere war es eine schreckliche Enttäuschung, nicht weiter zur Schule gehen zu dürfen. Einige von ihnen kamen aus bildungsbürgerlichen Familien. Unter normalen Umständen wären sie aufs Gymnasium gegangen, doch in Großbritannien war der Schulbesuch nur bis zum 14. Lebensjahr kostenlos. 1938 verließen daher 80 Prozent aller englischen Kinder zu diesem Zeitpunkt die Schule, und nur eines von hundert konnte – dank Privatschulen oder Stipendien – ein Universitätsstudium antre-

Die Flüchtlingskinder in Windermere, Lisl Scherzer steht in der letzten Reihe, Zweite von rechts

ten. Zwar wurde 1944 ein neuer Gesetzentwurf eingebracht, der kostenlose Bildung bis zum 18. Lebensjahr vorsah, doch dieses Gesetz wurde erst nach dem Krieg umgesetzt, sodass die Flüchtlingskinder nicht mehr davon profitierten. Die meisten mussten wie die Mehrheit ihrer britischen Altersgenossen von der Schule abgehen.

Einige Mädchen, wie Ruth, fanden Verwandte, die ihre weiteren Schulgebühren finanzierten. Elfi und Lisl hatten dieses Glück nicht, sie begannen eine Lehre. Während Elfi darunter litt, freute sich Lisl darauf, einen praktischen Beruf zu erlernen. Sie hatte von Paula nähen gelernt und wollte Modistin werden. Alice, die den Mädchen immer wieder gepredigt hatte, sich im Unterricht anzustrengen, war entsetzt über das frühe Ende ihrer Schullaufbahn. Sie hatte sich Anfang der 30er-Jahre in der österreichischen Frauenpartei für Frauenrechte engagiert und würde es zeitlebens bereuen, nicht auf der Universität gewesen zu sein. Sie bewunderte Frauen wie ihre Schwester Helene, die studiert hatte, und natürlich Cordelia, Ottos Freundin vom Reed College. Und jetzt mussten »ihre« Kinder, statt Fremdsprachen und Mathematik zu lernen, zu Lehrstellen nach Windermere radeln. Alice wusste mittlerweile sehr gut, wie sich ein Leben in schlecht bezahlten Jobs anfühlte. 1941 war sie 55 Jahre alt geworden, und die physischen Anstrengungen der letzten Zeit konnte man ihr ansehen. Die Hausarbeit und die große Verantwortung hatten sie altern lassen. Ihre blonden Haare waren schlohweiß geworden, und obwohl sie sich nach außen hin immer noch energiegeladen gab, fühlte sie sich ausgelaugt. Sie dachte ununterbrochen an Wien und ihr altes Leben.

Heimweh erfasste alle im Haus, und die Kinder litten am meisten darunter. Mit jedem Kriegsjahr wurde die Wahrscheinlichkeit, dass sie ihre Eltern wiedersehen würden, geringer. Alice und Paula glaubten, dass man diesen Ängsten am besten mit Verdrängung begegnete, doch das sollte sich als Trugschluss erweisen. In den Kriegsjahren tauchten bei den Mädchen plötzlich besorgniserregende Verhaltensweisen auf. Es fing mit Marion an. Sie gehörte zu den älteren Kindern der Gruppe und war schwer traumatisiert im Heim angekommen. Wenn man ihr eine Frage stellte, verstummte sie häufig mitten im Satz und wirkte wie weggetreten. Alice schloss daraus, sie leide unter »petit mal«. So bezeichnete man damals Absencen, die bei Epileptikern auftreten. Paula und Alice wussten nicht, wie sie Marion helfen konnten, und waren erleichtert, als das Mädchen Interesse an einem Sekretärinnenkurs zeigte. Um sich besser konzentrieren zu können, durfte sie jeden Nachmittag allein in Paula Siebers Büro arbeiten. Nach ein paar Tagen fiel Paula auf, dass nach Marions Besuchen Geld im Büro fehlte. Da es zu diesem Zeitpunkt noch andere Diebstähle im Haus gab, wurde Marion zur Rede gestellt. Sie gab zu, das Geld gestohlen zu haben. Auf die Frage, was sie damit gemacht habe, antwortete sie nur, sie habe es verbrannt. So bizarr das klang, die Betreuerinnen glaubten ihr. Sie wussten, dass Marion sich nicht bereichern wollte, sondern schwer traumatisiert war. Alice beschäftigte diese Geschichte noch in den 70er-Jahren:

> Einige meiner Schützlinge waren erst vier Jahre alt und mussten ohne Eltern leben, die sie nie wiedersehen würden, weil diese armen Menschen von den Nazis umgebracht wurden. Ohne ihre Eltern, um die sie trauerten, ohne ihr Zuhause und andere Sicherheiten tauchten alle möglichen Probleme und Schwindeleien auf. Die meisten Kinder verhielten sich normal, solange sie Briefe von ihren Eltern erhielten. In den letzten Briefen hieß es meist, ›Mama und Papa müssen jetzt auf eine längere Reise

gehen‹, und dann hörten die Briefe auf. Von da an entwickelten die Mädchen viele neurotische Verhaltensweisen. Ein Mädchen, das schüchtern war, fing mit acht Jahren an, ins Bett zu machen … Ein anderes nettes, gut erzogenes Mädchen [Marion] wurde mit 15 Jahren plötzlich zu einer Diebin und stahl alles, was ihr unterkam – Geld, Seife, Briefpapier.

Über Marions Diebstähle hatten sich bereits mehrere Kinder beschwert.[43] Die Betreuerinnen mussten jetzt etwas unternehmen. Sie kontaktierten den örtlichen Arzt. Auf seinen Rat hin wurde Marion zur psychiatrischen Behandlung geschickt. Ihre Akte zeigt, dass ihre »Ausfälle« 1943 verschwanden und sie – zu Alice' großer Begeisterung – eine Ausbildung als Krankenschwester beginnen konnte. 1944 erhielt Marion einen britischen Pass, und nach dem Krieg wanderte sie nach Australien aus, wo sie weiterhin als Krankenschwester arbeitete.[44]

Anna Freud stellte bei ihren Forschungen fest, dass es bei den älteren Kindern häufig zu einer »Idealisierung der verlorenen Eltern [kam] was zu Schwierigkeiten bei der Erziehung führte«. Freud betonte, wie wichtig es für Kinder in der Pubertät war, Eltern zu haben, gegen die man auch kämpfen konnte.[45] Die jüngeren Flüchtlingskinder verarbeiteten ihre Trennungstraumata auf andere Weise. Ein solcher Fall beschäftigte Alice und Paula. Lore, geboren 1933, und ihr Bruder Walter, geboren 1927, stammten aus einer Anwaltsfamilie in Königsberg. Sie hatten einen Onkel in London, der sie nicht bei sich aufnehmen konnte. Lore litt unter Heimweh, erhielt jedoch anfangs noch Rotkreuzbriefe von ihren Eltern. Jahre nach dem Krieg beschrieb sie, wie sie in Windermere oft Wutausbrüche bekam und ins Bett geschickt wurde, wo sie sich in den Schlaf weinte. Bei den geringsten Anlässen habe sie geweint und sich dann mit ihrer Puppe in eine Spielwelt zurückgezogen. Als 1942 keine Rotkreuzkarten mehr eintrafen, verschlechterte sich ihr psychischer Zustand rapide.[46] Das Bettnässen begann.

Alice und Paula probierten alle damals üblichen Methoden aus, um ihr das Bettnässen abzugewöhnen. Sie gaben Lore abends nichts mehr zu trinken und weckten das Mädchen nachts auf, damit es zur Toilette ging. Alice, Paula und andere Kinder wuschen mit ihr die Laken. Als die Lage sich dennoch nicht besserte, beschloss Alice, Anna Freud um Hilfe zu bitten. In den 70er-Jahren erzählte sie über diesen Besuch: »Anna [Freud] habe ich [wieder]getroffen in England mit einem unserer Mäderln. Sie war ein scheues Kind, sie hat ihren sechsten Geburtstag bei uns gefeiert. Ich bin mit ihr nach London gefahren, und sie haben sie ausgefragt, ob es ihr denn im Heim nicht gefalle, ob sie woanders hin möchte. Nichts hat geholfen.«

Paula und Alice waren mit dem Problem überfordert und konnten es nicht lösen. Trotzdem wollte Lore nach dem Krieg das Heim nicht verlassen. Das jüdische Komitee konnte jedoch Verwandte in Neuseeland ausfindig machen und zahlte Lore und ihrem Bruder Walter die Überfahrt. Aus Neuseeland schrieb Lore weiterhin Briefe an Alice und erwähnte eines Tages, sie habe bei einer Schulfreundin übernachtet. Alice verstand sofort, was das bedeutete, und fragte, ob denn »das Problem« jetzt vorbei sei. Lore antwortete: »Ja, mir geht es jetzt gut.« Für Alice muss diese Nachricht eine enorme Erleichterung gewesen sein. Noch in den 1970er-Jahren erzählte sie voller Stolz, dass alle Mädchen später ein normales Leben begannen: »Sie waren alle gut in der Schule und sind jetzt verheiratet. Sie schicken mir Bilder ihrer Kinder, einige leben in New York, und ich besuche sie. Ich fühle mich wie eine ›Ehrengroßmutter‹.«[47]

Alice hob die Briefe und Fotos ein Leben lang auf. Ein Bild zeigt Elfi und Ruth, es trägt die Widmung »Zur freundlichen Erinnerung an Ihre stets dankbaren Elfi und Ruth.«[48] Auf die Rückseite eines Fotos, das Alice Elfi schenkte, schrieb Alice im August 1940: »In der Hoffnung, dass du dich an mich erinnern wirst, wie ich mich immer an dich erinnern werde. Deine Alice Urbach«.[49]

In den 1990er-Jahren schickte Peter Sieber an alle noch lebenden Kinder einen Fragebogen über ihre Zeit im Kinderheim. Die Mehrzahl der befragten Kinder fanden, Alice und Paula hätten unter schwierigen Verhältnissen ihr Bestes gegeben, zwei beurteilten die Betreuerinnen kritisch.[50]

Für ihr Buch *Die Entwurzelten* verschickte Dorit Whiteman ebenfalls Fragebögen. Sie gingen an eine sehr viel größere Interviewgruppe, die sowohl Kinder befragte, die in Pflegefamilien gelebt hatten, als auch solche in Heimen. Whiteman stieß dabei auf drei Windermere-Kinder. Ein Kind erwähnte Alice und Paula nur in einem Nebensatz (»Sie waren in Ordnung«), ein anderes schrieb: ›Ich mochte keine von beiden. Die Köchin war dick und rundlich, die andere sehr streng.« Das dritte Kind hingegen empfand große Zuneigung für Alice: »Ich liebte sie heiß. Ich blieb bis zu ihrem Tod mit ihr in Verbindung. Mein Mann und ich besuchten sie 1979 … Ich besitze ihr Buch *So kocht man in Wien*. Es gehört zu meinen Schätzen, wie auch ihre letzten Briefe an mich.« Dorit Whiteman erkannte sofort um wen es sich bei der rundlichen Köchin handelte: »Es war Tante Alice, eine entfernte Großtante von mir. Ich hatte keine Ahnung gehabt, daß sie je Hausmutter in England gewesen war. Ich erinnere mich noch an einen ihrer Besuche an einem heißen Julitag in New York, als sie bereits über achtzig Jahre alt war. Sie kam, um mich in der Kunst des Keksbackens zu unterweisen. Sie backte den ganzen Tag, während eine meiner Freundinnen und ich nach nur drei Stunden in der dampfigen Küche schlapp machten; Tante Alice machte noch drei Stunden weiter. … Natürlich kann es sein, daß die Beschreibungen von Tante Alice von allen drei ehemaligen Flüchtlingskindern stimmen. Vielleicht sagte ihre lebhafte Art nicht jedermann zu. Vielleicht verstand sie sich mit einer bestimmten Art von Kind besser als mit anderen. Vielleicht wußte sie nicht, wie sie auf die spezifischen Probleme eines Kindes eingehen sollte. Die unterschiedliche Beschreibung ihrer Person zeigt, welch unterschiedliche Wirkung ein und dieselbe Person auf verschiedene Menschen haben kann.«[51]

Zur Erinnerung schenkten die Betreuerinnen den Kindern dieses Foto von sich (links Alice, rechts Paula Sieber)

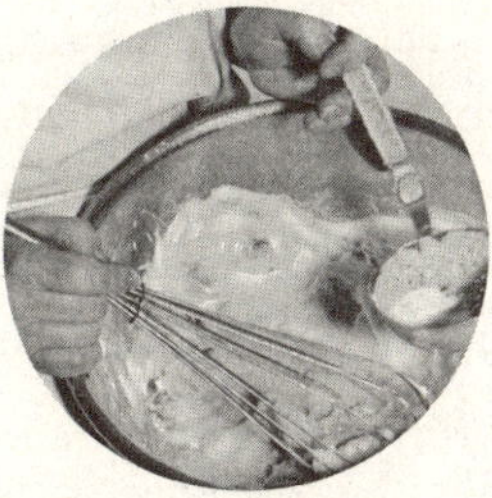

Der glücklose Felix

»Regnen – das können sie!«
anonymer Emigrant[1]

Wie Alice hatte auch Felix einen rasanten Abstieg hinter sich. Nach den Misshandlungen in Wiener Gefängnissen war er im Mai 1939 endlich in England angekommen. Alice brachte ihn nahe dem Kinderheim unter: 78 Oakwood, Blackhill, Newcastle.[2] Das Haus gehörte der Religionsgemeinschaft der Quäker, die bereits die Kindertransporte unterstützt hatten und sich auch für erwachsene Juden engagierten.

Die geteilten Fluchterfahrungen brachten Felix und Alice 1939 näher zusammen. Schon als Kinder hatten sie versucht, ihre Minderwertigkeitsgefühle gemeinsam zu bekämpfen. Felix beschrieb, wie sie unter dem übermächtigen Vater gelitten hatten: »Der Vater war streng, hart und messerscharf gescheit, die Mutter zart, sentimental und romantisch … Manchmal, wenn ich so einen Konflikt in mir selbst auszutragen habe, denke ich: Jetzt zankt sich mein Vater mit meiner Mutter. Es war das strengste, gutbürgerliche Milieu, das [man] sich vorstellen kann.«[3]

Wie Alice' Heirat war auch Felix' Karriere vom Vater arrangiert worden. Nach einer Handelsausbildung in Hamburg und

London musste Felix, der eigentlich Sprachen studieren wollte, im Familienunternehmen in Kairo arbeiten.[4] Im Ersten Weltkrieg verbrachte er vier Jahre fast ohne Fronturlaub im Kampfeinsatz. Erst der Tod seines Vaters 1920 und der Niedergang der Mayer'schen Firma befreiten ihn. Zum ersten Mal konnte Felix selbst bestimmen, wie er leben wollte. Er heiratete 1922 eine junge Wienerin namens Helene Pollatschek, und als fünf Jahre später der gemeinsame Sohn Thomas zur Welt kam, war Felix zum ersten Mal glücklich.[5] Er arbeitete zwar immer noch für eine Handelsfirma, aber nebenbei schrieb er Gedichte und Rätselbücher. Da all seine Manuskripte in der Pogromnacht 1938 zerstört wurden, konnte Alice sich später nur noch an ein paar der Rätsel erinnern: »Wenn ich verschwinde, wird gehasst, geliebt, es gibt Frieden, es gibt Krieg, es gibt alles, was es auf der Welt gibt. Wenn ich erscheine, ist alles aus. Du glaubst, ich bin ein Phantom, ein Traum, oh nein, du kannst mich berühren, ich bin Wirklichkeit. Wer bin ich?«[6] Die Antwort lautet: der Theatervorhang.

In der Pogromnacht verschwanden nicht nur die Manuskripte, sondern auch die große Bibliothek, die Felix von seinem Vater geerbt hatte, darunter waren zahlreiche Erstausgaben. Nur eins dieser gestohlenen Bücher konnte bisher in der Bibliothek der Wirtschaftsuniversität Wien gefunden werden.[7]

Felix war dankbar, 1939 in Newcastle Zuflucht zu finden, aber er konnte nicht aufhören, an seine Frau Helene zu denken, die in Wien zurückgeblieben war. Die Vorstellung, dass er sie alleingelassen hatte, quälte ihn permanent. Er versuchte, sich damit zu beruhigen, dass er in England wenigstens seinen 12-jährigen Sohn Thomas sehen konnte, der ein Internat besuchte.[8] Das Schulgeld aufzubringen war schwierig. Felix fand in England keine Arbeit und konnte nur überleben, weil Alice und die Quäker ihn finanziell unterstützten. 1939 war er 55 Jahre alt geworden, und nichts erinnerte mehr an sein altes Wiener Leben. Alice ahnte, dass der soziale Abstieg für einen sensiblen Mann wie Felix noch härter zu ertragen war als für sie, die immerhin noch ein Einkommen hatte. Wann immer sie für ein paar Stunden das Kinderheim verlassen konnte, versuchte sie, ihren Bruder mit Anekdoten aufzuheitern. Aber im Mai 1940 reichte das nicht mehr. In diesem Monat änderte sich Felix' Leben ein weiteres Mal. Er verarbeitete die Ereignisse später in einem Romanfragment, das er nie veröffentlichte. Bis auf die Namen der Figuren veränderte er im Kapitel über das Jahr 1940 kaum etwas. Aus Felix Mayer wurde »Georg Bauer«. Was Bauer erlebte, erlebte 1940 auch Felix:

> Das erste Drittel des Monats war arg verregnet gewesen. Aber heute, am 10. Mai 1940, schien die Sonne schon am frühen Morgen. Es war noch zeitig, und es tropfte noch von allen Blättern im großen Garten hinter dem geräumigen Haus in Gateshead, das als ein Heim für Refugees von den Quäkern unterhalten wurde. Im Haus schlief noch alles. Da fuhren plötzlich 2 Polizeiautos vor, denen eine Anzahl Polizisten entstieg. [Sie] drangen ins Haus ein und weckten die schlaftrunkenen Bewohner … In einem Zimmer im ersten Stock schliefen drei der Refugees, ein Mann mittleren Alters aus Wien, ein alter früherer Gymnasiallehrer aus Prag und ein junger Mensch aus Hannover. Sie kleideten sich rasch … an und gingen hinunter. Als der erste von ihnen den Raum betrat, sagte einer der Polizisten: »Sie stehen unter Arrest.«[9]
> Der Angesprochene, es war der Wiener, sein Name war Georg Bauer, zuckte die Achseln; er war weit entfernt davon, die ganze Angelegenheit als irgendwie ernst anzusehen.

Bald waren alle Bewohner – es waren etwa zwei Dutzend – versammelt. Der Polizei-Sergeant sagte ihnen in wenigen kurzen Worten (er schien verlegen, und die ganze Sache war offenbar nicht nach seinem Geschmack), sie müssten die notwendigen Dinge in einen kleinen Koffer, den sie tragen konnten, packen, denn sie alle würden nun abtransportiert werden. Sie hätten 15 Minuten Zeit. Fragen, die ihm gestellt wurden, beantwortete er nicht. Er meinte nur, sie würden alles noch rechtzeitig erfahren. Halb betäubt von der unerwarteten Wendung in ihrem Schicksal, wohl auch noch etwas schlaftrunken, machten sich alle eiligst ans Packen. Inzwischen waren auch einige Damen des Komitees, welches das Heim gegründet hatte, erschienen … Sie sagten den Verhafteten, … sie wären überzeugt, dass sie alle Freunde Englands und keine Nazis wären und dass sie hofften, sie alle bald wieder zu sehen. Und sie drückten jedem etwas Geld für kleine Ausgaben in die Hand. Und dann wurden alle in die Autos verladen und fuhren ab. Zuerst ging es auf die Polizeistation; dort wurde mit jedem ein kurzes Verhör aufgenommen, und jeder musste den Inhalt seiner Taschen auf den Tisch legen. Bauer machte aus seinen Sachen zwei Häufchen, Taschenmesser, Streichhölzer und Rasierklingen bildeten das eine, die übrigen Sachen das andere. Das erste schob er dem Polizisten zu.
»Woher wussten Sie das?« fragte er lächelnd.
»Ich bin ein alter Knastbruder«, antwortete Bauer, gleichfalls lächelnd.«[10]

Seit dem Novemberpogrom kannte Felix sich tatsächlich gut mit der »Gefängnis-Etikette« aus. Dieses Mal gab es jedoch einen erheblichen Unterschied. Er war in England kein Häftling, sondern ein »Internierter«, und niemand drohte ihn umzubringen.

Trotzdem war die Situation alles andere als angenehm. Nicht nur Felix war verhaftet worden, auch Paula Siebers 19-jähriger Sohn Peter. Felix und Peter gehörten zu den etwa 30 000 Österreichern und Deutschen, die im Mai und Juni 1940 von den Briten als feindliche Ausländer (enemy aliens) interniert wurden. Für Alice und Paula bedeuteten diese Verhaftungen eine weitere psychische Belastung, und es dauerte lange, bis sie erfuhren, wie es den beiden Männern ging.[11]

Jüngere Internierte kamen in der Regel besser mit der Situation zurecht als die älteren Männer. Der 22-jährige Bonvivant Franz Marischka beschrieb seine Erfahrungen als unterhaltsames Abenteuer. Er nahm sein Akkordeon mit und sang zur Begeisterung der anderen Internierten seine Lieblingslieder: »Wien, Wien, nur du allein« und »Ja, das Studium der Weiber ist schwer«.[12] (Als Enkel des Librettisten Viktor Léon wusste er, was er sang.) Der mittlerweile 56-jährige Felix nahm die Internierung weniger gelassen. Sein Alter Ego Georg Bauer

> ging stundenlang im Saale auf und ab, immer die ganze Länge. Er konnte es nicht fassen, dass die Engländer, diese ruhigen, vernünftigen, wohlmeinenden Leute, mit einem Male zu so einer drastischen, ungerechten und ungerechtfertigten Maßnahme gegriffen hatten. »Drei Mal haben mich die Nazis eingesperrt und jetzt die Engländer«, dachte er. »Erkennen sie denn nicht, dass ich ihr Freund bin? Es ist ein Vertrauensbruch.«[13] Und er konnte sich nicht beruhigen. Es machte ihn, so wie auch alle anderen, nervös und unruhig, dass sie keine Zeitungen zu Gesicht bekommen durften und daher ganz im Unklaren waren, was in der Welt vorging. Sie wussten, dass die Deutschen in den Niederlanden und Belgien eingefallen waren, [aber] was war nun in diesen letzten Tagen geschehen? Es ist

> doch unsere Sache, genau so wie der Engländer. Mehr noch. Findet sich denn niemand, der das alles dem blöden Home Office [Innenministerium] klarmacht? So dachten alle …
> Gerüchte gab es genug … Einmal kam Rosenfeld zu Bauer und erzählte ihm, er hätte von einem englischen Freund ein Paket bekommen. In diesem Paket waren ein paar Schuhe gewesen, und die waren mit einer alten Zeitung ausgestopft … Es wäre ein Exemplar der Daily Mail gewesen mit dem Titel »Intern the lot!«[14] [Sperrt sie alle ein!]
> Jetzt verstand Bauer, was vorgegangen war, und dachte: »Ein klarer Fall von Massenhysterie. Ganz unenglisch. Na ja, es ist eben Krieg …«[15]

Wie aufgeheizt die Stimmung tatsächlich war, erlebte Felix/Bauer, als er mit anderen Internierten nach Liverpool verlegt wurde:

> Es hieß aussteigen, in Reihen antreten, da waren auch schon wieder die Bajonette und es ging los. Der Zug [von Internierten] erregte natürlich großes Aufsehen. Das Publikum musste wegen der Bajonette, annehmen, dass sie alle … gefährliche Saboteure wären, und benahm sich dementsprechend. Laute Rufe und Verwünschungen wurden ausgestoßen, Gassenjungen liefen johlend neben den Internierten her, und es fehlte nicht viel, so wären Ziegelsteine geflogen. Das Ganze erinnerte an einen römischen Triumphzug. Sie wurden nicht direkt, sondern auf Umwegen durch die Stadt geführt, man wollte offenbar dem Publikum etwas bieten. Nach etwa einer Stunde erreichten sie ihr Ziel, das auf dem direkten Wege nur etwas 15 Minuten gedauert hätte. Sie marschierten in eine große Halle, anscheinend eine Art Speicher. Bauer näherte sich dem netten Offizier …

»Entschuldigen Sie, Sir, aber was wir eben erlebt haben, war das unenglischste Benehmen, das ich je gesehen habe.«

Der Offizier nickte: »Ich stimme Ihnen zu, es war ekelerregend, aber nicht unsere Schuld. Die örtliche Polizei ist dafür verantwortlich. Sie hatten uns Busse für den Transport zugesagt. Wir werden den Vorfall an unsere Vorgesetzten melden.«

Bauer dachte, das ist auch englisch, typische englische Fairness. Die Internees wurden in der großen Halle versammelt, und der Kommandant stand im Mittelpunkt des Halbkreises, den sie gebildet hatten. Er war ein Major, ältlich, ein bisschen rundlich mit einem freundlichen, jovialen Gesicht. Zum allgemeinen Erstaunen begann er seine Ansprache in gutem Deutsch … Es war klar, dass dieser freundliche und verständnisvolle Mann wusste, wen er vor sich hatte, und das tat sehr wohl. Und wie immer richteten die Soldaten der Bewachungsmannschaft ihr Verhalten nach dem des Kommandanten …

Der Kommandant ahnte, wie sehr sie alle auf Nachrichten von der Außenwelt hofften:

> Plötzlich ertönte aus dem improvisierten Büro das Radio, das der Kommandant *angeblich* abzustellen vergessen hatte. Es war der Nachrichtendienst des BBC, allerdings nicht in englischer Sprache, sondern auf Französisch, das der Kommandant *angeblich* nicht sprach … Im Saale herrschte atemlose Stille, aber als die Verhaftung von Oswald Mosley berichtet wurde, brach ein Jubel los. Dann wurde das Radio abgestellt.

Für Felix und seine Leidensgenossen bedeutete diese Nachricht eine große Erleichterung. Die Verhaftung des Faschistenführers Mosley (und seiner eiskalt-schönen Frau, der Hitlerfreundin

Diana Mitford) zeigte ganz eindeutig, dass die Briten die British Union of Fascists nicht mehr tolerierten. Da die Internierten bis zu diesem Zeitpunkt keine Nachrichten erhalten hatten, konnten sie nicht wissen, dass Premierminister Winston Churchill außerdem angefangen hatte, die pro-deutschen Beschwichtigungspolitiker in seiner Partei zu entsorgen. Doch die jüdischen Flüchtlinge blieben weiterhin in Haft und wurden von einem Lager zum anderen verschoben. Die Unterkünfte, die Felix in seinem Manuskript beschrieb, waren kärglich, mit »Strohsäcken auf der bloßen Erde, sonst nichts. Als einer einmal irgendwo einen rostigen Nagel fand und in die Wand einschlug, um seinen Mantel daran aufzuhängen, ging das Wort um, er hätte eine möblierte Wohnung.«

Was Felix hier mit bewundernswertem Stoizismus ertrug, war Wharth Mills in der Nähe von Bury, Lancashire. Aus anderen Berichten weiß man, dass die Zustände durchaus katastrophal waren. Das Haus war voller Ratten, und statt Toiletten bekam man ein paar Eimer, die sich 2000 Männer teilen mussten.[16] In Huyton, einem ähnlichen Übergangslager in Lancashire, nahmen sich vier Internierte das Leben, zwei weitere unternahmen Selbstmordversuche, die scheiterten.[17]

Felix erlebte im Laufe der nächsten Monate mehrere Lagerkommandanten, und nicht alle waren so verständnisvoll wie jener, der für ein paar Minuten die Nachrichten angestellt hatte. Von einem Kommandanten wurde erzählt, er habe nach dem Vorbeimarsch der Internierten gesagt: »Ist ja komisch. Ich hätte nicht gedacht, dass es so viele Juden unter den Nazis gibt.«

Felix/Bauer brauchte dringend Anekdoten dieser Art, um sich von den quälenden Gedanken an seine Frau abzulenken. In seiner Geschichte versucht er, seine Angst zu beschreiben, ohne sentimental zu werden:

Es hatte sich eine kleine Gruppe von Schriftstellern … zusammengefunden, bald war ein lebhaftes, witziges Gespräch in Gange, das eher in das Café Central in Wien als in ein englisches Gefangenenlager gepasst hätte. Aber die Heiterkeit war nur oberflächlich … [die Verheirateten] fühlten sich sehr unglücklich, keiner wusste, was mit ihren Familien geschehen würde. Soweit die Nachrichten gingen, die der eine oder andere erhalten hatte, waren die Frauen noch in Freiheit. Perger[18] fragte Bauer, ob seine Frau auch in England wäre.
»Sie ist leider noch in Wien.«
»Oh, Pfui«, meinte der andere. »Wieso?«
»Du weißt, ich musste so rasch als möglich weg. Ich hatte aber nur ein Permit für mich bekommen können, irgendwer in London hatte ihre Sache verhaut, so musste ich allein weg. Wir haben allerdings ein gemeinsames Affidavit für Amerika, aber die Nummer ist noch lange nicht an der Reihe. So warte ich hier, und sie wartet in Wien. Natürlich habe ich in London alles Mögliche unternommen, auch für sie ein Permit zu bekommen, aber das ist ja im Krieg sehr schwer. Ja, wenn sie irgendwo im neutralen Ausland wäre, dann ginge es, so hat man mir ziemlich deutlich gesagt. Aber wie sie in ein neutrales Land bringen?«
»Hörst du von ihr?«
»Ja, über Schweden, manchmal sogar über New York. Rasche Verbindung, nicht wahr? Bis jetzt, unberufen, und Gott sei Dank geht's ihr noch halbwegs.«

Abgesehen von diesem Gespräch versuchte Felix/Bauer, seine Freunde nicht weiter mit seinen privaten Sorgen zu belasten. Das Einzige, was alle wirklich interessierte, war die allgemeine Kriegslage:

> Da die Gefangenen noch immer von allen Nachrichten abgeschnitten waren, so hatte Perger sich einmal ein Herz gefasst und einen netten Leutnant … gefragt, ob wenigstens gute Nachrichten vom Kriegsschauplatz da waren. Der Leutnant hatte erwidert: »Nein, leider nicht. Die Nachrichten sind nicht besonders gut. Aber wir haben für die ersten fünf Jahre auch keine guten Nachrichten erwartet.«

Solange der britische Humor existierte, gab es also noch Hoffnung. Felix hatte seinen Glauben an die Engländer langsam wiedergefunden, aber nicht alle teilten seine Zuversicht. Viele der Internierten kamen nicht darüber hinweg, dass man sie eingesperrt hatte. Selbst Dr. Schmidt, der christliche Lagersprecher in Felix' Manuskript, verzweifelte manchmal:

> Nicht die Tatsache des Eingesperrtseins, nicht die armselige Unterkunft, auch nicht die erbärmliche Verpflegung kränkten [Dr. Schmidt], sondern die Tatsache, gerade von den Engländern eingesperrt zu sein. »Ich bin schon 15 Jahre hier im Lande, ich liebe das Land, die Leute, ich möchte nirgendwo anders wohnen, ich habe eine Engländerin zur Frau und die Engländer haben keinen besseren Freund als mich. Wozu das alles?«
> »Schauen Sie«, sagte Bauer, »die Sache einmal anders an. Denken Sie sich einen Mann, der lange Jahre mit seiner immer vernünftigen Frau in glücklichster Ehe gelebt hat, eines Tages bekommt die Frau unter dem Druck widriger äußerer Umstände einen arg hysterischen Anfall und behauptet, dass er ihr nach dem Leben trachtet. Wird er sich schnell von ihr scheiden lassen oder mit Ruhe und liebevoller Geduld warten, bis sie wieder zur Besinnung kommt?«

Dr. Schmidt war dankbar für die Antwort und freundete sich mit Felix/Bauer an. Im Lager gab es jedoch auch einen Pastor (Felix gab ihm den Namen »Pastor Harms«), der ein überzeugter Nazi war und unentwegt Falschinformationen verbreitete. Unter anderem behauptete er, »die englische Regierung und das Königshaus wären nach Kanada geflohen … Es gab große Empörung unter den Anti-Nazis gegen Harms, aber man sah davon ab, die Sache zur Kenntnis der Engländer zu bringen.«

Felix/Bauer war erleichtert, als er eines Tages hörte, sie würden alle auf die Isle of Man verlegt werden.[19] Die britische Regierung hatte dort nahe der Promenade Stacheldraht um eine Ansammlung von Hotels, Pensionen und einen Golfplatz gezogen, insgesamt 60 Häuser.[20] Die Unterkünfte bedeuteten eine große Verbesserung für die Internierten:

> Die jungen Leute stürmten voran, um sich die besten Zimmer auszusuchen … Bauer war insofern glücklich, als er ein Bett für sich allein bekam, die meisten mussten ein Doppelbett mit einem anderen teilen … Die Einrichtung des Hauses und der Zimmer war, wenn auch primitiv, so doch halbwegs menschlich … in den Zimmern war zum Teil sogar fließendes Wasser.[21]

Der ebenfalls internierte Maler und Schriftsteller Fred Uhlman war weniger begeistert: »Um Verdunklungsmaterial zu sparen, hatte jemand die ›brillante‹ Idee gehabt, die Fenster blau und die Glühbirnen rot anzustreichen, mit dem Ergebnis, dass es tagsüber so dunkel wie in einem Aquarium war und man sich nachts wie in einem Bordell vorkam.«[22] Zur gleichen Zeit wie Uhlman und Felix/Bauer befand sich auch Franz Marischka auf der Isle of Man und blieb vergnügt wie immer. Eine seiner besten Erinnerungen betrifft das dortige Hospital. Um eine Krankschreibung zu bekommen, musste man sich den Urin eines gewissen Jonathan Silbermann besorgen. Silbermann war zuckerkrank und hatte die Geschäftsidee entwickelt, seinen Harn in kleinen Fläschchen zu verkaufen. Diese »Silbermann-Tinktur« konnten sich zwar nur wenige leisten, aber wenn man Glück hatte, beschleunigte sie sogar die Entlassung aufgrund schweren Diabetes. Silbermann selbst hätte längst freikommen können, aber er verließ das Lager erst, als er sich ein Vermögen »erpinkelt« hatte (mit dem er dann angeblich ein Restaurant in London eröffnete).[23]

Als Wiener waren Franz Marischka und Felix womöglich im selben Haus untergebracht. Man hatte die Internierten vorsorglich in homogene Gruppen unterteilt, um Streitereien zu vermeiden. Die größte Gruppe bildeten auf der Isle of Man

> die deutschen und österreichischen Juden, die Ostjuden[24] die nächste, aber es gab auch ein Haus für katholische Pfarrer, für protestantische Pastoren … und dann gab es ein Haus, wo die richtigen Nazis wohnten … Sie taten sehr ungeniert und fühlten sich als die Sieger. Man konnte dort Hakenkreuze sehen, und einer der Nazis ging einmal so weit, Perger zu drohen, er würde dafür sorgen, dass Perger an die Wand gestellt werden würde. Wollte man die englischen Offiziere von solchen Umtrieben informieren, so wurde man brüsk abgewiesen. Es wäre die Sache der Internierten, für Ordnung untereinander zu sorgen. Es war bezeichnend, dass der Pastor Harms zu den Ersten gehört hatte, die entlassen worden waren. Erst viel später wurden die zu Entlassenden befragt, ob sie verdächtige Umtriebe beobachtet hätten.[25]

Auch bei der Postzensur machten die Briten keinen Unterschied zwischen internierten Nazis und Juden.[26] Doch selbst der beste

Zensor konnte nicht alles entdecken. Felix' Alter Ego Bauer schaffte es, die spärlichen Essensrationen so zu umschreiben: »Die Kost hier ist ebenso gut wie reichlich und erinnert mich oft an das große Etablissement in Stein.« Kein britischer Zensor konnte wissen, dass sich in Stein die größte Strafanstalt Österreichs befand. Mehr als das schlechte Essen trieb die Insassen jedoch die Frage um, was im Falle einer Invasion passieren würde:

> Keiner wusste, ob, wann und wo die Deutschen die Invasion vornehmen würden. In einem solchen Falle war es keineswegs ausgeschlossen, dass eine Landung auf der Isle of Man gemacht werden würde. Man sandte daher eine Deputation zum Kommandanten, der versprach, dass bei drohender Gefahr die Gefangenen rechtzeitig abtransportiert werden würden. Alle waren darüber sehr froh, keiner hatte Lust, unter der Aufsicht der SS in Newcastle Kohlen zu schaufeln.

Felix/Bauer überschätzte die Invasionsmöglichkeiten der Nationalsozialisten – und er unterschätzte die Fähigkeiten der Briten:

> Mit der längeren Dauer wurde die Gefangenschaft immer drückender. Man stand am Stacheldraht auf der Seite, von der man einen Ausblick auf die Meerespromenade hatte, und blickte sehnsüchtig hinaus. Des Morgens sah man den Soldaten zu, die am Strande gedrillt wurden. Man gewann aber keineswegs den Eindruck, dass die englische Armee zeitgemäß und entsprechend organisiert wäre. Alles machte einen direkt dilettantischen Eindruck. Bauers Freund Preger scherzte bitter: »Es wird schon besser werden. Die Engländer haben beschlossen, zur Feuerwaffe überzugehen.« Man war stets überreizt, ein unvorsichtiges Wort konnte einen bösen Streit entfesseln. Man emp-

fand es schwer, nur immer auf dieselbe männliche Gesellschaft angewiesen zu sein. Die Stellen im Draht, von denen man einen guten Ausblick auf die Promenade und die vorüberwandelnde Frauenwelt hatte, waren immer dicht belagert.

Alle sehnten sich nach Berührungen. Einer der Internierten fand ein kleines Kätzchen, das jeder gernhatte. Man dachte tagelang über einen passenden Namen nach. »Internida« kam in die engere Wahl, aber am Ende einigte man sich auf »Re-Lieschen« (für release – Freilassung).

Um nicht ständig an die ersehnte Freilassung zu denken, lenkte man sich mit Vorträgen ab. Fred Uhlman beschreibt, wie stolz man darauf war, dass sich im Lager dreißig Dozenten aus Oxford und Cambridge befanden, die sich alle gegenseitig überboten: »Was sollte man tun, wenn sich der Vortrag von Professor William Cohn über das Chinesische Theater mit Egon Welleszens Einführung in die Byzantinische Musik überschnitt? … Vielleicht wollte man lieber Zuntz über die Odyssee sprechen hören oder Friedenthal über das Theater Shakespeares.«[27] Der berühmteste internierte Künstler war der Dadaist Kurt Schwitters. Seine Veranstaltungen erschienen besonders zeitgemäß, da alle mittlerweile »ein surrealistisches Leben führten. Was konnte schließlich mehr Dada entsprechen … als zweitausend ›feindliche Ausländer‹, die für den Sieg ›unseres gnädigen Königs Georg VI. und unserer gnädigen Königin Elizabeth‹ beteten?«[28]

Es stellte sich heraus, dass Felix sich sogar in einer noch dadaistischeren Situation als alle anderen befand. Im Lager hatte er einen Namensvetter. Dieser andere Felix Mayer spielte in seiner weiteren Internierungsgeschichte eine wichtige Rolle. Die beiden wurden ständig verwechselt. Es fing relativ harmlos mit vertauschten Briefen an. Als der junge Felix nach Kanada deportiert wurde, blieb der alte Felix zurück und dachte nicht weiter über seinen Namensvetter nach. In der Zwischenzeit hatten Alice und die Quäker es jedoch geschafft, dass sich ein britischer Abgeordneter für Felix' Fall engagierte und Druck auf das Innenministerium ausübte. Was dann geschah, beschreibt Felix wieder als sein Alter Ego Bauer:

> Der Abgeordnete schrieb, dass Bauers Freilassung für die allernächsten Tage zu erwarten sei. Bauer wartete voll Ungeduld. Dann kam noch ein Brief des Abgeordneten, in dem stand, Bauers Freilassung wäre bereits angeordnet. Bauer wartete ungeduldig, eine Woche, noch eine, einen Monat. Umsonst, es kam nichts. Und eines Tages hörte er zu seiner Verblüffung, dass sein Namensvetter, der junge Mensch, der nach Kanada deportiert worden war, zurückgebracht und freigelassen worden war. Bauer war natürlich wütend und fluchte wild über die offenbare Namensverwechslung, die vorgefallen war. Er schrieb wieder an den Abgeordneten, der versprach, der Sache nachzugehen. Es sollten aber noch viele Monate vergehen, bis der Irrtum aufgeklärt wurde … Im Lager hieß Bauer von nun an nur mehr »der Mann, der eigentlich gar kein Recht mehr hat, da zu sein«.

Als Felix fast ein Jahr inhaftiert war, musste er es erleben, noch einmal in ein anderes Lager auf der Isle of Man verlegt zu werden. So auch Bauer:

> Man nahm Abschied von den Freundlichen unter den Offizieren und marschierte den Berg hinauf ins andere Camp. Es war ein böser Tausch. Im anderen Lager herrschte strengste Disziplin. Erbitternd war es, dass der neue Kommandant auf die Gefangenen mit Verachtung herabsah und diese böse behandelte. Es

wurde berichtet, dass er zum Beispiel einmal den Ausdruck »Feeding time for the Jews« [Fütterungszeit für die Juden] gebraucht hatte. Strenge Bestrafung für das kleinste Versehen war an der Tagesordnung. Der Kommandant … war, so erzählte man sich, seinerzeit mit der Führung der Black and Tans (einer besonders brutalen englischen Einheit) im irischen Aufstand betraut gewesen und lebte anscheinend noch in dieser Stimmung und Zeit. Auch die Unterkunft war miserabel. Einer scherzte, er hätte fließendes Wasser im Zimmer. Das stimmte, wenn es regnete … Bauer musste nur zwei Wochen in diesem Lager bleiben, dann kam der heiß ersehnte, langerwartete »Release«. Es fiel ihm schwer, die vielen netten Kameraden zurückzulassen, er genierte sich fast, bevorzugt worden zu sein, aber er war heilfroh, als er in Douglas das Schiff besteigen durfte und die Bewachungsmannschaft auf einmal still und klanglos verschwunden war. Und dann fuhr das Schiff endlich wirklich ab, er war frei.

Felix wurde am 14. März 1941 entlassen. Nach einem Jahr in Internierungslagern konnte er nun endlich seinen Sohn Thomas und seine Schwester Alice wiedersehen. Doch ohne Helene fühlte er sich trotzdem nur als halber Mensch. Sein Alter Ego ließ er dies so erleben:

Von seiner Frau hatte er jetzt einige Male Nachrichten bekommen, die keineswegs beruhigend waren. Sie hatte ihm über Schweden, geschickt verklausuliert, geschrieben, dass die Lage immer ärger wurde … Dann kam lange nichts, dann wieder ein Brief über Schweden. Die Mitteilung war so verklausuliert, dass Bauer sie trotz aller Mühe zu seiner Verzweiflung nicht verstand, aber jedenfalls war sie noch am Leben und in Freiheit …

Und dann erhielt Felix/Bauer einen weiteren, diesmal eindeutigeren Brief:

> Es war ein Abschiedsbrief. Nicht ganz klipp und klar, aber recht verzweifelt und resigniert. Es sei die Frage, ob sie noch rechtzeitig fortkäme. Ihre Nummer sollte zwar schon in den nächsten Tagen an die Reihe kommen, so hatte man ihr im amerikanischen Konsulat gesagt, aber wenn es nicht in den aller-allernächsten Tagen der Fall wäre, wäre es zu spät, dann müsste sie nach Polen. Sie hätte schon die Vorladung der Gestapo. Und so nahm sie dann von ihm Abschied.
> Es war Bauer, als hätte er einen fürchterlichen Schlag auf den Kopf bekommen ... Er hatte das Bedürfnis, etwas zu tun, am liebsten hätte er geschrien, seine Hilflosigkeit machte ihn wütend ... Was tun? Was tun? Er hatte einen Bekannten am Londoner amerikanischen Konsulat und suchte ihn auf. Ja, es stimmte, das Wiener amerikanische Konsulat dürfte in den nächsten Tagen geschlossen werden.[29] Er schüttelte Bauer die Hand und wartete, dass dieser gehen würde. Aber Bauer stand fassungslos da, sein Denken versagte, er stand wie eine Holzsäule und wusste nur, irgendetwas tat weh, zum Schreien weh, irgendetwas durfte nicht sein, etwas musste geschehen, es gab etwas, was die Menschheit nicht zulassen durfte. Der Konsulatsbeamte legte ihm teilnehmend die Hand auf die Schulter: »Solange es Leben gibt, gibt es Hoffnung. Ich glaube an Wunder, und Sie sollten ebenfalls versuchen, daran zu glauben.«
> Bauer ging weg. Ein verlorener Mann. Das überlebe ich nicht, dachte er immer wieder. Wozu dann noch leben? Damit ich erlebe, wie Hitler aufgehängt wird? Er hat doch gesiegt, auf jeden Fall über mich.

Seit 1938 war Felix ein glückloser Mann gewesen. Doch das Wunder, an das er nicht mehr glauben konnte, geschah jetzt wirklich. Er erhielt ein Telegramm von seiner Frau mit den Worten: »Gerettet. Schiffe mich morgen New York ein. Küsse.«

Kurz bevor man Helene in den Osten transportieren konnte und das amerikanische Konsulat in Wien geschlossen wurde, hatte sie ihr Visum erhalten. Im Mai 1941 bestieg sie das Schiff nach Amerika.[30] Alice und Felix feierten dieses Wunder ausgiebig. Auch wenn ihr Bruder und seine Frau noch drei weitere Jahre warten mussten, bevor sie sich endlich in New York wiedersehen konnten, wussten sie einander in Sicherheit. Zum Schluss hatte der glücklose Felix also doch noch etwas Glück gehabt.

Trotz aller Dankbarkeit dafür konnte er ein Gefühl nie ganz loswerden. Er sehnte sich weiterhin nach Wien. An Alice schickte er 1942 ein Gedicht, in dem er ihr seine Gedanken beschrieb.[31] Heute mag es sentimental wirken, aber damals lernte Alice alle Verse sofort auswendig. Es beschrieb genau, was sie empfand:

Heimweh

Noch einmal möcht' ich von dem Kahlenberge
Die Stadt, die Donau, fern das Marchfeld seh'n
Noch einmal möcht' ich auf dem Heldenplatz,
Noch einmal vor dem Donnerbrunnen steh'n.
Noch einmal hören, wie die langentbehrte,
Die gute, alte Heimat-Sprache klingt,
Wenn über'n Hof, beim off'nen Küchenfenster
Ein Wiener Mädl Gassenhauer singt.

Noch einmal möcht' ich durch die Vorstadt wandern,
Wo müd' und grau die niederen Häuser steh'n,
Wie alte Freunde, alles wohlbekannte,
Vertraut auch die, die niemals ich geseh'n.
Oh Wiener Winter! Schneebedeckte Straßen,
Vom blauen Himmel warm die Sonne schien.
Der ist kein Wiener, der ist's nie gewesen,
Der Dich vergessen kann, geliebtes Wien!
...
Ich sitze nun an fremder Leute Tische,
Hör' fremde Laute, brech' das fremde Brot.
Gewiss, ich bin gar dankbar diesem Volke,
Das mir in schwerster Stunde Zuflucht bot.
Das Volk ist gut, allein das Land ist dunkel,
Ich brauche Wärme, brauche Sonne, Licht -
Es bleibt ein fremdes Land, ich bleib' ein Fremder,
Denn alte Bäume, die verpflanzt man nicht.

Noch einmal möcht' ich – doch was soll das Klagen?
Was tot, ist tot, es gibt kein Auferstehen.
Mein Kind ist jung und wird es wohl noch lernen,
Das fremde Land als seines anzusehen.
Die Welt ist groß, und überall sind Menschen,
Es gibt kein Land, wo nie die Sonne schien.
Doch keines kann die Heimat mir ersetzen,
Denn leben, atmen kann ich nur in Wien![32]

Ein Amerikaner taucht auf

»Ich bin das Schwert,
ich bin die Flamme.«
Heinrich Heine

Alice träumte davon, ein ähnliches Wunder wie Felix und seine Frau zu erleben. Sie konnte sich nicht vorstellen, wie es war, einen Ehepartner zu vermissen, aber sie sehnte sich nach ihren Söhnen. Manchmal malte sie sich mit Paula Sieber das Wiedersehen mit ihren Kindern aus. Und dann passierte 1944 endlich etwas Unerwartetes. Ein Mann in amerikanischer Uniform tauchte im Lake District auf. Sein Äußeres erinnerte ein wenig an den Schauspieler David Niven. Genau wie Niven rauchte er Pfeife, hatte einen schmalen Schnurrbart und bewegte sich mit der Lässigkeit eines Mannes, den nichts mehr überraschen konnte. Seit fast neun Jahren hatte Alice ihn nicht mehr gesehen, und trotz seiner nonchalanten Pose hätte sie ihn in jeder Menschenmenge wiedererkannt. Bei ihrem Abschied war er ein rebellischer 22-Jähriger gewesen, der Wien hasste und nichts als raus wollte aus dieser Stadt. Sein Instinkt war richtig gewesen. Vor Alice stand ihr ältester Sohn Otto.

Seine Ankunft war nicht nur ein Geschenk für Alice, sie war

auch der Beweis, dass der Krieg gegen Nazideutschland vor einer Wende stand. Otto war 1944 mit 500 000 anderen amerikanischen Soldaten in England angekommen, um die Invasion der Alliierten zu unterstützen. Es war sein Glück, dass er nicht zu den Truppen gehörte, die am 6. Juni in der Normandie landeten, ihre Überlebenschancen wurden als relativ gering eingeschätzt. Da Otto einen Pilotenschein besaß, arbeitete er für die Air Force, wo man ihn für das Strategic Bombing Survey eingeteilt hatte, eine Kommission, die die Wirkung der Luftangriffe auf Deutschland untersuchte. Das war auch insofern sinnvoll, als er sich mit Bombardierungen ausgesprochen gut auskannte. Seitdem er 1937 in Shanghai selbst bombardiert worden war, wusste er, wie es sich anfühlte, auf der Opferseite zu stehen.

Das Strategic Bombing Survey befand sich in Teddington nahe London und damit fast 480 Kilometer von Alice entfernt. Auch heute noch dauert eine Zugfahrt von London in den Lake District sechs Stunden. 1944 konnte es eine noch aufwendigere Reise werden. Die Züge waren mit Soldaten überfüllt, und wegen des Platzmangels wurde die Zivilbevölkerung ermahnt, keine »frivolen Ausflüge« zu unternehmen. Überall hingen Poster mit der vorwurfsvollen Frage: »Ist Ihre Reise wirklich notwendig?«

Für Otto war sie es auf jeden Fall. Ihm war es gleichgültig, ob die Fahrt zu Alice sechs oder sechzehn Stunden dauerte. Er musste sie sehen, bevor man ihn nach Deutschland schicken würde.

Am liebsten hätte Alice allen Heimkindern sofort von Otto erzählt. Aber sie wusste nur zu gut, dass einige der Mädchen sich schon jetzt vernachlässigt fühlten. Was würden sie sagen, wenn nun ihr Sohn auftauchte? Würde das zu noch mehr Eifersüchteleien führen? Die Situation war ohnehin emotionsgeladen genug. Alle Kinder warteten nur auf den einen Moment: dass ein Familienmitglied auftauchen würde, dass einer, irgendeiner, es vielleicht doch geschafft hatte, dem NS-Regime zu entkommen. Es war ein Traum, der mit jedem Kriegsjahr unwahrscheinlicher wurde. Alice verschwieg daher, dass ihr ältester Sohn in England angekommen war. Jedenfalls konnte sich keines der Kinder später daran erinnern, Otto in Windermere gesehen zu haben. Nur aus Alice' Aufzeichnungen geht hervor, dass er sie besuchte und was ihr diese Besuche bedeuteten.[1]

Otto war älter geworden, doch trotz seiner betonten Lässigkeit muss Alice geahnt haben, dass sich an seiner inneren Unruhe nichts verändert hatte. Er wirkte wie auf dem Sprung. Was ihn jetzt antrieb, war jedoch keine Abenteuerlust mehr. Dieser Krieg war sein Krieg geworden, und er hatte viele Gründe, ihn zu kämpfen.

Seit April 1944 besaß Otto die amerikanische Staatsbürgerschaft. Nach neun Jahren und vielen Umwegen hatte er es endlich geschafft, Amerikaner zu werden. Im Gegenzug musste er sich bereit erklären, für die USA zu sterben. Das war kein ganz so schlechter Deal, denn abgesehen von seinem amerikanischen Pass hatte er noch einen weiteren – sehr emotionalen – Grund, sich auf dieses Arrangement einzulassen. Der Eintritt in die Armee gab ihm endlich die Möglichkeit, sich zu wehren. Viele jüdische Emigranten beschrieben später, dass sie nichts mehr ersehnten, als gegen das NS-Regime zu kämpfen: »Ich wurde von meinem Vorgesetzten ernsthaft gefragt, ob ich ein Problem damit hätte, gegen das Land meiner Geburt zu kämpfen«, erzählte ein jüdischer Soldat. »Ich habe nur gelacht. Ich wollte nicht im Pazifik eingesetzt werden … ich wollte in Europa kämpfen.«[2]

Für jüdische Soldaten war der Krieg gegen Hitler ein sehr persönlicher Krieg. Selbst Emigranten, die sonst nie im Leben freiwillig eine Waffe in die Hand genommen hätten, wollten unbedingt in die Armee eintreten. Der Schöngeist Victor Brombert, nach dem Krieg ein angesehener Romanist, schrieb: »Ich war enthusiastisch … Mein Enthusiasmus legte sich allerdings am Omaha Beach.«[3]

Brombert und Otto trugen wie alle US-Soldaten eine sogenannte Hundemarke um den Hals. Auf dieser Identifikationsmarke stand neben Personenkennziffer und Blutgruppe auch die Religionszugehörigkeit. Für jüdische Soldaten hatte man ein »H« für Hebrew (Hebräer) vorgesehen. Im Kampfeinsatz konnte das tödliche Folgen haben. Gefangene mit einem »H« wurden von den Deutschen sofort erschossen. Ohne das »H« konnte man darauf hoffen, in einem Kriegsgefangenenlager zu überleben (allerdings musste man auch dort fürchten, dass bei einer gründlichen Leibesvisitation die Beschneidung bemerkt würde). Wegen des hohen Risikos, in deutsche Gefangenschaft zu geraten, konnten jüdische US-Soldaten entscheiden, ob sie das »H« oder eine andere Religionszugehörigkeit auf ihrer Hundemarke angeben wollten.[4] In der britischen Armee gab es diese Wahlmöglichkeit nicht. Jeder jüdische Soldat wurde kurzerhand zum Anglikaner erklärt, und den deutschen Emigranten gab man sicherheitshalber noch englische Vor- und Nachnamen (aus Franz Marischka, der mittlerweile die Isle of Man verlassen durfte, wurde so zum Beispiel Frances Marsh).[5] So viel Pragmatismus existierte in der amerikanischen Armee nicht.

Es ist nicht bekannt, ob Otto sich für oder gegen das »H« auf seiner Identifikationsmarke entschied. Da er in der Armee bald darauf unter einem Codenamen arbeitete, ist anzunehmen, dass er sich schon 1944 als Katholik ausgab. Obwohl er nie aus der jüdischen Gemeinde austrat, würde er auch später in deutschen Meldeunterlagen immer »katholisch« als Religionszugehörigkeit angeben.[6] Wo und wann genau seine angebliche Konversion stattgefunden hatte, erklärte er nie. Aber sicher bereitete er sich damals gut auf seine christliche Identität vor und lernte noch schnell ein paar Gebete auswendig. Er würde sie gebrauchen können.

Es gab viele Dinge, über die Otto bei seinem Wiedersehen mit Alice nicht reden konnte. »Careless talk costs lives«, unbedachte Gespräche kosten Leben, warnten Poster, die damals in unzähligen öffentlichen Gebäuden hingen. Interna durften Armeeangehörige auch mit Familienmitgliedern nicht besprechen. Alice wusste also, dass sie Otto eigentlich nicht nach seiner Arbeit in Amerika oder England befragen sollte, aber sie war neugierig. Und sie war eine jüdische Mutter, die erwartete, informiert zu werden. Sie hatte zum Beispiel gehört, dass Karls Wiener Freund Hermann Bondi an kriegswichtiger Forschung beteiligt war.[7] Machte ihr Sohn vielleicht etwas ähnlich Aufregendes? Otto musste sie enttäuschen. Er konnte nicht mit Bondi mithalten, der an einem geheimen Ort die britische Radartechnik verbesserte und später zum Cambridgeprofessor Sir Hermann Bondi wurde.[8] Was Otto tat, blieb immer unterhalb des Radars.

Laut den spärlichen Armeeunterlagen zu seiner Person, die bisher freigegeben worden sind, trat er am 11. Januar 1943 in New Hampshire in die amerikanische Armee ein. Bis heute lässt sich nicht eindeutig sagen, was er genau tat, bevor er 1944 bei Alice in England auftauchte. Er besaß im Laufe seiner Armeekarriere zwei Personalnummern: eine als einfacher Soldat und später eine völlig andere als Nachrichtenoffizier im Counter Intelligence Corps (CIC). Noch schwieriger werden die Nachforschungen, weil Otto einen Namensvetter besaß – ein CIC-Mann namens Captain Rudolf Urbach. Rudolf taucht mehrmals an jenen Orten auf, an denen auch Otto eingesetzt war (in Amerika, Deutschland und später Japan). Auf den ersten Blick könnte man annehmen, dass Rudolf Urbach ein Alias von Otto war, aber er existierte wirklich. Geboren 1908 in eine jüdische Familie in Duisburg und damit fünf Jahre älter als Otto.[9] Die beiden Urbachs waren nicht miteinander verwandt, aber sie scheinen die Namensgleichheit genutzt zu haben, um an gemeinsamen Projekten zu arbeiten.

Diese Zusammenarbeit muss bereits im Mai 1943 in Colorado begonnen haben. Rüdiger von Wechmar, Kriegsgefangener in Camp Trinidad in Colorado und später Diplomat der Bundesrepublik, war sich sicher, Otto als Verhöroffizier getroffen zu haben. In seiner Autobiografie beschreibt er, wie er 1943 in Colorado ankam und Otto kennenlernte: »[Wir arbeiteten] mit den Offizieren des amerikanischen Kommandanten zusammen, unter ihnen auch der Oberleutnant Urbach, den ich nach dem Krieg in Deutschland wiedertraf, als er dort die US-Firma 3M vertrat.«[10]

Otto arbeitete später tatsächlich für 3M und kannte Wechmar gut, aber war es wirklich Otto, an den sich Wechmar in Colorado erinnerte? Bislang sind nur Fotos aufgetaucht, die Rudolf Urbach dort zeigen.[11] Vielleicht also irrte sich Wechmar, oder Rudolf und Otto arbeiteten schon damals als Team. Die Landschaft um Camp Trinidad, nahe den Rocky Mountains, kannte Otto auf jeden Fall gut. Vor dem Krieg hatte er hier über den Bau eines Skihotels nachgedacht. Trotz der spektakulären Lage war das Kriegsgefangenenlager Trinidad natürlich alles andere als ein Erholungsheim. Es bestand aus langen Reihen von Baracken, die in kürzester Zeit errichtet werden mussten, um den ersten Schwung deutscher Kriegsgefangener unterzubringen. Bis zu diesem Zeitpunkt hatten die Briten allein diese Last tragen müssen, nun wurden sie von den Amerikanern unterstützt. Die US-Armee hatte kaum Erfahrung in der Behandlung von Kriegsgefangenen und war anfangs von der Aufgabe überfordert. Aber man erinnerte sich an eine ganz besondere Waffe, die man jetzt einsetzen konnte: In keinem anderen Land gab es so viele Einwanderer, die die Sprache und Kultur des Gegners verstanden. Die deutschen und österreichischen Emigranten konnten besser als jeder Psychologe verstehen und analysieren, was ihre ehemaligen Landsleute dachten. Sie waren die idealen Verhöroffiziere.

Der österreichische Kabarettist Georg Kreisler erklärte seine Arbeit für die amerikanische Armee später mit einem Satz: »Alle, die Deutsch, Italienisch oder Japanisch konnten, wurden zur Aufklärung geschickt.«[12] Die meisten Emigranten bildete man in Camp Ritchie in Maryland aus. Hans Habe, der berühmteste der »Ritchie Boys«, schrieb darüber:

> Camp Ritchie … am Fuße der Blue Ridge Mountains gelegen, war das merkwürdigste Armeelager der Welt. Hier war alles von Geheimnissen umgeben, die Hälfte der Zöglinge lief verkleidet herum. Ganze Kompanien marschierten in deutschen Wehrmachtsuniformen, japanische Heckenschützen – es waren American-Japanese – hockten im Geäst der Bäume, in einem Teil des Lagers exerzierten falsche SS-Leute. Man lernte Tag und Nacht: Kundschafterdienst hinter den Linien, Kriegsgefangenenverhör, Lesen von Flugaufnahmen, Gegenspionage, Völkerkunde, psychologische Kriegsführung, Nachrichtenanalyse … Die Tagesnachrichten, die während der Mahlzeiten in der Kantine durch

einen Lautsprecher verkündet wurden, ertönten in fünfzehn Sprachen.[13]

Es war eine kreative Truppe, die sich hier einfand. Wiener Theaterleute wie Marcel Prawy und Ernst Haeusserman oder spätere Berühmtheiten wie Henry Kissinger und J. D. Salinger wurden in Camp Ritchie und ähnlichen Einrichtungen zu Nachrichtendienstlern ausgebildet. Lange bevor sie zum Einsatz nach Deutschland geschickt wurden, konnten sie ihre Verhörtechnik an den deutschen Soldaten in amerikanischen Prisoner-of-War-Lagern ausprobieren. Zu diesen gehörte auch Camp Trinidad in Colorado. Dort trafen 1943 Emigranten wie Rudolf (und wahrscheinlich auch Otto) als Erstes auf die in Afrika gefangen genommenen Soldaten Erwin Rommels. Es war ein Aufeinandertreffen mit vertauschten Rollen. Die entmachteten NS-Offiziere saßen ihren ehemaligen Opfern gegenüber. Allerdings erwähnten die jüdischen Verhörspezialisten ihre deutsche Herkunft mit keinem Wort. Rudolf Urbach zum Beispiel gab vor, Deutsch mit amerikanischem Akzent zu sprechen.[14] Diese Tarnung war wichtig, wenn man an die richtigen Informationen gelangen wollte. Die Genfer Konvention schrieb vor, dass Kriegsgefangene nur ihre Personalien angeben mussten. Aber natürlich versuchten die Amerikaner, sehr viel mehr aus ihnen herauszuholen. Dabei war Kreativität gefragt – und wer hatte davon mehr zu bieten als fantasiebegabte Kaffeehausliteraten?

In Fort Hunt, einem Kriegsgefangenenlager, in das im Laufe der Zeit die gewalttätigsten Wehrmachtssoldaten abgeschoben wurden, erfand man zum Beispiel die »russische Behandlung« – eine effektive Methode, um Insassen zum Reden zu bringen. Man erklärte ihnen, dass man sie wegen mangelnder Kooperation leider an den sowjetischen Verbindungsoffizier übergeben müsse. Ein Russisch sprechender Emigrant brillierte dann in der Rolle dieses »Verbindungsoffiziers«. In Fort Hunt wurden die Zellen der Gefangenen abgehört, und so wissen wir heute, was ein NS-Funkgefreiter namens Heinrich Speyer seinen Kameraden über das Verhör des »brutalen sowjetischen Verbindungsoffiziers« erzählte: »Und der eine da, der sich Kommissar schimpfte, als er rausging, legte mir die Hand auf die Schulter und sagte: ›Ivan Ipanovitch [rät] dir, dass du unterschreibst. Ivan Ipanovitch wirst du kennenlernen.‹ … Und dann sagte er: ›Sie werden Russland erst richtig kennenlernen. Wir werden Ihnen die Augen mit Scheinwerfern ausbrennen.‹«[15] Es ist anzunehmen, dass der Funkgefreite Speyer unterschrieb.

In Camp Trinidad saßen zwar nicht so viele Fanatiker wie in Fort Hunt, aber auch hier terrorisierten die überzeugten Nationalsozialisten jene Gefangenen, die sich ablehnend über Hitler äußerten. Zu Letzteren gehörte auch Ottos Bekannter Rüdiger von Wechmar. Seine Einstellung war nicht ganz ungefährlich, denn es kam immer wieder zu Mordanschlägen auf »Verräter« wie ihn, und die Lagerleitung sah sich gezwungen, NS-kritische Gefangene zu schützen. Noch im Mai 1945 planten deutsche Offiziere in Camp Trinidad, abtrünnige Landsleute zu ermorden.[16] Wenn Wechmar recht hatte und Otto wirklich in Colorado arbeitete, dann konnte er schon 1943 lernen, was er später im besetzten Deutschland perfektionieren würde: die Fanatiker zu erkennen und sie aus der Masse der Mitläufer herauszufiltern.

Otto durfte mit Alice also nicht über seine Arbeit sprechen, als er sie endlich wiedersah, und ihr blieb nichts anderes übrig, als das zu akzeptieren. Auf eine Frage aber wollte sie unbedingt eine Antwort haben. Seit 1942 hatte sie nichts mehr von ihren drei Schwestern Sidonie, Karoline und Helene in Wien gehört. Sie wusste, dass Felix' Frau 1941 in letzter Minute durch die

Flucht nach Amerika einer Deportation nach Polen entkommen war. Es gab viele Gerüchte über die Lager im Osten. Konnte man diese Lager überleben? Wusste Otto mehr darüber? Es waren die schwierigsten Fragen, die sie ihm stellen konnte. Was antwortete er ihr?

Jahre nach dem Krieg wurde Anna Freud gefragt, warum ihre hochbetagten Tanten ermordet worden waren. Ihre Antwort lautete: »Die Nazis wollten ihre Wohnungen.«[17] Nachdem man die Wohnungen hatte, war der nächste logische Schritt, die Zeugen des Raubes loszuwerden. Zu der Kategorie obdachloser älterer Damen gehörten neben Anna Freuds Tanten seit 1938 auch Alice' Halbschwestern Karoline und Sidonie. Sie lebten anfangs bei Freunden, dann in Sammelunterkünften. Ihre letzte gemeinsame Anschrift war 1942 die Wiener Synagoge in der Müllnergasse.[18] Vielleicht hätten sie den Krieg trotzdem überleben können, wenn 1940 nicht Baldur von Schirach Gauleiter geworden wäre.

Schirachs amerikanische Mutter, Emma Middleton von Schirach, schrieb nach der Ernennung ihres Sohnes zum Gauleiter Wiens enthusiastisch: »Ja, ich bin sehr stolz auf meinen Jungen, und er hat seinen Kopf und seine Hände voll … er muss so viel erledigen. Er möchte Wien zu einem führenden Kultur- und Musikzentrum etc. etc. machen und es hat sich gut angelassen.«[19] Schirachs wichtigste Kulturmaßnahme bestand darin, die Deportation von österreichischen Juden in den sicheren Tod zu veranlassen, unter ihnen Sigmund Freuds und Alice' Schwestern. Sidonie und Karoline wurden von der Müllnergasse am 14. Juli 1942 nach Theresienstadt deportiert. Auf diesem Transport befanden sich 1009 Menschen, 950 von ihnen wurden ermordet, und 59 überlebten den Krieg. Sidonies und Karolines Namen tauchen ein weiteres Mal auf Transportlisten auf. Zwei

Monate später, am 21. September 1942, Sidonies Geburtstag, wird sie mit ihrer Schwester und anderen älteren Leuten nach Treblinka geschickt. Mit diesem Theresienstadt-Treblinka-Transport wurden 2002 Leute deportiert, von denen nur eine Person überlebte.[20]

Otto kannte diese Details noch nicht, aber er ahnte, dass die Überlebenschancen seiner Tanten in den Lagern im Osten minimal waren. Auch für Alice' jüngere Schwester Helene und ihren Mann gab es wenig Hoffnung.[21] Ihre letzte bekannte Anschrift ist das Getto Lodz.

Im 19. Jahrhundert galt Lodz als eine aufstrebende Industriestadt, Anziehungspunkt für die jüdische Landbevölkerung. Man fuhr nach Lodz, um dort Zerstreuung oder ein gutes Auskommen zu finden. In jüdischen Witzen wurde die Stadt zu einer Art »gelobtem Land«. Der jüdische Librettist Fritz Löhner-Beda spielte darauf an, als er 1915 das Lied *Rosa, wir fahr'n nach Lodz* nach der Musik von Artur Marcel Werau schrieb. Löhner-Bedas Produktivität war legendär, er verfasste unzählige Operettentexte und Schlager wie *Ich hab mein Herz in Heidelberg verloren* oder *Dein ist mein ganzes Herz.* Sein Lodz-Lied würde jedoch ein bizarres Nachleben entwickeln.

Im Februar 2019 trat der Komiker Wolfgang Trepper in einer Satiresendung des NDR auf.[22] Er spielte sich selbst, einen bärbeißigen Typen aus dem Ruhrpott, der nostalgisch auf seine Kindheit in den Siebzigern zurückblickt. An einer Stelle seines Programms wettert er gegen die unseligen deutschen Schlager dieser Zeit. In der Hitparade habe Dieter Thomas Heck es 1974 sogar geschafft, ein Lied wie Vicky Leandros' *Theo, wir fahr'n nach Lodz* zu verkaufen. Tatsächlich war der neue Liedtext noch banaler als Löhner-Bedas Version:

Theo, wir fahr'n nach Lodz
Steh auf, du faules Murmeltier
Bevor ich die Geduld verlier
Theo, wir fahr'n nach Lodz
Da feiern wir ein großes Fest
Das uns die Welt vergessen lässt
Theo, wir fahr'n nach Lodz

Das Lied ist keine Perle der Gesangskultur, und Trepper wettert daher in seiner Sendung:

> Theo, wir fahr'n nach Lodz! Einen Scheiß du! Theo wollte nicht nach Lodz. *Sie* wollte … Wenn du mitten in der Nacht nach Polen willst, dann fahr doch selber, du blöde Kuh! Was ist denn in Lodz, da ist doch nix, da ist doch noch nie was passiert. Haben Sie schon mal ein Schild im Reisebüro gesehen: *Shopping in Lodz*? In Lodz passiert überhaupt nichts, da ist der Hund begraben, kein Mensch will da sein. In Lodz ist noch nie was von Relevanz passiert, in Lodz ist immer tote Hose.

In diesem Punkt irrt Trepper allerdings gewaltig. In Lodz passierte während des Zweiten Weltkrieges einiges von Relevanz. Und als *Theo, wir fahr'n nach Lodz* 1974, also nur knapp 30 Jahre nach Kriegsende, ein Erfolg in Deutschland wurde, gab es noch sehr viele Wehrmachts- und SS-Soldaten, die genau wussten, was im Krieg in Lodz passiert war. Keiner von ihnen hatte Interesse daran, es publik zu machen. Im Getto Lodz (Litzmannstadt) starben im Zeitraum 1940 bis 1944 etwa 43 000 Menschen an Unterernährung und Kälte. Für die meisten Deportierten war es eine Zwischenstation auf dem Weg nach Auschwitz oder Majdanek.

1974, als *Theo, wir fahr'n nach Lodz* ein Hit wurde, fragte keiner danach, wie viele Menschen in Lodz ermordet worden waren. Auch der Erfinder des Liedes, Löhner-Beda, konnte den neuen Text nicht mehr kommentieren. Er war am 4. Dezember 1942 zu Tode geprügelt worden, nachdem ein IG-Farben-Direktor seine Arbeitsweise als zu langsam gerügt hatte.[23] Löhner-Bedas Tod hatte für die Schlagerbranche Vorteile, das Lied konnte neu getextet werden, und jetzt fuhr eben Vicky Leandros nach Lodz.

Alice wusste nichts von den genauen Umständen von Helenes Ermordung. Otto hatte beschlossen, ihr diese Geschichte zu ersparen. Er konnte jedoch nicht verhindern, dass Alice nach dem Krieg erfuhr, was mit Karoline und Sidonie geschehen war. Sie waren gemeinsam vergast worden. In ihren Erinnerungen erwähnt Alice dies mit nur einem Satz, sie schreibt, die beiden hätten »sich im Tod aneinandergeklammert«.[24] Natürlich gab es keinen Beleg für diese Umarmung, aber es half ihr ein wenig.

Und vielleicht entsprach es ja sogar der Wahrheit.

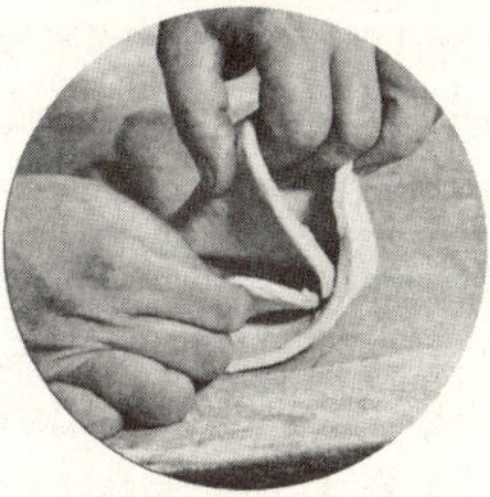

Cordelias Krieg

»Reed College lehrte mich, analytisch zu denken und so viele Fakten zu sammeln wie möglich. Es war ein nützliches Training für die Welt der Nachrichtendienste.«

Cordelia Dodson[1]

Es gab eine weitere Geschichte, die Otto seiner Mutter 1944 verschwieg. Cordelia Dodson würde ebenfalls bald in England eintreffen. Otto konnte Alice davon nichts erzählen, denn sie hätte sonst darauf bestanden, Cordelia wiederzusehen. Bei ihrem ersten Zusammentreffen 1937 im Sacher hatte sie die junge Amerikanerin gründlich unterschätzt. Mittlerweile wusste Alice, dass Karl ohne Cordelias Mithilfe nicht mehr am Leben wäre. Sie schuldete ihr also viel, doch Otto konnte die beiden Frauen 1944 nicht zusammenbringen. Außer ein paar Kollegen durfte niemand von Cordelias Londonreise erfahren. Sie gehörte zu ihrem geheimen Leben.

Cordelia wäre wahrscheinlich nie zu einer Mitarbeiterin des amerikanischen Kriegsgeheimdienstes OSS geworden, wenn sie nicht den »Anschluss« Österreichs miterlebt hätte. Wie sie selbst sagte, beeinflusste diese Erfahrung ihr ganzes weiteres Leben:

»Von diesem Zeitpunkt an lernte ich die Nazis zu hassen.«[2] Nachdem sie im Oktober 1938 nach Amerika zurückgekehrt war, konnte sie erst einmal nichts gegen das NS-Regime ausrichten. Sie war nur eine Studentin, die wusste, dass die Mehrheit der Amerikaner ein militärisches Engagement in Europa ablehnte. Auch als im September 1939 der Krieg ausbrach, musste Cordelia akzeptieren, dass ihre Landsleute Großbritannien nicht im Kampf gegen Hitler unterstützen wollten.

Während sie darauf hoffte, dass die öffentliche Meinung umschwenken würde, studierte sie weiter Deutsch, Französisch und Psychologie in Reed. Sie hatte gerade ihren Abschluss gemacht, als am 7. Dezember 1941 die Japaner Pearl Harbor bombardierten. Ein paar Tage später erklärte Hitler Amerika den Krieg. Die Stimmung drehte sich endlich, und Cordelia ging sofort nach Washington. Ihre erste Arbeitsstelle befand sich im Department of War. Wie ihr Bruder Daniel[3] und Otto gehörte sie offiziell der Air Force an, und ihre wichtigste geheimdienstliche Aufgabe war es, Informationen über die deutsche Luftwaffe ins Englische zu übersetzen und auszuwerten. Cordelias Analysen waren gut und fanden Verwendung, aber nach drei Jahren Schreibtischarbeit wollte sie endlich für einen operativen Einsatz nach Europa geschickt werden. Seit März 1944 wurden die Gerüchte lauter, dass die Invasion unmittelbar bevorstehe. Immer mehr ihrer Freunde wurden nach Großbritannien versetzt, und Cordelia war überzeugt, dort ebenfalls mehr bewirken zu können als im sicheren Washington.

Am 6. Juni 1944 hörte sie wie Millionen andere Amerikaner die Radioansprache von Präsident Roosevelt – die Invasion in der Normandie hatte begonnen. Cordelia ahnte, dass die Verluste anfangs sehr hoch sein würden. In Washington hielt sie es jetzt

Cordelia Dodson bei ihrer Abschlussfeier am Reed College, 1941

nicht mehr aus. Es gab eine Stellenausschreibung, die gut auf sie passte:

»Sekretär und Assistent des Chefs der Abteilung X2 in London. Die Position verlangt große Verantwortung in der Analyse und Weitergabe von X2-Berichten, eigenes Urteilsvermögen und große Eigeninitiative. Es wird ausgezeichnetes Französisch und Deutsch erwartet.«[4]

Der OSS-Chef William Donovan hatte X2 1943 als eine Verbindungsstelle zu den Briten gegründet.[5] X2 galt im OSS als die »Elite innerhalb der Elite«. Cordelia wollte nichts mehr als diese Stelle. Ihre Referenzen waren beeindruckend, ihr Chef E. R. LeRoy setzte sich für sie ein, genauso wie die Reed-Dozenten Henry F. Peters, E. Barnhart und natürlich Dexter Keezer.[6]

Von Cordelias Vorstellungsgespräch sind ein paar Notizen erhalten geblieben, die sie folgendermaßen beschreiben: »Ledig, keine Verwandten im Ausland, will nach Übersee, um ihren Beitrag zu leisten, reist gerne. Intelligent, macht sehr guten Eindruck, wirkt geschäftsmäßig. X2 wird sie einsetzen, Gehalt 2600 Dollar pro Jahr.«[7]

Endlich konnte Cordelia sich nach Europa einschiffen. Doch als sie im November 1944 in London ankam, erkannte sie die Stadt nicht wieder. Sie hatte zwar von den Bombardierungen gehört, aber die Realität war um einiges härter als erwartet. Das pulsierende London, das sie als Studentin in den 30er-Jahren erlebt hatte, existierte nicht mehr. Die Leute sahen verhärmt aus, trugen abgewetzte Kleidung, und überall waren Schutt und Bombenkrater zu sehen. Von Januar bis Mai 1944 hatte es erneute Luftangriffe gegeben, und die Bevölkerung war kriegsmüde geworden. Im wohlhabenden und sicheren Amerika hatte Cordelia zu jeder Zeit Lebensmittel einkaufen können. Sie war es auch gewohnt, dass Heizung und Elektrizität zuverlässig funktionierten. In London war dies nur selten der Fall, und sie musste in Mantel und Handschuhen im Büro sitzen und darüber nachdenken, wo sie etwas Essbares für das Wochenende auftreiben konnte.

Doch bevor sie sich an die englischen Verhältnisse anpasste, bekam sie im Dezember 1944 den Auftrag, in die Schweiz zu reisen. Niemand erklärte ihr, wofür man sie dort brauchte, aber ihr Gehalt wurde umgestellt. Bisher war sie wie alle anderen Mitarbeiter regulär bezahlt worden, ab 1. Dezember 1944 wurde ihr Lohn aus schwarzen Kassen finanziert. Dieser »Reptilienfonds« sollte verschleiern, für wen sie in der Schweiz arbeitete.[8] Es war ein Mann, der im Krieg eine relativ rühmliche Rolle spielte und sie später als Chef der CIA unrühmlich verspielte: Allen Dulles.[9]

Der New Yorker Anwalt Dulles war kein Mann der Nuancen. Psychologie und kulturelle Unterschiede interessierten ihn nur sekundär. Aber er war klug genug, sich mit Leuten zu umgeben, die ihm erklären konnten, was in den Köpfen seiner Gegner (und Verbündeten) vor sich ging. Seine besten OSS-Agenten zeichneten sich dadurch aus, dass sie längere Zeit im Ausland gelebt hatten und die Gesellschaften anderer Länder verstanden. Das traf auf Cordelia zu.[10]

Auf dem Weg zu Dulles sollte Cordelia sich noch schnell als »Reiseleiterin« nützlich machen. Ihre »Reisegruppe« war alles andere als gewöhnlich. Sie bestand aus deutschen Kriegsgefangenen, die man umgedreht hatte und für Agentendienste wieder nach Deutschland einschleusen wollte. Der Mann, der diese Operationen vorbereitet hatte, war Cordelias und Ottos Freund Peter Viertel.[11] Nach dem Krieg würde Viertel ein schonungsloses Drehbuch über eine dieser »Touristen«-Missionen schreiben. Der Film *Entscheidung vor Morgengrauen*[12] wurde 1951 ein

Welterfolg. Cordelia erinnerte sich später an all die Dinge, die bei ihrem »Touristen-Einsatz« schiefliefen.[13] Das Flugzeug war klapprig, und wenn der Pilot nicht so erfahren gewesen wäre, hätten sie es bei den schlechten Wetterbedingungen nie geschafft, in Lyon zu landen. Die Stadt galt als sicher, sie war im September 1944 befreit worden, trotzdem lagen bei allen Beteiligten die Nerven blank. Cordelias Gelassenheit kehrte erst wieder zurück, als sie ihre deutschen Kriegsgefangenen abgeliefert und es endlich über die Schweizer Grenze geschafft hatte. Hier gab es keine Verdunklungsvorschriften, und sie konnte wieder mit Scheinwerferlicht durch die Nacht fahren. Es war mittlerweile kurz vor Weihnachten, und die hell erleuchteten Häuser strahlten gediegenen Schweizer Wohlstand aus. Sie genoss diese Normalität in vollen Zügen: »Wir aßen in einem eleganten Restaurant zu Abend, wo die Martinis in richtigen Gläsern serviert wurden, nicht in Pappbechern, und die Servietten waren aus Leinen und keine Taschentücher.«[14]

Aber noch aufmunternder als die Martinis war ihre neue Aufgabe. Sie meldete sich zwei Tage vor Weihnachten 1944 zum Dienst in der Herrengasse 23 in Bern. Die Nummer 23 war ein stattliches Haus, das seit seiner Erbauung im Jahre 1690 mehrmals erweitert worden war. Auf dem Namensschild neben der Klingel stand: Allen Dulles, Sonderberater des amerikanischen Botschafters. Allen Dulles hatte das Gebäude nicht aus historischem Interesse gemietet, sondern weil es einen separaten Eingang besaß, durch den seine Besucher diskret kommen und gehen konnten. Er hatte auch dafür gesorgt, dass die Straßenlaternen vor dem Haus nachts nicht funktionierten. Dafür hatte er gute Gründe. Sowohl der Schweizer als auch alle feindlichen Nachrichtendienste interessierten sich für die Identität seiner Besucher.

Cordelia arbeitete als Erstes mit Paul C. Blum zusammen, einem von Dulles' wichtigsten Beratern: »Wir wohnten im Haus Silberhof. Paul hatte das Eckzimmer und ich das Zimmer neben ihm«, erzählte Cordelia 50 Jahre später. »Wir hatten eine Schweizer Schreibmaschine, und Paul musste akzeptieren, dass Tippen nicht meine Stärke ist … Unser größtes Problem war es, Müll diskret zu entsorgen.«[15]

Die Schweiz war zwar offiziell neutral, aber Cordelia lernte sehr schnell, dass die Neutralität sich nach Regionen unterschied: »In Zürich waren sie pro-deutsch, aber in Genf … waren sie anti-Nazi. Die Deutschen hatten es geschafft, in der Schweiz eine illegale Nazi-Partei aufzubauen, und die Schweizer Polizei versuchte, deren Mitglieder auszukundschaften. Sie sahen diese Leute als Verräter an und sammelten Material über sie. Sie wollten wissen, was vor sich ging, und genau das wollten wir auch.« Es war gelegentlich eine schizophrene Situation. In Berns elegantestem Hotel Bellevue Palace dinierten die feindlichen Parteien: In der einen Raumhälfte saßen die OSS-Leute, in der anderen Agenten von Heinrich Himmlers Sicherheitsdienst.[16] Die Nähe hatte ihre Vorteile. Cordelia half Paul Blum, eine SD-Agentin zu rekrutieren,[17] aber sie war auch an einem seiner wichtigsten Projekte beteiligt: jene Kanäle aufzudecken, über die NS-Funktionäre vor Kriegsende noch schnell versuchten, Gold nach Liechtenstein, Spanien und Südamerika zu schmuggeln.[18] Blum hatte verschiedene Informanten in der Banken- und Geschäftswelt und traute niemand außer seinem Team: »Wir waren eine kleine Gruppe, die eng zusammenarbeitete«, sagte Cordelia später, »und wir tranken mehr, als wir gesollt hätten.«[19] Trotzdem hatten sie Erfolg. Im September 1946 wurden Blum, Cordelia und ihr OSS-Kollege William Hood für das Auffinden von Nazigold befördert.[20]

Cordelia arbeitete jedoch nicht nur an Blums Projekten, sondern auch direkt für Allen Dulles. Er interessierte sich für ihre Studentenzeit, vor allem ihren Besuch in Italien 1937:

Karls und Cordelias Freundschaft hatte am 9. April 1937 auf einem Wiener Bahnhof begonnen. Karl hatte sich damals genau notiert, mit welchem Zug Cordelia ankam: Venedig-Triest-Klagenfurt-Semmering-Wien. Er hatte sie nicht näher gefragt, was sie in Italien gemacht hatte, wahrscheinlich weil er annahm, dass Amerikaner in Italien immer das Gleiche tun: Ruinen, Kirchen und Museen besichtigen. Genau dieses Programm hatte Cordelia absolviert, aber abseits der Touristenpfade hatte sie auch die Eltern ihres Reed-Kommilitonen Emilio Pucci di Barsento aufgesucht. Der Grund dafür war reine Neugier gewesen.

Pucci und Otto hatten in Reed Cordelias Interesse fürs Skifahren und für europäische Politik geweckt. Der rasante Abfahrtsstil der beiden Männer war fast identisch, aber wenn es um Politik ging, vertraten sie sehr verschiedene Sichtweisen – Otto warnte vor dem Faschismus, Pucci verteidigte ihn. Cordelia wollte sich beide Seiten ansehen.

Die Puccis gehörten zu den ältesten Adelsfamilien Italiens und lebten seit 1480 im Palazzo Pucci in Florenz. Als Cordelia 1937 Emilios Eltern traf, erfuhr sie, dass er als Kind eine englische Gouvernante gehabt und sich als Jugendlicher sowohl für das amerikanische Gesellschaftsmodell als auch für den italienischen Faschismus begeistert hatte. Es war ein Widerspruch, den er nie ganz auflösen konnte. Um an Sportwettbewerben teilzunehmen, trat er mit 15 Jahren faschistischen Jugendorganisationen bei – der Opera Nazionale Balilla (ONB) und später als Student in Mailand der Gioventù Universitaria Fascista (GUF).[21]

Nach ihrem Italienbesuch war Cordelia zu der Überzeugung

gekommen, dass Otto mit seiner Faschismuskritik recht hatte. Pucci unterlag damit zwar im politischen Wettbewerb, im erotischen blieb er Otto jedoch überlegen. Cordelia fand den Italiener zeitlebens äußerst attraktiv, »er war schlank, sehr elegant und ein guter Athlet. Er fuhr wunderbar Ski, konnte fechten und fantastisch tanzen.«[22] Mit ihrem Enthusiasmus stand sie nicht allein da. Nur wenige Reed-Studentinnen würden Pucci später vergessen, auch oder gerade weil er nicht monogam veranlagt war: »Manche Frauen waren einfach begeistert, ihn zu sehen, und andere taten alles, um drei Meter Abstand zu ihm zu halten«, erinnerte sich ein Kommilitone.[23]

Puccis berufliche Karriere stellte sich als noch interessanter heraus als seine amouröse. Nachdem er 1937 in Reed seine Abschlussarbeit mit dem Titel *Faschismus: Erklärung und Rechtfertigung* eingereicht hatte,[24] war er durch Asien gereist und kehrte erst Monate später nach Italien zurück. Laut seinen späteren Aussagen gegenüber dem OSS sah er jetzt erstmals die Schattenseiten des Regimes, »ich erkannte, dass ich während meines Auslandsaufenthaltes den Faschismus idealisiert hatte. Konfrontiert mit der offensichtlichen Korruption und der Inkompetenz in allen Regierungsstellen, erlebte ich eine schreckliche Desillusionierung.«[25]

Doch Pucci blieb ein italienischer Patriot und ließ sich zum Kampfpiloten ausbilden. Bei einem Skiausflug lernte er 1938 die Kinder Mussolinis kennen und freundete sich mit ihnen an. Vor allem mit der ältesten Tochter, der verheirateten Edda Ciano, verband ihn eine intensive Liebesbeziehung. Edda war nur vier Jahre älter als er, sportlich und attraktiv. Sie galt in der italienischen Öffentlichkeit als »moderne« Faschistin, die ihren Vater hundertprozentig unterstützte. Sogar bei ihrer Hochzeit mit Graf Ciano hatte sie 1930 den faschistischen Gruß für die Kameras vollführt. Dank Eddas Vermittlung erhielt Pucci im Sommer 1943 sogar eine private Audienz bei Mussolini.[26] Doch seine Hoffnung, den Duce über die Korruption im italienischen Luftfahrtministerium aufzuklären, blieb unerfüllt. Pucci kehrte an die Front zurück. Seine Nerven waren 1943 bereits so zerrüttet, dass er nur noch fliegen konnte, wenn er sich vorher mit der Droge Pervitin aufgeputscht hatte.[27]

Noch in London war Cordelia 1944 der Name Pucci in einer verschlüsselten Depesche aufgefallen. Sie erklärte ihrem Vorgesetzten, dass sie Pucci in Reed als Studentin gekannt und auch seine Eltern 1937 in Italien besucht hatte. Man beauftragte sie daraufhin, Kontakt zu ihm herzustellen.[28] Pucci war für die Amerikaner wichtig, weil er und Edda Ciano etwas besaßen, das sie dringend brauchten: die Tagebücher von Eddas Ehemann Graf Ciano, Mussolinis ehemaligem Außenminister. Ein Auftrag des OSS lautete, so viel Material wie möglich für spätere Kriegsverbrecherprozesse zu sammeln. Die Tagebücher galten als potenzielles Beweismaterial, da Ciano Gerüchten zufolge darin alle Unterredungen mit dem deutschen Außenminister Joachim Ribbentrop und mehreren anderen NS-Größen verzeichnet hatte. An diese Informationen wollte man nun gelangen. 1943 war Ciano bei Mussolini in Ungnade gefallen und inhaftiert worden. Auch seine Frau Edda hatte mit ihrem Vater gebrochen. Sie hielt nun die Tagebücher ihres Mannes versteckt und versuchte, damit seine Freilassung zu erpressen. Pucci half ihr dabei, so gut er konnte, und diese Information war es, die Cordelia in den Depeschen aufgefallen war. Sie passte zu jenem Pucci, den sie in Reed kennengelernt hatte.

Wahrscheinlich gibt es nur wenige Liebhaber, die ihr Leben aufs Spiel setzen würden, um den Ehemann ihrer Geliebten zu retten. Aber Pucci war kein durchschnittlicher Mann, und Edda

Ciano war alles andere als eine durchschnittliche Ehefrau. Beinahe hätten die beiden Anfang 1944 Himmlers SD-Agenten dazu gebracht, Cianos Freilassung zu veranlassen – als Gegenleistung für die Tagebücher. Doch als Hitler von dem Deal erfuhr, verhinderte er ihn. Am 11. Januar 1944 wurde Ciano auf Anordnung seines Schwiegervaters Mussolini in Verona hingerichtet, und Edda überbrachte ihren Kindern die Nachricht mit dem ungewöhnlichen Satz: »Großpapa hat Papa erschießen lassen.«[29]

Der einzige Mensch, der in dieser verfahrenen Situation weiterhin zu ihr stand, war Pucci. Nach dem Scheitern des Deals hatte er Edda und ihre Kinder mit Teilen der Tagebücher zur Schweizer Grenze gebracht, fiel jedoch kurz darauf dem Sicherheitsdienst in die Hände. In seinem geheimen Bericht für den OSS beschrieb er das »Verhör« durch den SD später so:

> Ich möchte keine detaillierten Angaben darüber machen, wie ich gefoltert wurde. Folter ist eine so erniedrigende Erfahrung, dass darüber zu sprechen eine weitere Erniedrigung ist. Ich kann nur sagen, dass die Folter acht Stunden dauerte, ich dabei einen Schädelbruch erlitt, eine meiner Ohrtrommeln zerstört wurde und man mich so lange unter Wasser hielt, bis ich bewusstlos wurde.[30]

Kurz darauf änderte der SD die Taktik. Man schickte Pucci in die Schweiz, wo er Edda überreden sollte, die Tagebücher auszuhändigen. Puccis Glaube an den Faschismus war nun endgültig zerstört, und als er in der Schweiz ankam, versuchte er sofort, Kontakt mit den Alliierten aufzunehmen. Die Briten hatten kein Interesse an ihm, und nach diesem weiteren Rückschlag brach er endgültig zusammen und musste in ein Schweizer Krankenhaus eingeliefert werden, wo man seine schweren Verletzungen bemerkte. Erst jetzt ernannte Allen Dulles Cordelia zu Puccis »Handler« (Führungsoffizier). Nach allem, was er durchgemacht hatte, war Pucci verständlicherweise begeistert, von Cordelia in einem Schweizer Sanatorium besucht zu werden. Ihr Anblick beschleunigte seine Genesung, und auch Cordelia freute sich, ihn wiederzusehen: »Mein Engagement ging über das übliche Maß hinaus. Wir gewannen sogar einen Tanzwettbewerb in Zermatt. Wir fuhren Ski zusammen, redeten vor einem prasselnden Kaminfeuer über unsere Collegezeit und über das erodierende faschistische System in Italien.«[31]

Die Beziehung entwickelte sich gut. Auch mit der Beschaffung der Tagebücher ging es voran. Pucci erklärte sich bereit, nach Italien zu gehen, um den Rest zu holen, aber mittlerweile waren Teile davon dem SD in die Hände gefallen. Dank Puccis Hilfe besaß Edda Ciano jedoch noch fünf Bände. Auch sie befand sich in einem Sanatorium unter Bewachung des schweizerischen Nachrichtendienstes.

Edda musste jetzt dazu gebracht werden, Allen Dulles die Tagebücher auszuhändigen. Pucci tat sein Bestes, sie zu überreden, und letztlich empfing Edda Dulles in ihrem Sanatorium. Nach langen Verhandlungen vereinbarten die beiden, 1200 vollgeschriebene Seiten unter völliger Geheimhaltung abzufotografieren und später als Buch zu veröffentlichen. Das Ergebnis dieses Deals war ein wichtiger PR-Coup für die Alliierten. Die internationale Presse publizierte Auszüge aus den Tagebüchern, und bei den Nürnberger Prozessen konnten sie als Beweismittel gegen Ribbentrop verwendet werden.

Die Ciano-Tagebücher stellten nur einen Teil des belastenden Materials dar, das der OSS und der CIC den Anklägern in Nürnberg zur Verfügung stellten. In manchen Fällen war man fatale

Kompromisse eingegangen, um an Material zu kommen. Trotzdem half es am Ende, wenigstens ein paar der schlimmsten NS-Verbrecher zu verurteilen.[32]

Cordelia konnte mit ihrer Rolle in der Tagebücher-Operation zufrieden sein. Die Tanzeinlage in Zermatt hatte sich durchaus gelohnt.

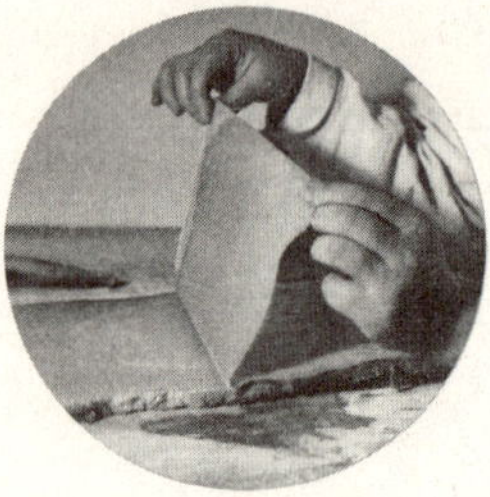

Überlebt!

»The day is ours,
the bloody dog is dead.«
William Shakespeare, *Richard III.*,
zitiert am 1. Mai 1945 in der BBC

Als Lisl Scherzer am 5. Mai 1945 vom Kinderheim zu der Schneiderei radelte, in der sie arbeitete, traf sie auf halbem Weg den Telegrammboten. Sie kam nicht auf die Idee, dass er Post für sie haben könnte, und so fuhr sie zielstrebig weiter. Kurze Zeit später war sie gerade mit dem Saum einer Kundin beschäftigt, als Ruth in den Laden stürzte und rief: »Du musst sofort nach Hause kommen, es ist ein Telegramm für dich angekommen!« Die Nachricht versetzte Lisl in Panik. Ihr Vater diente in der britischen Armee, und die Vorstellung, dass ihm – in den letzten Kriegstagen – noch etwas passiert sein könnte, ließ sie ins Heim rasen: »Die Betreuerinnen warteten schon auf mich mit einer Tasse Tee und einem Beruhigungsmittel.«

Alice und Paula gingen mit Lisl in ein Nebenzimmer und überreichten ihr das Telegramm. Es kam aus Schweden und war an ihren Vater gerichtet. Er hatte das Kinderheim als seine Kontaktadresse angegeben. Lisl war erleichtert, seinen Namen zu lesen, denn es bedeutete, ihm selbst war nichts passiert. Sie öffnete den Umschlag und las:

»Stockholm. 4th May 45 Scherzer.

Your wife saved; Arrived here Red Cross transport from Germany.«

Noch als alte Dame würde Lisl vor Freude weinen, als sie über den Moment spricht, in dem ihr klar wurde, dass ihre Eltern überlebt hatten:

> Ich war das einzige Mädchen im Kinderheim mit einem Vater,[1] und jetzt hatte ich auch noch meine Mutter wieder! 19 Mädchen standen auf der anderen Seite der Tür und warteten auf mich. Ich konnte hören, wie sie flüsterten: »Warum kommt Lisl denn nicht raus und sagt uns, was in dem Telegramm steht?« Ich sagte zu den Betreuerinnen, wie kann ich den anderen das jetzt erklären, was hier steht? Sie haben doch alle niemanden, und ich habe so ein Glück. Am Ende ging ich doch raus und erzählte es ihnen. Und sie haben sich alle für mich gefreut und gesagt, wir werden vielleicht auch bald etwas hören. Aber sie haben nie mehr etwas Gutes gehört.

Alice und Paula würden in den nächsten Wochen noch öfters die Beruhigungstabletten aus dem Schrank holen müssen. Bis auf dieses eine Telegramm erreichten nach dem Kriegsende am 8. Mai nur schlechte Nachrichten das Kinderheim. Alice war so besorgt um die Stimmung im Haus, dass sie die Zeitungen zensierte und das Radio ausschaltete, sobald die Nachrichten begannen. Sie bat die größeren Kinder, erst zum Hauptfilm ins Kino zu gehen, denn vor jeder Filmvorführung liefen damals die Pathé News, eine britische Wochenschau, die über die politischen Ereignisse berichtete. Während des gesamten Krieges hatten die Kinder sie ansehen dürfen, aber jetzt wurde auch über die Konzentrationslager berichtet. Als Alice hörte, dass sogar ein ganzer Film über die Befreiung der KZs gezeigt werden würde, verbot sie allen ausdrücklich, ins Kino zu gehen. Peter Sieber beschrieb, was dann passierte: »Eines der älteren Mädchen schlich sich trotzdem ins Kino. Sie fiel gleich nach dem Filmanfang in Ohnmacht. Das Personal tat sein Bestes, um ihr zu helfen. Der örtliche Polizist brachte sie dann in seinem Auto wieder zurück ins Kinderheim.«[2]

Es war jetzt offensichtlich geworden, was Alice und Paula seit Jahren geahnt hatten: Sie leiteten kein Kinderheim, sondern ein Waisenhaus. Gemeinsam mit jüdischen Hilfsorganisationen mussten sie nun versuchen, entfernte Verwandte der Mädchen ausfindig zu machen. Aber mehrere Kinder wollten das Heim auf keinen Fall verlassen, und Alice und Paula blieben noch lange Zeit ihr einziger Elternersatz. Wie dies ablief, zeigt beispielhaft eine Akte, die beim Jewish Refugees Committee auch nach Kriegsende weitergeführt wurde. Darin ging es um Margot H., die zwar 1945 schon 21 Jahre alt war, aber trotzdem im Heim bleiben wollte. Die Einträge aus der Nachkriegszeit sind eine Mischung aus Tragik und Banalität:

- 14. 7. 45: Der Name Bela H. wurde auf einer Bergen-Belsen-Liste gefunden. Wir versuchen herauszufinden, ob sie identisch ist mit Margots Mutter Bella H.
- 16. 7. 45: Wir haben Margot diese Information überbracht und ihr gesagt, sie wird informiert, sobald es neue Nachrichten gibt.
- 1. 11. 45: Frau Urbach hat uns informiert, dass Margot sich verlobt hat und heiraten will. Wir haben Frau Urbach mit-

geteilt, dass Rabbi Neuman sich bald melden wird, um die technischen Details zu besprechen.

- 26. 2. 46: Margot hat ihren Job aufgegeben und will im Hostel aushelfen. Sie möchte ihre Mandeln entfernen lassen. Das jüdische Krankenhaus [in London] hat ihr einen OP-Termin gegeben. Sie hatte ihre Verlobung aufgelöst.
- 13. 4. 46: Frau Urbach wurde über den guten Verlauf der Operation informiert und fragte, wann Margot wieder nach Hause kommen dürfe. Paula Sieber dankte dem Jüdischen Komitee dafür, dass es sich um Margot [in London] gekümmert hatte.
- 3. 6. 46: Mitteilung des Roten Kreuzes. Die zwei Personen, nach denen Margot gefragt hat, wurden nach Riga deportiert, wahrscheinlich am 22. 11. 41.[3]
- 6. 6. 46: Mitteilung an Frau Urbach. Sie muss Margot diese Nachricht überbringen.
- 9. 8. 46: Margot hat einen guten Job als Friseurin in Stamford Hill gefunden.
- 16. 4. 47 Margot hat sich mit einem Nathan D. verlobt, der zurzeit in der Armee dient. Er ist ein jüdischer Flüchtling und war Kibbuz-Mitglied. Margot will deswegen keine Auswanderung nach Amerika anstreben.
- 29. 5. 47: Margot bekommt [vom jüdischen Komitee] eine Mitgift zur Hochzeit.[4]

Das Heim wurde also 1945 nicht sofort abgewickelt. Im Gegenteil. Laut Peter Sieber machte man es zu einer Art Durchgangsstation für Kinder aus anderen Unterkünften. Alles in allem versorgten Alice und Paula bis Oktober 1946 40 Mädchen.[5]

Auch Anna Freud scheint sich an Windermere und Alice' Arbeit erinnert zu haben. Sie arbeitete mit Hilfsorganisationen zusammen, die nach der Befreiung der Konzentrationslager eine Gruppe von Häftlingskindern aus Polen nach England brachten. Sie wusste von Alice, wie beruhigend die Landschaft des Lake Districts wirken konnte. Die Kinder aus den KZs wurden jetzt ebenfalls in der Nähe von Windermere untergebracht, in der Hoffnung, dass sie sich in der schönen Landschaft zumindest physisch ein wenig erholen könnten. Die Gruppe lebte abseits des Sees, in der Calgarth-Siedlung.[6] Paula und Alice hatten wahrscheinlich keinen Kontakt zu diesen Kindern, sie waren mit ihrem eigenen Heim ausgelastet und standen mittlerweile kurz vor dem physischen Kollaps. Sie hatten vereinbart, ihre Schützlinge nie im Stich zu lassen, aber als das jüdische Komitee 1946 genug Geld gesammelt hatte, um die jüngeren Mädchen zu entfernten Verwandten zu schicken, konnten Paula und Alice wieder an ihre eigene Zukunft denken. Paula wollte in England bleiben, aber Alice träumte von einem Neuanfang.

In Auschwitz kursierte ein Begriff für den Ort, an dem es alles im Überfluss gab: Man nannte ihn Kanada. Wenn jemand fragte, wie es möglich war, im KZ ein Musikinstrument für das Frauenorchester aufzutreiben, dann kam als Antwort: Kanada. Die offizielle Bezeichnung für »Kanada« war »Effektenlager«. In den Effektenlagern wurde alles gesammelt, was man den Häftlingen abgenommen hatte – ihre warmen Mäntel und die darin versteckten Wertsachen. Kanada wurde zu einem Synonym für Wohlstand, eine Art Sehnsuchtsort für alle Häftlinge.[7]

Alice' Schicksal ist nicht mit dem ihrer Schwestern in den Lagern zu vergleichen, aber auch sie hatte einen Sehnsuchtsort. Er lag gleich neben Kanada und hieß Vereinigte Staaten von Amerika. Nicht nur der Wohlstand zog sie an, sondern vor allem, dass es die neue Heimat ihrer Söhne und ihres Bruders Felix geworden war. Alice wollte jetzt endlich mit ihnen zusammen sein. Nach Amerika auszuwandern wurde ihr großer Traum. Als neuer amerikanischer Staatsbürger konnte Otto endlich vollständig für sie bürgen, aber auch die Dodsons halfen ihr, die Einreise zu beschleunigen. Da der wohlhabende William Dodson in einer »regierungsnahen« Stelle in Washington arbeitete, war seine Stellungnahme am Ende entscheidend. Er beschrieb den Einwanderungsbehörden ausführlich, wie vorbildlich Alice' Söhne sich in Amerika integriert hatten:

> Als es zum Anschluss kam und die Nazis Menschen mit jüdischem Blut misshandelten, baten mich meine Kinder, ihnen dabei zu helfen, Karl Urbach aus Österreich herauszuholen und nach Amerika zu bringen. Ich gab eine Garantie für ihn ab … und wir fanden für ihn einen Studienplatz … Nach dem Reed College studierte er Chemie an der Northwestern University in Chicago … Er ist ausgesprochen intelligent und lebt sparsam … Sein Bruder, Otto Urbach, diente in der Air Force und arbeitet zurzeit für diese oder eine andere amerikanische Dienststelle in Europa. Er ist sehr patriotisch, energiegeladen und durchsetzungsfähig.[8] … Ich habe die Mutter der beiden noch nicht getroffen, aber meine drei Kinder lernten sie in Wien kennen. Sie ist eine Expertin für Ernährungsberatung und hat in Wien und London gearbeitet … Wie ich von meinen Kindern und aus anderer Quelle erfahren habe, ist sie eine fähige und angesehene Dame … Aufgrund ihres fortschreitenden Alters wünschen beide Söhne, dass sie nach Amerika einreisen darf, damit sie, wenn sie nicht mehr arbeitet, von ihren Söhnen unterstützt werden kann.[9]

Dodsons Bericht machte bei den Behörden Eindruck, und Alice konnte eine Überfahrt nach New York buchen. Am 16. Oktober 1946 bestieg sie in Southampton die Queen Elizabeth. Das Schiff war nach der Ehefrau von König Georg VI. benannt worden, die es noch vor dem Krieg eingeweiht hatte. Die geplanten Luxusreisen über den Atlantik hatten jedoch nicht mehr stattfinden können. Das Schiff war für Truppentransporte umgerüstet worden und erlebte erst 1946 – mit Alice an Bord – seine »Jungfernfahrt« als kommerzielles Passagierschiff. Alice genoss jede Minute der Reise. Besonders begeisterte sie, dass der Kapitän des Schiffes ein gewisser Sir James Bisset war. Bisset hatte als junger Offizier 1912 geholfen, Überlebende der Titanic zu bergen.[10] Wer in Notfällen richtig handelte und wer versagte, hatte Alice in den letzten Jahren ausführlich studieren können. Mit Bisset zu reisen war eine beruhigende Erfahrung für sie. Sie kam sicher in New York an.

Amerika ist auch heute ein Einwanderungsland für junge Leute. Solange man gesund ist und lange Arbeitszeiten in Kauf nimmt, kann man sich einen guten Lebensstandard erarbeiten. Doch wer krank oder alt ist, kann auf wenig Unterstützung hoffen. Da das soziale Netz löchrig ist, lebt jeder Amerikaner in der ständigen Sorge, seinen Job und damit auch seine Krankenversicherung zu verlieren. Schon auf Ellis Island wurden gebrechliche Menschen aussortiert und zurückgeschickt, ganz gleich, welches Schicksal sie in ihren Herkunftsländern erwartete. Wer hingegen frisch und arbeitsfähig aussah, musste hier nichts befürchten. Als Alice 1946 in New York ankam, entsprach sie nicht unbedingt dem Idealbild des vitalen Einwanderers. Auf Nachkriegsfotos sieht man eine erschöpfte Frau, die sich bemüht zu lächeln. Ihre Haare sind schlohweiß, und sie ist schlicht gekleidet. Vermutlich hat sie keinen vorteilhaften Eindruck auf die Einreisebeamten gemacht, und wenn Alice nicht die Empfehlungen der einflussreichen Dodsons vorgewiesen hätte, wäre sie vielleicht nicht so schnell durchgewinkt worden. Sie wusste das selbst nur zu gut. Vor allem ihr Mantel beschämte sie: »Als ich in New York ankam, holte mich meine Schwägerin [Felix' Frau Helene Mayer] ab, und das Erste, was sie zu mir sagte, war: ›Dein Mantel sieht aus, als wär er von der Heilsarmee!‹«[11]

Es war eine brutale, aber durchaus zutreffende Feststellung. Während Kleidung in Amerika im Überfluss vorhanden war, wurde sie in England immer noch rationiert. Alice trug einen unförmigen und rauen Stoffmantel. Sie besaß mittlerweile kein einziges Stück mehr, auf das sie noch stolz sein konnte. Nach all den Jahren der Kargheit hatte sie fast vergessen, wie viel Wert man in ihrer Familie auf die korrekte Kleidung legte. Da die Mayers ihr Vermögen mit Textilien gemacht hatten, gab es ein ungeschriebenes Gesetz für alle Familienmitglieder: Die Mayer-Männer hatten tadellose Anzüge zu tragen, die Mayer-Frauen elegante Kostüme und dazu passende Hüte. Jeder Spaziergang durch Wien war ein Schaulaufen, man ging nicht nur als Privatperson aus, sondern auch als Repräsentant der Firma. Diese Zeiten waren zwar schon lange vorbei, aber in New York nahm Alice sich vor, wieder mehr Sorgfalt auf ihr Äußeres aufzuwenden. Selbst mit wenig Geld war das in Amerika möglich. Die Kaufhäuser quollen über von Waren, und Alice konnte es kaum fassen, noch einmal solch schöne Dinge zu sehen. Ihre Schwägerin Helene verdiente zwar nicht viel, und auch Felix musste sich mit schlecht bezahlten Bürojobs durchschlagen, aber beide schafften es, sich ihre Armut nicht ansehen zu lassen.

Später würde Alice ganz in der Nähe der beiden in New York leben, aber 1946 wollte sie nur eines: endlich wieder mit Karl zusammen sein. Er studierte in Chicago an der Northwestern University, und Alice reiste zu ihm. Es muss ein merkwürdiges Wiedersehen gewesen sein. Sie hatte einen 20-jährigen schüchternen Jungen in Erinnerung, doch mittlerweile war Karl 28 Jahre alt und hatte einiges durchgemacht. Er war in Dachau gewesen, hatte sich in Amerika mit Gelegenheitsarbeiten über Wasser gehalten und nebenher in Rekordzeit im kriegswichtigen Fach Chemie promoviert. Die Erfahrungen hatten ihn selbstbewusster gemacht, und jetzt durfte er endlich studieren, was er wirklich wollte – Medizin. Damit sie sich nach diesen Jahren der Trennung wieder neu kennenlernen konnten, beschlossen sie, einfach zusammenzuziehen. Karl besorgte Alice eine Stelle als Diätberaterin in einem großen Chicagoer Hotel, und sie begann von Neuem, die Zutaten und Maßeinheiten eines fremden Landes zu erlernen.[12]

Während Alice in Amerika vom Überfluss an Kleidung und Lebensmitteln überwältigt wurde, erlebte Otto zur gleichen Zeit das Gegenteil in Deutschland. Er sah den Hunger der Bevölkerung, die zerbombten Städte und die Leichenberge der befreiten KZs. Sein Geheimdienstkollege, der Journalist Hans Habe, beschrieb das erste Wiedersehen mit den Deutschen 1945 so:

> Ich begegnete allen … Erscheinungen … feigen Opportunisten, die gestern noch Durchhalten über die zwölfte Stunde hinaus gepredigt hatten und nun eifrig ihre Englischkenntnisse hervorkramten, tapferen Widerstandskämpfern, die sich keineswegs um unsere Gunst bemühten, unbelehrbaren Nazis, die durch kleinliche Sabotageakte das Unvermeidliche hinauszuschieben suchten, Nationalisten, denen die Vernichtung ihres ausgebluteten Landes gleichgültig war, Patrioten die den Frieden herbeisehnten.[13]

Otto, Mitte, rechts ein Major der US-Armee, ca. 1946/47

Es war eine trübe Melange an menschlichen Abgründen, und es überrascht nicht, dass die meisten von Ottos Kameraden so schnell wie möglich in ihre zivilen Berufe zurückkehren wollten. Otto plante keinen Moment lang eine Rückkehr. Nach dem, was er in den KZs gesehen hatte, konnte er nicht zur Tagesordnung übergehen.

Alice' Söhne unterschieden sich auch jetzt wieder voneinander. Karl versuchte, alles zu vergessen, indem er ein normales Leben führte. Er ließ nicht zu, dass die Nazis seine Zukunft bestimmten. Otto hingegen baute nie das Skihotel, von dem er 1938 geträumt hatte. Alles, was er in den nächsten 30 Jahren unternehmen würde, hatte mit dem Krieg zu tun.

Wie so viele Männer seiner Generation redete Otto nie über seine Gefühle. Nur seine sachlich gehaltenen Geheimdienstberichte, die in den National Archives in Washington liegen, geben Aufschluss darüber, was er im Nachkriegsdeutschland sah. Dazu gehört ein Dokument, das auf merkwürdige Weise weltberühmt wurde: der Odessa-Bericht. Was Otto 1946 über die Organisation der ehemaligen SS-Angehörigen, kurz Odessa, berichtete, wurde Auslöser für jahrelange Nachforschungen und später von Frederick Forsyth in seinem Roman *Die Akte Odessa* fiktionalisiert.

Seit Anfang 1946 arbeitete Otto in Stuttgart, der Region 1 des Counter Intelligence Corps.[14] Der CIC galt als nicht so elitär wie Cordelias OSS, aber er erledigte ähnliche Aufgaben. Ursprünglich war der CIC zur Spionageabwehr gegründet worden, aber im zerstörten Nachkriegsdeutschland musste er eine Vielzahl an polizeilichen Arbeiten übernehmen – von Schwarzmarktkontrollen bis hin zur Fahndung nach Kriegsverbrechern. Einige von diesen Kriegsverbrechern waren in den Lagern für Displaced

Persons (DP) untergetaucht. In jenen Camps herrschte Chaos. Hier konnte es jederzeit passieren, dass ehemalige KZ-Insassen auf SS-Männer trafen, die sich als Flüchtlinge ausgaben. Sie hatten keine oder gefälschte Papiere und erzählten Geschichten, die niemand überprüfen konnte. Schiebereien und Kriminalität aller Art waren an der Tagesordnung, die DP-Lager galten als eine Brutstätte der Gewalt. Otto und seine CIC-Kollegen hatten die undankbare Aufgabe, herauszufinden, wer über seine Identität die Wahrheit sagte und wer log. Aus diesem Grund schleuste der CIC häufig seine eigenen Leute (vor allem deutsche Emigranten) in die Lager ein, um an Informationen zu gelangen. Die gleiche Methode wandte man auch in den Gefangenenlagern an, in denen SS-Männer inhaftiert waren. Über eines dieser Lager schrieb Otto 1946 den berühmten Odessa-Bericht:

3.7.1946

Betrifft: Subversive Organisation von entlassenen SS-Gefangenen »Odessa«

1. Informationen, die hier eingegangen sind, enthalten Anhaltspunkte, dass es eine Untergrundorganisation von entlassenen SS-Männern gibt, die das Auerbach-Entlassungslager durchlaufen haben. Die Insassen dieses Lagers bestehen ausschließlich aus hochrangigen SS-Männern, und es wird angenommen, dass die niedrigeren SS-Ränge, die nur vorübergehend dort sind, von ihnen beeinflusst werden.
2. Es wird berichtet, dass beim Augsburger Roten Kreuz gegenüber dem Bahnhof bei der Nennung des Losungswortes »Odessa« Essensprivilegien und andere Vorzugs-

behandlung gegeben werden. Eine Rotkreuzschwester, die am 8. Juni 1946 um 9 Uhr morgens Dienst hatte, gab den Männern auf das Codeword »Odessa« hin Brot und Kaffee. Kurz vorher hatte sie andere entlassene Kriegsgefangene abgewiesen

…

4. Es wird angeregt, dass diese Person vorsichtig von der CIC-Unterregion untersucht wird und dass, um Informationen über Odessa zu erhalten, eine Insider-Ermittlung im SS-Entlassungslager Auerbach nahe Grafenwöhr unternommen wird.

Otto R. Urbach
Special Agent[15]

Dieser Bericht war reine Routine, einer von Hunderten, die täglich von CIC-Agenten geschrieben wurden. Otto bezeichnete Odessa noch als »Losungswort« einer Untergrundorganisation. Aber in den nächsten Wochen kamen neue Informationen hinzu. Im britisch besetzten Hamburg tauchte eine Odessa-Organisation auf, und in Bayern schleuste der CIC einen Informanten ins Gefangenenlager Dachau. Hier waren nach der Befreiung der KZ-Insassen nun SS-Männer inhaftiert worden. Der Dachauer Informant erfuhr, dass Gerüchten zufolge eine Fluchtorganisation namens Odessa Papiere für die Ausreise nach Argentinien organisierte.[16]

Allein der Name »Odessa« gab Rätsel auf. Otto glaubte, er stehe für »Organisation der ehemaligen SS-Angehörigen«, aber da SS-Männer für ihren besonders makabren Humor bekannt waren, könnte Odessa für sie noch eine weitere Bedeutung gehabt haben: Im Herbst 1941 hatten rumänische Truppen unter deutscher Anleitung in Odessa etwa 25 000 Juden ermordet – eine Tat, auf die man in SS-Kreisen ausgesprochen stolz war. Was auch immer die Gründe für die Namensgebung waren, der Zweck schien ganz pragmatisch zu sein: Gleichgesinnte zu versorgen und Fluchtwege zu organisieren. Schon Ende 1946 fand der CIC heraus, dass die ehemaligen SS-Leute äußert flexibel reagierten, es gab mittlerweile neue Netzwerke mit völlig anderen Namen.[17] Auch die Methoden wurden im Laufe der Jahre perfektioniert. Eine der letzten – bekannten – Hilfsorganisationen für SS-Angehörige ist die »Stille Hilfe«. Sie wurde von Heinrich Himmlers Tochter Gudrun bis zu ihrem Tod 2018 unterstützt. Die »Stille Hilfe« besorgte SS-Verbrechern juristischen Beistand und komfortable Plätze in der Seniorenresidenz.[18]

Ottos CIC-Bericht von 1946 blieb bis zum Jahr 2000 unter Verschluss. Und trotzdem wurde der Name Odessa schon in den 1960er-Jahren bekannt. Das lag an den Büchern des Nazijägers Simon Wiesenthal, *Ich jagte Eichmann* und *Doch die Mörder leben*. Nach seiner Inhaftierung im KZ Mauthausen hatte Wiesenthal sich geschworen, NS-Kriegsverbrecher und ihre Netzwerke aufzuspüren. Einer davon war Adolf Eichmann, der im Mai 1945 zuerst im österreichischen Altaussee untertauchen, sich dann fünf Jahre in Deutschland verstecken und in den frühen 1950er-Jahren nach Argentinien entkommen konnte. Eine solche Untergrundexistenz war nur möglich, wenn man sich auf einen großen Kreis von Unterstützern und Geldgebern verlassen konnte. Wiesenthal suchte nach solchen Netzwerken, und er hörte in diesem Zusammenhang auch von Odessa. Er gab seine Informationen an den Reuters-Journalisten Frederick Forsyth weiter, der sie ausschmückte und 1972 als Roman unter dem Titel *Die Akte Odessa* veröffentlichte.[19]

C O N F I D E N T I A L

HEADQUARTERS
COUNTER INTELLIGENCE CORPS
UNITED STATES FORCES EUROPEAN THEATER
Region I (Stuttgart)
APO 154

Sub-Reg. Stuttgart
3 July 1946

MEMORANDUM TO THE OFFICER IN CHARGE:

SUBJECT: Subversive Organization of Released SS Prisoners "ODESSA"

1. Information received at this office indicates that there exists an underground organisation of released SS prisoners who have passed through the Auerbach Entlassungslager. The permanent staff of this camp consists entirely of higher SS personnel, and it is believed that the lower SS ranks passing through this installation are influenced by that permanent party of SS officers. Ev. F-6

2. It is reported that upon mentioning the code word "ODESSA" special food privileges and special consideration can be had in the AugsburgnGerman Red Cross, diagonally across from the Main Railway Station at Augsburg. A particular Red Cross helper, who was on duty at 0900 hours on 6 June 1946, upon being told that the men who approached her knew the cover name "ODESSA", gave them extra bread and coffee although she had turned down other released PWs only a few moments before. Ev. F-6

3. Discription of this Red Cross worker is as follows:

Name: unknown
Age : 28 - 30
Height: 168 cm.

4. It is suggested that this personality be carefully investigated by the CIC Sub-Region concerned and that information about this "ODESSA" movement be obtained by inside investigation of the SS Entlassungslager, Auerbach, near Grafenwoehr. Ev. F-6

Otto R. Urbach
OTTO R. URBACH
Special Agent CIC

APPROVED:
CLAYTON L. ROLOSON
Special Agent in Charge
Sub-Region Stuttgart

NND DECLASSIFIED
Authority 911081
By SM NARA Date 6 Dec 99

C O N F I D E N T I A L

Ottos Bericht über die Organisation der ehemaligen SS-Angehörigen (Odessa) lieferte den Stoff für Frederick Forsyth' Weltbestseller Die Akte Odessa

Natürlich wurde Wiesenthal immer wieder gefragt, wie er von Odessa erfahren habe. Seine Quelle gab er nie preis; es sagte nur, dass es sich dabei um einen erfolgreichen deutschen Industriellen handele.[20] Tatsächlich gab es mehrere CIC-Mitarbeiter, die gute Gründe hatten, Wiesenthal von Odessa zu erzählen. Otto, der seit 1949 in Österreich arbeitete, hätte einer von ihnen sein können. Genauso wie Wiesenthal wollte er verhindern, dass die Suche nach Kriegsverbrechern eingestellt wurde. Aber genau das schienen seine CIC-Vorgesetzten schon längst entschieden zu haben. Victor Brombert beschrieb, wie er bereits Ende 1945 erleben musste, dass lokale NS-Honoratioren, die er aufgespürt und verhaftet hatte, nach kurzer Zeit freigelassen wurden. Seine Vorgesetzten waren der Meinung, sie bräuchten diese Leute, »um die Dinge am Laufen zu halten«.[21] Das war *ein* Grund. Ein anderer, weniger pragmatischer Grund bestand darin, dass der amerikanische Geheimdienst nie eine homogene Gruppe war und auch Mitarbeiter hatte, die keine großen Skrupel hegten, mit Nationalsozialisten zu kooperieren. Nicht jeder hatte die gleichen moralischen Werte wie Cordelia Dodson.

Brombert hielt sogar mehrere seiner Vorgesetzten für eindeutige Antisemiten. Und es gab einen dritten Grund: Die Jagd nach NS-Kriegsverbrechern verlor auch deswegen an Priorität, weil ein neuer Gegner aufgetaucht war. Der Kalte Krieg hatte begonnen, der neue Feind war die Sowjetunion, und das erforderte Kompromisse.[22] Brombert zog daraus die Konsequenz und kehrte ins zivile Leben zurück. Er wurde später Professor für französische Literatur in Princeton. Otto hingegen blieb im CIC. Das hatte viele Nachteile. Um weiter in Deutschland arbeiten zu können, brauchte er jetzt eine ständige Camouflage. Emigranten galten als Verräter und wurden anfangs noch mehr verachtet als »authentische« Amerikaner oder Briten. Der erste Gestapochef

Rudolf Diels bezeichnete Emigranten 1954 als »Zuträger« für die Nürnberger Prozesse. Solche Leute hätten im Ausland Propaganda gegen ihr Vaterland betrieben und »deutsche Kriegsgefangene zum Verrat militärischer Geheimnisse aufgefordert«.[23] Diels' Argumente wirken heute besonders verlogen, weil er sich selbst dem CIC angedient hatte. Aber sein Pamphlet drückte aus, was einige dachten. Im Nachkriegsdeutschland gab es zahllose Figuren wie Rudolf Diels, und vielleicht wählte Otto deshalb in Stuttgart als seinen ersten Decknamen Mr. E. W. Stone.[24] Der Name Stein passte zu seinem damaligen Zustand: Nachdem er die Täter kennengelernt hatte, wollte er – ganz wörtlich – nur noch versteinern. Nichts sollte ihn mehr erschüttern können.

Aber so einfach war es dann doch nicht. Dass er nie ganz versteinerte, lag an einer Frau namens Wera. Abgesehen von ihrer Schönheit gab es verschiedene Gründe, warum er sich in die 20-jährige Schauspielerin Wera Friedberg verliebte. Wera selbst glaubte an einen Zufall. Ihre Version der Geschichte lautete so:

> 1946 bekam ich mein erstes Engagement am Staatstheater Stuttgart. Ich hatte Hunger, eigentlich hatten wir alle ständig Hunger. Es gab einen Schwarzmarkt in Stuttgart,[25] und da ging ich mit etwas Familiensilber hin. Bei meinem zweiten Tauschversuch geriet ich in eine Kontrolle und wurde auf die CIC-Station gebracht. Der amerikanische Offizier dort, ein Mr. Stone, hielt mir einen langen Vortrag über die Gefahren des Schwarzmarkts. Er sagte, ich hätte keine Ahnung, was dort alles hinter den Kulissen ablief, und sollte nie mehr hingehen. Ich schwor ewige Reue und schaffte es gerade noch zur Abendvorstellung. Zwei Tage später kamen die ersten Pakete. Sie wurden bei meiner Vermieterin abgegeben, wunderbare, große Essenspakete. Wir konnten es

kaum glauben und fingen begeistert an zu essen. Aber es war kein Zettel dabei. Kein Absender, nichts. Natürlich wusste ich, die Pakete konnten nur von Mr. Stone sein, und als ich es endlich schaffte, mich bei ihm zu bedanken, sagte er nur: »Das bedeutet nichts. Das mache ich für jeden, der Hunger hat.« Er schien kein großes Interesse an mir zu haben, und ich schenkte ihm dann einfach eine Theaterkarte.[26]

Wera war 13 Jahre jünger als Otto, verlobt und lebte für ihren Beruf. Bevor er sich auf diese aussichtslose Geschichte einließ, überprüfte Otto vorsichtshalber ihre Familie auf eine NSDAP-Mitgliedschaft. Dafür gab es viele gute Gründe. Jeden Tag verhörte er – als Mr. Stone – Nationalsozialisten. Er kannte mittlerweile unzählige Variationen von »Amnesiefällen«, und er wollte mit keinem von ihnen privat zu tun haben. Sich in ein Mädchen zu verlieben, das einer Nazifamilie entstammte, hätte seine nächtlichen Albträume verdoppelt (und Alice mit Sicherheit sehr aufgeregt).

Weras Nachname »Friedberg« war Otto jedoch schon bei der ersten Begegnung aufgefallen. Er klang vielversprechend. Friedberg war nicht nur der Name von ein paar kleinen Ortschaften, es war auch ein geläufiger jüdischer Familienname. Otto erinnerte sich zwar nur noch vage an seinen Geschichtsunterricht, aber er wusste, dass es unter Reichskanzler Bismarck einen jüdischen Minister gegeben hatte: den Justizminister Heinrich von Friedberg. Das war so ungewöhnlich, dass es ihm in Erinnerung geblieben war. Dieser Friedberg hatte es bis nach ganz oben, in den inneren Orbit der preußischen Regierung, geschafft. Zu Ottos Freude war Wera ausgerechnet mit diesem Friedberg verwandt. Heinrich von Friedbergs Vater war ein Kaufmann namens Israel Friedberg gewesen, dessen Kinder es trotz ihrer

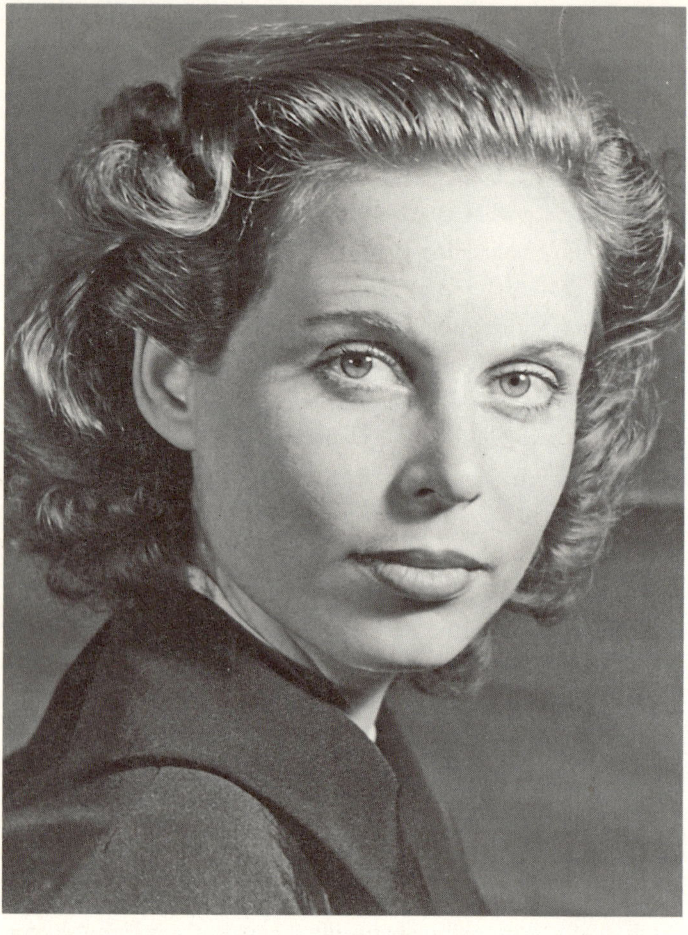

Die Schauspielerin Wera Friedberg, später Frydtberg, ca. 1947/48

jüdischen Herkunft überraschend weit brachten.[27] Heinrich wurde preußischer Justizminister und sein Bruder Eduard ein erfolgreicher Berliner Fabrikant. Aus Eduards Familienzweig stammte Wera. Von seinen Nachkommen wurde er nur »Schrauben-Ede« genannt, weil er angeblich besondere Schrauben erfunden hatte. Was genau so außergewöhnlich an ihnen war, geriet bei den Friedbergs schnell in Vergessenheit. Nach »Schrauben-Edes« Tod brachte kein weiteres Familienmitglied mehr handwerkliches Geschick auf. Die Friedbergs konzentrierten sich darauf, eine gutbürgerliche, protestantische Familie zu werden. Das half ihnen jedoch wenig, als die Nürnberger Rassengesetze erlassen wurden und Weras Vater als »Mischling zweiten Grades« nicht mehr als Arzt praktizieren durfte.[28]

Es waren die Erfahrungen ihres Vaters gewesen, die Wera jetzt auf der Bühne umsetzen konnte. Sie hatte dem sympathischen Mr. Stone nicht irgendeine Theaterkarte geschenkt. Als jüngstes Ensemblemitglied am Württembergischen Staatstheater Stuttgart musste sie in mehreren Stücken auftreten, aber eine Rolle bedeutete ihr besonders viel: Sie spielte die Tochter Ruth in dem Anti-Nazi-Stück *Professor Mamlock*. Es erzählt die Geschichte eines jüdischen Arztes, der 1933 von den Nationalsozialisten aus seiner Klinik geworfen wird. Nach und nach verlassen ihn seine alten Freunde, seine Tochter Ruth wird in der Schule gedemütigt, und auch Professor Mamlock fällt SA-Männern in die Hände. Sie zerreißen seine Kleidung, hängen ihm ein Schild mit der Aufschrift »Jude« um den Hals und treiben ihn am Ende in den Suizid. Friedrich Wolfs Stück war in den 30er-Jahren in der Sowjetunion und in Amerika ein großer Erfolg gewesen. Auch in Deutschland wurde es gleich nach dem Krieg auf mehreren Bühnen aufgeführt. Für Wera war die Rolle der Ruth aus sehr privaten Gründen wichtig. Die *Stuttgarter*

Zeitung urteilte dann auch im Juli 1946, sie sei als »Mamlocks Tochter sympathisch und ehrlich«, wenngleich der Kritiker konstatierte, das Stück sei bereits »veraltet«:

> Und doch kann es nicht schaden, wenn uns eine dieser traurigen Episoden aus der Herrschaft des Unmenschen im Spiegel noch einmal vorgeführt wird. Es entbehrt allerdings nicht einer gewissen Tragikomik, wenn bei der Stuttgarter Premiere an zahlreichen Stellen bei offener Szene wie bei einer politischen Volksversammlung lebhaft geklatscht wurde, wahrscheinlich von Menschen, die damals, als eine kämpferische Haltung mit Gefahr verbunden war, sich sehr still verhielten.[29]

In diesem Punkt hatte der Rezensent sicher recht. Es könnte jedoch sein, dass sich unter den wild Klatschenden auch ein Mr. Stone befand. Otto verliebte sich in Wera, weil es schwer war, sie nicht zu lieben. Aber vielleicht verliebte er sich auch in sie, weil sie Ruth Mamlock war.

Wera als Ruth mit Herbert Herbe als Professor Mamlock in Friedrich Wolfs gleichnamigem Drama, Staatstheater Stuttgart 1946

Rückkehr nach Wien

»Ich muss über diese Stadt
ein vernichtendes Urteil abgeben –
Wien bleibt Wien.«
Alfred Polgar nach einem Wienbesuch
Ende der 40er-Jahre[1]

Mit ihrer neuen amerikanischen Kleidung hob sich Alice vom Rest der Wiener Bevölkerung ab. Doch nicht nur ihre Kleidung fiel 1949 auf.[2] Es gab etwas an ihr, das jeder Einheimische sofort bemerkte. Sie sprach zwar immer noch ihr charmantes Wienerisch, doch der alte Stallgeruch war verloren gegangen, sie roch jetzt nach Emigrantin. Der Österreicher Ernst Lothar, ein anderer Emigrant, hat in seinem kaum verschlüsselten Roman *Die Rückkehr* beschrieben, wie er Wien und die Wiener nach dem Krieg erlebte: »Berge von Schutt, zwischen Verschontem … Die Fenster mit Pappendeckel verschalt, die Schaufenster mit Holz. Fast keine Menschen auf der Straße, die wenigen, die man sah, hohlwangig, unsäglich schäbig.«[3]

Die einst prachtvollen Ringstraßenpalais waren nur noch kaputte Hüllen. In Lothars Roman stehen die Emigranten aus Amerika entsetzt vor der zerstörten Staatsoper und müssen sich von einem Passanten den Kommentar anhören: »Sehn S', was die Amerikaner gemacht haben!« Kein Anflug von Selbstreflexion, die Wiener wirkten so kaputt wie ihre Häuser. Und sie hassten die wohlgenährten Exilanten, die plötzlich in der Stadt auftauchten: »Warum san S' aus England hergekommen, wann's Eana bei uns net gfallt?«, wurde den Rückkehrern entgegengeschleudert.[4]

Die Aversion gegenüber den Emigranten wurde nur noch vom Hass auf die Russen übertroffen. Österreich war wie Deutschland in vier Zonen aufgeteilt, und Wien lag in der sowjetischen Zone. Die Zugangsstraßen und Bahnhöfe kontrollierte die sowjetische Besatzungsmacht, doch Wien selbst war eine Insel, aufgeteilt in fünf Sektoren: den britischen, französischen, amerikanischen, sowjetischen und den internationalen Sektor – die Wiener Innenstadt. Bei der Verwaltung der Inneren Stadt wechselten sich die Siegermächte monatlich ab. Dieses Konstrukt führte jedoch häufig zu verbalen und physischen Auseinandersetzungen.[5]

Der Kalte Krieg hatte Wien 1949 fest im Griff, und so war es kein Zufall, dass Alice ihren Sohn Otto ausgerechnet in dieser Stadt besuchte. Wien stand im Zentrum eines Spionagekrieges, in dem Otto und Cordelia neue Rollen übernommen hatten.[6] Die beiden waren ein gutes Team, obwohl sie inzwischen privat andere Partner hatten. Otto hatte im November 1947 Wera geheiratet, und Cordelia war mit ihrem OSS-Kollegen William Hood verlobt. Wie alle Amerikaner lebten sie nun im amerikanischen Sektor Wiens, der die Bezirke 7 bis 9 sowie 17 bis 19 umschloss. Es kann kein Zufall gewesen sein, dass Otto sich aus all diesen Bezirken ausgerechnet den 19. – Döbling – aussuchte und in der Hasenauerstraße 30 eine gelbe Villa mietete.[7] Die Nummer 30 ähnelte einem Gebäude aus seiner Kindheit. Nur

450 Meter entfernt, am Linnéplatz 5, hatte Otto früher seine reichen Großeltern besucht und Sigmund Mayers große Bibliothek bewundert.

Alice fiel die Symbolik der Adresse sofort auf, als sie in Wien eintraf. Sie war im Sommer 1949 zum ersten Mal nach über elf Jahren wieder in ihrer Heimat, um Otto und Wera zu besuchen. Aber das war nicht der einzige Grund für ihre Reise.

Alice befand sich auf der Suche nach etwas, aber sie hätte nicht genau beschreiben können, was es war. Sie arbeitete jetzt seit fast drei Jahren in Chicago, und sie empfand gegenüber Großbritannien und Amerika eine große Dankbarkeit. Hier hatten sie und ihre Söhne Aufnahme gefunden. Doch trotz aller Dankbarkeit waren ihr die Länder fremd geblieben. Diese Mischung aus Fremdheit und Dankbarkeit erlebten viele Emigranten. Als die Schriftstellerin Annette Kolb gefragt wurde, wie sie sich in der amerikanischen Emigration fühle, gab sie zur Antwort: »Dankbar und unglücklich.«[8] Alice wusste genau, was sie damit meinte.

Es fiel ihr schwer, sich endgültig von ihrer Wiener Herkunft zu lösen. Sie ging durch die Stadt und schaute sich die Orte ihrer Vergangenheit an. Die Streifzüge unternahm sie ohne Begleitung; ihre Schwiegertochter Wera probte neue Stücke am Josefstädter Theater, und Otto spielte seine eigene, gefährliche Form von Theater.[9] Alice war allein mit ihren Erinnerungen. Sie suchte nach einer Synagoge, aber nur noch der Tempel in der Seitenstettengasse war erhalten geblieben. Man hatte ihn in der Pogromnacht 1938 nicht angezündet, weil sonst auch die Nachbarhäuser in der engen Gasse Feuer gefangen hätten. »Als ich davorstand«, sagte Alice, »habe ich nur geweint, weil ich an all die Hochzeiten dort gedacht habe und an alle, die durch Hitler zugrunde gegangen sind.«[10]

Sie lief weiter, vorbei an ihrem Café Landtmann und an Paulas alter Wohnung in der Schreyvogelgasse 3. Das Gebäude kam ihr jetzt düsterer vor als früher. Nur ein paar Meter entfernt, in der Nummer 8, hatte man gerade Aufnahmen für den Film *Der dritte Mann* beendet. Alice konnte nicht wissen, dass der Drehbuchautor, Graham Greene, ihre Stadt ähnlich wahrgenommen hatte wie sie – als einen heruntergekommenen Moloch voller Opportunisten.

Auf ihren Wanderungen durch Wien kam Alice auch an einem Buchladen vorbei. Österreichische Schaufenster waren 1949 immer noch spärlich gefüllt, und ein Titel fiel ihr sofort auf. Sie betrat das Geschäft und schlug das Buch auf. Das waren doch ihr Kochbuch, ihre Texte, ihre Fotos? Nur auf dem Umschlag stand ein fremder Name – Rudolf Rösch. Mehrere Szenen müssen in diesem Moment durch ihren Kopf geschossen sein: 1935, als sie zum ersten Mal den großen, dicken Band in ihren Händen hielt und mit all ihren Freunden die Veröffentlichung feierte. Die drei Jahre danach, in denen das Werk zu einem Verkaufsschlager wurde und Leserinnen sie sogar auf der Straße ansprachen, um ihr zu gratulieren. Und dann 1938, als es von einem Tag auf den anderen nicht mehr ihr Buch sein durfte. In der Emigration hatte sie immer ein Exemplar bei sich gehabt, und die Kinder in Windermere hatten mit ihm Kochen gelernt.

Nachdem Alice Röschs Namen auf dem Titelblatt gesehen hatte, konnte sie an nichts anderes mehr denken. Wenigstens dieses Buch musste man ihr wiedergeben. Sie hatte ihre drei Schwestern im Holocaust verloren, im Vergleich dazu war der Verlust eines Kochbuchs eine Lappalie. Und trotzdem stand er für sie auf einmal stellvertretend für all das Unrecht und die Erniedrigungen der letzten Jahre. Mit der Rückgabe dieses

Buches wollte sie endlich wieder die Kontrolle über ihr Leben zurückgewinnen.

Aber was genau war mit ihrem Kochbuch geschehen? Wieso hatte man es hier in Österreich unter dem Namen Rösch publiziert? Alice hatte keine Ahnung, wie es dem Verlag in der NS-Zeit ergangen war.

Tatsächlich sind die Informationen darüber auch heute noch widersprüchlich: Der Ernst Reinhardt Verlag behauptet, dass er in der NS-Zeit gelitten habe. Zum 100-jährigen Verlagsjubiläum 1999 organisierte er eine Ausstellung im Münchner Literaturhaus, in der »zahlreiche noch verfügbare Briefwechsel aus den 30er und 40er Jahren« gezeigt wurden, um »einen Eindruck vom Verlegen unter den Repressalien des Nazi-Regimes [zu geben]«. Es wurde betont, dass »1944 ein endgültiger Schließungsbefehl [erfolgte], der Verlag emigrierte zwischenzeitlich nach Basel«.[11]

Mehrere Punkte in dieser Darstellung sind irreführend. Tatsächlich kam es zu Beschlagnahmungen mehrerer Bücher. Hermann Jungck passte die Geschäfte aber offenbar schnell den neuen Verhältnissen an. Jedenfalls stellte die Industrie- und Handelskammer am 28. Juni 1938 fest: »Der Alleininhaber Hermann Jungck, Verlagsbuchhändler in München, ist nach unseren Erkundigungen schweizerischer Staatsangehöriger, artverwandten Blutes. Jüdisches Kapital ist nach uns gemachten Angaben bei der Firma Ernst Reinhardt, München, nicht beteiligt.«[12]

Die Behauptung, der Reinhardt Verlag wäre »emigriert«, ist nicht korrekt. Emigration ist ein Wort, das für politisch und »rassisch« Verfolgte verwendet wird. Der Verlag hingegen machte im NS-System erfolgreich Geschäfte. Ein wesentlicher Grund, warum Jungck 1944 in die sichere Schweiz *umzog*, dürfte gewesen sein, dass der Verleger den Bombenangriffen auf München entgehen wollte. Anders als für den Rest der Bevölkerung stellte das für ihn kein Problem dar. Sein Schweizer Pass und sein Devisenvermögen erlaubten es ihm, jederzeit in die Schweiz zu reisen – ein Luxus, der im Krieg sonst vor allem hohen NS-Funktionären vorbehalten war.

Ein anderer Grund für den Umzug nach Basel war der »Schließungsbefehl« von 1944. Das Wort klingt hochdramatisch, aber auch hier muss der Kontext erklärt werden. 1944 erhielten alle Verlage Schließungsbefehle. In Goebbels' totalem Krieg waren die Papierressourcen knapp geworden und sollten nicht länger zum Drucken von Büchern »verschwendet« werden. Der Germanist Christian Adam hat gezeigt, dass dieser Schließungsbefehl von mehreren Verlagen nach dem Krieg benutzt wurde, um sich als Opfer des Nationalsozialismus darzustellen.[13] Sie behaupten, ihre Tätigkeit sei ›in der NS-Zeit unterbunden‹ worden. Die Formulierung ließ Widerstand vermuten und sorgte dafür, dass keine weiteren Fragen gestellt wurden.

Natürlich kann es kaum überraschen, dass sich Verlage in der NS-Zeit nicht anders verhielten als andere Unternehmen. Man wollte wirtschaftlich überleben und passte sich dem Regime an. Als Hermann Jungck 1937/38 Strohmänner für Paul Wessel und Alice Urbach einsetzte, hätte er also mit gewissem Recht behaupten können, einfach keine andere Wahl zu haben. Bücher mit jüdischen Autorennamen zu verlegen war nicht möglich, und sie völlig vom Markt zu nehmen hätte dem Verlag wirtschaftlich geschadet. Daher – so hätte Jungck nach dem Krieg argumentieren können – musste er eben die Strohmann-Methode anwenden. Aber diese Argumentation nutzte er nicht. Im Gegenteil, er setzte die Methode einfach fort.

Aus diesem Grund begann die wahre Schuld des Hermann Jungck erst nach 1945. Er ist ein Paradebeispiel für die von Ralph Giordano konnotierte »zweite Schuld« der Nachkriegsjahre.

1945 muss Jungck angenommen haben, Alice und Wessel seien tot. Beide hatten keine Geldreserven gehabt. Wie sollten sie sechs Jahre lang Armut, Krankheiten und Bombardierungen überstanden haben?

Aber dann tauchte Paul Wessel plötzlich wieder auf. Wie irritiert Hermann Jungck davon war, spürt man in jeder Zeile seiner Festschrift von 1974. Über Wessel heißt es dort: »Auf einmal erhielt ich aus England von Dr. Wessel einen 50-seitigen handgeschriebenen Brief, in dem er von seinem Schicksal schrieb und in dem er sich als alleinigen Inhaber der Verlagsrechte an der Kompendienreihe und den Dreier-Vertrag für ungültig erklärte, der nur unter Zwang der Verhältnisse abgeschlossen worden sei.«[14]

Es gab mehrere Gründe, warum Jungck dieser Brief ungelegen kam. Er hatte gerade in Basel den Ernst Reinhardt Verlag neu gegründet. Langfristig plante er, den Verlag von zwei Städten aus – Basel und München – weiterzuführen. Einer der Bucherfolge, die dies finanziell ermöglichten, war ein Nachdruck von Wessels Physikbuch. Es wurde, wie Jungck selbst schreibt, von den Studenten »gierig gekauft«.

Nun wollte Paul Wessel all seine Rechte wiederhaben, auch die an der ganzen von ihm konzipierten Studienreihe. Er legte – völlig korrekt – dar, dass die Bände seine Erfindung gewesen seien: »Grundriss, kurzes Repetitorium und Prüfungsfragen und Antworten«. Frau Riederer von Paar hingegen sei nur als Strohfrau eingesetzt worden.

Jungck aber wollte dieser Argumentation nicht folgen. In einem großen Gegenschlag konzentrierte er sich darauf, Wessel als inkompetent darzustellen. Es war eine Methode, die er auch bei Alice anwenden würde: Er behauptete, Wessel habe die entscheidenden Ideen seines Buches sowieso nur »geborgt« – angeblich waren Teile von nicht näher identifizierten Vorgängern übernommen worden. Darüber hinaus sei die Reihe von den Mitherausgebern völlig modernisiert worden, und außerdem habe Wessel schon in den 1930er-Jahren extrem schlampig gearbeitet und so dem Verlag hohe Kosten für Korrekturen verursacht. Jungck gab sich auch moralisch entrüstet über Wessels Brief.[15] Der Ruf von Frau Riederer von Paar sei damit beschädigt worden: »Obwohl sie ja in der Nazizeit für ihn geradegestanden hatte. Diese Einstellung fand ich so unanständig, dass ich mich weigerte, weiter mit ihm zusammenzuarbeiten.«

Dabei blieb es jedoch nicht. Jungcks Darstellung wirkt im Folgenden konfus, er behauptet, er hätte Wessel seine Verlagsrechte für die Kompendienreihe zurückgegeben, die dann in einer anderen Form im Reinhardt Verlag erschien.[16]

Jungck erwähnte hier mit keinem Wort, dass es eine spanische Übersetzung des Wessel'schen Physikbuchs gab, an der er den Autor hätte beteiligen müssen. Seine Wut auf den »unanständigen« Wessel scheint nach dem Krieg so groß gewesen zu sein, dass Jungck sogar beschrieb, wie er anderen Verlagen davon abriet, den mittellosen Autor zu verlegen:

> Einmal wurde ich von einem Verlag in Luzern angerufen, das Physikbuch sei ihm von Dr. Wessel angeboten worden, nach Auskunft des Verfassers habe es einen sehr guten Absatz gefunden, weshalb ich denn auf das Verlagsrecht verzichte? Ich antwortete mit einigen Ausflüchten. »Ja, ob es denn ein nicht sehr angenehmer Herr sei?« Dies konnte ich nicht verneinen. Daraufhin hat der betreffende Verlag dann offenbar auf eine Übernahme verzichtet.

Es bleibt allerdings unklar, wann genau dieses Gespräch stattfand, da Wessel bald nach dem Streit mit seinem unerbittlichen Verleger eine Herzattacke erlitt. Jungck scheint dies nicht groß berührt zu haben. 1974 schrieb er in der Verlags-Festschrift darüber lapidar: »Dr. Wessel ist übrigens bald danach in der Schweiz verstorben … Er geriet in einen Schneesturm, durch den er sich mit letzter Kraft bis zum Gasthof durchkämpfte. An der dadurch hervorgerufenen Herzschwäche ist er dann gestorben.«[17]

Auch auf Alice' Buch geht Hermann Jungck 1974 ausführlich ein. Er schreibt: »Da ich nach dem Krieg das Kochbuch in Österreich nicht mehr vertreiben konnte und dafür in Deutschland zu wenig Absatzaussichten waren, hatte ich einem österreichischen Verlag eine Lizenz erteilt, und diese Ausgabe war bei einem Besuch in Wien Frau Urbach in die Hände gefallen.«[18] Trotz der angeblich »geringen Absatzaussichten« brachte Jungck das Buch jedoch weiterhin im Münchner Ernst Reinhardt Verlag heraus und lizenzierte es zusätzlich noch an einen österreichischen Verlag. 1954 kostete *So kocht man in Wien!* im »prächtigen Geschenkband« in Deutschland 22 DM.

Jungck fährt dann in der Festschrift von 1974 fort, seine Begegnung mit Alice zu beschreiben:

> Etwa im Jahr 1948, einer der wirtschaftlich schwierigsten Zeiten für den Verlag … erschien Frau Urbach überraschend im Verlag in Basel und wollte mich sprechen. Sie machte geltend, dass sie dadurch, dass ihr Kochbuch unter anderem Namen weiter herausgebracht werde, wie sie erfahren hatte, einen Verlust erlitten habe, für den sie Schadensersatz verlangte.

Dieses Treffen kann nicht stattgefunden haben, denn Alice schrieb an Jungck im April 1953: »Ich würde sehr gerne die Gelegenheit wahrnehmen, Sie in der Schweiz zu treffen und endlich das Vergnügen Ihrer persönlichen Bekanntschaft zu machen. Wollen Sie mich bitte wissen lassen, wo und wie dies zu ermöglichen (ist).« [19]

Am Ende kam es nie dazu. In Jungcks Erinnerung fand jedoch ein »Treffen« Ende der 1940er-Jahre statt. Er habe Frau Urbach bei dieser Begegnung erklärt, sie besitze kein Anrecht mehr auf ihr Buch, da »sie ja ein einmaliges Honorar zugesichert und auch bezahlt erhalten habe und mithin finanziell nicht geschädigt sei; zudem habe sie ja selber zugegeben, dass der Titel von meinem Onkel stammte«.[20]

Wie bereits im Kapitel »Bücherdiebe« gezeigt, hatte Alice tatsächlich ein einmaliges Honorar erhalten und 1938 eine Erklärung unterschrieben, in der sie auf insgesamt drei Manuskripte verzichtete, die sie für den Reinhardt Verlag geschrieben hatte.[21]

In Jungcks Augen schien dieses »Arrangement« – wie auch im Fall Wessel – weiterhin rechtsbindend zu sein, und es überrascht, dass er trotzdem noch ein weiteres Argument vorbringt: Alice habe zugegeben, der Titel wäre von seinem Onkel erfunden worden. Ob sie dies getan hat, ist nicht mehr zu ermitteln, aber in Verlagen ist es üblich, dass Autoren nur ein Vorschlagsrecht für den Titel ihres Buches haben, am Ende liegt die Entscheidung beim Verlag. Jungck scheint jedoch andeuten zu wollen, dass der Erfolg von Alice' Buch vor allem in der originellen Titelwahl begründet lag. Das könnte durchaus der Fall sein. Es ist nicht immer leicht zu beurteilen, warum ein Buch Erfolg hat und das andere nicht. Liegt es am Titel, am Inhalt oder am Autor? Anders als in der Malerei gibt es kein Schreiben nach

Zahlen, und niemand kann einen Bestseller wirklich vorausplanen. Der Zeitgeist, Mundpropaganda und viele andere Faktoren können eine Rolle spielen, und so scheint es auch bei Alice' Buch gewesen zu sein.

Jungck erwähnt in seiner Version der Geschichte auch nicht, dass Alice' Kochbuch 1935 ein Bestseller wurde und Anfang 1938 gerade in dritter Auflage mit 25 000 Exemplaren erschienen war. Stattdessen stellt er nur Röschs Version als Erfolg dar und gibt allein dessen Auflagenzahlen wieder: Dezember 1938: 1. Auflage 10 000 [eine Zahl, die falsch ist, denn Rösch erschien erst 1939[22]], Juni 1939: 2. Auflage 16 500, Juni 1940: 3. Auflage 11 300, März 1941: 4. Auflage 12 000.

In seiner Festschrift von 1974 widmet Jungck der Geschichte überraschend viel Raum. Am Ende seiner Alice-Demontage beschreibt er, wie die Verhandlungen bei ihrer angeblichen Begegnung weitergingen:

> Nun machte sie aber einen Persönlichkeitsschaden geltend: Die Rezepte stammten in der Hauptsache von ihr und ihr Name werde trotzdem nicht genannt. Ich meinte, dem könne abgeholfen werden; ich wollte gerne veranlassen, dass weitere Auflagen unter dem Doppelnamen Urbach/Rösch herausgebracht würden. Davon wollte sie aber (begreiflicherweise) nichts wissen, und schließlich zog sie mit Worten der Entrüstung ab.[23]

Hatte Jungck dieses Angebot wirklich gemacht? Nachdem die Alice-Geschichte 2020 bekannt wurde, fand der Reinhardt Verlag in seinem Archiv 18 Briefe, die Alice von 1950 bis 1954 an Jungck geschrieben hatte und die ein völlig anderes Bild zeigen. Im Juli 1950 nimmt Alice erstmals Kontakt auf:

Sehr verehrter und lieber Herr Jungck,
sehr lange haben wir nichts voneinander gehört, nicht wahr? Würde mich sehr interessieren, wie es Ihnen geht – geschäftlich und privat! Vor längerer Zeit waren Sie so gütig, mir die 2 Manuskripte des vegetarischen und des Wiener Mehlspeisen Kochbuchs senden zu wollen. Ich habe diese meine zwei Geisteskinder niemals in Druck gesehen.[24]

Jungck schickte als Antwort zuerst einmal einen Katalog des Reinhardt Verlags. Alice antwortete darauf:

Ich habe mich sehr dafür interessiert, Ihre Neuerscheinungen und Neuauflagen zu sehen, wenn auch *So kocht man in Wien!* mich sehr merkwürdig stimmte. Kann ich denn nunmehr meine Rechte auf diesen Namen zurückbekommen?[25]

Jungcks Antworten sind nicht erhalten, aber er scheint die Frage nicht beantwortet zu haben, denn zwei Jahre später stellt Alice sie ihm erneut: »Konnten Sie denn gar nichts tun zu Wiederherstellung meines Namens? Es ist doch <u>mein</u> Werk!«[26]

Jungck muss jetzt argumentiert haben, dass die NS-Gesetze ihm damals keine andere Wahl gelassen hätten. Alice zeigte dafür Verständnis und schrieb zurück:

Danke für Ihren freundlichen Brief. Es war mir schon von früher her bekannt, warum mein Original-Buch nicht mehr aufgelegt werden konnte, aber ich denke, eine Erwähnung meines Namens wäre nur recht und billig … Das veränderte Buch [Rösch] ist lange nicht so unähnlich wie Sie glauben … Wenn Sie die Güte haben, mir eines zu senden, wird es mich interessieren, es durchzusehen, ob die Neuauflage mehr Veränderun-

> gen enthält. Auch habe ich niemals das vegetarische und das Mehlspeisenbuch zu Gesicht bekommen.[27]

Jungck scheint jetzt auf Zeit gespielt zu haben, Alice war mittlerweile 66 Jahre alt. Als sie nach langem Hin und Her das vegetarische Kochbuch endlich in Händen hielt, stellte sie fest, dass Rösch auch hier als Autor genannt wurde. Sie schrieb daraufhin sofort an Jungck: »Wie gerne möchte ich aber doch meinen Namen als Grundlage genannt sehen!!«[28]

Der Name Rösch begegnete Alice jetzt überall. 1953 war sie wieder in Wien und schickte Jungck einen Bericht:

> Das Buch in der arisierten Ausgabe ist in jeder Buchhandlung im Fenster. Sie können sich denken, dass es mir das Herz bricht, besonders wo jeder Verkäufer sagt: Dies ist das führende Kochbuch, es wird überhaupt nichts anderes verlangt und gekauft. Ich war auch in der Singerstraße und dort hat mir der Direktor komischer- und lustigerweise gesagt: »Also es gibt wirklich eine Frau Dr. Urbach«. Er hat geglaubt, ich bin nur ein Name oder Schemen.[29]

In der Singerstraße befand sich der Sitz der Zentralgesellschaft für buchgewerbliche und graphische Betriebe (ZG). Die ZG hatte Alice' Buch bis zum »Anschluss« 1938 für Hermann Jungck in Österreich vertrieben. Der neue Direktor schien von der Arisierung des Buches gehört zu haben, fühlte sich jedoch nicht zuständig. Auch Jungck blieb eisern. Seine Behauptung, er habe Alice angeboten, das Buch unter dem Namen Rösch/Urbach herauszubringen, stimmte ebenso wenig wie seine Erfindung ihrer Begegnung in den 1940er-Jahren. In dem letzten auffindbaren Brief, den Alice an Jungck schickte, erwähnt sie ein sehr viel bescheideneres Angebot: »Bezüglich der Erwähnung meines Namens in dem Vorwort einer neuen Auflage kann ich mich keinesfalls heute präjudizieren.«[30]

Zu diesem Zeitpunkt war Alice endlich klar geworden, dass Jungck sie nie mehr als Autorin einsetzen würde. Die Korrespondenz mit ihm bricht 1954 ab. Im Alice' Nachlass findet sich jedoch ein Brief von 1980, der noch einmal ihren Kampf um das Kochbuch thematisiert. Alice hatte erfahren, dass der Verlag Gerlach und Wiedling in den 1950er-Jahren eine Lizenz von Hermann Jungck erworben hatte, um Rudolf Röschs *So kocht man in Wien!* herauszugeben. Alice bat nun ihre Schwiegertochter Wera, den Gerlach-Verlag ausfindig zu machen und den dortigen Verantwortlichen folgenden Brief zu übergeben:

Mrs. Alice Urbach 4. April 1980
40 Camino Alto
Mill Valley, CA 94941

An den Verlag Gerlach + Wiedling München

Ich bin die Verfasserin des Kochbuches »So kocht man in Wien«, welches der Verlag Reinhardt, München, Isabellastr. 11, im Jahre 1934 herausgegeben hat.[31]
Selbes wurde im Jahre 38 unter dem Namen Rudolf Rösch arisiert. Herr Jungck, der Neffe und Nachfolger von Ernst Reinhardt, versprach zwar, das Werk wieder unter meinem Namen erscheinen zu lassen, hat aber sein Versprechen nicht gehalten. Meine Anfrage an Sie ist, besitzen Sie noch ein oder 2 [Originale des] Buches? Ich würde es gerne bezahlen!

Meine Schwiegertochter, Frau Wera Urbach-Frydtberg, wird sich – falls Sie noch existieren – mit Ihnen in Verbindung setzen!
Hochachtungsvoll
Alice Urbach

Als Alice diesen Brief 1980 schrieb, existierte der Gerlach und Wiedling Verlag tatsächlich nicht mehr. Er war 1976 abgewickelt worden.[32] Alice' Bitte kam also vier Jahre zu spät.

Jungck muss geahnt haben, dass dieses Thema noch einmal auftauchen würde. In den 1970er-Jahren veränderte sich in Deutschland langsam das Bewusstsein gegenüber den NS-Verbrechen. Es würde zwar noch zwei Jahrzehnte dauern, bis Historiker sich mit Arisierungen beschäftigten und erstmals die Frage gestellt wurde, wie Verlage sich im Dritten Reich verhalten hatten.[33] Mit seiner Festschrift von 1974 half Jungck, das ›Narrativ zu kontrollieren‹, und war damit tatsächlich bis zu seinem Tod erfolgreich. Als seine Erben 1999 eine neue Festschrift publizierten, arbeiteten sie einfach mit Auslassungen und erwähnten Alice' Geschichte in der neuen Version mit keinem Wort. Ohne weitere Erklärungen abzugeben, führten sie im Publikationsverzeichnis der zweiten Festschrift folgenden Titel auf: »Urbach, Alice, So kocht man in Wien! Spätere Aufl. s. Rösch, Rudolf«.[34] Unter dem Namen Rösch fanden sich dann die Auflagen des Kochbuchs ab 1939.

Der Text von 1999 beinhaltete jedoch eine interessante Information. Jungck hatte 1974 noch behauptet, dass sich der Verlag in seiner »wirtschaftlich schwierigsten« Zeit befand, als Alice ihre Forderungen stellte. Laut der neuen Festschrift besaß der Verlag nach der Währungsreform bereits wieder eine Verlagslizenz in Deutschland und war finanziell gut abgesichert.[35] Er

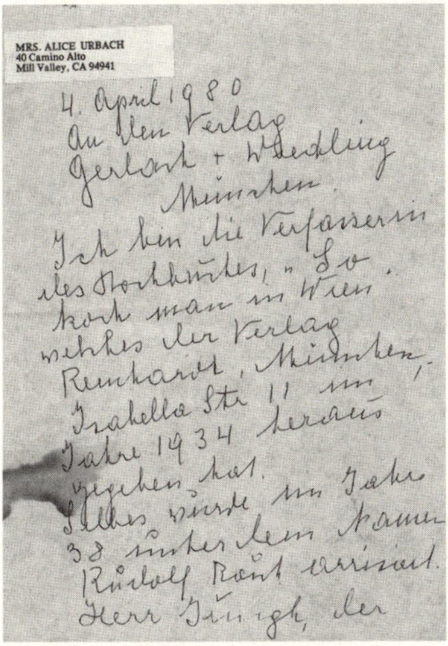

MRS. ALICE URBACH
40 Camino Alto
Mill Valley, CA 94941

4. April 1980
An den Verlag
Gerlach + Wiedling
München.
Ich bin die Verfasserin des Kochbuches „So kocht man in Wien" welches der Verlag Reinhardt, München, Isabella Str 11 im Jahre 1934 heraus gegeben hat. Selbes wurde im Jahre 38 unter dem Namen Rudolf Rösch arisiert. Herr Jungk, der

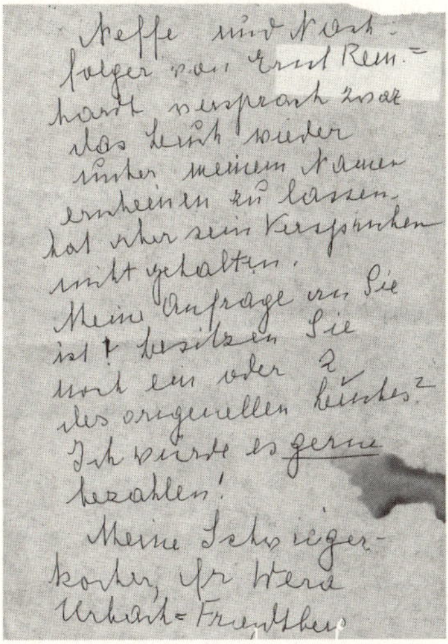

Neffe und Nachfolger von Ernst Reinhardt versprach zwar das Buch wieder unter meinem Namen erscheinen zu lassen, hat aber sein Versprechen nicht gehalten.
Meine Anfrage an Sie ist: besitzen Sie noch ein oder 2 des originellen Buches?
Ich würde es gerne bezahlen!
Meine Schwiegertochter, Fr Vera Urbach-[illegible]

1980 erklärt Alice dem Verlag Gerlach und Wiedling, dass sie die wirkliche Autorin des Bestsellers So kocht man in Wien! *ist*

hätte es sich also durchaus leisten können, Alice wieder zur Autorin ihres Buches zu machen. Aber Jungck war – wie Ebenezer Scrooge in Charles Dickens' Weihnachtsgeschichte – zwar mit den Geistern seiner Vergangenheit konfrontiert worden, hatte sich dann jedoch gegen die Läuterung entschieden. 1966 erteilte er eine letzte Lizenz, diesmal dem Forum Verlag. Das Cover hatte man dem Wohlstand der Nachkriegsjahre angepasst. Es zeigte einen saftigen Braten, der neben einem farbenfrohen Obstsalat glänzte. Im Klappentext der Ausgabe stand:

> »Rösch« muss es sein, das Wiener Schnitzel, knusprig und goldbraun – das weiß jede gute Hausfrau. Und der »Rösch« muss es sein – auch das weiß jede gute Hausfrau, denn seit langem ist ihr dieses Standardwerk ein Begriff, das mit über 2000 Rezepten wohl kaum seinesgleichen hat. Mehr als 90 000 verkaufte Exemplare sprechen deutlicher als jedes Lob für den gediegenen Inhalt. Rudolf Rösch war durch viele Jahre Küchenmeister in Wien, seine Rezepte zeugen von großem Fachwissen und reicher Erfahrung.[36]

Der Anglist Christian Enzensberger schreibt über die berühmteste Alice der Weltliteratur: »In den Ländern, die Alice durchwandert, stirbt man die Tode der Verlegenheit und des Verstummenmüssens; man wird nicht ermordet, sondern mundtot gemacht; und nicht die Gurgel wird einem abgeschnitten, wohl aber die Antwort.«[37]

Wie Alice im Wunderland erlebte auch Alice Urbach viele Reisen ins Absurde. Jungck spielte dabei eine wichtige Rolle. Er hatte sie 1938 mundtot gemacht und ihr in den 1950er-Jahren noch einmal die Antwort abgeschnitten. Welche Chancen hatte sie, sich gegen ihn zu wehren?

Eine vorzügliche Ergänzung zur „Fleischlosen Kost" bildet:

RUDOLF RÖSCH

Wiener Mehlspeisen

Über 700 Rezepte, mit 64 Abbildungen auf 32 Kunstdrucktafeln
Kartoniert DM 6.50, Leinen DM 8.50

Unter „Mehlspeisen" versteht der Wiener ebenso warme Mehlspeisen (Palatschinken, Rohrnudeln, Aufläufe, Puddings), also eigentliche Nachtischgerichte, wie auch Kaffeegebäck, Torten, Kuchen und Konfekt. Schließlich gehören auch alle Sorten Cremes, Süßspeisen, Eisbomben usw. dazu. Mit Recht gelten die „Mehlspeisen" als das Vorzüglichste, was die Wiener Küche zu bieten vermag. Der Wohlgeschmack und die Bekömmlichkeit dieser Gerichte haben sie zu einer Berühmtheit gemacht, und sie werden von der Kochkunst keines anderen Landes übertroffen.
Das Buch bringt die Rezepte in klarer und leicht verständlicher Darstellung. Es stellt eine vorzügliche Ergänzung zur „Fleischlosen Kost" dar, denn ein fleischloses Gericht findet in der Nachspeise erst seine Vollendung und Rundung. Die Rezepte sind von hübschen Abbildungen begleitet. Ein Buch mithin, das der Hausfrau vielseitige Anregung gibt und sich auch besonders gut zu Geschenkzwecken eignet.

Die vollständige Wiener Küche in prächtigem Geschenkband

RUDOLF RÖSCH

So kocht man in Wien!

Ein Koch- und Haushaltungsbuch der bürgerlichen Küche

2165 Rezepte auf 560 Seiten mit 212 zum Teil farbigen Abbildungen
In Leinen DM 22.–

Die Wiener Küche genießt Weltruf. Sie ist ungemein abwechslungsreich, denn sie hat aus dem bunten Völkergemisch der ehemaligen Donaumonarchie wie aus einem reichen Reservoir schöpfen können und hat auch sonst im weiteren Umkreise Entlehnungen gemacht. Dem Verfasser ist es gelungen, unter Wahrung der alten ruhmreichen Tradition die Rezepte den heutigen Verhältnissen anzupassen, ohne daß sie dadurch an Wohlgeschmack etwas eingebüßt hätten.
Man darf wohl sagen, daß das vorliegende Buch einzig in seiner Art ist. Es ist erfüllt von der alten Wiener Lebensfreude, die sich im Wiener Walzer und im Lied äußert. Es trägt das Gute der alten Zeit hinüber in die neue, die sparen muß, aber nicht verzichten will auf eine Kunst, die eifrig bemüht ist, aus dem, was die Natur so reichlich spendet, mit Hilfe von Phantasie und Geschmack das Beste und Schönste herauszuholen. Das Buch wird den alten Ruf der Wiener Küche im In- und Ausland neu befestigen.

Ernst Reinhardt Verlag München/Basel

Nachkriegswerbung des Ernst Reinhardt Verlags für die Bücher des »langjährigen Küchenmeisters« Rudolf Rösch

Sie scheint mit dem Gedanken gespielt zu haben, einen Anwalt einzuschalten,[38] aber das Verfahren wäre langwierig und eine emotionale Tortur für sie gewesen. In seiner Festschrift stellte Jungck Alice als unfähige Autorin und Köchin dar, deren Buch angeblich modernisiert werden musste. Genauso hätte er wohl auch vor Gericht argumentiert.

Diffamierungen dieser Art waren damals an der Tagesordnung. Besonders perfide agierte Anfang der 1950er-Jahre in einem vergleichbaren Fall Herbert Cram, der damalige Chef des de Gruyter Verlags. Er wehrte sich gegen Restitutionsforderungen von Georg Stilke, dem ehemaligen Besitzer des Verlags Stilkes Rechtsbibliothek. Stilke hatte als Halbjude keinen Ariernachweis erbringen können und war deswegen 1938 aus der Reichskulturkammer ausgeschlossen worden. Er hatte seinen Verlag daraufhin verkaufen müssen, und Cram erwarb ihn innerhalb einer Woche zu einem vorteilhaften Preis. 1949 klagte Stilke auf Rückerstattung und erregte damit Crams Zorn. Arisierungen seien damals ein normaler Geschäftsvorgang gewesen, und er habe Stilke doch einen guten Preis bezahlt.[39] Außerdem bezweifelte er, dass der Kläger überhaupt ernsthaft bedrängt worden sei. Crams Anwälte stellten nicht nur Stilkes Verfolgung als Halbjude infrage, sondern formulierten sogar noch Gegenforderungen.[40] Nach vier – für Stilke persönlich qualvollen – Jahren wurde 1953 ein Vergleich geschlossen.[41]

Es ist nicht anzunehmen, dass Alice von diesem Fall wusste, aber der Glaube an Rechtssicherheit war ihr 1938 restlos abhandengekommen. Sie ahnte auch, dass die meisten Richter und Staatsanwälte in Deutschland und Österreich die gleichen waren wie in der NS-Zeit. Warum sollten diese Leute einer unbedeutenden jüdischen Autorin zu ihrem Recht verhelfen?[42]

Vor allem in Österreich schien es vergeblich zu sein, auf ein faires Verfahren zu hoffen. Eine alte Wiener Bekannte von Alice war Elsa Pollak, Tochter des jüdischen Verlegers Moritz Perles. 1925 hatte Alice bei Perles ihr erstes Kochbuch herausgebracht. Der Verlag war 1938 arisiert worden, und mehrere Mitglieder der Familie Perles kamen in KZs ums Leben. Elsa Pollak überlebte in Amerika und hoffte nach dem Krieg auf eine Restitution. Das Gegenteil war der Fall: »Die Erben … wurden stattdessen im Gerichtsprozess zu einer Strafzahlung an die Finanzlandesdirektion verurteilt.«[43]

Auch wenn die Nazizeit vorüber war, wusste Alice, dass sie immer noch in einer verkehrten Welt lebte.

Neuanfänge

»I like to be in America
O. K. by me in America
Everything free in America
For a small fee in America!«
West Side Story

»The Riviera« ist ein 13 Stockwerke hohes Apartmenthaus in New York. Es wurde 1911 im Beaux-Arts-Stil erbaut, umfasst 199 Wohnungen und hat die Postanschrift 790 Riverside Drive, New York, NY, 10032.

Der Name »Riviera« ist irreführend, denn das Gebäude liegt weit entfernt von lieblichen Palmen und sandigem Strand inmitten einer Steinwüste. In New York ist das Klima nicht ganzjährig mild, die Winter sind von kalter Brutalität. Nur die Wohnungspreise erinnern an die französische Mittelmeerküste. 2020 wurde zum Beispiel das Apartment Nummer 5b für 1 325 000 Dollar zum Verkauf angeboten.[1] Als Alice in den 50er- und 60er-Jahren in der Nachbarwohnung 5c wohnte, betrug die Miete noch etwa 60 Dollar im Monat. Der Preisanstieg liegt am knappen Wohnraum, aber vielleicht auch ein wenig an Woody Allens New-York-Romantik oder am Film *Shame*, in dem Brandon alias Michael Fassbender ausgerechnet im Riviera seine sexuellen Fantasien auslebt.

Sowohl die Fantasien als auch die Quadratmeterpreise hätten Alice überrascht. Als sie in 5c einzog, galt das Riviera weder als schick noch als schäbig. Die Wohnungen waren unterschiedlich groß, und die begehrtesten boten einen Blick auf den Hudson.[2] Viele der Bewohner im Haus waren jüdisch. Das Riviera liegt in Washington Heights, einem von Emigranten geprägten Bezirk von New York. Unter ihnen befanden sich so viele Frankfurter, dass man die Gegend zeitweise »Frankfurt-on-the-Hudson« nannte oder – den Nazis zum Trotz – das »Vierte Reich«.

Alice hatte Routine darin entwickelt, sich neuen Gegenden anzupassen, schließlich zog sie seit 60 Jahren um. Ihre Umzüge waren freiwilliger und unfreiwilliger Natur gewesen und nicht immer ein sozialer Aufstieg: Der Wechsel in den 1890er-Jahren von der Wiener Leopoldstadt nach Döbling war für ihre Familie noch ein großer Erfolg gewesen, doch bald darauf folgte für Alice das arme Ottakring ihrer Ehejahre. Die Kochschule in der gepflegten Goldeggasse symbolisierte ihren – viel zu kurzen – Wiederaufstieg, und die kommenden Unterkünfte waren noch karger als Ottakring: in der Dachkammer von Grantham Castle, als Dienstmädchen in London und in einem spartanischen, eiskalten Raum in Newcastle. Eine Verbesserung war erst wieder das verwunschene Haus im Lake District. In Chicago hatte Alice dann seelenlose amerikanische Apartments kennengelernt, und sie war froh, in das buntere New York ziehen zu können. In einer Gegend wie Washington Heights gab es interessantere Menschen als im Mittleren Westen, und viele hier hatten erlebt, was auch sie erlebt hatte. Die Lebensläufe ihres Arztes, ihres Buchhändlers und ihres Lebensmittelhändlers glichen einander. In England hatte Alice ihren Namen stets buchstabieren müssen, in Washington Heights war das nicht nötig: »Wenn Emigrantinnen hier in Amerika meinen Namen hören, kann es immer noch passieren, dass sie mir sagen: ›Oh, Frau Urbach, ich habe Sie nie zuvor getroffen, aber als ich nach Amerika floh, nahm ich Ihr Kochbuch mit, und Ihre Rezepte bedeuten mir viel.‹«[3]

Dank dieser Fangemeinde stieg Alice zu den Semi-Berühmtheiten des Bezirks auf. In Washington Heights gab es beides – die erfolgreichen und die sehr viel weniger erfolgreichen Emigranten. Man begegnete sich in den Restaurants und nickte einander wissend zu. Jeder war zum Beispiel darüber informiert, dass der alte Herr Rosenfeld vor dem Krieg ein berühmter Anwalt in Wien gewesen war.[4] Jetzt musste er als Aushilfskraft arbeiten, aber es galt als ungeschriebenes Gesetz, ihn weiterhin mit der gleichen Höflichkeit zu behandeln wie vor 1938.

Ältere Akademiker hatten in Amerika selten an ihre beruflichen Erfolge anschließen können, doch sie taten alles, damit ihre Kinder studieren konnten. Akademischer Status zählte immer noch viel. Alice informierte jeden in Washington Heights darüber, dass ihr Sohn Karl einen Doktor in Chemie und einen in Medizin habe, während ihr älterer Sohn Otto im Krieg als First Lieutenant gekämpft habe und heute ebenfalls »eine sehr gute Position« bekleide.[5]

Seit ihrer Ankunft in Amerika hatte Alice gehofft, ihr Kochbuch ins Amerikanische übersetzen lassen zu können. Sie fand dafür einen der besten Literaturagenten – Franz Horch. Horch vertrat viele emigrierte Schriftsteller in den USA, darunter Franz Werfel, Erich Maria Remarque und Thomas Mann. Wie Alice stammte Horch aus Wien und verstand etwas von Essen.[6] Er war auch interessiert daran, eine Kochbuchautorin zu vertreten, aber

Alice und Otto, 1948/49

es gab zwei große Hindernisse: Hermann Jungck wollte Alice die Übersetzungsrechte nicht überlassen,[7] und gleichzeitig existierte ein Konkurrenzprojekt. Das Buch *Wiener Küche* von der Österreicherin Olga Hess sollte übersetzt werden. Olga Hess hatte 1913 mit ihrem Mann Adolf die *Wiener Küche* veröffentlicht und wurde bis zu ihrem Tod 1965 in Österreich mit hohen Ehren ausgezeichnet.[8] Auch in Amerika gewann sie das Rennen. Bevor Horch Alice' Buchpläne voranbringen konnte, starb er 1951 völlig überraschend. Ein Jahr später erschien Olga Hess' Werk *Viennese Cooking*. Dass ausgerechnet die »arische« Olga Hess und nicht die Emigrantin Alice in Amerika reüssierte, war eine Ironie des Schicksals. Auch wenn sie es nicht zeigte, nahm Alice sich diese Veröffentlichung zu Herzen. In solchen Momenten muss sie sich gefragt haben: Wieso verliere ich immer? Meine Heimat, meine Schwestern, mein Buch und damit auch meine Karriere?

Viele Emigranten stellten sich ähnliche Fragen, und jeder beantwortete sie anders. Einige verzweifelten, andere resignierten, manche verdrängten oder schworen ewige Rache. Bei den meisten kamen und gingen all diese Emotionen mit den Jahren. Alice' Standardrezept war die Verdrängung. Das zeigt nicht zuletzt die Tonbandaufnahme eines Interviews, das sie in den 70er-Jahren gab. Darin versucht sie, alle unangenehmen Themen – den Holocaust, die Emigration – zu umgehen. Es wirkt fast manisch, wie sie sich bemüht, mit Anekdoten, Rätseln und Gedichten von dem wirklich Erlebten abzulenken. Nur manchmal streift sie in einem Nebensatz die Ereignisse der NS-Zeit, um dann schnell darüber hinwegzuhuschen und ein Löhner-Beda-Gedicht zu zitieren. Sie ist so unterhaltsam wie Torbergs Tante Jolesch, und man könnte glauben, sie wolle ihre Gesprächspartnerinnen vor Albträumen bewahren. Doch die zwei

Frauen, mit denen sich Alice unterhält, hätte nichts schockieren können. Sie sind selbst jüdische Emigrantinnen, höchstens zehn Jahre jünger als Alice, die all diese Albträume aus Familienerzählungen und eigener Erfahrung kannten. Trotzdem spricht Alice die entscheidenden Dinge nicht aus. Vielleicht lag es daran, dass sie dieses Wissen bei ihren Zuhörerinnen voraussetzen konnte, vielleicht war es auch Selbstschutz. Nicht daran zu denken und nicht darüber zu reden bedeutete, den Schmerz so lange wie möglich fernzuhalten. Und Alice schaffte es sehr lange.

Eine ihrer Methoden war es, sich stets mit vielen Menschen zu umgeben. In New York teilte sie sich die Wohnung mit einer Wiener Bekannten, Margarete (Grete) Klemperer, und fing an, Partys zu geben.[9] Die besten fanden stets an ihrem Geburtstag, am 5. Februar, statt. Dann verwandelte sie das Wohnzimmer in eine Kopie der berühmten Konditorei Demel – ein Schlaraffenland an Farben und Gerüchen. Auf allen Tischen und Anrichten wurden Unmengen von bunten Nachtischen, mehrstöckigen Geburtstagstorten und pikanten Wiener Spezialitäten dargeboten. Die kleine Wohnung war mit Gästen überfüllt, die nie gehen wollten, und der Erfolg dieser Einladungen erinnerte Alice ein wenig an die großen Kochausstellungen, die sie früher in Wien organisiert hatte. Für diese Feiern gab sie viel Geld aus, das sie im Grunde nicht besaß. Seit ihrem 70. Geburtstag arbeitete sie nicht mehr. Im November 1956 fasste sie ihre finanzielle Situation für den österreichischen Hilfsfonds so zusammen:

> Ich bin Witwe, 70 Jahre alt und nicht mehr erwerbsfähig. Ich beziehe meine Social Security [die amerikanische Sozialversicherung] im Betrag von 61 $ monatlich, eine kleine Witwenrente aus Wien, ca. 8 $ monatlich, eine kleine Altersrente aus

England (14 $ monatlich) … Meine beiden Söhne unterstützen mich nach Maßgabe ihrer Möglichkeiten. Ich bin der Meinung, dass ich nicht in die Kategorie der »Notleidenden« falle, sondern nur in die Kategorie der durch Alter Erwerbsunfähigen.[10]

83 Dollar entsprechen heute ungefähr einem Gegenwert von 754 Dollar. Alice konnte ihre vielen Partys nur deswegen feiern, weil Otto und Karl sie finanziell unterstützten. Aber sie wollte unabhängig sein und überlegte sich, in ihren Beruf zurückzukehren. Ein Grund für diese Idee war der Aufstieg einer amerikanischen Kochbuchautorin. In den 1960er-Jahren tauchte eine Frau im Fernsehen auf, die all das tat, was Alice glaubte, sehr viel besser zu können. Der Name der Konkurrentin lautete Julia Child. Child war eine leicht exzentrische Köchin mittleren Alters, die den Amerikanern etwas völlig Neues erklärte – die Kunst der französischen Küche. In ihrer TV-Show unterhielt sie Millionen damit, wie sie nonchalant Töpfe durch die Gegend schob und über ihre Kochausbildung in Paris plauderte. Bis heute verehren die Amerikaner Child als ein kulinarisches Idol. Alice teilte diesen Enthusiasmus nicht. Sie studierte Childs Sendung »The French Chef«[11] sehr genau und konnte nicht verstehen, wieso die Zuschauer jemanden bewunderten, der die französische Küche banalisierte. Was daran war lobenswert? In Alice' Augen wurde Julia Child klar überschätzt, und man musste dagegenhalten.[12] Im Gegensatz zu Child hatte sie jedoch keine einflussreichen Society-Freunde, die ihre Kochkarriere unterstützten, sie musste sich etwas anderes einfallen lassen. Es dauerte eine Weile, bis sie eine Idee entwickelte.

Karl hatte inzwischen die Berliner Emigrantin Lilly Mendelsohn geheiratet und leitete ein Krankenhaus in San Francisco. 1969 folgte Alice ihm und zog mit 83 Jahren in ein malerisch gelegenes Altersheim, das sie todlangweilig fand. Einmal die Woche kochte sie in einer karitativen Einrichtung für geistig behinderte Menschen, und das brachte sie auf eine neue Idee.[13] Sie wollte wieder unterrichten. Ihre Karriere hatte in einer Kochschule begonnen, und sie sollte in einer Kochschule enden. Die berühmteste Schule in San Francisco war das Judith Ets-Hokin Culinary Institute. Alice ging zur Inhaberin und stellte sich mit den Worten vor: »Ich sehe vielleicht alt aus, aber ich bin unterhaltsam. Es gibt viele Kochschulen hier, aber keine österreichische … Ich unterrichte nicht nur Kochen, sondern auch die Geschichte des Essens. Hätten Sie Interesse?«[14]

Sie wurde sofort engagiert und stürzte sich in die Arbeit.[15] Der Austausch mit Schülern hatte ihr immer Spaß gemacht, und sie konnte stundenlang in einer heißen Küche ausharren, ohne müde zu werden. Darüber hinaus befand sie sich auf einer Mission. Dem *San Francisco Examiner* erklärte sie diese mit dem Satz: »You have *strange* food here in America.« Ihrer Meinung nach musste sich das ändern. Ihrem Windermere-Kind, Ilse Camis, schrieb sie zur gleichen Zeit: »In einem guten Gericht steckt Poesie. Wenn du einem solchen Gericht begegnest, denke an mich, die Verfechterin des guten Essens.«[16]

Alice' Mission war durchaus ansteckend. Sie schaffte es, in San Francisco eine neue Generation von Schülern für ihren Kochstil zu begeistern. Darunter waren viele junge Frauen, die, abgesehen von Rezepten, Alice' Lebensgeschichte hören wollten. Dank der Kochschule wurde sie jetzt immer öfter von Journalisten interviewt, die es interessant fanden, dass eine Emigrantin mit über 90 Jahren noch unterrichtete. In jedem Interview erwähnte Alice »ihr drittes Kind«, das Kochbuch, das Rudolf Rösch ihr weggenommen hatte. Doch obwohl all diese Gespräche veröffentlicht wurden und ihre Schwiegertochter Wera 1980 noch einmal den Reinhardt Verlag kontaktierte, geschah weiterhin nichts. Der Verlag schwieg. Daran änderte sich auch nichts, als Alice im amerikanischen Fernsehen auftrat. Eine ihrer jungen Freundinnen war auf die Idee gekommen, Alice müsse unbedingt im Fernsehen kochen. Sie schrieb einen langen Brief über diese »wunderbar unterhaltsame Frau, die mit 95 Jahren immer noch Kochunterricht gibt«, an den *Public Broadcasting Service* (PBS).[17]

Ende der 70er-Jahre hatte man bei PBS die Infotainment-Reihe *Over Easy* für ältere Zuschauer entwickelt, zu der Alice perfekt passte. Hier redeten Stars wie Eartha Kitt, Gloria Swanson oder Omar Sharif über ihre Karrieren und das Älterwerden. Alice wurde eingeladen und glänzte in *Over Easy* als älteste Kochlehrerin Amerikas. Die Sendung wurde in San Francisco aufgezeichnet, was es für sie besonders einfach machte, in zwei Folgen aufzutreten. Mit ihren Auftritten wurde Alice zwar keine Julia Child mehr, aber sie bekam doch noch etwas Anerkennung für ihre Arbeit. Das war wichtig, denn ganz am Ende ihres Lebens, mit 97 Jahren, holten sie die Erinnerungen ein. Fast vierzig Jahre lang hatte sie es geschafft, das Schicksal ihrer Schwestern zu verdrängen, und plötzlich dachte sie ununterbrochen an sie. In diesen immer länger werdenden Momenten konnten selbst ihre besten Kochschülerinnen sie nicht mehr ablenken.

Als der Arzt am 26. Juli 1983 Alice' Sterbeurkunde ausfüllte, gab er als Todesursache eine »generelle Atherosklerose« an, in die Rubrik »andere, nicht zur Todesursache beitragende Faktoren« schrieb er »Depressionen«.[18] Doch trotz der Depression wollte Alice bis zum Schluss noch nützlich sein, sie vermachte ihren Leichnam der medizinischen Fakultät.

Food

Wed., Nov. 1, 1978 S.F. EXAMINER—Page [illegible]

A Viennese Dumpling

'You might think I look old, but I'm a lot of fun,' Alice Uhrbach says

Two years ago, when she was just 90, she decided she'd teach cooking, as she had as a young woman in Vienna

By Harvey Steiman
Food Editor

ALICE Uhrbach was a famous name in Vienna in the 1930s. Thousands of households used her cookbook, "So We Cook in Vienna" ("So Kocht Man en Wien"), until Hitler overran Austria and banned the book because its author was Jewish. Unknown to Hitler, the book was republished, essentially intact, crediting a man named Rudolf Rosch as the author.

"Even the pictures were the same," Alice Uhrbach recalls. "Hitler didn't know those were all my Jewish hands in those pictures."

Alice escaped the Nazis and fled to England, where she found work as a matron in a Jewish children's refugee camp. She stayed for eight years before she moved to the United States. Today, she lives in a retirement home in Mill Valley, where she doesn't have a kitchen of her own.

Purportedly to keep busy, but probably just to get herself into a kitchen, Alice Uhrbach teaches Viennese cooking one day a week at a cooking school in San Francisco. At the age of 92 (she prefers to say, "I'm going to be 93"), she still rolls dough and fries schneeballen (pastries) with verve. Her mind is sharp — in preparing recipes for her classes she seldom has to refer to her recipe files. The recipes are all firmly planted in her mind. Glancing over a typewritten recipe prepared for one of her classes, she easily spies an error — "Not five eggs, only four," she tells the typist.

Alice Uhrbach became a cooking teacher in the 1920s in Vienna to make a living after her husband of seven years died and left her with two children. "With the inflation, I had to do something," she says. "I never had jewelry, and I never had a fur coat, but I was a famous woman."

When she came to the United States she worked as a dietitian. She retired at the age of 70. "I thought enough was enough," she said. "You have strange food here in America."

Her partially joking reference is to the institutional food she had to deal with as a dietitian. She is mystified by American institutions' dependence upon gelatin desserts, for example. "When it was served on a lettuce leaf it was a salad," she said. "But if we put whipped cream on it, it was a dessert. We never had that in Vienna. A Viennese would look at the Jell-O and say, 'Why do you tremble so?' I think he would rather have a sturdy strudel."

The Viennese recipes she teaches in her classes are old-fashioned and time-consuming, but they have the double saving graces of being delicious and relatively chea,.

"Meat was always expensive in Vienna," she says. "Flour was cheap. So we ate bread, soup and dessert. With that, you don't need anything else.

"All these Viennese recipes are inexpensive, but they are lots of work," she tells the class. "You must remember that in the old days housewives didn't work outside the home so they had a lot of time, and cooks were hired just to cook. They never kept house, too."

She resumed teaching only two years ago, at the age of 90, when her son pointed out Judith Ets-Hokin's cooking school on Bush Street as they drove past. "He said, 'Wouldn't you like to teach again?' I thought it was a good idea, so I took my cookbook and went to see her."

"This tiny old woman, impeccably dressed, came in and asked for 'Madame Ets-Hokin.' I introduced myself, and she said, 'I think I can do you a lot of good. Would you like to have a Viennese cooking class?' I said I would love it. She leaned over to me and said, 'You might think I look old, but I'm a lot of fun.'"

In class, she definitely is fun. She is hard of hearing so the assistants and students have to raise the decibel level of their voices a few notches to communicate, but what she hears she reacts to quickly. For example, when she shows the class how to test whether the oil for frying is hot enough, she drops a piece of dough in the pot and stands on tiptoe to see if it turns brown right away. It's part of getting the feel of cooking.

Scheeballen are fried Viennese pastries to be served with raspberry syrup

"It's important to know how to do this without using a thermometer," she said. "If you can cook only after a printed recipe it doesn't mean you cook — it only means you can read."

She is not averse to changing one of her own recipes if it doesn't feel right to her. As an assistant handed her a bowl of raisins, exactly the 200 grams she called for in her recipes, she immediately set aside half of them. Why? "These raisins are dry so they don't weigh as much as the ones I used when I wrote the recipe," she said. "We use only half, but we must use something to plump them up a little. Any ideas? Ah, Cognac." And she sprinkles a

— See Page 26, Col. 2

Wiener Semmelknödel in San Francisco:
Die 92-jährige Alice mit ihren Schülerinnen

Es gibt ein neurologisches Phänomen, das vor allem bei Kindern auftritt. Mediziner nennen es das »Alice-im-Wunderland-Syndrom«. Die Patienten sehen ihre Umgebung plötzlich stark verkleinert oder vergrößert, sie halluzinieren fantastische Bilder, nehmen die Zeit anders wahr und reagieren stark licht- und geräuschempfindlich. Einige dieser Symptome gleichen Migräneanfällen, und man vermutet, dass Lewis Carroll, der Autor von *Alice im Wunderland*, selbst unter solchen Anfällen litt (natürlich könnte es auch sein, dass er auf einem Drogentrip war, als er in seinem Buch Pilze beschrieb, die das Bewusstsein verändern).

Wie ein Alice-im-Wunderland-Patient kann man Alice' Erlebnisse entweder als winzig oder übergroß wahrnehmen. Für sie selbst war die Arisierung ihres Buches übergroß. Dieses Ereignis stand symbolisch für alles, was sie verloren hatte, und da Jungck das Buch auch nach dem Krieg nicht zurückgab, nahm er ihr damit die Chance, noch einmal als Kochbuchautorin in ihrer alten Heimat zu reüssieren. Alice' Geschichte ist trotzdem auch eine kleine Geschichte, denn sie war nur eine von Millionen von Frauen, die durch Krieg und Verfolgung ihre Existenzgrundlage verloren. Was ihr gestohlen wurde, war »nur« die Autorenschaft, und obwohl »Bucharisierungen« bisher noch nicht untersucht worden sind, könnte man argumentieren, dass ein Buchraub nicht so spektakulär wie der Diebstahl einer großen jüdischen Firma ist. Doch egal wie groß oder klein diese Diebstähle waren, erschreckend bleibt, dass sich unter den Dieben nicht nur hohe Parteibonzen befanden, sondern ganz normale Menschen, die über Nacht zu Profiteuren wurden. Der Verleger Jungck tat, was viele taten, Nazis wie Nichtnazis. Erst seit Anfang 2000 geben die Finanzbehörden Arisierungsakten frei, in denen die Namen von unzähligen Profiteuren wie Jungck verzeichnet sind. Auch die Namen der Sachbearbeiter sind nun bekannt. In einigen Fällen haben die gleichen Beamten, die die Enteignungen abwickelten, nach dem Krieg auch die Restitutionsanträge bearbeitet (und häufig verschleppt).

In einem Interview von 1980 sagte Alice: »Mein Buch hatte sein eigenes Schicksal.«[19] Sie wäre überrascht gewesen zu erfahren, dass es Jahrzehnte nach ihrem Tod eine weitere Wendung in diesem Schicksal gab. Nachdem im Herbst 2020 *Das Buch Alice* erschien, berichtete die Spiegel-Journalistin Eva-Maria Schnurr über Alice' Geschichte.[20] Daraufhin meldete sich die Geschäftsführung des Ernst Reinhardt Verlags und entschuldigte sich öffentlich: »Alice Urbach hat nach dem Krieg darunter gelitten, dass ihr Werk nicht in der Originalfassung mit ihrem Namen erschienen ist. Wir bewerten das damalige Verhalten des Verlages als moralisch nicht vertretbar.«[21]

Alice' Enkelinnen wollten keine finanzielle Entschädigung vom Verlag, aber sie erreichten etwas sehr viel Wichtigeres. Innerhalb von wenigen Wochen wurden ihnen die Rechte an *So kocht man in Wien!* übertragen, und der Ernst Reinhardt Verlag druckte noch einmal die Auflage von 1935/36 nach. Bibliotheken und interessierte Historiker und Historikerinnen bekamen das Buch kostenlos zugeschickt.

Fast vierzig Jahre nach ihrem Tod ist Alice damit wieder die Autorin von *So kocht man in Wien!* geworden.

Nachklang

Karl Urbach heiratete die Malerin Lilly Mendelsohn und bekam mit ihr zwei Kinder, Katrina und Daniel. Seinen Sohn benannte er nach Daniel Dodson. Katrina wurde zu Alice' großer Begeisterung Kinderärztin.

Karl starb 2003 in San Francisco.

Cordelia Dodson heiratete 1950 ihren OSS-Kollegen William Hood. Die beiden arbeiteten – mit und ohne Otto – in Wien, Berlin und der Schweiz. Dank der restriktiven Archivpolitik der CIA werden wir nie genau erfahren, was Cordelia nach dem Krieg tat. Sie starb 2011 in Maine.

Auch die Akten über **Otto Urbach** sind weiterhin gesperrt, nur die Erinnerungen seiner Kollegen geben Hinweise auf seine Geheimdienstarbeit nach 1948.

Weil sein Lieblingsname Katrina schon besetzt war, nannte Otto seine Tochter zur völligen Verwirrung der Familie *Karina*.

Otto starb 1976 in Brüssel. Seine Frau Wera Frydtberg erlebte noch eine lange Film- und Theaterkarriere. Alice mochte am liebsten Weras Film *Wir Wunderkinder*, in dem sie eine Emigrantin namens Vera spielt. Er wurde 1960 mit einem Golden Globe ausgezeichnet.

Felix Mayer reiste 1955 mit seiner Frau Helene nach Wien, in jene Stadt, über die er im Krieg geschrieben hatte, er könne nur dort atmen. Nachdem er dort zwei Wochen verbracht hatte, änderte er seine Meinung. Er starb 1960 in New York, Helene bald darauf. Ihr Sohn Thomas Mayer (1927–2015) wurde ein bekannter amerikanischer Wirtschaftswissenschaftler.

Lisl, eines von Alice' Windermere-Kindern, lebt noch. In einer ZDF/arte-Dokumentation erklärt sie, von Alice drei wichtige Dinge gelernt zu haben: Selbstständigkeit, Respekt für andere und ein sehr gutes Rezept für Hefekuchen.

Paula Sieber wurde nach dem Krieg Britin, aber sie fuhr häufig mit Alice zur Sommerfrische nach Österreich. Die beiden Frauen schafften es zu verdrängen, dass in ihrem Urlaubsort früher einmal Schilder mit der Aufschrift »Juden unerwünscht« gestanden hatten.

Bis zu ihrem Tod 1978 lebte Paula in der Nähe ihres Sohnes Peter Sieber und seiner Familie in London.

Der Verleger **Hermann Jungck** starb 1988, acht Jahre nachdem Wera seinen Verlag noch einmal wegen Alice' Buch kontaktiert hatte.

Von Alice' ermordeten Schwestern **Sidonie** und **Karoline** existiert kein Foto mehr. Aber im September 2020 bekamen sie gemeinsam mit **Helene** und deren Ehemann Georg Eissler einen »Stein der Erinnerung« vor Helenes alter Wohnung im 1. Bezirk, Ebendorferstraße 10/12.

Dank

Als Kind hatte ich das Glück, noch einige der Emigranten kennenlernen zu dürfen, die in diesem Buch eine Rolle spielen. Dazu gehörten so unterschiedliche Menschen wie der – absolut seriöse – Intendant Ernst Haeusserman und der – absolut unseriöse – Regisseur Franz Marischka. Erst als ich erwachsen wurde, verstand ich, dass auch andere Freunde meiner Eltern wie Gisela Fischer-Braun, Eva Haas, Curt Riess, Friedrich Torberg oder Peter Viertel Emigranten waren. Sie alle kehrten in den 1950er-Jahren nach Europa zurück, weil sie ohne Kaffeehäuser nicht leben konnten.

Nur wenigen von ihnen habe ich die entscheidenden Fragen stellen können, aber in Amerika bekam ich eine zweite Chance: Hier traf ich den 97-jährigen Victor Brombert, Professor für französische Literatur in Princeton und ehemaliger »Ritchie Boy«. Er lebte nur ein paar Straßen von mir entfernt. Ähnlich erging es mir mit Alice' Großnichte, der Psychologin Dorit Whiteman, die in New York wohnt. Sie hatte schon in den 1990er-Jahren jüdische Flüchtlingskinder in England interviewt und ihre Geschichten in dem Buch *Die Entwurzelten (1995)* analysiert. Mittlerweile in ihren Neunzigern, ist Dorit genauso scharfsinnig geblieben wie ihre emigrierten Altersgenossinnen Lilly Mendelsohn-Urbach und Renata Rainer.

Ausschlaggebend für das Buch waren vor allem die Funde meiner Cousine Katrina Urbach. Sie übergab mir 2014 die Briefe meines Vaters Otto aus den 1930er-Jahren und Alice' Tonbandkassette aus den 1970er-Jahren. Ohne Katrina hätte ich dieses Projekt nie begonnen und ohne meine Corona-trotzende Lektorin Kristin Rotter nie beendet. Wenn Alice noch leben würde, hätte sie Kristin wahrscheinlich adoptieren wollen. Ich danke auch Hanna Schuler, deren sorgfältige Bearbeitung und kluge Nachfragen den Text enorm bereichert haben. Meiner Agentin Andrea Wildgruber von der Agence Hoffman (deren Agentur passenderweise von einem Emigranten gegründet wurde) danke ich für ihr Engagement und die Ideen, die sie zum Buch beigetragen hat.

Niemand versteht Sigmund Mayer und die Mayer-Familie besser als Michael Livni, der Sigmunds Erinnerungen gerade für eine neue englische Ausgabe bearbeitet. Einen Verwandten wie ihn zu entdecken war eine große Bereicherung.

Sarah Fisher stellte mir freundlicherweise Briefe und Fotos ihrer Tante Cordelia Dodson zur Verfügung, und Clara Fontana erzählte mir die besten Cordelia-Anekdoten.

Besonderer Dank gilt auch Alice' drei »Windermere-Kindern«: Lisl Scherzer (heute Alisa Tennenbaum) schrieb mir viele E-Mails, und die *Haarez-Journalistin* Dina Kraft nahm ihre Geschichte für mich auf Tonband auf. Sue Camis vermittelte das Gespräch mit ihrer Mutter Ilse Camis (die im Sommer 2020 verstarb) in Florida und Paula Siebers Enkelin, Vivien Sieber, befragte Elfi Reinert in Birmingham. Der private Nachlass von Viviens Vater Peter Sieber und sein Kinderheim-Bericht in der Wiener Holocaust Library waren eine große Hilfe. Die erst 2018 freigegebenen Akten der Kindertransportkinder, deren Namen im Buch anonymisiert worden sind, konnte ich nur dank des Engagements der ehrenamtlichen Archivarin Deborah Cantor der World Jewish Relief's Archives einsehen.

Darüber hinaus haben mir viele Freunde, Historiker und

Archivare geholfen. An erster Stelle steht wieder einmal der übermenschlich großzügige Paul Hoser, der auf jede Frage eine Antwort weiß. Eva Klesse, weise Freundin und Kinderpsychologin, erklärte mir Anna Freud, Christian Bommarius, sprühend wie immer, gab mir den Hinweis auf den Juristen Max Friedlaender, und Harald Stolzenberg zeigte mir sein Wien. Hiroaki Kuromiya analysierte Ottos China-Fotos und erklärte mir, warum die Landschaftsbilder mehr aussagen als die Leichenberge. Die unerschrockene Eva Holpfer von der Israelitischen Kultusgemeinde Wien versuchte 2018 mit mir die hohen Mauern des Ernst Reinhardt Verlags zu überwinden. Thomas Boghardt, Hayden Peake und Heather Steele halfen mir bei etwas anders gearteten Mauern – dem CIC-Material in den National Archives Washington. Für die Odessa-Geschichte gaben mir der Schriftsteller Frederic Forsyth sowie René Bienert vom Wiener Wiesenthal Institut für Holocaust-Studien wichtige Hinweise. In Österreich halfen mir viele Kollegen: Wolfgang Weber von der Universität Innsbruck vermittelte mir zahlreiche Kontakte (unter anderem zu Brigitte Rigele, der Direktorin des Wiener Stadt- und Landesarchivs, und Hubert Steiner vom Österreichischen Staatsarchiv). Die Alice-Begeisterte Susanne Belovari erklärte mir im Café Landtmann die Geschichte der jüdisch-österreichischen Küche. Regina Zodl von der Abteilung Provenienzforschung der Wirtschaftsuniversität Wien konnte ein Buch aus Sigmund und Felix Mayers arisierter Bibliothek finden, Roswitha Hammer und Daliah Hindler ermöglichten im September 2020 einen »Stein der Erinnerung« für Alice' ermordete Schwestern. Hannah Lessing und Doris Macht vom Nationalfonds der Republik Österreich für Opfer des Nationalsozialismus beantworteten geduldig meine vielen Fragen.

In Deutschland hatte ich ebenfalls die beste Unterstützung:

Im Bundesarchiv Lichterfelde half mir Robert Luther, nach den vielen Rudolf Röschs zu suchen, und Cornelia Matz (Archivgeschichten) warf sich mit persönlichem Engagement in die Friedberg-Recherchen in Baden-Württemberg. Darüber hinaus bewahrte mich der phänomenale Rechtsanwalt Marcellus Puhlemann vor juristischen Fallstricken.

Mittlerweile gibt es auch eine ZDF/arte-Dokumentation über Alice und den Raub geistigen Eigentums. Möglich gemacht hat dies ein ganz besonderes Team: die Regisseurin Andrea Oster, die Produzentin Anna Schwarz und der britische Kameramann Tim Webster.

Dieses Buch entstand am Institute for Advanced Study, Princeton, wo ich großzügige Forschungsgelder und noch großzügigere Kollegen vorfand. Ich danke vor allem Angelos Chaniotis, Uta Nitschke-Joseph, Sabine Schmidtke, Marcia Tucker und dem großen *contrarian* Freeman Dyson, der im Februar 2020 verstarb.

Die Geschichte von Alice zu schreiben war eine beflügelnde Erfahrung, nur ein paar der dunkleren Kapitel sind mir schwergefallen. Dass ich nachts trotzdem keine Albträume bekam, verdanke ich Jonathan und unserem Sohn Timothy – meinen zwei Begleitern auf allen Zeitreisen.

Anmerkungen

Vorwort – Buch einer Unbekannten

1 Otto an Karl Urbach, 5. Juni 1938. Nachlass Otto Urbach.

Kapitel 1 – Wiener Oper, 1938

1 Cordelia Dodson an Karl Urbach, 2. 10. 2003. Nachlass Cordelia Dodson.

2 Zitiert im Nachruf des Reed College auf Cordelia Dodson, 2011. Siehe: https://www.reed.edu/reed-magazine/in-memoriam/obituaries/december2011/cordelia-dodson-hood-1936.html.

3 William D. B. Dodson (1871–1950) war 36 Jahre lang Chef der Handelskammer von Portland. Siehe seinen Nachruf in: The Oregonian, 29. 6. 1950.

4 Zitiert in: Elizabeth P. McIntosh, Sisterhood of Spies. The Women of the OSS, Maryland 1998, S. 176.

Kapitel 2 – Ein blinder Vater und ein schlechter Kartenspieler

1 Der Schriftsteller Hermann Broch, der wie Einstein in Princeton lebte, ist die Quelle für diese Verse. Siehe dazu Friedrich Torberg, Die Tante Jolesch oder der Untergang des Abendlandes in Anekdoten, Wien 1986, Teil 1 und 2 (Erstveröffentlichung 1975), S. 288. Das Institute for Advanced Study (IAS) in Princeton, an dem Einstein arbeitete, hat jedoch keinen schriftlichen Beleg dafür. Ich danke der engagierten IAS-Archivarin Marcia

Tucker für ihre Hilfe bei der Suche nach vielen anderen Quellen dieses Buches.

2 Felix Mayer, The Mayer Family, from Pressburg to Vienna, New York 1960, maschinengeschriebenes Manuskript von zehn Seiten, Nachlass Mayer-Familie.

3 Oder sie sah es später auf einem der vielen Gemälde, auf denen es in der Regel weiß dargestellt wird.

4 Felix Mayer, The Mayer Family. Siehe auch Georg Gaugusch, Wer einmal war. Das jüdische Großbürgertum Wiens 1800–1938 (Jahrbuch der Heraldisch-Genealogischen Gesellschaft Adler, Bd. 17), Bd. 2, L-R, Wien 2016, S. 2254 ff.

5 Alice würde ihre Großmutter Tony später noch kennenlernen und beschrieb sie als ein »echtes Original«. Siehe hierzu: Alice Urbach, Some Members of the Mayer Family, 1789–1957. Maschinenschriftliche Familienerinnerungen, erzählt 1957 von Alice Urbach, aufgeschrieben von Charles Landstone, London 1957, Nachlass Mayer-Familie.

6 Siehe auch Adelheid Mayer/Elmar Samsinger, Fast wie Geschichten aus 1001 Nacht. Die jüdischen Textilkaufleute Mayer zwischen Europa und dem Orient, Wien 2015, S. 13.

7 Sigmund Mayer, Die Wiener Juden. Kommerz, Kultur, Politik 1700–1900, Wien 1917, S. 5. Siehe ausführlicher in seinen Lebenserinnerungen: Sigmund Mayer, Ein jüdischer Kaufmann 1831–1911, Berlin/Wien 1926. Sigmund war stolz darauf, dass er für seine Beschreibung des Gettos Glückwünsche von Autoren wie Karl Lamprecht, Werner Sombart und Lujo Brentano bekam. Siehe hierzu Sigmund Mayers Brief an Arthur Schnitzler, undatiert, ca. 1914. Nachlass Arthur Schnitzler, Literaturarchiv Marbach.

8 Sigmund Mayer, Wiener Juden, S. 4.

9 Ebd., S. 10.

10 Sigmund schreibt darüber: »Gesetzlich war dem Juden der Besitz von Realitäten nicht gestattet. Kaufte er ein Haus, so musste er als Käufer einen Christen fungieren lassen und sich sein Recht durch einen unkündbaren Nutznießungsvertrag und darauf folgende hypothekarische Sicherstellung im Wege der Exekution oder auf einem sonstigen Schleichwege sichern. Aber selbst unter diesen Formalitäten war es bis dahin keinem Juden gesetzlich möglich gewesen, oder auch nur der Gedanke gekommen, außerhalb des Ghettos, in der Stadt ein Haus zu kaufen, dürfte er doch gar nicht darin wohnen!« Ebd., S. 6.

11 Ebd., S. 4.

12 Sigmunds drastische Beschreibung des Gettos wurde vor allem von orthodoxen Juden stark kritisiert: »[Sigmund Mayer] war der typische Assimilant und seine Beschreibung des Preßburger Gettos fällt durch die Kälte der Empfindung für das dort herrschende jüdische Leben auf, bei sonstiger anziehender Darstellung.« Zitiert in: Jüdische Presse, Organ für die Interessen des orthodoxen Judentums. Nr. 17/33, November 1920, S. 5.

13 Sigmund Mayer, Wiener Juden, S. 3.

14 Alice Urbach, Old World – New World. The Personal Life Story of Mrs. Alice Urbach, 25 Seiten maschinenschriftliches Manuskript, 1977, S. 2, Nachlass Alice Urbach.

15 Eric Hobsbawm glaubte, dass seine Mutter Nelly mit den Mayers verwandt war, weil sie Sigmunds Bruder Albert »Onkel« nannte. Siehe Eric Hobsbawm, Gefährliche Zeiten. Ein Leben im 20. Jahrhundert. München 2006 (englische Erstveröffentlichung 2002), S. 19. Albert scheint jedoch nur ein Nennonkel gewesen zu sein (Auskunft Michael Livni).

16 Rudolf Agstner, A Tale of Three Viennese Department Stores in Egypt. The Oriental Adventures of Mayer, Stein and Tiring, in: *Aufbau*, Nr. 9, 30. 4. 1999, S. 12.

17 Die Firma A. Mayer belegte Platz 828. Ihr Mitbegründer Sigmund war jedoch im Jahr zuvor ausgestiegen. Die vorderen Plätze der Liste belegten »das Kaiserhaus, hohe Adelige, Rentiers, Bankleute«, siehe hierzu: Roman Sandgruber, Traumzeit für Millionäre. Die 929 reichsten Wienerinnen und Wiener im Jahr 1910, S. 11; zu den Mayers S. 400.

18 Zitiert in Mayer/Samsinger, 1001 Nacht, S. 99 f.

19 Er schrieb vierzig Jahre lang für die *Neue Freie Presse* und machte sich dabei u. a. Karl Kraus zum Gegner. Die *Neue Freie Presse* druckte 1903 Sigmunds Vortrag »Der Reichtum der Juden in Wien« ab, in dem er versucht hatte zu widerlegen, dass Juden einen höheren Anteil am Nationalvermögen besäßen als Christen. Der jüdische Journalist Karl Kraus konterte daraufhin bissig, dass es besonders lächerlich sei, wenn ausgerechnet der reiche Sigmund Mayer solche Thesen von sich gebe. Karl Kraus, Die Fackel, Nr. 131, Februar 1903, S. 22.

20 Siehe hierzu: Alice Urbach, Old World, S. 5.

21 28. 8. 1897, *Die Zeit*, Band XII. (*Die Zeit* war eine österreichische Zeitung, die von 1894 bis 1904 jeden Samstag erschien.)

22 Herzl starb 1904 und wurde 1949 von Döbling nach Israel überführt. Sigmund hingegen blieb auf dem Döblinger Friedhof.

23 Alice' Halbgeschwister waren Dr. Arnold Mayer (1862–1926), Sidonie Rosenberg (1865–1942) und Karoline Löwit, später Fleischner (1866–1942), Siegfried Mayer (1869–1923) und Gabriele Mayer (1872–1876).

24 Sie wurde am 12. August 1850 geboren und starb am 17. April 1921.

25 Alice Urbach, Old World, S. 4.

26 Alice Urbach, Tonbandinterview aus den 70er-Jahren, Nachlass Alice Urbach.

27 Alice Urbach, Old World, S. 4.

28 Ebd., S. 16.

29 Alice Urbach, Old World, S. 14.

30 Ein »gut geführtes Haus«, so Friedrich Torberg, half, die beruflichen Aufstiegschancen eines Ehemannes zu verbessern. Torberg, Tante Jolesch, S. 64.

31 Ebd., S. 25.

32 Alice Urbach, Old World, S. 3.

33 Stefan Zweig, Die Welt von gestern. Erinnerungen eines Europäers, Frankfurt 1978 (Erstveröffentlichung 1942), S. 88.

34 »Ein Tagebuch wird gefunden, gerade das letzte (über Emilie). Große Scenen mit meinem Vater.« Eintrag des 16-jährigen Arthur Schnitzler, 18. 3. 1879, zitiert in Peter Gay, Das Zeitalter des Doktor Arthur Schnitzler. Innenansichten des 19. Jahrhunderts, Frankfurt am Main 2012, S. 21.

35 Alice Urbach, Old World, S. 3.

36 Torberg, Tante Jolesch, S. 17 f.

37 Ludwig Hirschfeld, Wien. Was nicht im Baedeker steht, München 1927, S. 241.

38 Sidonie heiratete mit 19 Jahren Julius Rosenberg, der am 13. November 1849 in Temesvar geboren worden war und im August 1938 starb. Sie wohnten 1910 in der Servitengasse 13 im 9. Bezirk. Siehe hierzu die Matrikel der Israelitischen Kultusgemeinde und (mit ein paar Datierungsfehlern): https://www.geni.com/people/Sidonie-Rosenberg/6000000024633195072.

39 Löwit hatte Buchhandlung, Antiquariat und Verlag 1883 zwar selbst gegründet, dank Sigmunds Unterstützung blühte das Unternehmen jedoch erst auf.

40 Karoline heiratete 1887 Richard Löwit. Aus dieser ersten Ehe stammte der 1890 geborene Sohn Fritz Löwit. Er brach früh aus den bürgerlichen Verhältnissen aus und wurde ein glühender Kommunist. Das Letzte, was die Familie von ihm hörte, war,

dass er 1942 für eine kommunistische Zeitung in Bukarest arbeitete. Karolines Mann Richard Löwit starb schon 1908. Daraufhin verkaufte Karoline den Verlag, der weiterhin den Namen R. Löwit trug und jetzt dem neuen jüdischen Besitzer, Dr. Mayer Präger, gehörte. Im September 1938 übernahm der »verdiente Nationalsozialist« Erich Landgrebe die Firma. Mayer Präger wurde bald nach dem »Anschluss Österreichs« verhaftet. Siehe hierzu Murray G. Hall/Christina Köstner, »… allerlei für die Nationalbibliothek zu ergattern …«. Eine österreichische Institution in der NS-Zeit, Wien 2006, S. 111. Mayer Präger wurde 1942 ins KZ Auschwitz deportiert, wo er am 3. 11. 1942 ermordet wurde. Siehe auch Iris Pawlitschko, Jüdische Buchhandlungen in Wien. Arisierung und Liquidierung in den Jahren 1938–1945, Magisterarbeit Universität Wien, S. 97 f. Karoline heiratete 1913 ihren zweiten Ehemann, den Metallwarenfabrikant Max Fleischner, Gesellschafter der Firma Pick und Fleischner. Siehe hierzu: Felix Mayer, The Mayer Family.

41 Interessant an dieser Zusammenfassung ist auch, dass selbst in Sigmunds Haus Weihnachten gefeiert wurde. Alice Urbach, Old World, S. 17 f.

42 *Prager Tageblatt*, 3. 7. 1908, S. 4.

43 Alice Urbachs inoffizielle Erinnerungen, Nachlass Alice Urbach im Besitz von Katrina Urbach.

44 Siehe Roman Sandgruber, Traumzeit für Millionäre, S. 16.

45 Die offizielle Version trägt den Titel *Old world – New world*, die inoffizielle Version umfasst nur zehn Seiten.

46 Alice Urbach, Old World, S. 5.

47 Alice Urbachs inoffizielle Erinnerungen.

48 Sigmund Mayer zog in den nächsten Jahren drei Mal mit seiner Familie innerhalb Döblings um. Seine Anschriften waren Carl-Ludwig-Straße 77, Lannerstraße 12 und Linnéplatz 5.

49 Salten an Karl: »Lieber Karli Urbach, wegen Eures jungen Hasen gehen diese Zeilen mit Eilpost. Er muss frische Salatblätter haben, frische Kohlköpfchen, frische kleine oder größere Goldrüben … jede Nahrung frisch, nicht von Menschenhänden angegriffen, nicht gewaschen, sondern genau so, wie diese Dinge wachsen. Wichtig: alle Tage frisches, neues Futter möglichst abwechselnd in der Gattung. Das Wichtigste neben Trinkgelegenheit: den jungen Hasen in Ruhe lassen, auch wenig angreifen, wenig kuscheln oder herumtragen. Und dafür sorgen, dass er sich frei bewegen kann. Wenn es Euch Herren gelingt, den Kleinen am Leben zu erhalten, habe ich etwas Gutes geleistet. Viele schöne Grüße an Dich … von Felix Salten.« Nachlass Karl Urbach.

50 Alice Urbach, Old World, S. 6 f.

51 Alice Urbachs inoffizielle Erinnnerungen.

52 Ebd.

53 Zitiert in: Friedrich Torberg, Die Tante Jolesch, S. 92.

54 1909 wurde Max bei der Musterung als »nicht geeignet« eingestuft, 1917 jedoch als »diensttauglich«. In der Akte wird er als Kinderarzt bezeichnet. Landsturmevidenzblatt Max Urbach, AT-OeStA/KA Pers GB Evidenzen LSt MilKdo Wien Sanität 9, ÖStA.

55 Alice Urbachs inoffizielle Erinnerungen.

56 Siehe zu diesen Bemühungen u. a. Karina Urbach, Hitlers heimliche Helfer. Der Adel im Dienst der Macht, Darmstadt 2016, S. 153 ff.

57 Lillian M. Bader, Ein Leben ist nicht genug. Memoiren einer Wiener Jüdin, Wien 2011, S. 189.

58 Torberg, Tante Jolesch, S. 29.

59 Die Rote Garde erzwang eine Sonderausgabe und zog dann wieder ab. Franz Endler gehört zu jenen, die die Geschichte be-

zweifeln: Franz Endler, Wien zwischen den Kriegen, Wien 1983, S. 20 f.

60 Alice Urbach, Old World, S. 1, 5.

61 Leon Askin, Quietude and Quest. Protagonists and Antagonists in the Theatre, on and off Stage as Seen Through the Eyes of Leon Askin, Riverside 1989, S. 41.

62 Ebd.

63 Alice Urbach, Old World, S. 15.

64 Alice Urbachs inoffizielle Erinnerungen. In ihren offiziellen Erinnerungen verklärt sie seinen Tod für ihre Kinder: »Mein Mann hatte keine robuste Gesundheit. Er behandelte Tag und Nacht arme, unterernährte Menschen, und die Anstrengung und Sorgen führten zu seinem frühen Tod.« Alice Urbach, Old World, S. 1.

Kapitel 3 – Hungrige Zeiten

1 *Wir Wunderkinder* aus dem Jahr 1958 war ein Anti-Nazifilm unter der Regie von Kurt Hoffmann. Alice' Schwiegertochter Wera Frydtberg spielte darin die Emigrantin Vera.

2 Protokoll, Inventur 22. August 1920. Verlassenschaftsakte Dr. Maximilian Urbach, Wiener Stadt- und Landesarchiv. In ihren offiziellen Erinnerungen spielte sie die finanzielle Situation 1920 noch herunter, sie habe sich erst später verschlechtert. Alice Urbach, Old World, S. 1.

3 Alice Urbachs inoffizielle Erinnerungen.

4 Franz Marischka, Immer nur lächeln. Geschichten und Anekdoten von Theater und Film, München 2001, S. 34.

5 Döblinger Friedhof, Tor II, Gruppe 2, Grab 17.

6 30. 10. 1920, *Neue Freie Presse*.

7 Siehe auch Mayer/Samsinger, 1001 Nacht, S. 111 f. Hier wird vermutet, die Bibliothek mit Erstausgaben sei schon verkauft

worden, aber Felix Mayer scheint sie zu großen Teilen behalten zu haben. WstLA, BG Döbling A 4/1 Verlassenschaften 827/1920 Sigmund Mayer und Verlassenschaften 259/1921 Pauline Mayer.

8 Testament von Sigmund Mayer, S. 2. Unter IIIA waren Werte von 5000 Kronen aufgelistet, die zuerst an Pauline gehen sollten.

9 In den Familienerinnerungen *Some Members of the Mayer Family* wird Arnolds Lebensgeschichte nicht ganz korrekt wiedergegeben. Arnold wurde nicht bei der Geburt getauft, sondern erscheint – wie alle anderen Kinder Sigmund Mayers – in den Matrikeln der Israelitischen Kultusgemeinde. Er konvertierte später und lebte ganz für seine Arbeit. Mit dem Historiker Heinrich Rietsch (einem Schüler Guido Adlers) veröffentlichte er ein Buch über die Mondseer Liederhandschrift des 15. Jahrhunderts: F. Arnold Mayer/Heinrich Rietsch, Die Mondsee-Wiener Liederhandschrift und der Mönch von Salzburg. Eine Untersuchung von Literatur- und Musikgeschichte nebst den zugehörigen Texten aus der Handschrift mit Anmerkungen, 2. Bde, Berlin 1894–1896. Auch Arnolds Sterbedatum ist in den Familienerinnerungen mit 1910 falsch angegeben. Er starb 1926 in Kassel.

10 Testament von Sigmund Mayer, S. 4.

11 Siehe Mayer/Samsinger, 1001 Nacht, S. 112.

12 Alice Urbach, Old World, S. 1.

13 Ebd., S. 7.

14 Jedes Jahr fuhren alle gemeinsam zum Kuraufenthalt nach Baden bei Wien. In der »Curliste« taucht der »Kaufmann« Ignaz Urbach mit acht Familienmitgliedern »und Dienerschaft« auf. Siehe z. B. die Badener Curliste vom 29. Mai 1901, ANNO, Österreichische Nationalbibliothek.

15 Das Bankhaus befand sich in der Schauflergasse 2. Kleine Pri-

vatbanken wie die von Ignaz wurden damals sehr viel weniger prätentiös »Wechselstuben« genannt. Sie erledigten jedoch nicht nur Geldwechsel, sondern waren auf Börsengeschäfte aller Art spezialisiert. Siehe dazu Eran Laor, Vergangen und ausgelöscht. Erinnerungen an das slowakisch-ungarische Judentum, Stuttgart 1972, S. 72.

16 »Der Tod des Bankiers Urbach«, *Der Tag*, 6. 7. 1924, S. 5.

17 »Vom Interventionskomitee im Stich gelassen«, *Illustrierte Kronenzeitung*, 5. 7. 1924, S. 1 f.

18 Ebd.

19 »Der Tod des Bankiers Urbach«, S. 5.

20 Die *Kronenzeitung* spielte in ihrer Ausgabe ein anderes Szenario durch: »Die Kommission, die den Tatbestand feststellte, stellte nicht nur die eigenartige Lage der Leiche dicht vor der Tür des Dr. Zeisl parallel mit dem Stiegengeländer fest, sondern sie konstatierte auch eine seltsame Art der Verletzung, und zwar eine Zertrümmerung des Hinterkopfes, die nach Angabe des Arztes mit einem Selbstmord nicht recht in Einklang zu bringen ist. Hofrat Dr. Rien glaubt vielmehr, dass Urbach, der zuckerkrank war, wohl die Absicht hatte, sich von dem dritten Stock herabzustürzen, dass er aber in diesem Augenblicke, von einem plötzlichen Unwohlsein befallen, seine Absicht aufgab, in den zweiten Stock hinunterging, um in der Kanzlei des Doktor Zeisl Hilfe zu suchen. Vor der Tür wäre er dann, von einem Schwindelanfall ergriffen, zu Boden gestürzt und hätte sich auf den Steinfliesen das Hinterhaupt zerschmettert. Neben dem Toten wurden auch drei nebeneinanderliegende Zigarren gefunden, so dass es den Anschein hatte, als hätte er sie noch knapp vor seinem Tode in der Hand gehalten.« Dass Ignaz beabsichtigt hatte, sich umzubringen, blieb unbestritten. Dass er ausgerechnet vor der Türe der beiden Männer landete, die sei-

ner Bank nicht helfen wollten, schien ebenfalls kein Zufall zu sein.

21 »Vom Interventionskomitee im Stich gelassen«, S. 2. Siehe zur Firma Bloch auch Peter Eigner/Helmut Falschlehner/Andreas Resch (Hg.) Geschichte der österreichischen Privatbanken. Von Rothschild bis Spängler, Wien 2017.

22 Verlassenschaftsakte Dr. Max Urbach: Alice teilt am 24. 1. 1925 mit dass der Mitvormund Ignaz Urbach verstorben war und ein neuer Mitvormund gefunden wurde: Leonhard Buchwahr, Fabrikant, 6. Bezirk, Mariahilferstr. 95, Mitvormundschaft.

23 Alice Urbach, Old World, S. 2.

24 Hirschfeld, Wien, S. 3.

25 Ebd., S. 65.

26 Ebd., S. 243.

27 Alice Urbach, Old World, S. 7.

28 Vor allem die österreichische Architektin Margarete Schütte-Lihotzky revolutionierte Küchen. Siehe Mona Horncastle, Margarete Schütte-Lihotzky. Architektin, Widerstandskämpferin, Aktivistin, Wien 2019.

29 Alice' Cousine Lily Bader schrieb darüber: »Mitte der 20er Jahre schien sich die Währung zu stabilisieren und es folgte eine Zeit des relativen Wohlstandes … Das Wohnungsbauprogramm der Stadt Wien war ermutigend. In einem noch nie dagewesenen Ausmaß wurden Gemeindebauten errichtet … Es gab Zentralheizung, fließendes Warmwasser, Waschküchen mit Waschmaschinen und Trocknern, wunderschöne Innenhöfe, Planschbecken und Kindergärten.« Bader, Ein Leben, S. 190 f.

30 1927 schätzte Hirschfeld die Zahl der Bridgestuben in Wien auf ungefähr 70. »Sie befinden sich immer in einem sogenannten besseren Lokal der Inneren Stadt … Meist tun sich zwei oder drei Damen zu einer solchen Gründung zusammen, teils wegen der

Ablösung bei der Tag- und Nachtschicht, teils wegen der Vergrößerung des Betriebskapitals an Bekannten.« Hirschfeld, Wien, S. 248.

31 *Die Presse*, Lifestyle-Printausgabe vom 17. 2. 2019. Alice' Rezept wurde hier unter dem Namen Rudolf Rösch wiedergegeben. Dies wurde später online ausgebessert.

32 Alice Urbach, Old World, S. 8 ff.

33 Siehe zu ihren Schülern: Alice Urbach, Old World, S. 19. Alice erwähnt nicht den Vornamen des Prinzen. Es handelt sich wahrscheinlich um Prinz Franz Joseph II, den späteren Fürsten von Liechtenstein (1906–1989). Er machte 1925 sein Abitur in Wien und studierte dann auf der Wiener Hochschule für Bodenkultur. Bei den anderen genannten Schülern handelt es sich um die amerikanische Schriftstellerin Amélie Louise Rives. Sie heiratete in zweiter Ehe den russischen Prinzen Pierre Troubetzkoy. Die Ballerina Grete (eigentlich Margarethe) Wiesenthal wurde 1902 an der Hofoper von Gustav Mahler entdeckt. Neben einer erfolgreichen Solokarriere arbeitete sie auch als Choreografin mit Max Reinhardt in Berlin. 1919 gründete sie in Döbling eine Tanzschule und übernahm 1934 einen Lehrauftrag an der Wiener Akademie für Musik und darstellende Kunst. Die »schöne Tochter des Botschafters« war Dorothy Vera Selby (1912–1982), Tochter von Sir Walford Selby.

34 Felix Mayer, The Mayer Family.

35 Siehe hierzu: Alice Urbach, Some Members of the Mayer Family.

36 1926 veröffentlichte Sidonie mit ihrer Co-Autorin Emma Schreiber im gleichen Verlag das »Kochbuch des Junggesellen« und 1928 das »Weekend-Kochbuch« mit »praktischen Rezepten für das Wochenend-Häuschen.«

37 Mehrmals im Jahr annoncierte Alice neue Programmangebote:

»Die Nachmittagskurse der Modernen Kochkurse von Frau Alice Urbach, IV Goldeggasse 7 (neue moderne Räume) für Vorspeisen, Konditorei und aparte Fleischspeisen finden heuer unter Mitwirkung eines hervorragenden Küchenchefs statt. Ganz neues Programm (auch für ehemalige Schülerinnen zur Perfektion geeignet). Vor-, Nachmittags- und Abendkurse.« *Neue Freie Presse*, 1. 10. 1933, S. 15

38 Alice Urbach, Old World S. 10. *Der Wiener Tag* berichtete zum Beispiel: »Frau Alice Urbach, der verdienst- und erfolgreichen Leiterin der Modernen Kochkurse, verdanken wir diese entzückende Ausstellung erlesenster kulinarischer Genüsse, die uns wieder einmal zeigte, dass der ›Weaner net untergeht!‹ … Die Ausstellung musste leider vorzeitig geschlossen werden, da sie – nur zu begreiflich – in kürzester Zeit ausverkauft war.« *Der Wiener Tag*, 11. 11. 1931. Jede Ausstellung hatte ein anderes Motto, am 1. Dezember 1930 lautete es »Bitte zu Tisch!«.

39 *Neues Wiener Journal*, 22. 11. 1928, S. 12.

40 Die *Neue Freie Presse* zitierte Alice so: »Ich unternehme die Ehrenrettung des Girls am Herd … die Erfahrung lehrt: das Girl – ist es auch schon eine junge Frau – will lernen und sie tut es mit Interesse, selbst das Mädchen im Beruf, auch das noch im Studium stehende, kommt kochen lernen.« *Neue Freie Presse*, 27. 11. 1929, S. 7.

41 »In ganz demokratischer Weise lauschen den praktischen Kochvorträgen Damen der Gesellschaft, darunter manche, die vielleicht in Folge von Berufswechsel oder durch späte Heirat erst jetzt dazu kommen, sich für die Küche zu interessieren, neben manch netter Haushaltsgehilfin. Sie alle verbindet das gleiche Lernziel, dem sich die sozialen Unterschiede unterordnen.« *Neues Wiener Journal*, 30. 11. 1930.

42 In der *Neuen Freien Presse* annoncierte Alice im Januar 1932:

»Frau Alice Urbach's erste Wiener ›Ins Haus Küche‹. Sendet Ihnen für nur S 2 [zwei Schilling] Ihr tägliches komplettes Menu ins Haus oder Büro. Heiß und speisefertig! Reichhaltig und schmackhaft!« Alice musste dafür eine extra Gewerbegenehmigung beantragen. Am 30. 1. 1932 wurde in den Gewerbesteuerkataster Folgendes eingetragen: »Urbach, Alice gewerbsmäßiger Verkauf von fertigen Speisen über die Straße mit Ausschluss jeglicher an eine Konzession gebundene Tätigkeit, IV. Goldeggasse 1.« WStLA, Steuerkataster, K2/1 – Zentralgewerberegister, URBACH Alice; Kochschule in 4. Goldeggasse 7.

43 Riz Remorf, »Neuzeitliche Küche für die moderne Frau«, *Neues Wiener Journal*, 31. 1. 1932, S. 23.

44 Alice' Gewerbeberechtigung wurde 1929 auf Otto ausgeweitet, er durfte jetzt Kurse für gutbürgerliche Kost anbieten. Ich danke Sebastian Dallinger für die Auffindung der Gewerbeberechtigung. Steuerkataster, K2/1 – Zentralgewerberegister, URBACH Alice; Kochschule in 4. Goldeggasse 7, WStLA.

45 Das Palästina-Amt Wien bestätigte am 16. November 1934, »dass Obgenannter bei uns am 3. August 1934 unter der Nr. 1910 ein Ansuchen um Zuteilung eines Einreise-Zertifikates für Palästina eingereicht hat«. Nachlass Otto Urbach.

46 Alice Urbach: My Sons. Vierseitiges handschriftliches Manuskript, Nachlass Alice Urbach.

Kapitel 4 – Endlich Erfolg

1 Jobs' Studienzeit in Reed wird unter anderem in dem Film *Jobs* von 2013 gezeigt (Ashton Kutcher spielt hier Steve Jobs).

2 Keezer bekommt durch seine Nähe zu Morgenthau eine weitere interessante Facette. Der Reed-Präsident war mit großer Wahrscheinlichkeit schon in den 30er-Jahren Teil des Informationsnetzwerkes, das Morgenthau sich in seinem Finanzministerium

aufbaute. Es handelte sich um einen effektiven Nachrichtendienst, der sich auf Korruptionsfälle spezialisierte und Hoovers FBI Konkurrenz machte. Morgenthaus »Informationsnetzwerk« agierte jedoch nicht nur in den USA, sondern sammelte auch Erkenntnisse in Europa und Asien. Dadurch war Morgenthau für Roosevelt mehr als »nur« ein Finanzminister, er diente ihm auch als ein wichtiger Berater in außenpolitischen Fragen.

3 »You don't live on intellect alone.« Siehe den Nachruf auf Dexter Keezer, Reed Magazine. https://www.reed.edu/reed_magazine/june2012/articles/features/comrades/comrades4.html.

4 Richard Scholz, »Twice Refugee, Austrian Ski Expert Returns to US«, *The Oregonian*, 17.9.1937.

5 Otto an Alice, 18.11.1935, Nachlass Otto Urbach.

6 Otto an Alice, 23.9.1935, Nachlass Otto Urbach. In einem weiteren Brief legte er einen Artikel über Mr. Keezer aus dem *Time Magazine* bei. »Time ist das meistgelesene intellektuelle Magazin und es ist eine fabelhafte Propaganda für Reed, in diesem Magazin erwähnt zu werden. Er [Mr. Keezer] ist aber wirklich fabelhaft. Ich bin wirklich sehr besorgt über die materiellen Zustände und ich weiß, dass du riesige Kämpfe hast. Ich würde dir etwas Geld schicken, wenn du es riesig dringend brauchst … Es grüßt und küsst dich herzlichst, Otto,« Nachlass Otto Urbach.

7 Otto an Karl, 3.12.1935, Nachlass Otto Urbach.

8 Otto an Alice, 25.11.1935, Nachlass Otto Urbach.

9 Bericht für den College-Präsidenten vom 28.1.1938 über die Gründung des Ski-Teams: »1934/35 No team … 1935/36: Class organized by Otto Urbach. 70 girls, 30 boys and 12 outsiders. Much advertising over ski slide. Team of 5 members entered the open competition sponsored by the Winter Sports Association. Team also went to the Intercollegiate meeting at Yosemite, win-

ning fourth place.« Ich danke für die Auffindung Caroline Reul von Special Collections and Archives, Reed College, Portland, Oregon. Siehe zu Skifotos von Otto: Reed Digital Collections, Reed College Bulletin 1936, Bd. 15 (1), und zu Cordelia Dodson: Reed College Bulletin 1937, Bd. 16 (1).

10 Artikel-Überschriften: »Ski school planned by Reed instructor: During the Christmas vacation, Otto Robert Urbach, student-instructor of skiing at Reed College, will conduct a ski school on the slopes of Mount Hood«, »Reed ski mentor plans exhibition: Urbach to stage special flying mile event«, »Why Wait for Winter? Say Reed Ski Fans. Under direction of Otto Urbach, Viennese ski expert studying at Reed, this wooden slide was put up last week«. 1987 berichtete die Reed-Zeitung *Reed College Quest* von der Gründung der Skischule durch Otto und die vielen Unfälle, die er und seine Schüler bei dem ersten Wettbewerb in Yosemite hatten. Otto verletzte sich unter anderem an der Hüfte. Siehe J. J. Haapala, »Origin of the Reed College Ski Team«, in: *Reed College Quest*, 23. 2. 1987, S. 7. Der Autor hielt Otto für einen Deutschen.

11 Gespräch der Autorin mit Clara Fontana über ihre Großtante Cordelia Dodson, London 2019.

12 Zitiert in McIntosh, Sisterhood, S. 176. McIntosh war selbst OSS-Mitarbeiterin gewesen.

13 Undatierter Brief aus China an Karli, 1936 oder 1937. Nachlass Otto Urbach.

14 Siehe zu Puccis Zeit in Reed: https://www.reed.edu/reed-magazine/articles/2014/emilio-pucci.html.

15 Vortrag von Pucci im Reed College: https://soundcloud.com/reedcollege/pucci-emilio-talk-on-design-at-reed-college-1962.

16 Reed sammelte später Erinnerungen an Pucci. Kathleen Cahill Dougall erinnerte sich an ihn als »sehr gut aussehend und be-

kannt für seinen Tango«. Elizabeth McCracken tanzte mit ihm, nachdem er ihr und einer Gruppe von Studentinnen den Wiener Walzer beigebracht hatte. Siehe dazu: https://www.reed.edu/reed-magazine/articles/2014/emilio-pucci.html.

17 1935–36 studierte er noch an der Universität von Georgia Landwirtschaft. Siehe hierzu seinen Lebenslauf für den OSS. Pucci schrieb nach dem Krieg zwei Berichte. Der erste ist vom 24. 5. 1945. Cordelia Dodson tippte ihn, und er ist voller Fehler (es blieb ihre Schwäche, auch in einem Brief an Karl entschuldigte sie sich 2003 für ihre Tippfehler), der zweite ist datiert auf den 20. 6. 1945. Die hier verwendeten Zitate stammen aus dem zweiten, ausführlicheren Bericht, RG 226, Entry 190C, Box 11, National Archives, Washington (im Folgenden Pucci-Bericht).

18 File President Dexter Keezer, 28. 1. 1938, Reed Special Collections and Archives, Reed College, Portland, Oregon.

19 Eds Vater war von 1921 bis 1948 Professor im Reed College für vergleichende Literatur und leitete die Theatergruppe. Das Reed-Amphitheater ist heute nach ihm benannt.

20 Otto an Alice, 1935, undatiert, Nachlass Otto Urbach.

21 Laut den Meldeunterlagen der Stadt Wien war Alice vom 3. 5. 1920 bis zum 6. 8. 1935 im 16. Bezirk in der Kirchstetterngasse 22/16 gemeldet (mitgemeldete Kinder Otto, geboren 28. 9. 1913, und Karl, geboren 9. 11. 1917). Ab August 1935 Goldeggasse 7/4 (mitgemeldetes Kind Karl, geboren 9. 11. 1917).

22 Siehe die Perles-Liste der Vertretungen ausländischer Verlage in Daniela Punkl, Verlag Moritz Perles. Diplomarbeit zur Erlangung des Magistergrades, Universität Wien, 2002, S. 161.

23 Hermann Jungck, 75 Jahre Ernst Reinhardt Verlag München Basel. Verlagsgeschichte, München 1974, S. 53.

24 Otto an Alice: »Wie geht es mit dem zweiten Kochbuch voran?«,

Brief Ottos aus China, undatiert, 1936, Nachlass Otto Urbach. 2020 teilte der Reinhardt Verlag mit, dass es tatsächlich zwei weitere Manuskripte gab, die Alice für den Verlag verfasste. Kurz vor ihrer Flucht gab sie alle Rechte an den Büchern *Die fleischlose Kost* und *Wiener Mehlspeisen* auf. Siehe Erklärung vom 5. 9. 1938, in: Archiv des Ernst Reinhardt Verlags, München.

25 Alice Urbach, Old World, S. 19. In ihren Erinnerungen erwähnt Alice nicht das Kochbuch, das sie bereits mit Sidonie veröffentlicht hatte. Alles, was Sidonie betraf, versuchte Alice nach der Ermordung ihrer Schwester zu verdrängen.

26 Ebd. Otto erzählte niemandem außer Alice, um was für ein Skript es sich handelte. Es könnte etwas mit dem Film *Anwalt des Feindes* (Originaltitel: *The Incident*) über ein Kriegsgefangenenlager in Colorado zu tun haben, aber das ist reine Spekulation.

27 Die ZG vertrat mehrere deutsche Verlage in Österreich, darunter auch C.H. Beck und Gustav Kiepenheuer. Sie fusionierte später zur Mohr-ZG und ist heute die Firma Mohr Morawa.

28 Jungck, 75 Jahre, S. 54 f.

29 *Die Bühne*, Dezember 1935, Nr. 414, S. 53. Sogar Otto bekam die Zeitschrift mit einiger Verspätung in Amerika: »Ich habe hier einen Artikel in der *Bühne* gesehen … hat sich sehr lobend über das Buch ausgedrückt.« Otto an Alice, 17. 3. 1936, Nachlass Otto Urbach.

30 *Die Reichspost*, 1. Dezember 1935.

31 Toni Tipton-Martin, The Jemima Code: Two Centuries of African American Cookbooks, Austin 2015.

Kapitel 5 – Shanghai oder der amerikanische Sohn

1 Torberg, Die Tante Jolesch, S. 111.

2 Otto an Alice, September 1937, Nachlass Otto Urbach.

3 Das Cathay Hotel ist heute das Peace Hotel. Auch viele Straßen wurden nach 1945 umbenannt. Die Nanking Road nennt sich heute Nanjing Road East. Der Bund ist jetzt Zhongshan No. 1 Road. Eine weitere wichtige Straße von 1937, Avenue Edward VII., heißt Yanan Road. Und die Bubbling Well Road, Ottos erste Adresse, ist heute die Nanjing West Road.

4 Otto an Alice, undatierter Brief, Sommer 1936, Nachlass Otto Urbach.

5 Otto an Alice, 11. 8. 1936, Nachlass Otto Urbach.

6 Otto an Alice, 18.–20. 6. 1936, Nachlass Otto Urbach.

7 Otto an Alice, 20.–28. 8. 1936, Nachlass Otto Urbach.

8 Otto an Alice, Nachlass Otto Urbach.

9 Otto an Alice, 31. 8. 1936, Nachlass Otto Urbach. Die Empfehlungsschreiben wandten sich an einen Verwandten Morgenthaus, der in China lebte.

10 Otto an Alice, 31. 8. 1936, Nachlass Otto Urbach.

11 Otto an Karl, 21. 8. 1936, Nachlass Otto Urbach.

12 Otto an Alice, undatiert, Nachlass Otto Urbach.

13 Joe Lederer, Blatt im Wind, München 1951 (Erstausgabe Wien 1936), S. 25.

14 Otto an Alice, 11. 10. 1936, Nachlass Otto Urbach.

15 Es gab seit 1934 einen Sechsjahresplan, um die Opiumsucht zu reduzieren. Patriotische Jugendliche unterstützten die »Bewegung Neues Leben«. Sie sahen den Konsum von Opium als einen »unpatriotischen Akt« und verdächtigten – wohl zu Recht – die Japaner, den Heroin- und Morphiumhandel in China zu unterstützen, um die Chinesen zu »demoralisieren

und zu verblöden«. Federic Wakeman, Policing Shanghai 1927–1937, Berkeley 1995, S. 268.

16 Otto an Karl, 4. 3. 1937, Nachlass Otto Urbach.

17 Lederer, Blatt im Wind, S. 24 ff.

18 John R. Watt, Saving Lives in Wartime China. How Medical Reformers Built Modern Healthcare Systems Amid War and Epidemics, 1928–1945 (China Studies), Leiden 2014, S. 220.

19 Otto an Karl, 31. 3.–20. 4. 1937, Nachlass Otto Urbach.

20 Otto an Alice, 21. 10. 1936, Nachlass Otto Urbach.

21 Otto an Karl, 8. 3. 1937, Nachlass Otto Urbach.

22 Otto an Karl, 30. 1. 1937, Nachlass Otto Urbach.

23 Otto an Karl, 4. 3. 1937, Nachlass Otto Urbach.

24 Otto an Karl, 30. 1. 1937, Nachlass Otto Urbach.

25 Ich danke Hiroaki Kuromiya für seine großzügige Hilfe bei der Analyse von Ottos Chinafotos und Briefen. Siehe auch Hiroaki Kuromiya, Stalin's Great Terror and the Asian Nexus, in: Europe-Asia Studies 2014, Bd. 66 (5) S. 775–793.

26 Im Dezember 1936 schlossen das Deutsche Reich und Japan den Antikominternpakt gegen die Sowjetunion. Japan wollte eine anti-chinesische Komponente hinzufügen, aber die NS-Außenpolitik hatte andere Prioritäten. Bis 1938 war man auf militärischer Ebene eng mit China verbunden.

27 Ich danke Nina Price für die Überlassung des Affidavits, das Otto 1939 für Renata Urbach und ihre Eltern Robert und Lola Urbach ausstellte. Nachlass Robert Urbach.

28 Otto an Karl, 30. 1. 1937, Nachlass Otto Urbach.

29 Otto an Karl, 29. 12. 1936, und Otto an Alice, 18. 1. 1937, Nachlass Otto Urbach. Otto kündigt an, im März für Ford nach Yokohama zu fahren. Was daraus wurde, ist nicht mehr zu rekonstruieren.

30 Otto an Alice, 20. 9. 1936, Nachlass Otto Urbach.

31 Siehe den Verlagsvertrag vom 25. 1. 1935, Verlagsarchiv Ernst Reinhardt, München.

32 Siehe zum Beispiel Otto an Alice, 11. 8. 1936, Nachlass Otto Urbach: »Liebe Mutter, eben deinen lieben Brief erhalten. Ich hoffe, dass du in der Zwischenzeit mehr Gäste erhalten hast, so dass du doch zumindest glatt abschneidest. Plag dich nicht so sehr.«

33 Siehe hierzu Jonathan Haslam, The Spectre of War, Princeton 2021

34 Zitiert in Elisabeth Young-Bruehl, Anna Freud. Die Wiener Jahre, Teil 1, Wien 1995, S. 295.

35 Otto an Alice, 20. 12. 1936. Am 18. 1. 1937 schrieb er: »Ich bin überzeugt, dass du dich schon sehr freust bald von Wien wegzukommen.« Nachlass Otto Urbach.

36 Alice Urbachs Meldeunterlagen der Stadt Wien, Abmeldung 10. 2. 1937 nach Hove, England.

37 Otto an Karl, 8. 3. 1937. Angeregt durch seine Lektüre von *Blatt im Wind*, kam er sogar auf die Idee, eine Novelle über seine Chinaerfahrungen zu schreiben: »Ich habe an einer Novelle zu schreiben angefangen, komme aber nur sehr langsam damit weiter.« Otto an Karl, 21. 4. 1937, Nachlass Otto Urbach.

38 Otto an Karl, 21. 4. 1937, Nachlass Otto Urbach.

39 Otto an Karl, 14. 5. 1937, Nachlass Otto Urbach.

40 Otto an Alice, 25. 7. 1937, Nachlass Otto Urbach.

41 Es wird argumentiert, dass die Japaner sich im August 1937 provozieren ließen und damit Chiang Kai-shek in die Hände spielten. Chiang Kai-shek hatte ein Interesse daran, den Konflikt von Nordchina nach Shanghai, ins internationale Finanzzentrum, auszuweiten. Ich danke Hiroaki Kuromiya für unsere Gespräche über dieses Kapitel.

42 Otto an Alice und Karl, 14.–26. 9. 1937, Nachlass Otto Urbach.

43 Andrew Meier, The Lost Spy. An American in Stalin's Secret Service, New York 2008, S. 217.

44 »Dann kamen die Fliegerangriffe über dem Settlement. Japaner und Chinesen führten wüste Luftkämpfe … auf, wobei es von Bomben, abgeschossenen Flugzeugen usw. nur so regnete. Resultat: ungefähr 3000 Tote innerhalb 2 Stunden. Die Chinesen haben in den Luftkämpfen sehr gut abgeschnitten und überhaupt einen überraschenden Wiederstand geleistet.« Otto an Alice und Karl, 14.–26. 9. 1937, Nachlass Otto Urbach.

45 Otto an Karl, 23. 8.–1. 9. 1937, Nachlass Otto Urbach.

46 Paul French, Bloody Saturday. Shanghai's Darkest Day, London 2017, S. 17.

47 Ebd., S. 51.

48 Otto Urbachs Fotoalbum, Nachlass Otto Urbach.

49 Otto an Alice und Karl, 14.–26. 9. 1937, Nachlass Otto Urbach.

50 »South Station Bombing at Shanghai described«, Artikel in Otto Urbachs Fotoalbum. Es konnte nicht ermittelt werden, in welcher Zeitung der Artikel erschien. Nachlass Otto Urbach.

51 Cordelia an Karl, 9. 9. 1937, Nachlass Cordelia Dodson.

52 Scholz, Twice Refugee.

53 Otto an Alice, 14.–26. September 1937. Otto muss den Brief auf dem Schiff angefangen und erst nach seiner Ankunft in Amerika beendet haben. Sein Schiff, die President McKinley, erreichte nämlich schon am 15 September 1937 Seattle. Nachlass Otto Urbach.

54 Cordelia an Karl, 1. 10. 1937, Nachlass Cordelia Dodson.

55 Cordelia an Karl, 11. 10. 1937, Nachlass Cordelia Dodson. Karl und Alice waren den Dodsons sehr dankbar, und Karl entwarf einen Antwortbrief: »From Otto we have received a letter about his operation too. In the first moment it looked very hard to me … He also wrote that your mother was so kind to him …

and this is so nice of her and because I don't know anybody of your family yet I have to thank you very much for all that kindness. I hope the boy will be all right again soon.«

56 »Otto Robert Urbach, ehemaliger Skilehrer am Reed College, landete am 14. September in Seattle mit Photos, die das … Leiden in China dokumentieren. Urbachs eigene Leidensgeschichte begann vor zwei Jahren … Ein Jahr lang konnte er in Ruhe in Reed studieren und auf Mount Hood Ski fahren. Doch dann begannen seine Schwierigkeiten. Sein Visum war nur für ein Jahr gültig. Er versuchte zweimal, es zu verlängern, einmal an der mexikanischen, einmal an der kanadischen Grenze – ohne Erfolg. Während er in Reed studierte, war viel in seiner Heimat passiert, Dollfuß war in einem blutigen Aufstand ermordet worden … Urbach galt als Persona non grata und wäre zur Armee eingezogen worden.« Scholz, Twice Refugee. An dieser Stelle wird offensichtlich, dass der Journalist ein begrenztes Wissen von österreichischer Politik hatte. Dollfuß war schon 1934, also ein Jahr vor Ottos Abreise, ermordet worden. Otto scheint kein Interesse daran gehabt zu haben, diesen Fehler zu korrigieren. In Wirklichkeit gab es für ihn natürlich mehrere Gründe, nicht nach Wien zurückzukehren.

57 Richard Scholz, »Shanghai Battle declared screen. Ex-Reed Instructor asserts Japan Fooling World«, *The Oregonian*, 20.9.1937.

58 Die Zahlen sind bis heute nicht zu verifizieren. Einige Historiker sind der Meinung, es waren »nur« 50 000, andere schätzen die Zahl auf 300 000.

59 Otto an Karl, undatiert, Ende 1937, Nachlass Otto Urbach. Victor Pollitzer (geb. 1892) war der Bruder von Dr. Robert Pollitzer und ein Großcousin von Otto.

60 Ein Zeitungsartikel im Nachlass Otto Urbachs spricht fälschli-

cherweise von einer chinesischen Medaille. Dem rot-weißen Band nach zu urteilen, war es eine Medaille, die von der jüdischen Abteilung des SVC vergeben wurde.

Kapitel 6 – 1937: Besuch der jungen Dame

1 Ihre Anschrift lautete »Karl Urbach und Willy Schultes, Wiedner Gürtel 48/12 im 4. Bezirk«. Siehe dazu auch die Postkarten und Briefe an die beiden im Nachlass Cordelia Dodson.

2 Das Palastkino befand sich in der Josefstädterstraße 43–45. Offizieller Inhaber war Paulas Vater Alfred Ticho, aber geleitet wurde das Kino von seinen Töchtern Bertha Ticho, Selma Haas und Paula Sieber.

3 1914 gab es bereits 150 Kinos in Wien, und auch wenn im Ersten Weltkrieg ausländische Produktionen verboten wurden, füllten schnell österreichische Eigenproduktionen die Lücke.

4 Paulas Sohn aus erster Ehe war Erich, später Eric Stoessler, der 1938 nach England floh und Paula und seinen Halbbruder Peter nachholte.

5 Otto an Karl, 29. 12. 1936 und 18. 1. 1937, Nachlass Otto Urbach.

6 Cordelia an Karl, 4. 4. 1937, Nachlass Cordelia Dodson.

7 Karl Urbachs Erinnerungen, 1937 in englischer Sprache als Übung verfasst, Nachlass Karl Urbach.

8 Cordelia an Karl, Oktober 2003, Nachlass Cordelia Dodson.

9 Karl Urbachs Erinnerungen.

10 Cordelia an Karl, 2003, Nachlass Cordelia Dodson. Cordelia war die Freundin von Eds Schwester Barbara Cerf.

11 Es wurde 1932 erbaut und beherbergte viele berühmte Künstler. Das Tanzlokal im 16. Stock gibt es nicht mehr, dort befinden sich heute Penthousewohnungen.

12 Karl Urbachs Erinnerungen.

13 Ebd.

14 Poldi Schück war der Sohn von Max Urbachs Schwester Rosa. Rosa hatte einen Emil Schück geheiratet, der eine Schnapsfabrik in Janowitz besaß. Poldi Schück wurde 1897 geboren und hatte mit seiner Frau Olga drei Kinder: Hanka, Milena und Jenda Schück.

15 Karls Erinnerungen, Nachlass Karl Urbach. Otto schrieb an Karl am 14. 5. 1937: »Ich bin dir sehr dankbar, dass du dich so um Cordelia angenommen hast. Es hat ihr scheinbar in Wien sehr gut gefallen und ich bin sicher, dass sie sich gut mit dir unterhalten hat.« Nachlass Otto Urbach.

16 Heute gehört dieses Gebäude zum Orthopädischen Spital Speising. Ob es nach dem »Anschluss« arisiert wurde, ist bisher nicht zu ermitteln. https://www.oss.at/ueber-uns/.

17 *Neue Freie Presse*, 26. 9. 1937, S. 38.

18 Tamara Ehs, Hochschullager im Austrofaschismus 1935–1937, https://geschichte.univie.ac.at/de/artikel/hochschullager-im-austrofaschismus.

19 Karl nennt nicht den Namen des Lagers, es könnte entweder Ossiach sein (weil es hier ein Kloster und den Ossiacher See gab) oder das Lager in Kreuzberg beim Weißensee.

20 Ganz so spielerisch war die Ausbildung jedoch nicht, wie ein Tagesplan zeigt:
06.00: Tagwache
06.15–06.45: Frühübungen, ev. Schwimmen im See
07.00: Frühstück
07.10–07.40: Herrichten der Zimmerordnung
07.45–08.00: Flaggenhissung, Verlautbarung der Tageseinteilung, Vorführung der Kranken, Lagerrapport
08.05–10.00: Übungen, Unterricht, allenfalls zweites Frühstück um 10.00 Uhr

10.30–12.30: Schießübungen, Leibesübungen
13.00–13.30: Mittagessen
13.30–14.30: Mittagsruhe
14.30–15.00: Vortrag des Bildungsführers
15.00–16.00: Leibesübungen am Seeufer; allenfalls Jause um 16.00 Uhr
16.30–18.30: Übungen oder Vortrag des Bildungsführers, Befehlsausgabe, Anwesenheitsappell
19.00–19.20: Nachtmahl
20.00–21.15: Freizeitgestaltung
22.00: Zapfenstreich
ab 22.30: Sprechverbot, vollste Ruhe im Gebäude.
In: Ehs, Hochschullager im Austrofaschismus.

21 Die einheitliche »Uniform« bestand aus einer Lagerhose und einer graugrünen Windjacke. Ebd.

22 Cordelia an Karl, 8. 6. 1937, Nachlass Cordelia Dodson.

23 Cordelia an Karl, 9. 9. 1937, Nachlass Cordelia Dodson.

24 Otto an Karl, undatiert, Herbst 1937. Zugleich besserte sich seine Hoffnung auf die amerikanische Staatsbürgerschaft: »Ich habe vor einigen Tagen die ›First papers‹ bekommen, bin also am Wege, amerikanischer Staatsbürger zu werden. Ganz angenehmes Gefühl. Hat man in Österreich das Gefühl, dass es zu einem europäischen Krieg kommen muss? Hier sind die Zeitungen voll von Kriegsgerüchten.« Otto an Karl, 24. 10. 1937, Nachlass Otto Urbach.

25 Cordelia an Karl, 2003, Nachlass Cordelia Dodson.

Kapitel 7 – Es wird gejagt

1 Alice Urbachs Antrag beim Hilfsfonds befindet sich im Österreichischen Staatsarchiv: VA. 13 480, AHF. 5529 NHF. 5003 und NHF 16 759. Das Haus in der Ebendorferstraße wurde später

eine Sammelwohnung für Juden. 23 Menschen wurden hier untergebracht. Ich danke Daliah Hindler für diesen Hinweis. Siehe: Datenbank des Dokumentationsarchivs des Österreichischen Widerstandes und https://www.memento.wien/address/74/

2 Laut den Akten der Wiener Meldebehörde wohnte Alice bis zum 22. 2. 1938 in der Speisingergasse 111. Dann muss der jüdische Eigentümer des Sanatoriums geflüchtet sein. Ab dem 22. 2. 1938 bis zum 10. 4. 1938 lebte Alice wieder bei Paula Sieber in der Schreyvogelgasse 3. Vom 11. 4. bis 29. 4. 1938 in der Pension Cosmopolite 8 in der Alser Straße. Die nächsten sechs Monate dann wieder bei Paula Sieber in der Schreyvogelgasse und die letzten Tage vor ihrer Ausreise vom 24. bis 28. 10. tatsächlich bei ihrer Schwester Helene in der Ebendorferstraße 10–12. Alice würde nie wieder in Wien eine Meldekarte ausfüllen.

3 Alice Urbachs inoffizielle Erinnerungen, Nachlass Alice Urbach.

4 Otto an Karl, 10. 2. 1938, Nachlass Otto Urbach.

5 Siehe hierzu Karl Urbachs Erinnerungen.

6 Otto an Karl, undatiert, Jahreswechsel 1937/38, Nachlass Otto Urbach.

7 Zum vollen Wortlaut siehe https://www.diepresse.com/1348149/kurt-schuschnigg-warnt-die-osterreichischen-nationalsozialisten.

8 Cordelia an Karl, 2003, Nachlass Cordelia Dodson.

9 Tondokument abrufbar unter https://www.mediathek.at/atom/015C6FC2-2C9-0036F-00000D00-015B7F64.

10 Cordelia an Karl, 22. 6. 1938, Nachlass Cordelia Dodson.

11 Privatbrief einer Wienerin vom 13. März 1938, siehe unter https://www.derstandard.at/2000075776312/Ein-Brief-ueber-den-Anschluss-1938-Und-dann-kam-ER.

12 Im wirklichen Leben war Moser mit einer Jüdin verheiratet, die er auch 1938 nicht im Stich ließ.

13 Ernst Haeusserman, Mein Freund Henry, Wien 1983, S. 46.

14 Die Autoren waren Helmut Qualtinger und Carl Merz. Qualtinger spielte Herrn Karl.

15 https://www.youtube.com/watch?v=2G4uj7Mcyro.

16 Otto an Karl, 13. 3. 1938, Nachlass Otto Urbach.

17 Otto an Alice, 28. 3. 1938, Nachlass Otto Urbach.

18 Otto an Karl, 10. 4. 1938, Nachlass Otto Urbach.

19 Torberg, Tante Jolesch, S. 524.

20 Ebd., S. 524 f.

21 Siehe hierzu Kapitel 11. In seinem Romanentwurf *The Mission* beschreibt Felix einen Emigranten, der eine Nachricht von seiner noch in Wien festsitzenden Ehefrau nicht entschlüsseln kann. Die Geschichte beruhte auf Felix' eigenen Erfahrungen. Felix Mayer, The Mission, Leo Baeck Institute Archives, Manuscript Collection MS 102c, New York/Berlin.

22 Cordelia an Karl, 2003, Nachlass Cordelia Dodson.

23 Ebd.

24 Cordelia an Karl, April 1938, Nachlass Cordelia Dodson.

25 Cordelia an Karl, 6. 5. 1938, Nachlass Cordelia Dodson.

26 Georg Kreisler am 28. 2. 2003 in der BR-Sendung »Forum«, file:///Users/Hanna/Downloads/georg-kreisler-gespraech 100%20(1).pdf.

27 Nachwort von Dorit Whiteman, in: Bader, Ein Leben, S. 228 ff.

28 Ebd., S. 229. Dorits Mutter schaffte es mit »Hartnäckigkeit, Verschwiegenheit und sogar Bestechungsgeld, die nötigen Dokument zu bekommen«.

29 Siehe die Matrikel der Wiener Israelitischen Kultusgemeinde zu Julius Rosenberg.

30 Otto an Alice, 24. 4. 1938, Nachlass Otto Urbach.

31 Siehe Karina Urbach, England is pro-Hitler. German opinion during the Czechoslovakian Crisis 1938, in: Julie Gottlieb/Daniel Hucker/Richard Toye (Hg.), The Munich Crisis, politics and the people, Manchester 2021.

32 Otto an Karl, 8. 5. 1937 (vor lauter Aufregung hatte Otto den Brief fälschlicherweise auf 1937 datiert, der Inhalt macht klar, dass er 1938 geschrieben wurde), Nachlass Otto Urbach.

33 Otto an Karl, 5. 6. 1938, Nachlass Otto Urbach.

34 Affidavit von Otto Urbach vom 16. 6. 1938, Nachlass Otto Urbach. Der Ton in den Briefen der Brüder wurde im Laufe der nächsten Wochen trotzdem gereizter. Karl fing an, vor Nervosität Fehler zu machen. Er hatte erst jetzt herausgefunden, dass er für seinen Antrag ein Formular 575 aus Washington brauchte, und Otto schrieb ihm Ende Juni: »Das bedeutet eine ziemliche Verzögerung, und ich kann mir nicht vorstellen, warum du mir nicht schon früher davon geschrieben hast. In der Zwischenzeit wirst du von Dodsons schon gehört haben, und Mr. Dodson hat mir geschrieben, dass er dir ein Affidavit geben wird. Es ist somit ziemlich wahrscheinlich, dass du ein Visum bekommst.« Otto an Karl, 25. 6. 1938, Nachlass Otto Urbach.

35 Besse Ellen Krumm Dodson (1875–1940) war eine ungewöhnliche Frau, die eines der ersten Fotostudios in Amerika eröffnete. Mit William Dodson hatte sie drei Kinder: Cordelia Besse Dodson (1913–2011, verheiratete Hood), Elizabeth Leila Dodson (1916–2013, verheiratete Fisher) und den – mit mehreren Frauen verheirateten – Daniel Dodson (1918–1991).

36 Cordelia an Karl, 22. 6. 1938, Nachlass Cordelia Dodson.

37 Zitiert in: Anja Salewsky, »Der olle Hitler soll sterben!« Erinnerungen an den jüdischen Kindertransport nach England, München 2000, S. 16.

38 Heinz Boberach (Hg.), Meldungen aus dem Reich. Die gehei-

men Lageberichte des Sicherheitsdienstes der SS 1938–1945, Bd. 2, Herrsching 1984, S. 23.

39 »Ich kann mir vorstellen, dass es schrecklich sein muss, in Wien zu sitzen, aber es heißt etwas Geduld haben. Mutter kann hier [keine] Stelle erhalten. Alle Hausangestellten sind in einer Gewerkschaft, und das kommt überhaupt nicht in Frage. Finanziell ist es für mich ausgeschlossen, für euch beide hier zu sorgen. Dagegen kann ich Mutter in Europa erhalten, auch wenn du hier bist. Ich kann mich einschränken, so dass wir nicht mehr ausgeben … Konzentriere dich jetzt auf deine Einreise, und wenn du da bist, werden wir weitersehen … Was ist eigentlich los, dass Mutter jetzt so plötzlich auch herüber will?« Otto an Karl, 23. 7. 1938, Nachlass Otto Urbach.

40 Karl an Otto, 3. 8. 1938, Nachlass Otto Urbach. Arthur Horowitz stellte später ein Affidavit für Ottos und Karls Cousin Robert Urbach aus. Trotzdem kann sich in der Familie niemand mehr an Begegnungen mit Horowitz erinnern. Es gab einen Arthur Horowitz, der 1914 in Polen geboren wurde und 1990 in Queens, New York starb. Ob dieser Mann Karls Freund war, bleibt offen.

41 Cordelia an Karl, 8. 8. 1939, Nachlass Cordelia Dodson.

42 Otto an Karl, 8.–16. 8. 1938, Nachlass Otto Urbach.

43 Otto an Karl, undatiert, ca. September 1938, Nachlass Otto Urbach.

44 Als Erster konnte Alice' Neffe, der elfjährige Thomas Mayer, ausreisen. Rose fand für ihn im September 1938 eine englische Schule.

45 Charles Landstone, I Gate-Crashed, London 1976, S. 157. Siehe auch: Laor, Vergangen, S. 60 f.

46 Charles Landstone, geboren 1891 in Wien, aufgewachsen in England, ausgezeichnet mit einem Order of the British Em-

pire, war Theaterproduzent und schrieb Bücher und Theaterstücke.

47 Otto an Karl, 17. 9. 1938 ›Nachlass Otto Urbach.

48 Otto an Karl, 26. 9. 1938, Nachlass Otto Urbach.

49 Lisbeth Dodson war genauso begeistert wie Karl und Willy: »Es ist wunderbar, was Chamberlain, Mussolini und Daladier hinbekommen haben. Man kann wirklich stolz sein, ein Zeitgenosse von ihnen zu sein.« Lisbeth wollte auch mit dem Affidavit helfen: »Ich habe heute Morgen deinen Brief erhalten, und du kannst dir vorstellen, wie sehr es mir und Cordelia leid tut. Ich habe keine Ahnung, was mit dem Affidavit passiert ist, das Daddy dir geschickt hat, aber wir schreiben ihm sofort und finden es heraus, und sobald wir zu Hause sind, tun wir alles in unserer Macht Stehende, um dir zu helfen. Bis dahin, Karli, bleib tapfer.« Lisbeth an Karl, 30. 9. 1938, Nachlass Cordelia Dodson.

50 Poldi hatte drei Kinder, über deren Tod nichts bekannt ist. Seine Frau Olga starb später allein oder mit ihnen in einem Lager.

51 Cordelia und Lisbeth an Karl, undatiert, Oktober 1938, Nachlass Cordelia Dodson. Otto schrieb zur gleichen Zeit an Karl: »Wenn es mit dem Affidavit und dem US-Visum in Wien nicht geht, musst du auf jeden Fall weg. Ich habe Nachricht von dir erwartet wegen [eines Antrags für] New Zealand. Ich kann bis zu 500 Dollar für dich aufbringen. Du müsstest, glaube ich, einen bestimmten Pfundbetrag vorweisen … Ich will auf jeden Fall, dass du baldmöglichst aus Europa heraus bist, bevor es zum nächsten Krach kommt … Wie bist du mit Geld versehen? Was ist mit Mutter? Ich hoffe, schon bald von ihr aus England zu hören.« Nachlass Otto Urbach.

52 Otto an Karl, 16. 11. 1938, Nachlass Otto Urbach.

Kapitel 8 – Bücherdiebe

1 Egon Erwin Kisch, Magdalenenheim, in: Marktplatz der Sensationen, Berlin 1947 (Auflage von 2019), S. 331. Siehe dazu auch Karina Urbach, Geraubte Bücher, in: *Die Zeit*, Nr. 52, 10. 12. 2020, S. 21.

2 Siehe hierzu Thomas Jahn, »Suche nach ›arisierten‹ Büchern in den Beständen der Bayerischen Staatsbibliothek. Forschungsstand – Methoden – Ergebnisse.« http://archiv.ub.uni-heidelberg.de/artdok/volltexte/2007/398.

3 Siehe Volker Dahm, Das jüdische Buch im Dritten Reich, München 1993, S. 17. »Nachdem von April bis einschließlich Juli 1935 noch einmal 10 % der ›nichtarischen‹ Autoren ›ausgeschieden‹ worden waren, konnte die ›Entjudung‹ des Reichsverbandes Deutscher Schriftsteller im Sommer 1935 mit einer Ausschluss-/Ablehnungsquote von 96 Prozent als nahezu abgeschlossen gelten.« Dahm, S. 50.

4 Angelika Königseder, Walter de Gruyter. Ein Wissenschaftsverlag im Nationalsozialismus, Tübingen 2016, S. 71.

5 Dazu gehörten 1. Goebbels' Reichsministerium für Volksaufklärung und Propaganda, 2. die Reichsschrifttumskammer, 3. das Reichsministerium für Wissenschaft, Erziehung und Volksbildung, 4. das Auswärtige Amt, 5. die Schrifttumsstelle des Amtes Rosenberg, 6. die Parteiamtliche Prüfungskommission zum Schutz des NS-Schrifttums, 7. der Stab des Stellvertreters des Führers, ganz abgesehen von der Gestapo, dem Sicherheitsdienst und sogar der Wehrmacht. Siehe hierzu Königseder, Walter de Gruyter, S. 18.

6 Und selbst das war, laut Jungck, kein großes Hindernis. »Zwar konnte man auch weiterhin vorschlagen und in Aussicht nehmen, was man wollte, nur bekam man eventuell kein Papier mehr für das betreffende Werk. Die meisten Verlage kauften

aber das Papier in sog. Anfertigungen ein, d.h. man bestellte bei den Papierfabriken 2000 kg oder mehr in einem bestimmten Format ... Bis in die letzte Zeit des Krieges wurde praktisch kein Antrag abgelehnt, wenn der Verlag eigenes Papier zur Verfügung stellen konnte.« Jungck, 75 Jahre, S. 68.

7 Siehe hierzu Reinhard Wittmann, »Ein konservativer Verlag im Dritten Reich. Das Beispiel Oldenbourg«, in: Klaus G. Saur (Hg.), Verlage im Dritten Reich, Frankfurt am Main 2013, S. 39.

8 Dahm, S. 29.

9 Ebd., S. 43.

10 »Rund 100 Verlage wurden schon im Jahr 1933 verboten bzw. geschlossen oder arisiert.« Siehe Saur, Verlage im Dritten Reich, S. 7.

11 Ebd., S. 9.

12 Christian Adam, Lesen unter Hitler. Autoren, Bestseller, Leser im Dritten Reich, Berlin 2010, S. 109.

13 Klaus-Peter Horn, Pädagogische Zeitschriften im Nationalsozialismus. Selbstbehauptung, Anpassung, Funktionalisierung, o. O. 1995, Bd. 3. S. 16, Anm. 19. Noch 1999 erklärten der C. H. Beck Verlag sowie die Verlage Carl Heymann (Köln) und W. Kohlhammer (Stuttgart), dass ihre Archivbestände im Verlauf des Zweiten Weltkrieges zerstört worden seien. Mittlerweile hat der Beck Verlag jedoch seine Bestände gefunden. Siehe hierzu Lothar Becker, Schritte auf einer abschüssigen Bahn. Das Archiv des öffentlichen Rechts (AöR) im Dritten Reich, Tübingen 1999, S. 7 f.

14 E-Mail des Ernst Reinhardt Verlages vom 26. 7. 2018 an die Autorin. Eine weitere abschlägige E-Mail mit fast identischem Wortlaut wurde ein paar Wochen später auch an Eva Holpfer von der Restitutionsabteilung der Israelitischen Kultusgemeinde Wien geschickt.

15 »Die Geschäftsleitung ging in diesem Zusammenhang auf Angebote jüdischer und politisch missliebiger Autoren, von ihren Verträgen zurückzutreten, bereitwillig ein.« Zitiert in: Königseder, Walter de Gruyter, S. 177.

16 Ebd., S. 59, 300. Ich danke Angelika Königseder für ihre Hinweise und ausführliche Beantwortung meiner Fragen. Siehe auch ihre Bewertungen in einem Beitrag des Deutschlandfunks Kultur: https://www.deutschlandfunkkultur.de/der-milde-blick-wie-deutsche-verlage-mit-ihrer-ns.976.de.html?dram:article_id=386423.

17 Königseder, Walter de Gruyter, S. 71.

18 Kern würde den Krieg überleben und durfte später wieder im Reinhardt Verlag publizieren. Andere Autoren hatten weniger Glück und wurden verschwiegen. Nachdem der Fall Alice bekannt geworden war, änderte der Verlag jedoch 2021 seine Webseite.

19 Dahm, S. 44, Fußnote 52.

20 Zum Beispiel in Jungck, 75 Jahre, S. 48.

21 Ebd., S. 49.

22 David Mamet, »Missbraucht sie, beutet sie aus«, in: Die Zeit, 29. 6. 2019.

23 Zitiert in Max Friedlaender, Die Lebenserinnerungen des Rechtsanwalts Max Friedlaender, https://brak.de/w/files/01_ueber_die_brak/friedlaender.pdf., S. 152.

24 Davon waren ca. 1753 Rechtsanwälte betroffen, siehe Michael Löffelsender, Kölner Rechtsanwälte im Nationalsozialismus, Tübingen 2015, S. 43.

25 Friedlaender, Lebenserinnerungen, S. 152 f.

26 Ebd., S. 152.

27 Stefan Rebenich, C. H. Beck 1763–2013. Der kulturwissenschaftliche Verlag und seine Geschichte. München 2013; Uwe

Wesel u.a., 250 Jahre rechtswissenschaftlicher Verlag C.H. Beck. 1763–2013 München 2013.

28 Janwillem van de Loo, Auf den Kommentaren der Muff von 1000 Jahren? Palandt, Maunz, das NS-Regime und die zweite Aufarbeitung, in: Sebastian Bretthauer u.a. (Hrsg.), Wandlungen im Öffentlichen Recht, Baden Baden 2020. Zur Umbenennung siehe SPIEGEL Online, 27.7.2021.

29 Stefan Rebenich, C.H. Beck 1763–2013, S. 375 f. Auch einige von Liebmanns Autoren wurden getilgt. 1932 war in den Liebmann'schen Kurzkommentaren auch ein Band über die Grundbuchordnung erschienen. Die Herausgeber Viktor Hoeniger und Friedrich Weißler galten nach den Rassegesetzen als jüdisch. Daher entschied der Beck Verlag, ihren Band ab 1934 von dem arischen Rechtsanwalt Dr. Hans Bergmann herausgeben zu lassen. Siehe hierzu: Armin Höland, Dr. jur. Viktor Hoeniger, Reichsgerichtsrat. Aus einem deutschen Richterleben, Halle 2020.

30 Martin Doerry, »Kräftig arisiert«, Der Spiegel, Nr. 17, 20. 4. 2019, S. 114 f.

31 Peter Voswinckel, Dr. Josef Löbel. Botschafter eines heiteren deutschen Medizin-Feuilletons in Wien-Berlin-Prag, Berlin 2018. Erst 2017 wurde die Arisierung des Gesundheitslexikons öffentlich. Siehe: Günther Fetzer, Droemer Knaur. Die Verlagsgeschichte 1846–2017, München 2017, S. 230 f.

32 Peter Voswinckel, Um das Lebenswerk betrogen: Walter Guttmann (1873–1941) und seine Medizinische Terminologie, in: Medizinhistorisches Journal 32 (1997), S. 321–354.

33 In ihrem Nachruf heißt es: »Sie besuchte vom Sommersemester 1930 bis zum Sommersemester 1935 die Ludwig-Maximilians-Universität in München und promovierte 1936 zum ›Dr. med.‹ mit einer Untersuchung ›Über die Rachitis in München im

Jahre 1935‹… 1992 zog sie in das Caritas-Altenheim St. Nikolaus in Eggenfelden, wo sie am 9. April 1996 starb.« Siehe hierzu Hubert Kolling, »Riederer von Paar, Viola«, in: Journal für Pflegewissenschaft und Pflegepraxis 2004, Bd. 3, S. 237 f.

34 Viola Riederer von Paar, Vererbungslehre für Studierende und zum Selbstunterricht. Grundriß, Kurzes Repetitorium, Prüfungsfragen und Antworten, Reinhardts naturwissenschaftliche Kompendien, Bd. 9, München 1937 (5. Auflage 1945).

35 Jungck, 75 Jahre, S. 94.

36 Ebd., S. 78.

37 Christoph Jungck, 100 Jahre Ernst Reinhardt Verlag, München 1999, S. 32.

38 Ebd., S. 33.

39 Ebd., S. 37.

40 Jungck, 75 Jahre, S. 55.

41 Ebd., S. 56.

42 Alice Urbach, Old World, S. 19.

43 Die Erklärung vom 5. 9. wurde vom Münchner Finanzamt für Körperschaften am 15. 9. 1938 mit einem Siegel bestätigt. Das Dokument fand sich 2020, nach der Erstveröffentlichung dieses Buches im Archiv des Ernst Reinhardt Verlags.

44 Paul Perles zitiert in: Murray G. Hall, Epitaph auf den Verlag Moritz Perles in Wien, 1869–1938, Online-Publikationen auf: http://www.murrayhall.com/

45 Jungck, 75 Jahre, S. 56. Das Vorwort der Rösch-Ausgabe von 1939 ist unterzeichnet: »Herbst 1938«. Jungck erwähnt in seiner Festschrift von 1974, dass Rudolf Rösch in den 1930er-Jahren den sehr erfolgreichen Illustrierten Kochkalender übernahm. Tatsächlich wird Rösch in der Reklame für den Kochkalender 1938 noch nicht als Autor genannt.

46 Ich danke Walter Schübler für seine wertvollen Hinweise. Siehe

auch Walter Schübler, Eine Jaffa-Torte passte nicht ins deutsche Kochbuch, in: Frankfurter Allgemeine Zeitung, 24. 10. 2020.

47 Alice Urbach, So kocht man in Wien!, München 1935, S. 6.

48 Rudolf Rösch, So kocht man in Wien!, München 1939, S. 6.

49 Alice Urbach, So kocht man in Wien!, S. 458.

50 Ebd., S. 450 f.

51 Auskunft des Bundesarchivs Berlin-Lichterfelde: »In den von Ihnen aufgelisteten personenbezogenen Unterlagen zu Personen mit dem Namen Rudolf Rösch konnten keine Hinweise auf die Stadt Wien sowie zu schriftstellerischen Tätigkeiten nachgewiesen werden.« Ich danke vor allem Robert Luther vom Bundesarchiv Lichterfelde für seine Hilfe bei der Suche nach Rudolf Rösch.

52 Auskunft des Amtsleiters Peter Kramml, Stadtarchiv Salzburg, 2019: »Ich gehe lediglich von einer Namensgleichheit aus. Der von Ihnen ermittelte Dipl. Kaufmann Rudolf Rösch war gebürtiger Salzburger, lebte immer in Salzburg … und ist am 21. 10. 1977 in Salzburg verstorben. Er wird stets als Kaufmann bezeichnet und war 1939 bis 1945 zur Wehrmacht eingerückt.«

53 Telefongespräch der Autorin mit der Geschäftsführerin des Ernst Reinhardt Verlags nach der Erstveröffentlichung des Alice-Buches, am 13. 10. 2020.

54 Siehe hierzu BR, Historisches Archiv, PER.BR.96. Ich danke Bettina Hasselbring und Sabine Rittner vom Archiv des Bayerischen Rundfunks für die Informationen über Rudolf Röschs Münchner Sendungen.

Kapitel 9 – Ankunft im Schloss

1 Die Anschrift lautetete damals: The German Jewish Aid Committee, Woburn House, Upper Woburn Place, London, W.C.1. In Woburn House war auch das Board of Deputies of British

Jews untergebracht. Die Hilfsorganisationen zogen im März 1939 von Woburn nach Bloomsbury House um.

2 Clip von 1939 auf https://www.youtube.com/watch?v=gYJXdW7PHFM.

3 While you are in England. Helpful Information and Guidance for every refugee, herausgegeben vom German Jewish Aid Committee, Jewish Board of Deputies, London ca. 1938. Die hier zitierte deutsche Fassung findet sich in der Wiener Holocaust Library: Für die Zeit Ihres Aufenthalts in England: Hilfreiche Informationen und Anleitungen für jeden Flüchtling. Refugee Pamphlets, S3b 081, Wiener Holocaust Library. Ich danke dem Archivar Howard Falksohn für seine Unterstützung.

4 Alice Urbach, Old World, S. 21.

5 Torberg, Tante Jolesch, S. 71.

6 Charles Neilson Gattey, The Incredible Mrs. Van der Elst, London 1972.

7 Ebd., S. 159. Ich danke der Archivarin Linda Dawes vom Archiv Harlaxton Manor für ihre Informationen über das Haus und seine Angestellten in den 30er-Jahren.

8 Mrs. Van der Elst, ihr Landsitz und ihr Sekretär sind auch in einem Filmclip von 1939 zu sehen: British Pathe, https://www.youtube.com/watch?v=8sqtef_StsE.

9 Torberg, Tante Jolesch, S. 264.

10 Gattey, The Incredible, S. 99.

11 Tony Kushner, Politics and Race, Gender and Class. Refugees, Fascists and Domestic Service in Britain, 1933–40, in: Tony Kushner/Kenneth Lunn, The Politics of Marginality. Race, the Radical Right and Minorities in 20th century Britain, Oxford 1990, S. 49 ff.

12 Der Chauffeur war ein Mr. Winston, ein Juwelier aus London. Er war Jude. Siehe zu ihm und Ray: Erinnerungen von Mr. Crane.

Aufgezeichnet am 5.6.2003, Visit to Harlaxton College by Mr. and Mrs. Crane and their son Stephen Crane. Harlaxton Archiv.

13 »The Nazis sent me to a Concentration Camp«, in: *The Sunday Oregonian*, 21. Mai 1939, Artikel von Francis Murphy, basierend auf einem anonymisierten Interview mit Karl Urbach.

14 Es muss sich dabei entweder um die Schule in der Kenyongasse 2 oder die in der Karajangasse 14 gehandelt haben.

15 Siehe hierzu die Hilfsfonds-Unterlagen von Felix Mayer, 17.7.1956, Archivbestände der Vermögensverkehrsstelle und Hilfsfonds für politisch Verfolgte, VA 39035 und VA 39036, Österreichisches Staatsarchiv. Alice hörte später nur, dass die große Bibliothek ihres Vaters Sigmund und alle von Felix selbst geschriebenen Rätselbücher geplündert worden waren. Ob dies bereits bei der Verhaftung im November 1938 geschah oder als Felix' Wohnung arisiert wurde, bleibt unklar.

16 Kreisky hatte Glück und wurde mit der Auflage zu emigrieren entlassen, er ging nach Schweden.

17 Franziska Tausig, Shanghai Passage. Emigration ins Ghetto, Wien 2007, S. 57.

18 Hilfsfonds-Unterlagen von Felix Mayer.

19 Ob Willy auch die Dodsons in Amerika informierte, ist nicht mehr zu ermitteln. Cordelia schrieb 2003 an Karl: »Im November wurdest du verhaftet … Wie wir es erfuhren? Schrieb Willy uns, oder war es Otto, wie ich glaube?« Nachlass Cordelia Dodson.

20 Marie Urbach war die Witwe des Bankiers Ignaz Urbach, der sich 1924 umgebracht hatte. Sie war »Arierin« und ihre Kinder daher Halbjuden. Ihr Sohn Robert Urbach emigrierte mit seiner Familie nach Amerika, ihre Tochter Anni blieb in Wien. Robert war mit Lola Finkelstein verheiratet. Lola wurde eine von Alice' besten Freundinnen.

21 Otto an seine Tante Marie, 27. 11. 1938, Nachlass Otto Urbach. An Maries Sohn Robert Urbach schrieb Otto am 28. 11. 1938 einen ähnlichen Brief: »Zweitens habe ich Karlis Freund indirekt mitgeteilt, dass Geld für Karli zur Verfügung steht. Auf jeden Fall will ich aber das Geld an jemanden in unserer Familie anweisen. Karlis Freund Willy ist mir persönlich nicht bekannt und ich weiß nicht einmal seinen Familiennamen. Ich hoffe, dass er sich mit dir in Verbindung gesetzt hat.« Nachlass Otto Urbach.

22 Siehe dazu: Wien wehrt sich mit Witz! Flüsterwitze aus den Jahren 1938–1945, Gmunden 1946, S. 11.

23 Am 1. April wurden die ersten 151 Personen, hochrangige Politiker, Beamte und Funktionäre, in das KZ Dachau verschickt.

24 Ein Teil ihrer Kampagne war die Veröffentlichung eines Buches gegen die Todesstrafe: Violet Van der Elst, On the Gallows. London 1937.

25 Einlieferung am 15. 11. 1938, Häftlingsnummer 28194, entlassen am 18. 1. 1939, Haftkategorie: Jude, Schutzhäftling. Siehe hierzu: KZ-Gedenkstätte Dachau, Stiftung Bayerische Gedenkstätten, Karl Urbach, NARA Zugangsbuch Nr. 105/28186.

26 Siehe Eva Holpfer, Der Fall Novak. Eichmanns Transportoffizier – der letzte Schuldspruch. Vortrag vom 1. 12. 2005 am Landgericht für Strafsachen Wien: http://www.kreuzstadl.net/downloads/novak_referat_dezember05_holpfer.pdf.

27 Marischka, Immer nur lächeln, S. 134.

28 Brief vom 5. 6. 1938, zitiert in: Friedrich Torberg, Eine tolle, tolle Zeit. Briefe und Dokumente aus den Jahren der Flucht 1938 bis 1941, München 1989, S. 24 f.

29 Die Streitereien der beiden Männer hingen unter anderem damit zusammen, dass die umkämpfte Frau, Ottos Ehefrau

Wera, Torberg in den 1950er-Jahren immer wieder Geld für seine Spielleidenschaft lieh (und es nicht zurückverlangte).

30 Grünbaum starb 1941 in Dachau, seine Frau wurde deportiert. Seine Schiele-Sammlung galt lange als verschollen, konnte aber später teilweise an die Erben zurückgegeben werden.

31 Karl an Alice, undatiert, Januar 1939, Nachlass Alice Urbach.

32 Charles Linza McNary (1874–1944) war Republikaner und Senator für Oregon.

33 Otto an Karl, undatiert, Januar oder Februar 1939, Nachlass Otto Urbach.

34 Cordelia an Otto, 23. 1. 1939, Nachlass Karl Urbach. Cordelias Brief blieb erhalten, weil Otto ihn an Karl weiterschickte. Otto hob – im Gegensatz zu Karl – keinen einzigen Brief auf. Alle Briefe, die Otto schrieb, sind nur dank Karl erhalten geblieben (und dank Katrina später nicht weggeworfen worden).

35 Auskunft des Archivars Albert Knoll von der KZ-Gedenkstätte Dachau: »Auf welche Weise Ihr Onkel aus dem KZ freikam, ist uns nicht bekannt. Diese Dokumente waren in der Häftlingsakte, und die wurde vernichtet. Auf jeden Fall musste der Nachweis einer Auswanderungsbescheinigung oder -bewilligung vorliegen.«

36 Entlassungsdatum am 18. 1. 1939.

37 Alice schrieb darüber in ihren Erinnerungen: »Er wurde in die Hölle von Dachau geworfen, nur weil er kein arisches Blut hatte. Dank der verzweifelten Bemühungen meines älteren Sohnes kam er lebend wieder heraus.« Alice Urbach, Old World, S. 20.

38 Otto an Karl, undatiert, Anfang Februar 1939, Nachlass Otto Urbach.

39 Bescheid von Amtsrat Emil Engel, Zuschuss für Fahrkarte USA: 250 MK. Israelitische Kultusgemeinde Wien.

40 »The Nazis sent me to a Concentration Camp«, Artikel von Francis Murphy.

41 Karl an Alice, 25. 2. 1939, Nachlass Karl Urbach.

42 Karl an Alice, 6. 3. 1939, Nachlass Karl Urbach.

43 Bis 1954 blieb die Insel im Hudson River Sitz der amerikanischen Einreisebehörde.

44 Askin, Quietude and Quest, S. 212. Was Askin damals nicht wissen konnte, war, dass er Jahrzehnte später dafür berühmt werden würde, einen Nazi in der Serie *Hogan's Heroes* zu spielen. Die Rolle würde ihm die ersehnte finanzielle Sicherheit geben.

45 Seiner Enkelin Erin schrieb er später darüber: »My friends in Oregon had offered me their family's hospitality and I went there by bus – across all of the USA. A great adventure … I could speak some and understand English but could not read or write it too well. Psychologically I was not in a very good shape after Dachau.« Karl an seine Enkelin Erin, 2002, Nachlass Karl Urbach.

46 Siehe hierzu Deborah E. Lipstadt, Beyond Belief. The American Press and the Coming of the Holocaust 1933–1945, New York 1986.

47 »Crown Prince denies Germany is abusing Jews«, in: *Chicago Tribune*, 28. 3. 1933; »Ex-Crown Prince denies Atrocities«, in: *New York Times*, 28. 3. 1933; »Former Crown Prince calls stories ›Propaganda of Lies‹«, in: *The Baltimore Sun*, 28. 3. 1933; *New York Herald Tribune*, 27. 8. 1933. Siehe zur Hohenzollerndebatte: S. Malinowski, »Die Selbstversenkung«, in: *Frankfurter Allgemeine Zeitung*, 22. 7. 2019.

Kapitel 10 – Die Kinder von Windermere

1 George Mikes, How to be a Brit, London 1984.

2 Veronika Zwerger/Ursula Seeber, Küche der Erinnerung. Essen und Exil, Wien 2018, S. 163.

3 Alice' Anschrift in London war zu dieser Zeit 38 Guilford Street, WC1. Womöglich hat ihr Arbeitgeber in dem naheliegenden Kinderkrankenhaus Great Ormond Street Hospital gearbeitet.

4 Zwerger/Seeber, Küche der Erinnerung, S. 152.

5 Ihre zwei anderen älteren Halbbrüder, Arnold und Siegfried Mayer, waren schon in den 20er-Jahren gestorben.

6 Aus der Sammlung des Leo Baeck Institute, New York, Kindertransportausstellung 2019. Siehe zu den Kindertransporten auch: Eva Haas, Ein Schild mit Namen und Nummer um den Hals, in: Martin Doerry, »Nirgendwo und überall zu Haus«. Gespräche mit Überlebenden des Holocaust, München 2006, S. 68.

7 Siehe Rebekka Göpfert, Der jüdische Kindertransport von Deutschland nach England 1938/39. Geschichte und Erinnerung, Frankfurt am Main 1999; Salewsky, Der olle Hitler soll sterben; und Ela Kaczmarska, Kindertransport. Britain's rescue plan, https://media.nationalarchives.gov.uk/index.php/kindertransport-britains-rescue-plan/.

8 Peter Sieber, The Newcastle-upon-Tyne Hostel for Jewish Refugee Girls. In recognition of the Hostel Committee who initiated the Hostel and managed it, and of the Newcastle Jewish Community who supported it, unveröffentlichtes Manuskript 4184, März 2000. Wiener Holocaust Library.
Siehe: https://wiener.soutron.net/Portal/Default/en-GB/RecordView/Index/66383

9 Ebd.

10 http://www.kinthetop.at/forschung/kinthetop_chronik.html.

11 Anfang 2020 lebten noch Lisl Scherzer (verh. Alisa Tennenbaum), Ilse Gross (verh. Camis, gest. August 2020) und Elfi Reinert. Der Rest der Gruppe konnte nicht mehr interviewt

werden und wird aus diesem Grund anonymisiert. Sie bestand aus: Inge A. und ihrer Schwester Ruth aus Breslau, Dasha aus Prag, Annie aus Augsburg, Lore aus Königsberg, Sophie aus Langenselbold, Edith G. aus Düsseldorf, Margot H. aus Frankfurt/Main, Paula K., Eva L. und Marion M. aus Berlin, Ruth O. aus Frankfurt, den Schwestern Vera und Lisl R. aus der Tschechoslowakei sowie Hilde, Freda und Lea R. aus Köln.

12 Interview mit Lisl Scherzer.

13 Korrespondenz der Autorin mit Lisl Scherzer im Dezember 2018. Ich danke Dina Kraft für die Aufzeichnung des Interviews.

14 Sieber, The Newcastle-upon-Tyne Hostel.

15 Ebd.

16 Ebd.

17 Urbach, So kocht man in Wien!, S. 467 f.

18 Interview Lisl Scherzer.

19 Sieber, The Newcastle-upon-Tyne Hostel.

20 »Alice Urbach, Female Enemy Alien – Exemption from Internment-Refugee
Normal occupation: Cookery Expert
Present occupation: Cook
Decision of Tribunal: Exempt from internment, Date: 6. 11. 1939
Reasons for Decision: Refugee, Anti-Nazi, two sons in the USA. Widow.«
National Archives, Kew, HO 396/94.

21 Interview Lisl Scherzer.

22 Zitiert in Zwerger/Seeber, Küche der Erinnerung, S. 167.

23 Interview Lisl Scherzer.

24 In einem weiteren Heft wurden alle Emigranten noch einmal ermahnt: »Do's and Don't's for Refugees: Do be as quiet and modest as possible. If you do not make yourself noticeable other

people will not bother about you.« Zitiert in: Anne Joseph (Hg.), From the Edge of the World. The Jewish Refugee Experience through letters and stories, London 2003, S. 155.

25 Ich danke besonders Deborah Cantor von Jewish Relief für die Einsicht in diese Akten. In Absprache mit ihr sind alle Kinderakten anonymisiert worden.

26 Ruth David, Child of Our Time, London 2003, S. 78 f. Ruth David konnte keine Einsicht in die Akten nehmen, sie wurden erst lange nach Erscheinen ihres Buches freigegeben.

27 Urbach, So kocht man in Wien!, S. 474.

28 Interview der Autorin mit Ilse Camis, 2019.

29 Urbach, Tonbandinterview, Nachlass Alice Urbach.

30 1944 veröffentlichte sie mit Dorothy Burlingham ihre Studie »Infants Without Families. The Case For and Against Residential Nurseries« (New York 1944).

31 Nachlass Anna Freud, Library of Congress, Box 114 über Evakuierungen, sowie Freud/Burlingham, Infants Without Families.

32 Zum Essen siehe David, Child of Our Time, S. 57.

33 Urbach, So kocht man in Wien!, S. 460.

34 Siehe hierzu David, Child of Our Time, S. 58.

35 Urbach, So kocht man in Wien!, S. 453, 455.

36 Young-Bruehl, Die Londoner Jahre, S. 39.

37 Interview Lisl Scherzer.

38 David, Child of Our Time, S. 74.

39 Ich danke Ilse Camis für ihre vielen Erinnerungen an Alice (und die interessanten Anekdoten über die Shand Kydds).

40 Interview Lisl Scherzer.

41 Ebd.

42 While you are in England, S. 23.

43 Alice Urbach, Tonbandinterview, Nachlass Alice Urbach.

44 Siehe auch Alice Urbach, Old World, S. 24.

45 Anna-Freud-Notizen: Child development under the impact of war conditions, Box 127, Anna Freud papers, Library of Congress.

46 »I have clear recollections of having frequent temper tantrums and being sent to bed where I would cry myself to sleep. I used to cry at the slightest provocation. At times I would find solace by withdrawing into my private play world with my favourite doll.« Erinnerungen Lore F. im Besitz ihrer Familie. Siehe zu dem Fall auch Alice Urbach, Old World, S. 24, und das Tonband Interview 1977: »Lore schrieb, sie hat eine Freundin und sie wird das Weekend bei der Freundin übernachten. Und da habe ich ihr geschrieben »Lore you are always in my thoughts. If you can sleep in another house you must be all right.« Und am Ende des nächsten Briefes hat sie geschrieben »and by the way I am perfectly all right now«.

47 Alice Urbach, Tonbandinterview, Nachlass Alice Urbach.

48 Eine Kopie davon befindet sich auch in der Fotosammlung von Elfi Reinert (Birmingham).

49 1940 war Alice' englische Grammatik noch etwas wackelig: »In the hope, you shall remember me – as I will do always and ever, yours Alice Urbach«. Und vier Jahre später schenkte Paula Elfi zum Geburtstag ein Foto von sich und schrieb dazu auf Englisch: »My ever best wishes for your future, Elfi, luck and happiness and health! Don't forget the times which we have spent together. They seem hard, later you will recognize: We have made the best of it. With love, yours Paula Sieber.« Fotosammlung Elfi Reinert.

50 Peter Siebers Bericht, https://wiener.soutron.net/Portal/Default/en-GB/RecordView/Index/66383

51 Dorit B. Whiteman, Die Entwurzelten: Neuanfang jüdischer

Flüchtlinge im Exil 1933 bis 1942, Wien/Köln/Weimar 1995, S. 203.

Kapitel 11 – Der glücklose Felix

1 Zitiert in Torberg, Tante Jolesch, S. 269.

2 Laut seiner Internierungsakte lebte Felix in 78 Oakwood, Blackhill. Das Haus steht heute nicht mehr. Felix' Internierungskarte gibt seinen Namen noch mit dem NS-Passzusatz »Israel« an: Felix Israel Mayer. HO 396/113, National Archives, Kew.

3 Felix' Manuskript war eine Mischung aus Fiktion und Erlebten. Das Kapitel über seine Inhaftierung auf der Isle of Man beruht jedoch auf seinen tatsächlichen Internierungserfahrungen, die er nur in der dritten Person erzählen konnte.

4 Sein Sohn beschrieb ihn als einen »schüchternen und bescheidenen« Mann, der Sprachen liebte und keine Begabung für den Kaufmannsberuf hatte. Thomas Mayer, in: Roger Backhouse (Hg.), Exemplary Economists. North America, Bd. 1, Aldershot 2000, S. 101.

5 Felix war bis 1927 Prokurist bei A. Mayer und Co., Wien II, und arbeitete dann als freier Handelsagent.

6 Alice Urbach, Tonbandinterview, Nachlass Alice Urbach.

7 Ich danke Regina Zodl vom Universitätsarchiv/Provenienzforschung der Wirtschaftsuniversität Wien für die Auffindung des Buches.

8 Thomas beschreibt, wie sein Vater eine sehr gute Schule für ihn fand: Bunce-Court in Shropshire wurde von Emigranten geleitet. Mayer, in: Backhouse, Exemplary Economists, S. 101.

9 Englische Dialoge übersetzt Felix nicht, z. B. hier: »You are under detention.«

10 Felix Mayer, The Mission, Leo Baeck Institute Archives, Manuscript Collection MS 102c, New York/Berlin (dort auch die fol-

genden Zitate). Der internierte Maler Fred Uhlman beschreibt ebenfalls, wie er auf der Polizeistation seine Rasierklinge abgeben musste. Siehe zu Uhlmans Erinnerungen an die Internierung: Fred Uhlman, The Making of an Englishman. Erinnerungen eines deutschen Juden, Zürich 1998, S. 281.

11 Peter wurde für zwei Jahre nach Kanada deportiert. 1942 konnte er nach England zurückkehren und meldete sich freiwillig für einen der gefährlichsten Jobs der britischen Armee, als Minenräumer. Ich danke Vivien Sieber für ihre Erinnerungen an ihren Vater.

12 Franz Marischka, Immer nur lächeln, S. 101.

13 Fred Uhlman beschreibt Ähnliches: »Aber es gab zwei Punkte, die die Internierung besonders unerträglich machten. Der eine war das Gefühl der Ungerechtigkeit und der totalen Verschwendung von Energie, die so viel besser hätte eingesetzt werden können. (Mit welchem Erfolg hätte sich Hitler Tausender von englischen Flüchtlingen bedient!) Der andere war eine besondere Folter, bekannt als ›Entlassung‹… War man oder war man nicht ›wichtig für die Kriegsanstrengungen‹? Irgendein Beamter aus der Regierung musste das entscheiden. Er hielt natürlich, wie man das von einem Engländer erwartet, Geschäftsleute, Techniker usw. für wichtig, nicht aber Künstler, Musiker, Universitätsprofessoren, führende Anti-Nazis und so weiter.« Uhlman, Englishman, S. 284.

14 Zur *Daily-Mail*-Pressekampagne »Intern the lot« siehe: Robert Mackay, The Test of War. Inside Britain, London 1998, S. 104.

15 Nicht alle Briten gaben sich der Massenhysterie hin: »Bauer war direkt gerührt, als eines Tages etliche Damen vom Quäker-Komitee erschienen, um ihre Schützlinge zu besuchen.« Felix Mayer, *The Mission.*

16 »Das Gebäude wurde mir schlimmer als jedes Konzentrations-

lager beschrieben, verfallen, schmutzig, fast alle Fenster waren zerbrochen und die Fußböden mit Abfall bedeckt. Der Kommandant klaute wie eine Elster: Geld, Schreibmaschinen, alles was ihm in die Finger fiel [davon berichtet auch Felix].« Uhlman hörte auch von den Schwerkranken im Lager, die an Krebs und Diabetes litten: »Die deutschen Ärzte hatten keine Injektionsnadeln und keine Medizin. Dreihunderteinundachtzig Männer schliefen in einem Raum, und die Exkremente flossen über den Boden. Kochtöpfe, Thermosflaschen und Hüte mussten zum Urinieren benutzt werden. Nervenzusammenbrüche, gefolgt von Gewalttätigkeiten, waren an der Tagesordnung.« Uhlman, Englishman, S. 286.

17 Siehe Connery Chappell, Island of Barbed Wire. The Remarkable Story of World War Two Internment on the Isle of Man, London 1984, S. 37.

18 Es könnte sich um den Wiener Felix Perger handeln (geb. 20. 7. 1887).

19 »Die Fahrt über das Meer war eine angenehme Unterbrechung des ewigen Einerleis, es war eine Erholung, einmal etwas anderes zu sehen als den Stacheldraht, zu erfahren, dass die Welt, das Meer, die Natur noch existieren, ruhig, sicher, ewig. Man kam in Douglas an, wurde ausgeschifft und marschierte den Kai dem Meere entlang, ein langer, langer Zug. Rechts war das Meer, links die Promenade, ein Hotel neben dem anderen. Bald hielten sie wieder vor einem Tor im Stacheldraht …« Felix Mayer, *The Mission.* Ich danke der Archivarin Kim Holden vom Manx Museum auf der Isle of Man für ihre Hinweise. Siehe auch: Chappell, Island of Barbed Wire, S. 36.

20 Ebd., S. 30.

21 Felix schrieb über die interne Organisation und das Krankenhaus: »Jedes Haus wählte wieder einen Hausvater, und alle In-

ternierten wählten einen Lagervorstand. Die Wahl fiel auf einen sympathischen protestantischen Pastor, der zum Kreis um Niemöller gehört hatte. Auch ein Spital wurde eingerichtet, wo die zahlreichen eingesperrten Ärzte Dienst taten. Es … war immer voll besetzt.«

22 Uhlman, Englishman, S. 287.

23 Marischka, Immer nur lächeln, S. 102.

24 Für Felix und Fred Uhlman war der Glaube der Ostjuden ungewohnt. Uhlman schildert, dass es an einem Sabbat zum Fliegeralarm kam und alle Häuser sofort verdunkelt wurden, nur nicht das Haus der orthodoxen Juden: »Der Kommandant, erzählte man, versuchte anzurufen, aber erfolglos, da ein orthodoxer Jude am Sabbat nie ans Telephon geht. Der Kommandant schickte dann einen Boten mit dem Befehl dorthin, das verdammte Licht auszumachen. Der Bote kam zurück: er hatte versucht, das Licht auszumachen, aber wurde daran gehindert. Da er selbst ein Jude war, hatten die anderen ihn davon abgehalten, eine solche Sünde zu begehen. Der Kommandant versuchte, rasend vor Zorn, einen Nicht-Juden im Lager, das zu neunzig Prozent aus jüdischen Internierten bestand, zu finden. Aber der Alarm war vorbei, bevor er einen finden konnte.« Uhlman, Englishman, S. 299 f.

25 Um gegen die Gerüchte anzukämpfen, die die internierten Nazis verbreiteten, wurden bald Zeitungen im Camp zugelassen. Siehe Chappell, Barbed Wire, S. 61. Fred Uhlman teilt jedoch nicht Felix' Meinung, dass die Engländer keine Ahnung hatten, wer im Lager ein Nazi war. Er war der Ansicht: »Auf jeden Fall bin ich sicher, dass unsere Geheimdienst-Offiziere über alles Bescheid wussten, was im Lager vor sich ging. Es gab Informanten und Lagerspione, die sie auf dem Laufenden hielten.« Uhlman, Englishman, S. 301.

26 Chappell schreibt über die Zensur, dass die ausgehende Post von den Zensoren in Douglas relativ schnell gelesen wurde, aber die Post, die ins Lager kam, in Liverpool durchgesehen wurde, wo sich Postsäcke stapelten und es zu langen Wartezeiten kam. Chappell, Barbed Wire, S. 61.

27 Uhlman, Englishman, S. 290.

28 Ebd., S. 295.

29 Tatsächlich schloss das amerikanische Konsulat in Wien ein paar Monate nach Bauer/Felix' Versuch, im Juli 1941.

30 Alice erzählte später, dass die Familie unter der Trennung litt und verzweifelt versuchte, in Amerika zusammenzukommen. Anscheinend schaffte Helene es, bis zu Eleanor Roosevelt durchzudringen und in einer öffentlichen Anhörung die Briefe ihres Sohnes Thomas zu verlesen. Sie brach dabei weinend zusammen. Aber ihre Bemühungen hatten Erfolg. 1944 gelang Felix und Thomas die Ausreise, die Familie wurde in New York zusammengeführt.

31 Felix selbst hatte keine hohe Meinung von seinen Gedichten, über sein Alter Ego Georg Bauer schreibt er: »er hatte oft Gedichte geschrieben, gut, schlechte, alle mehr oder weniger dilettantisch.«

32 Verfasst in London 1942. Felix Mayer, Gedichte, LBI MS 102a, Leo Baeck Institute Archives, New York/Berlin.
Alice rezitiert es auch auf der Tonbandaufnahme aus den 70er-Jahren.

Kapitel 12 – Ein Amerikaner taucht auf

1 Alice Urbach, My Sons.

2 Zeugeninterview in Steve Karras' Dokumentarfilm *About Face. Jewish refugees in the Allied Forces*, USA 2005.

3 Brombert war bei der Überfahrt voller Kampfgeist, und ein Ka-

merad sagte zu ihm: »You've got the bug.« Victor Brombert, Trains of Thought. Paris to Omaha Beach, Memories of a Stateless Youth, New York 2002, S. 265.

4 Brombert schrieb darüber: »Ich war überhaupt nicht religiös. Im Gegenteil, jede Art von Glaubenslehre lehnte ich ab.« Ebd., S. 254. Abgesehen davon fand er es ausgesprochen gefährlich, mit der Hundemarke seine Religionszugehörigkeit angeben zu müssen.

5 Marischka, Immer nur lächeln, S. 103.

6 Auch auf seiner Heiratsurkunde wird im November 1947 »katholisch« verzeichnet. Nachlass Otto Urbach.

7 Hermann Bondis Eltern waren Freunde von Alice, und der junge Bondi war mit Felix auf der Isle of Man interniert gewesen.

8 Alice mochte Bondi sehr und erzählte im Tonbandinterview: »Thomas Gold und Hermann Bondi haben während des Zweiten Weltkrieges in England in einer ganz abgelegenen Gegend eine Hütte bewohnt, wo sie nicht einmal eine Frau zum Aufräumen hereingelassen haben, das war so ein *diskreter* Job.« (Mit »diskret« meinte Alice geheime Arbeit für die Regierung.) Sie freute sich, dass Bondi ihr in den 1970er-Jahren immer noch schrieb. Ich danke auch Peter Goddard für seine Erinnerungen an Hermann Bondi und seine Zeit in Cambridge.

9 Rudolf Moritz Theodor Urbach, geb. 16. 2. 1908 in Duisburg, siehe Geburtsurkunde der Stadt Duisburg. Ankunft am 10. 12. 1928 in New York. In Camp Ritchie war er in der Ausbildungsklasse 20. Allerdings gibt es hier eine Zeitüberschneidung. Camp Trinidad wurde im Mai 1943 eröffnet, und Rudolf Urbach bestand seine Geheimdienst-Ausbildung in Ritchie erst im August 1944. War er vor dieser Ausbildung schon Leiter des Camp Trinidad oder war es vorher Otto gewesen? Ich danke

Daniel Gross und Heather Steele für ihre Hilfe bei den Recherchen über Rudolf Urbach und seine Ausbildung in Camp Ritchie.

10 Rüdiger von Wechmar, Akteur in der Loge. Weltläufige Erinnerungen, München 2000, S. 77. Ottos Frau Wera Frydtberg erinnerte sich an die Gespräche Ottos mit v. Wechmar.

11 Der Emigrant Kurt Landsberger erwähnt in seinen Memoiren nur Rudolf Urbach, siehe Kurt Landsberger, Prisoners of War at Camp Trinidad, Colorado 1943–1946. Internment, Intimidation, Incompetence and Country Club Living, Wisconsin 2007.

12 Georg Kreisler am 28. 2. 2003 in der BR-Sendung »Forum«. Einige Wiener Emigranten wurden später so kreativ wie Kreisler: Marcel Prawy, Hans Habe, Peter Beauvais oder der Wiener Theaterintendant Ernst Haeusserman. Doch nicht alle wollten und konnten im Nachkriegsösterreich über diese Episode in ihrem Leben reden. Otto hatte allen Grund, sie zu verschweigen. Er erzählte seiner Frau Wera später nur, dass er auf dem gleichen Schiff wie Peter Lert gewesen war, der Sohn der Schriftstellerin Vicky Baum. Lert war ebenfalls ein Ritchie Boy: Lt. Peter J. Lert, Class 13. Er war im IPW Team 44 des VII. Corps.

13 Hans Habe, Im Jahre Null, München 1977, S. 8 f. Ähnlich bei Brombert, Trains of Thought, S. 259. Siehe zu Camp Ritchie die ausgezeichnete Dokumentation und das Buch von Christian Bauer/Rebekka Göpfert, Die Ritchie Boys: Deutsche Emigranten beim US-Geheimdienst, Hamburg 2005.

14 Der Emigrant Landsberger war beeindruckt von dem »guten Deutsch« Urbachs, Landsberger, Prisoners of War, S. 18.

15 Zitiert in Felix Römer, Kameraden. Die Wehrmacht von innen, München 2014, S. 47.

16 Die Machtkämpfe, die sich hier zwischen den Insassen abspielten, sollten später Grundlage eines Spielfilms mit Walter Matt-

hau in der Rolle des Anwalts werden. *Anwalt des Feindes* (Originaltitel: *The Incident*) aus dem Jahr 1990 spielt in einem fiktiven Lager in Colorado, das Camp Trinidad in vielen Details gleicht. Die Drehbuchautoren waren ganz offensichtlich von Insidern bestens informiert worden.

17 Anna Freud erfuhr erst im März 1946, dass ihre Tanten, Sigmund Freuds Schwestern, bereits 1942 ermordet worden waren. Siehe hierzu: Young-Bruehl, Die Londoner Jahre, S. 82 f.

18 Siehe hierzu die Auskünfte des International Tracing Service, Bad Arolsen. Ich danke Sabine van der Horst vom ITS für ihre vielen Auskünfte über den Verbleib von Alice' Verwandten.

19 Seine Mutter war die Amerikanerin Emma Middleton von Schirach (1872–1944). Sie war eine Nachfahrin von Arthur Middleton, Mitunterzeichner der Unabhängigkeitserklärung der USA. Brief von Emma Schirach an Poultney Bigelow, 27. 4. 1941, Bigelow Papers, New York Public Library, Box 9.

20 Sidonie und Karoline wurden von der Müllnergasse 6/6 in Wien gemeinsam am 14. Juli 1942 nach Theresienstadt deportiert und zwei Monate später, am 21. September 1942, an Sidonies Geburtstag, nach Treblinka gebracht.

21 Es könnte sein, dass sie sich zu spät um eine Ausreise bemüht hatten. Vielleicht wähnte sich Georg Eissler in Sicherheit, weil er schon mit 25 Jahren konvertiert war und im Ersten Weltkrieg gekämpft hatte. Seine Lebensdaten: Georg Alexander Eissler, geb. 22. 4. 1885, Wien 1, Schottenbastei 11, Taufe am 23. 10. 1910, römisch-katholisch, Sohn des Hermann Eissler und Auguste Abeles. Siehe dazu: Gaugusch, Wer einmal war, S. 2256.

22 Wolfgang Trepper – live!, ARD-Sendung vom 1. 2. 2019.

23 In der Beda-Biografie von Günther Schwarberg wird der Vorgang genau rekonstruiert: Die Kommentare der IG-Farben-

Direktoren verstand der kriminelle Häftling Josef Windeck als Aufforderung, er erschlug Beda. Siehe Günther Schwarberg, Dein ist mein ganzes Herz. Die Geschichte von Fritz Löhner-Beda, der die schönsten Lieder der Welt schrieb, und warum Hitler ihn ermorden ließ, Göttingen 2000, S. 167. Alice' Lieblingsgedicht von Beda war »Juden, Christen und andere Antisemiten«, sie rezitiert es auf der Tonbandaufnahme aus den 70er-Jahren.

24 In ihren Erinnerungen schreibt Alice: »Ich möchte ihnen ein Denkmal setzen, diesen großherzigen Frauen, deren Gräber ich nicht besuchen kann und die sich in ihren schrecklichen letzten Stunden in der Gaskammer eines KZs aneinanderklammerten.« Alice Urbach, Old World, S. 2.

Kapitel 13 – Cordelias Krieg

1 Zitiert im Nachruf des Reed College auf Cordelia Dodson, 2011 (https://www.reed.edu/reed-magazine/in-memoriam/obituaries/december2011/cordelia-dodson-hood-1936.html).

2 McIntosh, Sisterhood of Spies, S. 176

3 Daniel Dodson studierte französische Literatur und flog im Krieg eine B-24 über China. Nach dem Krieg wurde er Professor an der Columbia University. Er schrieb mehrere Romane. Siehe auch seinen Nachruf in der *New York Times* vom 12. Januar 1991.

4 OSS-Akte Cordelia Dodson, RG 226, Entry A1224, Box 191, National Archives Washington.

5 Wer hier arbeitete. sah das wertvolle »ULTRA«-Material. Darunter befanden sich Funksprüche der Wehrmacht, die von den Briten entschlüsselt worden waren und einen großen strategischen Vorteil boten. Es wird heute angenommen, dass es den Krieg um zwei Jahre verkürzte.

6 OSS-Akte Cordelia Dodson, in der auch ihr Lebenslauf enthalten ist: Reed College, 1932–36 BA in 1936, University of Grenoble, France 1936–37, University of Vienna, Vienna 1937–38, American Institute Vienna, 1937–38, Reed College 1939–41 MA (studied German, French, Literature, Psychology). Referenzen von Dr. E. N. Barnhart OSS Washington, Psychologist; Dr. Dexter Keezer, War Labor Board, Economist; Dr. H. F. Peters, Reed College, Portland, Head of German Department; E. R. LeRoy, G-2 MIS Army, Pentagon Building, Washington DC. (E. R. LeRoy arbeitete für den militärischen Nachrichtendienst und war Cordelias bisheriger Chef gewesen.)

7 Ebd.

8 Ebd.

9 Sein schärfster Kritiker ist Stephen Kinzer, The Brothers. John Foster Dulles, Allen Dulles and their Secret World War, New York 2013.

10 Seine schlechtesten OSS-Agenten waren allerdings das Gegenteil davon. Der Klatschreporter Drew Pearson beschrieb sie als »extravagante Truppe von dilettantischen Diplomaten, Wall-Street-Bankern und Amateurdetektiven«. Ebd., S. 66.

11 Die Briten hatten diese Methode schon vor den Amerikanern benutzt. Siehe auch Viertel: OSS-Akte Peter Viertel, Theatre Service Record, Principal Civilian Experience, Scenario Writer, August 1945: »Zu einem Zeitpunkt, als die Aufklärungsarbeit in Deutschland noch am Anfang stand, tat Lieutenant Viertel alles, um das Problem zu lösen. Mit großer Energie und Urteilsvermögen rekrutierte und bildete er Agenten aus, die dann von seiner Organisation eingesetzt wurden.« OSS-Akte Peter Viertel, Box 802 National Archives, Washington.

12 *Decision before Dawn*, so der Originaltitel, basierte auf dem Roman von George Howe *Call it treason*. Howe und Viertel

arbeiteten in der gleichen Einheit. Viertel schrieb über Howes Roman: »Es war der fiktionalisierte Bericht einer Geheimdienstaktion hinter den feindlichen Linien, unternommen von einem jungen deutschen Soldaten, den ich rekrutiert hatte. Die Mission scheiterte und endete mit dem Tod des jungen Deutschen auf tragische Weise. Diese kleinen taktischen Operationen wurden ›Touristen-Missionen‹ genannt, wir unternahmen sie im Auftrag der 7. Armee.« Peter Viertel, Dangerous Friends. At Large with Huston and Hemingway in the Fifties, London 1992, S. 68.

13 Cordelia sagte dazu in den 1990er-Jahren: »Es war ein ziemlich heikler Trip. Sie transportierten Maschinenteile und außerdem Leute, die ›Border Crossers‹ genannt wurden, deutsche Kriegsgefangene, die sich bereit erklärt hatten, zurückzugehen und Informationen zu sammeln … Wir landeten in Lyon in einem Schneesturm.« Zitiert in: Robert S. Greene, Blum-San! Scholar, Soldier, Gentleman, Spy. The many lives of Paul Blum, New York 1998, S. 107.

14 McIntosh, Sisterhood, S. 174.

15 Greene, Blum-San!, S. 198. Cordelia war besonders fasziniert von Paul Blums Erzählungen über Japan und China, Gegenden, für die Otto sie bereits begeistert hatte. Es ging das Gerücht um, Cordelia und der zwanzig Jahre ältere Blum wären ineinander verliebt gewesen, aber 1950 würde Cordelia, nach langem Hin und Her, den jüngeren William Hood heiraten.

16 Ebd., S. 202.

17 Ihr Name war Diane, und sie vertraute Cordelia mehr als Blum. Ebd., S. 204.

18 McIntosh, Sisterhood, S. 176.

19 Greene, Blum-San!, S. 238.

20 Hood betonte später allein Blums Rolle in der Operation, siehe

ebd., S. 237 f. Zur Beförderung siehe OSS-Akte Cordelia Dodson.

21 Pucci-Bericht.

22 Zitiert in: McIntosh, Sisterhood, S. 177.

23 Siehe dazu die Erinnerungen von Studenten im Reed-Archiv: https://www.reed.edu/reed-magazine/articles/2014/emilio-pucci.html.

24 Emilio Puccis »Fascism: An Explanation and Justification« ist seit 2018 in Reed ausgeliehen und konnte von der Autorin bis Mai 2020 nicht eingesehen werden.

25 Pucci-Bericht (siehe Kapitel 4, Anm. 17).

26 Pucci datiert die Audienz in seinem zweiten OSS-Bericht (Pucci-Bericht) nicht. Sie muss vor der Landung der Briten und Amerikaner auf Sizilien am 9./10. Juli 1943 stattgefunden haben.

27 Pervitin galt als »Pilotendroge«, sie wurde aber auch von anderen Soldaten genommen. Siehe Pucci-Bericht, S. 9. Zu Pervitin: Norman Ohler, Der totale Rausch. Drogen im Dritten Reich, Köln 2015.

28 McIntosh, Sisterhood, S. 177.

29 Ihr Sohn Fabrizio verwendete den Satz später als Titel seiner Autobiografie: Fabrizio Ciano, Quando Il Nonno Fece Fucilare Papà, Mailand 1991.

30 Pucci-Bericht.

31 McIntosh, Sisterhood, S. 177.

32 Lorie Charlesworth/Michael Salter, Ensuring the after-life of the Ciano diaries: Allen Dulles' provision of Nuremberg trial evidence: Intelligence and National Security, Bd. 21, Nr. 4, August 2006, S. 570. Die »Rattenlinie«, auf der man NS-Verbrecher nach Südamerika schmuggelte, war die Kehrseite dieser Kompromisse. Da Pucci die faschistische Sache verraten hatte und

auch bei der italienischen Opposition keine Sympathie fand, half der OSS ihm. Siehe dazu seine OSS-Akte: »Er will einen Pass für Südamerika … Wir wären dankbar, falls man uns dabei helfen könnte.« 22. 11. 1945, Subject: Marchese Emilio Pucci di Barsento, Conversation in Rome about Pucci, RG 226, Entry 211, BOX 38. National Archives, Washington.

Kapitel 14 – Überlebt!

1 Lisl vergisst, dass Helgas Vater ebenfalls in England arbeitete. Interview Lisl Scherzer.

2 Sieber, The Newcastle-upon-Tyne Hostel.

3 Tatsächlich konnte später ermittelt werden, dass Margots Eltern Alfred und Bella H. 1941 im Getto Lodz ermordet worden waren.

4 Historical records for the children who came on the Kindertransport, World Jewish Relief's Archives (Akten anonymisiert).

5 Sieber, The Newcastle-upon-Tyne Hostel.

6 Ihre Geschichte wurde 2020 unter dem Titel *Die Kinder von Windermere* verfilmt. In Windermere leitet heute Trevor Avery das Lake District Holocaust Project.

7 Erwähnt wird das Effektenlager auch hier: Poisoned Angel. The Story of Alma Rose, Sendung von BBC Radio 4, 2004.

8 Im Original steht hier »aggressive«. Im Nachkriegskontext war das Wort positiv besetzt.

9 Affidavit von W. Dodson, undatiert, Nachlass Karl Urbach.

10 Er war damals Teil der Besatzung der Carpathia gewesen, die zum Unglücksort kam.

11 Urbach, Tonbandinterview, Nachlass Alice Urbach.

12 Sie arbeitete für die Albert-Pick-Hotelkette, die im 19. Jahrhundert von einem jüdischen Emigranten gegründet worden war, siehe https://matchpro.org/Archives/2004/alpick.pdf.

13 Habe, Im Jahre Null, S. 21.

14 Zwischen Ottos Arbeit in Teddington 1944 und seinem Auftauchen in Deutschland klafft wieder einmal eine Lücke. 1946 arbeitete er in Stuttgart, der CIC-Region 1, sein erster auffindbarer Bericht ist vom April 1946.

15 Investigative Records Repository (IRR), Impersonal Files, Box 68, folder »Odessa Organization ZF 015116. NARA, RG 319, Entry A1134-A«. Ich danke Thomas Boghardt für den Hinweis auf das Dokument. Guy Walters zitiert es – jedoch ohne Nennung von Ottos Namen – ebenfalls. Guy Walters, Hunting Evil. The Nazi War Criminals Who Escaped and the Quest to Bring Them to Justice, London 2010, S. 140.

16 Laut dieser Information wurde Odessa in Dachau in »Skorzeny« umbenannt. Der CIC vermutete jedoch, dass der Name Otto Skorzenys nur aus Prestigegründen benutzt wurde und er selbst nicht die Leitung übernommen hatte. Siehe Operation Brandy, Skorzeny Group, RG 319, Entry A1134 A, National Archives, Washington.

17 Ebd. Siehe auch: Walters, Hunting Evil, S. 141.

18 Der Verein »Stille Hilfe für Kriegsgefangene und Internierte« wurde jahrzehntelang von Himmlers Tochter Gudrun unterstützt. Ihr Vater hatte sie schon als Kind zur Arbeit mitgenommen, u. a. besuchten die beiden 1941 zusammen das KZ Dachau. Es gefiel Gudrun gut.

19 E-Mail von Frederick Forsyth an die Autorin vom 30. August 2018 über die Entstehungsgeschichte seines Odessa-Romans. Als Reuters-Journalist in Ostberlin kontaktierte Forsyth 1963 den Überläufer John Peet, der ihm von Odessa erzählte. Forsyth sprach darüber später mit Simon Wiesenthal, der Teile der Geschichte bestätigte.

20 Tom Segev, Simon Wiesenthal. Die Biographie, München 2010, S. 135.

21 »Uns wurde gesagt, wir sollten Kreisleiter und Nazi-Beamte verhaften. Ich warf mich in die Arbeit und wir schafften es, ein paar zu finden und zu verhaften. Das Problem war nur, innerhalb von 48 Stunden wurden sie nicht nur wieder freigesetzt, sie wurden sogar an führender Stelle in der Verwaltung eingesetzt. Die US-Militärregierung bestand darauf, dass man die alten Nazis brauche, um die Dinge am Laufen zu halten. Es war eine Komödie. Wir verhafteten, während unsere Vorgesetzten sich mehr Sorgen um Gesetz und Ordnung machten als um die Untaten dieser NS-Ideologen. Sie setzten diese ›fähigen Deutschen‹ wieder ein und dankten uns sogar, dass wir sie in ihren Verstecken für sie gefunden hatten.« Brombert, Trains of Thought, S. 312 ff.

22 Dazu gehörte auch die Rattenlinie. Siehe James V. Milano/Patrick Brogan, Soldiers, Spies, and the Rat Line. America's Undeclared War Against the Soviets, Washington DC 2000.

23 Rudolf Diels, Der Fall Otto John. Hintergründe und Lehren, Göttingen 1954, S. 18.

24 Der Verlobte Mr. Stone wird auch in Weras Personalakte erwähnt, siehe: Württembergisches Staatstheater Stuttgart, Personalakte Wera Friedberg, Staatsarchiv Ludwigsburg, EL221/6, Bü 467.

25 Zu den Stuttgarter Schwarzmarktgeschäften und dem CIC siehe: 14 – Hauptkartei Gruppe 0, Nr. 49., November 1945-Dezember 1946, Stadtarchiv Stuttgart.

26 Wera Frydtberg im Gespräch mit der Autorin in den 1990er-Jahren.

27 Israel Friedberg (1780–1822), Eduard Friedberg (1811–1891).

28 Als Herbert Friedberg 1934 seine Approbation erhalten sollte, durfte er sie nicht abholen. Laut den Nürnberger Rassengeset-

zen war es ihm untersagt, als Arzt zu praktizieren. Er arbeitete dann »schwarz« an einem Krankenhaus in Überlingen. Erst im Krieg, als Ärzte knapp wurden, wurde ihm die Leitung eines Lazaretts in Warschau anvertraut. Siehe hierzu auch die Wiedergutmachungsakte F 196/2 Nr. 1957, Dr. Herbert Friedberg, Staatsarchiv Freiburg. Ich danke Cornelia Matz für ihre Hilfe bei den Recherchen in Baden-Württemberg.

29 *Stuttgarter Zeitung*, 17. 7. 1946.

Kapitel 15 – Rückkehr nach Wien

1 Polgar lebte nach dem Krieg in Zürich und besuchte Friedrich Torberg gelegentlich in Wien: »Als er wieder einmal abreiste, begleitete ich ihn zum Bahnhof und wollte wissen, wie es ihm nun eigentlich in Wien gefallen habe. ›Ich muss über diese Stadt ein vernichtendes Urteil abgeben‹, sagte Polgar, ›Wien bleibt Wien.‹« Zitiert in Torberg, Tante Jolesch, S. 265. Zu einer vergleichbaren Atmosphäre in Deutschland siehe: Christian Bommarius, 1949. Das lange deutsche Jahr, München 2018.

2 Laut den Passagierdaten des Ellis Island Archives verließ Alice Europa von Southampton aus am 27. 8. 1949 Richtung New York. Da keine Ankunftsdaten in Europa vorliegen, ist nicht mehr zu rekonstruieren, wie lange sie in Europa war.

3 Ernst Lothar, Die Rückkehr, Roman, Wien 2018 (Erstveröffentlichung 1949), S. 100.

4 Ebd., S. 101 f.

5 Sie waren noch ein relativ geringes Problem im Vergleich zu den Entführungen. Gekidnappt wurden Wissenschaftler und Ingenieure, aber auch ganz normale Österreicher, die von ihren Nachbarn bei den sowjetischen Behörden als Spione denunziert worden waren. Eine englische Studentin wurde verschleppt, weil ein verschmähter Liebhaber sowjetischen Soldaten einre-

dete, das Mädchen würde einen britischen Spionagering leiten. Überprüft wurden solche Denunziationen selten, man handelte lieber gleich. Dass Leute in Wien einfach verschleppt wurden, war für Alice allerdings keine neue Erfahrung. Siehe dazu: Gordon Corera, The Art of Betrayal. Life and Death in the British Secret Service, London 2011.

6 Otto war wahrscheinlich wegen seiner guten Kenntnisse über die Tschechoslowakei nach Wien versetzt worden. Siehe hierzu den Eintrag in Admiral Hillenkoetters Tagebuch: »26. Februar 1948: Lt. Otto R. Urbach, CIC, Baltimore, Md. – Zurzeit Lehrer an der CIC Ausbildungsschule. Er ist gerade aus Osteuropa zurückgekommen, wo er mit dem 970 CIC Detach. diente, und hat Informationen, die er an die geeigneten Stellen weiterleiten möchte.« Diary of Rear Admiral R. H. Hillenkoetter, NARA, und online: https://www.cia.gov/readingroom/docs/1947-11-03.pdf.

7 Die Wiener Meldebehörde verzeichnet Ottos und Weras Ankunft im Mai 1949.

8 Zitiert in Torberg, Tante Jolesch, S. 264.

9 Otto arbeitete in Wien undercover als Geschäftsmann: Mr. Otto R. Urbach & Foreign Distribution Associates. Der Familie gab er für Notfälle eine Postadresse, die jedoch nichts mit diesem Geschäft zu tun hatte: Mr. Otto R. Urbach, c/o American Legation Wien IX, Boltzmanngasse. Als »Geschäftsmann« fiel Otto anderen amerikanischen Firmen auf, die nicht verstanden, was er in Wien machte. Die USCOA (United States Command, Austria) erhielt 1951 eine Anfrage der Federal Supply Co., worum es sich bei der Firma Otto R. Urbachs eigentlich handle. Siehe USCOA Economics Division, February 1951, Classification: Secret. Kurz darauf löste Otto diese Firma auf. Ab 1952 wurde er dann als Mitarbeiter des State Departments, wohnhaft in Berlin, geführt.

10 Urbach, Tonbandinterview, Nachlass Alice Urbach.

11 https://www.literaturhaus-muenchen.de/ausstellung/100-jahre-ernst-reinhardt-verlag/.

12 Aktennotiz im Archivbestand der IHK für München und Oberbayern (BWA K1, XXI 16, 91. Akt, Fall 20), Bayerisches Wirtschaftsarchiv, München. Ich danke Richard Winkler für die Auffindung dieser Notiz.

13 Christian Adam in einem Beitrag des Deutschlandfunks Kultur: https://www.deutschlandfunkkultur.de/der-milde-blick-wie-deutsche-verlage-mit-ihrer-ns.976.de.html?dram:article_id=386423. Siehe auch: Christian Adam, Der Traum vom Jahre Null. Autoren, Bestseller, Leser. Die Neuordnung der Bücherwelt in Ost und West nach 1945, Berlin 2016.

14 Jungck wusste mittlerweile, welches Schicksal Wessel und seine Eltern erlitten hatten, sie lebten in »kümmerlichen Verhältnissen«. Jungck, 75 Jahre, S. 79.

15 Ebd., S. 78 f.

16 Angeblich hätte sein Prokurist gegen seinen Willen doch noch einmal einen Vertrag mit Wessel über die Kompendienreihe und das Physikbuch abgeschlossen. Ebd., S. 80.

17 Ebd.

18 Ebd., S. 56.

19 Brief Alice Urbachs an Hermann Jungck vom 26. 4. 1953, Ernst Reinhardt Verlagsarchiv, München.

20 Jungck, 75 Jahre, S. 56.

21 Siehe die bereits im Kapitel *Bücherdiebe* behandelte »Erklärung« von 1938. Ernst Reinhardt Verlagsarchiv, München.

22 1938 erschien Alice' Kochbuch, und zwar in der 3. Auflage, 25 000 Exemplare. Jungck behauptet jedoch in seiner Festschrift, Rösch sei im Dezember 1938 in 1. Auflage mit 10 000 Exemplaren erschienen. Siehe Jungck, 75 Jahre, S. 56. Jungck hat Rösch hier wahrscheinlich einfach »vordatiert«.

23 Jungck, 75 Jahre, S. 56 f.

24 Alice an Hermann Jungck, 10. 7. 1950 Hotel Missouri, Jefferson City, MO, Brief aus dem Ernst Reinhardt Verlagsarchiv, München.

25 Alice an Hermann Jungck, 7. 9. 1950, Ernst Reinhardt Verlagsarchiv.

26 Chicago 29. 7. 1952, Alice Urbach an H. Jungck, Ernst Reinhardt Verlag

27 Alice an Jungck 31. 8. 1952.

28 Alice an Jungck, 21. 3. 1954

29 In Österreich war es noch lange nach dem Krieg üblich, die Doktorentitel der Ehemänner auf die Ehefrauen zu übertragen. Brief Alice an Jungck vom 6. 8. 1953

30 Alice an Jungck, 15. 5. 1954

31 Alice irrte sich hier. Sie gab das Manuskript wahrscheinlich 1934 ab, aber es erschien erst 1935. Im Folgenden schreibt sie statt »Rudolf Rösch« versehentlich »Rudolf Rauh«, in der Abschrift bereits korrigiert.

32 https://www.geschichtewiki.wien.gv.at/Gerlach_%26_Wiedling.

Nachdem Alice 1980 ihre Schwiegertochter bat, in der Angelegenheit des Kochbuchs aktiv zu werden, kontaktierte Wera auch den Reinhardt Verlag. Sie lebte in München, und der Verlagssitz lag nicht weit von ihr entfernt. Was man ihr damals sagte, ist nicht mehr zu ermitteln. Aber Alice dankte Wera in einem weiteren Brief dafür, es wenigstens versucht zu haben.

33 Ein Grund dafür war die Aktenlage. Welche Probleme Historiker und Betroffene hatten, an Arisierungsakten zu gelangen, zeigt anschaulich Michael Verhoevens Dokumentarfilm *Menschliches Versagen* von 2008.

34 Jungck, 100 Jahre, S. 126.

35 Ebd., S. 43.

36 Klappentext für Rudolf Rösch, So kocht man in Wien!, Forum Verlag Wien 1966.

37 Christian Enzensberger: Der Aufruhr der Regeln. Nachwort seiner Übersetzung von Lewis Carroll, Alice im Wunderland, Frankfurt am Main 1963.

38 Alice an Jungck, letzter Brief 15. 5. 1954.

39 Königseder, de Gruyter, S. 129.

40 Ebd., S. 130 f.

41 Ebd., S. 132.

42 Erst seit 1990 hat sich die Rechtsgrundlage für Zwangsverkäufe, die in der NS-Zeit zustande kamen, geändert. Verkäufe, die nach dem Inkrafttreten der Nürnberger Gesetze am 15. 9. 1935 erfolgten, werden jetzt nach dem NS-Verfolgtenentschädigungsgesetz behandelt. (Siehe Kapitel *Bücherdiebe.*) Bei Kunstgegenständen gilt darüber hinaus die Washingtoner Erklärung von 1998. Bei Geschäften die ab 1935 mit jüdischen Partnern getätigt wurden gilt die Beweislastumkehr. Zu belegen ist also, dass diese Geschäfte rechtmäßig abliefen.

43 Punkl, Verlag Moritz Perles, S. 122 ff.

Kapitel 16 – Neuanfänge

1 Für Manhattan sind das »mittlere Preise«. Das Riviera ist heute wie viele New Yorker Apartmenthäuser ein »co-op«, d. h. ein genossenschaftliches Wohngebäude, für das man Genossenschaftsanteile erwirbt.

2 Das Haus hat seit seinem 100-jährigen Bestehen 2010 eine eigene Erinnerungsseite: http://www.790rsd100.org/people.html. Darin finden sich auch Erinnerungen von Mietern aus den 50er- und 60er-Jahren.

3 Alice Urbach, Old World, S. 20.

4 Ich danke Dorit Whiteman für ihre Erinnerungen an diese Begegnungen.

5 Alice Urbach, Old World, S. 20.

6 Ein weiterer Grund für Horchs Interesse könnte gewesen sein, dass seine Frau (wie Alice' Mutter) eine Gutmann war.

7 Jungcks Briefe sind nicht erhalten, aber er wird sich hier wieder auf den Vertrag von 1938 berufen haben, der auch Übersetzungsrechte einschloss. Alice hielt lange dagegen und schrieb an Jungck: »[Ihr Onkel] Reinhardt hat mir das Übersetzungsrecht gegeben. Viel später schon lange nach seinem Tode, als ich nach England ging, bekam ich von Ihnen den Auftrag, eine englische Übersetzungsfirma in London aufzusuchen, denen Sie ein ›So kocht man in Wien!‹ auf ihren Wunsch sandten und die eine Übersetzung tätigen wollten. (Es wurde dann durch die politische Lage nichts daraus). Anschließend daran hatte ich (und habe noch) einen Brief von Ihnen, in dem Sie wortwörtlich sagen: Dass [mein] Onkel Ihnen das Übersetzungsrecht des Buches »So kocht man in Wien« gegeben hat, weiß ich, und bin auch bereit, es in diesem Falle Ihnen zu belassen, wenn auch die Anregung dazu von mir ausgegangen ist. Vielleicht, lieber Herr Jungck sehen Sie jetzt die Situation etwas klarer. Ich hoffe, daß Sie einen sehr angenehmen Urlaub verbrachten.« Alice an Jungck, 22. 2. 1953. Und ein paar Wochen später: »Natürlich ist es verfrüht, Rechte geltend zu machen, bevor die Übersetzungsfrage aktuell wird. Ihren Brief vom 7 September 1938, aus dem mein alleiniges Recht für die Übersetzung das ganzen Kochbuches deutlich hervorgeht, habe ich jetzt in Händen u. kann Ihnen jederzeit eine Photocopie senden.« Alice an Jungck, 12. 3. 1953. Jungck scheint argumentiert zu haben es gäbe keine Absatzchancen für so ein Buch. Alice schrieb über diesen Punkt: »Aber ich möchte nochmals betonen: Wäre mein Buch

in den englischen und amerikan. Buchhandlungen aufgelegen, so wäre es verkauft worden. Ich bin recht gut eingeführt – während der ›Rösch‹ unbekannt ist. Ich würde mich sehr interessieren zu erfahren, was Sie zu dem Plan eines neuen, viel kleinerem engl. Kochbuch sagen – und ob Sie eventuell ein solches, englisches von mir verlegen wollten. Ich fühle mich vollständig fähig, ein solches zu schreiben – und mein Englisch ist gut – und ebenso meine Kenntnis der englischen und amerikanischen Verhältnisse. Wenn aber das große Buch übersetzt werden soll – warum dann nicht das Original ›Urbach‹? Die [unleserlich] sind ja dann doch nicht zu verwenden! Und glauben Sie nicht, lieber Herr Jungck, daß mir eine Entschädigung gebührt, für alles Unrecht, für das Sie natürlich nichts können? Und wenn Sie das Rösch-Buch übersetzen, welches ja doch so wenig verändert ist, so tasten Sie ja doch meine Übersetzungsrechte an – und ich weiß Sie wollen mir kein Unrecht tun.« 12. 3. 1953. Im Mai 1954 scheint Jungck endlich bestätigt zu haben, dass er die Fotokopie erhalten hat (15. 5. 1954, Briefe im Ernst Reinhardt Verlagsarchiv).

8 Olga Hess' (1881–1965) Buch wurde von Clara Schlesinger ins Englische übersetzt. Hess hatte bis 1916 mehrere Kochbücher veröffentlicht: Olga Hess: Die moderne Kochkunst. Kochbuch zusammengestellt aus den vorzüglichsten Rezepten der Großen Ceres-Preiskonkurrenz ergänzt durch Rezepte des Wiener Seminars zur Ausbildung von Kochlehrerinnen. Wien 1908; Olga Hess/Adolf Franz Hess: Wiener Küche. Sammlung von Kochrezepten der Bildungsanstalt für Koch- und Haushaltungsschullehrerinnen, Wien 1913; Olga und Adolf Hess: Die Aufschreibungen der Hausfrau. Ein Beitrag zum Unterrichte in der hauswirtschaftlichen Buchführung. Wien 1916.

9 Margarete Klemperer (geb. in Wien 1890, gest. in New York

1966), verheiratet mit Dr. Hugo Klemperer. Das Paar hatte einen Sohn, Hans Klemperer.

10 Hilfsfonds und Vermögensverkehrsstelle, VA 13 480, AHF 5529, Österreichisches Staatsarchiv, Wien. Alice hätte sich ohne die Hilfe ihrer Söhne keine Europareisen leisten können. Sie verließ laut Passagierlisten 1949, 1954 und 1956 mit dem Schiff Southampton. Später unternahm sie dann Flugreisen nach Europa.

11 Vielleicht wäre sie beeindruckter gewesen, wenn sie gewusst hätte, dass Julia Child, wie auch Cordelia Dodson, im Krieg für den OSS gearbeitet und somit einen Beitrag im Kampf gegen die Nationalsozialisten geleistet hatte.

12 Als Ilse Camis' Tochter Susan Alice in den 70er-Jahren fragte, was sie denn von der berühmten Fernsehköchin Julia Child halte, kam die entschiedene Antwort: »völlig überschätzt«. Susan war sprachlos, denn Julia Child galt in Amerika als die größte Köchin. Gespräch der Autorin mit Susan Camis 2019.

13 Brief von Pat Tovey an die Sendung »Over Easy«, 30. 12. 1980, Nachlass Alice Urbach. Ich danke Patricia und Siska Tovey, San Francisco, für ihre Erinnerungen an Alice und Briefe aus dieser Zeit.

14 Siehe u. a. Harvey Steiman, In the kitchen at 92, in: San Francisco Examiner, 1. 11. 1978; Jinx Morgan, Viennese Table, in: American Way, April 1981, S. 22; Lana Severn, Alice Urbach: teaching again at 94, in: Marin Independent Journal, 1980; Nachruf Alice Urbach in: Aufbau Bd. XLIX, Nr. 31, August 1983.

15 Laut dem Prospekt der Schule unterrichtete sie dort seit 1977. 1981 bot sie freitags einen Kurs um 10 Uhr morgens und einen montags um 18.30 Uhr an.

16 Ich danke Ilse Camis für ihren Briefwechsel mit Alice. Siehe darunter auch einen Brief von Karl Urbach an Ilse Camis, 15. 9. 1983: »[Alice] vermachte ihren Körper der medizinischen

Fakultät. Wir haben eine Erinnerungsplakette für sie im Golden Gate Park gekauft, wo sie gerne hinging. Ich konnte ihr noch sagen, dass sie Urgroßmutter geworden ist.«

17 PBS ist der staatliche Sender Amerikas, und seine Programme gelten als kulturell anspruchsvoller als die der kommerziellen Konkurrenz. Die Moderatorin der Sendungen war Mary Martin. Dem amerikanischen Publikum ist sie aus zwei Gründen bekannt: als ehemaliger Musical-Star und als Mutter des Schauspielers Larry Hagman, dem J. R. aus *Dallas*.

18 Totenschein, Nachlass Alice Urbach.

19 Alice-Zitat in Lana Severns Artikel, Alice Urbach. Teaching again at 94, in: *Marin Independent Journal*, 1980

20 Eva-Maria Schnurr, »Aber meine jüdischen Hände auf den Fotos blieben drin«, Spiegel online, 8. 10. 2020, https://www.spiegel.de/geschichte/alice-urbach-wie-nazis-einer-juedin-ihren-kochbuch-bestseller-raubten-a-3c9d3c5f-443f-4a9e-97f2-0832c8d8ba8d Siehe auch Andreas Fanizadeh, »Der geraubte Bestseller«, in: taz, 10. 10. 2020. Zur Rückgabe der Rechte Martin Doerry, »Arisierter Topfenstrudel«, in: Der Spiegel, 24. 10. 2020; Leonie Feuerbach, »Wie die Nazis ein Kochbuch stahlen«, in: FAZ Magazin, Ausgabe November 2020, S. 60–61; Susanne Kippenberger, »Wiener Strudel«, in: Der Tagesspiegel, 28. 10. 2020. Sara Tor, Family's fight for cookbook ›aryanised‹ by the Nazis, in: The Times, 11. 1. 2021.

21 Statement des Ernst Reinhardt Verlags, Oktober 2020. Siehe dazu auch Christiane Laudage, Späte Gerechtigkeit für jüdische Kochbuch-Autorin Alice Urbach: 80 Jahre nach »Arisierung« wieder als Urheberin anerkannt, Katholische Nachrichtenagentur KNA, 21. 12. 2020. Die Website des Ernst Reinhardt Verlages wurde aktualisiert und Alice Urbach als Autorin in der Verlagsgeschichte ergänzt.

Archive und Quellen

Private Familiennachlässe

Nachlass Alice Urbach (im Besitz von Karina Urbach, Cambridge, und Katrina Urbach, San Francisco)

Nachlass Karl Urbach (im Besitz von Katrina Urbach, San Francisco)

Nachlass Otto Urbach (im Besitz von Karina Urbach, Cambridge)

Nachlass Robert und Lola Urbach (im Besitz von Nina Price, San Francisco)

Nachlass Familie Mayer (im Besitz von Michael Livni, Jerusalem)

Nachlass Cordelia Dodson (im Besitz von Sarah Fisher, Maine)

Nachlässe Paula und Peter Sieber (im Besitz von Vivien Sieber, Oxford)

Interviews der Autorin mit Zeitzeugen

Lilly Mendelsohn-Urbach (Ehefrau von Dr. Karl Urbach)

Renata Rainer (Tochter von Robert Urbach), 2019/20

Clara Fontana (Großnichte von Cordelia Dodson), 2019

Dr. Dorit Whiteman, 2019/20

Ilse Camis (geb. Gross) und ihre Tochter Sue Camis, 2019/20

Alisa Tennenbaum (geb. Lisl Scherzer), 2018/21

Elfi Reinert (Interview von Vivien Sieber), 2019

Archive in Deutschland und Österreich

Bayerisches Wirtschaftsarchiv, München

IHK Aktennotiz zum Ernst Reinhardt Verlag

BWA K1, XXI 16, 91. Akt, Fall 20

Bundesarchiv, Berlin Lichterfelde

Bestand Reichsnährstand (R 16/44 und R 16/58)

Sammlung Berlin Document Center (BDC), Zentrale Mitgliederkartei der NSDAP (alle NSDAP-Mitglieder mit dem Namen Rudolf Rösch)

Deutsches Literaturarchiv Marbach

Nachlass Arthur Schnitzler, Brief Sigmund Mayer an Arthur Schnitzler, ohne Datum (Zugangsnummer HS.NZ85.0001.04041)

Verlagsarchiv des Ernst Reinhardt Verlags, München

Verlagsvertrag Alice Urbach 25. 1. 1935 sowie Erklärung vom 5. 9. 1938

18 Briefe von Alice Urbach an Hermann Jungck, 1950–54

International Tracing Service/Internationaler Suchdienst, Bad Arolsen

Informationen zu Karoline Fleischner, Sidonie Rosenberg, Dr. Helene Eissler, Dr. Georg Eissler, Leopold Schück und Karl Urbach

Israelitische Kultusgemeinde Wien, Matrikelamt

Geburts- und Sterbematrikel der Familie Mayer

KZ-Gedenkstätte Dachau, Stiftung Bayerische Gedenkstätten

Häftling Karl Urbach (Zugangsbuch Nr. 105/28186)

Memento, Online-Datenbank des Dokumentationsarchivs des österreichischen Widerstandes, Wien

Sammelwohnungen Ebendorferstraße 10, Wien (https://www.memento.wien/address/74/)

Österreichisches Staatsarchiv

Landsturmevidenzblatt Dr. Maximilian Urbach (AT-OeStA/KA Pers GB Evidenzen LSt MilKdo Wien Sanität 9)

Archivbestände der Vermögensverkehrsstelle und des Hilfsfonds für politisch Verfolgte für Alice Urbach, Felix und Helene Mayer sowie Robert und Lola Urbach

Staatsarchiv Freiburg

Dr. Herbert Friedberg, Wiedergutmachungsakte 1957 (F 196/2)

Staatsarchiv Ludwigsburg

Württembergisches Staatstheater Stuttgart, Personalakte Wera Friedberg (StA Ludw EL221/6, Bü 467)

Stadtarchiv München

Einwohnermeldekarte EWK 78 I/J/Y225, Hermann Jungck

Stadtarchiv Stuttgart

Stimmungsberichte über den Stuttgarter Schwarzmarkt, November 1945 – Dezember 1946 (StadtA Stgt, 14 – Hauptaktei Gruppe 0, Nr. 49)

Wiener Stadt- und Landesarchiv, WStLA

Meldeunterlagen Alice Urbach und Otto Urbach

Steuerkataster, K2/1 – Zentralgewerberegister, Alice Urbach; Kochschule in 4. Goldeggasse 7

Verlassenschaftsakte Dr. Maximilian Urbach

Verlassenschaftsakte Sigmund Mayer

Verlassenschaftsakte Pauline Mayer

US-Archive

CIA, Electronic Reading Room

Tagebuch von Rear Admiral R. H. Hillenkoetter, https://www.cia.gov/readingroom/docs/1947-11-03.pdf.

Ellis Island Foundation, New York

Passagier- und Ankunftsdaten für Alice Urbach, Karl Urbach, Otto Urbach, Wera Urbach

Holocaust Memorial Museum, Library and Archives, Washington

Fotosammlung Alisa Tennenbaum

Dorit Whiteman Collection, Kindertransport

Leo Baeck Institute Archives, New York/Berlin

Felix Mayer, Gedichte (LBI MS 102a)

Felix Mayer, The Mission (LBI MS 102c)

Leo Baeck Institute, Digital Collections

Mayer Family of Bratislava Collection (LBI AR 370)

Library of Congress, Manuscript Division, Washington

Nachlass Anna Freud (MSS49700), Korrespondenz zu Hampstead Nurseries und Hampstead Child Therapy Clinic 1941, Evakuierungen 1941 und der Studie »Infants without families: The Case for and against residential nurseries«

National Archives, Washington (NARA)

Records of the Office of Strategic Services 1940–1947

RG 226, Entry 211: Report of Marchese Emilio Pucci, siehe auch Entry 190C, Box 11.

RG 243: Records of the US Strategic Bombing Survey

RG 226, Entry 224: OSS File Cordelia Dodson, Box 191, OSS File William Hood, Box 346, OSS File Peter Viertel, Box 804

RG 319, Entry A1134-A: Investigative Records Repository (IRR), Impersonal Files, Box 68, folder »Odessa Organization« ZF 015116.

CIC-Akten u. a. in: RG 59, RG 65, RG 92, RG 107, RG 111, RG 153, RG 159, RG 160, RG 165, RG 226, RG 238, RG 242, RG 260

New York Public Library

Bigelow Papers, Box 9 (Korrespondenz mit Emma v. Schirach)

Reed College, Portland, Oregon, Special Collections and Archives

Reed College Bulletin, Bd. 15 (1), Januar 1936

Reed College Bulletin, Bd. 16 (1), Januar 1937

File President Dexter Keezer 28. 1. 1938

Reed College Quest 1987

Reed Digital Collections (https://rdc.reed.edu/c/reedhisttxt/s?p=1&pp=20&ft=subject&fv=Athletics)

Vortrag von Emilio Pucci, 1962 (https://soundcloud.com/reedcollege/pucci-emilio-talk-on-design-at-reed-college-1962)

Seeley G. Mudd Manuscript Library, Princeton University Library

Sammlung Allen W. Dulles, Box 12, Folder 21.

Archive in Großbritannien

College Library, Harlaxton College, Grantham

Erinnerungen der Verwandten und des Personals von Grantham Castle an Mrs. Van der Elst (nicht katalogisiert)

Manx Museum, Library & Archives, Douglas, Isle of Man

Grußkarte Felix Mayer, ca. 1940

National Archives, Kew

Akten des Home Office: HO 396/94 Alice Urbach. Female enemy alien. Exemption from Internment-Refugee; HO 396/113 Felix Israel Mayer

Wiener Holocaust Library, London

Peter Sieber, The Newcastle-upon-Tyne Hostel for Jewish Refugee girls. In recognition of the Hostel Committee who initiated the hostel and managed it, and of the Newcastle Jewish Community who supported it (unveröffentlichtes Manuskript, 4184)

Jewish Board of Deputies, While you are in England. Helpful Information and guidance for every refugee. Brochure published by the German Jewish Aid Committee/Für die Zeit Ihres Aufenthalts in England: Hilfreiche Informationen und Anleitungen für jeden Flüchtling. Refugee Pamphlets, London ca. 1938. Reference: S3b 081.

Central Office for Refugees, Do's and Don't's for Refugees, London ca. 1940.

Collection 1368 (Kindertransportbriefe)

World Jewish Relief's Archives, London

Karteikarten und detaillierte Akten der Kinder in Newcastle/Windermere (anonymisiert)

Zeitungen und Zeitschriften

American Way

ANNO (digitalisierte Zeitungen und Zeitschriften, Österreichische Nationalbibliothek)

Aufbau

Badener Curliste

Die Bühne

Die Fackel
Herald Tribune
Illustrierte Kronenzeitung
Jüdische Monatshefte, Zeitschrift für Politik, Wirtschaft und Literatur
Kronenzeitung
Neue Freie Presse
Neues Wiener Journal
New York Times
The Oregonian
Prager Tageblatt
Die Presse, 2019
Die Reichspost
San Francisco Examiner
Der Spiegel
Der Standard
Stuttgarter Zeitung
Der Tag
Die Zeit, (österreichische Wochenzeitung von 1894–1904)

Nachschlagewerke

Lehmann's Allgemeiner Wohnungs-Anzeiger nebst Handels- und Gewerbe-Adressbuch für die k. k. Reichs-Haupt- und Residenzstadt Wien, Jahrgänge 1925–1940

Filmmaterial

Amerikanische Fernsehsendung »Over Easy« mit Alice Urbach: Folge 5040 (1981), Folge 6065 (1982)

Spielfilme

Der dritte Mann (The Third Man, GB 1949)
Wir Wunderkinder (BRD 1958)
Professor Mamlock (DDR 1961)
Der Herr Karl (Ö 1961)
Die Akte Odessa (The Odessa File, GB/BRD/USA 1974)
Anwalt des Feindes (The Incident, USA 1990)

Dokumentationen (Auswahl)

The Ritchie Boys (CAN/D 2004)
About Face. Jewish refugees in the Allied Forces (USA 2005)
Menschliches Versagen (D 2008)
Die Kinder von Windermere (The Windermere Children, GB 2020)

Radiosendungen (Auswahl)

Franz Marischka, Filmproduzent, im Gespräch mit Kurt von Daak, alpha-Forum im Bayrischen Rundfunk, 2. 1. 2002

Georg Kreisler, Autor, Komponist und Chansonnier, im Gespräch mit Christoph Lindenmeyer, alpha-Forum im Bayrischen Rundfunk, 28. 2. 2003

Poisoned Angel – The Story of Alma Rose, BBC Radio 4, 2004

Philipp Gessler, Wie deutsche Verlage mit ihrer NS-Geschichte umgehen, Deutschlandfunk Kultur, 19. 5. 2017 (https://www.deutschlandfunkkultur.de/der-milde-blick-wie-deutsche-verlage-mit-ihrer-ns.976.de.html?dram:article_id=386423)

Unveröffentlichte Manuskripte

Michael Livni (Max Langer), An Adolescent Subculture. Doktorarbeit 1959, mit einem autobiografischen Vorwort von 2019, Jerusalem 2019

Felix Mayer, The Mayer Family, from Pressburg to Vienna, New York 1960, Nachlass Mayer-Familie
Alice Urbach, Old World – New World. The Personal Life Story of Mrs. Alice Urbach, 1977, Nachlass Alice Urbach
Alice Urbach, Some Members of the Mayer Family, 1789–1957, erzählt von Alice Urbach, aufgeschrieben von Charles Landstone, London 1957, Nachlass Mayer-Familie

Literatur

Christian Adam, Lesen unter Hitler. Autoren, Bestseller, Leser im Dritten Reich, Berlin 2010

Ders., Der Traum vom Jahre Null. Autoren, Bestseller, Leser: Die Neuordnung der Bücherwelt in Ost und West nach 1945, Berlin 2016

Rudolf Agstner, A Tale of Three Viennese Department Stores in Egypt. The Oriental Adventures of Mayer, Stein and Tiring, in: Aufbau, Nr. 9, 30. 4. 1999

Götz Aly/Michael Sontheimer, Fromms. Wie der jüdische Kondomfabrikant Julius F. unter die Räuber fiel, Frankfurt a. M. 2007

Leon Askin, Quietude and Quest. Protagonists and Antagonists in the Theatre, on and off Stage as Seen Through the Eyes of Leon Askin, Riverside 1989

David Axmann, Friedrich Torberg. Die Biographie, München 2008

Lillian M. Bader. Ein Leben ist nicht genug. Memoiren einer Wiener Jüdin, Wien 2011

Jan-Pieter Barbian, Die vollendete Ohnmacht? Schriftsteller, Verleger und Buchhändler im NS-Staat, Ausgewählte Aufsätze, Essen 2008

Ders., Literaturpolitik im NS-Staat. Von der »Gleichschaltung« bis zum Ruin, Frankfurt a. M. 2010

Christian Bauer/Rebekka Göpfert, Die Ritchie Boys. Deutsche Emigranten beim US-Geheimdienst, Hamburg 2005

Susanne Belovari, Wiener Juden und die Wiener Küche vor 1938 (https://experts.illinois.edu/ws/portalfiles/portal/271343480/Wiener_Juden_und_die_Wiener_Kueche_vor_1938.pdf)

Hugo Bettauer, Die Stadt ohne Juden. Ein Roman von übermorgen, Wien 1922

Heinz Boberach (Hg.), Meldungen aus dem Reich. Die geheimen Lageberichte des Sicherheitsdienstes der SS 1938–1945, Bd. 2, Herrsching 1984

Traude Bollauf, Dienstmädchen – Emigration. Die Flucht jüdischer Frauen aus Österreich und Deutschland nach England 1938/39, Wien 2010

Christian Bommarius, 1949. Das lange deutsche Jahr, München 2018

Frédéric Bonnesoeur u. a. (Hg.), Geschlossene Grenzen. Die Internationale Flüchtlingskonferenz von Évian 1938. Katalog zur Ausstellung des Zentrums für Antisemitismusforschung der Technischen Universität Berlin und der Gedenkstätte Deutscher Widerstand, Berlin 2018

Thomas Boghardt, America's Secret Vanguard: US Army Intelligence Operations in Germany, 1944–47, in: Studies in Intelligence 2013, Bd. 57 (2)

Victor Brombert, Trains of Thought. Paris to Omaha Beach, Memories of a Stateless Youth, New York 2002

Ralph W. Brown III, Removing »Nasty Nazi Habits«: The CIC and the Denazification of Heidelberg University, 1945–1946, in: Journal of Intelligence History 2004, Bd. 4 (1), S. 25–56

Lewis Carroll, Alice im Wunderland (Übersetzung und Nachwort von Christian Enzensberger), Frankfurt am Main 1963

Ders., Alice im Spiegelland (Übersetzung von Benjamin Lacombe), Berlin 2017

David Cesarani/Tony Kushner (Hg.), The Internment of Aliens in Twentieth Century Britain, London 1993
Connery Chappell, Island of Barbed Wire. The Remarkable Story of World War Two Internment on the Isle of Man, London 1984
Lorie Charlesworth/Michael Salter, Ensuring the after-life of the Ciano diaries: Allen Dulles' provision of Nuremberg trial evidence, in: Intelligence and National Security 2006, Bd. 21 (4)
Fabrizio Ciano, Quando Il Nonno Fece Fucilare Papà, Mailand 1991
Gordon Corera, The Art of Betrayal. Life and Death in the British Secret Service, London 2011
Volker Dahm, Das jüdische Buch im Dritten Reich, München 1993
Ruth David, Child of Our Time: A Young Girl's Flight from the Holocaust, London 2003
Rudolf Diels, Der Fall Otto John. Hintergründe und Lehren, Göttingen 1954
Daniel B. Dodson, The man who ran away, Roman, London 1961
Martin Doerry, »Mein verwundetes Herz«. Das Leben der Lilli Jahn 1900–1944, München 2002
Ders., Kräftig arisiert, in: Der Spiegel, Nr. 17, 20. 4. 2019
Wolfgang Dreßen (Hg.), Betrifft: »Aktion 3«: Deutsche verwerten jüdische Nachbarn – Dokumente zur Arisierung. Katalog zur gleichnamigen Ausstellung im Stadtmuseum Düsseldorf, 29. 10. 1998–10. 1. 1999, Berlin 1998

Tamara Ehs, Hochschullager im Austrofaschismus 1935–1937 (https://geschichte.univie.ac.at/de/artikel/hochschullager-im-austrofaschismus)
Violet Van der Elst, On the Gallows, London 1937
Franz Endler, Wien zwischen den Kriegen, Wien 1983

Günther Fetzer, Droemer Knaur. Die Verlagsgeschichte 1846–2017, München 2017

Frederick Forsyth, Die Akte Odessa, München 2013 (Roman, Erstveröffentlichung 1972)

Norbert Frei/Jose Brunner/Constantin Goschler (Hg.), Die Praxis der Wiedergutmachung. Geschichte, Erfahrung und Wirkung in Deutschland und Israel, Göttingen 2009

Paul French, Bloody Saturday. Shanghai's Darkest Day, London 2018

Anna Freud, Die Schriften der Anna Freud, Bd. 2,1939–1945. Kriegskinder; Berichte aus den Kriegskinderheimen »Hampstead Nurseries«, Frankfurt am Main 1987

Max Friedlaender, Lebenserinnerungen des Anwalts Dr. Max Friedlaender (https://brak.de/w/files/01_ueber_die_brak/friedlaender.pdf)

Charles Neilson Gattey, The Incredible Mrs. Van der Elst, London 1972

Georg Gaugusch, Wer einmal war. Das jüdische Großbürgertum Wiens 1800–1938 (Jahrbuch der Heraldisch-Genealogischen Gesellschaft Adler, Bd. 17), Bd. 2, L-R, Wien 2016

Peter Gay, Das Zeitalter des Doktor Arthur Schnitzler. Innenansichten des 19. Jahrhunderts, Frankfurt a. M. 2012

Michael Geyer, The Prague Cookbook of Ruth Bratu, or: How a Historian Came to Feel the Past, in: Central European History 2020 (53), S. 2–22

Rebekka Göpfert, Der jüdische Kindertransport von Deutschland nach England 1938/39. Geschichte und Erinnerung, Frankfurt a. M. 1999

Christian Göschel, Mussolini and Hitler: The Forging of the Fascist Alliance, Yale 2018

Constantin Goschler/Philipp Ther (Hg.): Raub und Restitution.

›Arisierung‹ und Rückerstattung des jüdischen Eigentums in Europa, Frankfurt a. M. 2003
Graham Greene, Der dritte Mann, München 2017 (Roman, Erstveröffentlichung 1950)
Robert S. Greene, Blum San! Scholar, Soldier, Gentleman, Spy. The many lives of Paul Blum, New York 1998

Eva Haas, »Ein Schild mit Namen und Nummer um den Hals«, in: Martin Doerry, »Nirgendwo und überall zu Haus«. Gespräche mit Überlebenden des Holocaust, München 2006
Hans Habe, Im Jahre Null, München 1977
Ernst Haeusserman, Mein Freund Henry, Wien/Hamburg 1983
Murray G. Hall, Österreichische Verlagsgeschichte 1918–1938. Band 1: Geschichte des österreichischen Verlagswesens, Wien/Köln/Graz 1985
Murray G. Hall/Christina Köstner, »… allerlei für die Nationalbibliothek zu ergattern …«. Eine österreichische Institution in der NS-Zeit, Wien/Köln/Weimar 2006
Jonathan Haslam, The Spectre of War, Princeton 2021
Bruce Henderson, Sons and Soldiers. The Untold Story of the Jews who escaped the Nazis and returned with the US Army to fight Hitler, New York 2017
Georg Hermann, Jettchen Geberts Geschichte/Henriette Jacoby (Roman in zwei Bänden), Berlin 1919
Raul Hilberg, Die Vernichtung der europäischen Juden, Frankfurt 1990
Ludwig Hirschfeld, Wien. Was nicht im Baedeker steht, München 1927 (2020 erschien eine Neuausgabe im Milena Verlag, Wien)
Eric Hobsbawm, Das imperiale Zeitalter 1875–1915, Frankfurt a. M. 1995 (englische Erstveröffentlichung 1987)

Ders., Gefährliche Zeiten. Ein Leben im 20. Jahrhundert, München 2006 (englische Erstveröffentlichung 2002)

Eva Holpfer, Der Fall Novak. Eichmanns Transportoffizier – der letzte Schuldspruch. Vortrag vom 1. 12. 2005 am Landgericht für Strafsachen Wien (http://www.kreuzstadl.net/downloads/novak_referat_dezember05_holpfer.pdf)

Klaus-Peter Horn, Pädagogische Zeitschriften im Nationalsozialismus. Selbstbehauptung, Anpassung, Funktionalisierung, o. O. 1995, Bd. 3

Arnim Höland, Dr. jur. Viktor Horniger, Reichsgerichtsrat. Aus einem deutschen Richterleben, Halle 2020

Jonas Höltig, Wer war eigentlich Otto Liebmann?, in: Legal Tribune Online (LTO), 18. 12. 2017

William Hood, Mole. The true story of the first Russian intelligence officer recruited by the CIA, London 1982

Andrea Hopp/Katja Gosdek, Die Flüchtlingskonferenz von Évian 1938. Nach dem Roman »Die Mission« von Hans Habe, Leipzig 2019

Mona Horncastle, Margarete Schütte-Lihotzky. Architektin, Widerstandskämpferin, Aktivistin, Wien 2019

Paul Hoser, Thierschstraße 41. Der Untermieter Hitler, sein jüdischer Hausherr und ein Restitutionsproblem, in: Vierteljahrshefte für Zeitgeschichte 2017 (2)

Ders., Die politischen, wirtschaftlichen und sozialen Hintergründe der Münchner Tagespresse zwischen 1914 und 1934: Methoden der Pressebeeinflussung, 2 Bände, Frankfurt a. M. 1990

Thomas Jahn, Suche nach »arisierten« Büchern in den Beständen der Bayerischen Staatsbibliothek. Forschungsstand – Methoden – Ergebnisse (https://journals.ub.uni-heidelberg.de/index.php/akmb-news/article/view/198/183)

Anne Joseph (Hg.), From the Edge of the World. The Jewish Refugee Experience through letters and stories, London 2003
Christoph Jungck u. a., 100 Jahre Ernst-Reinhardt-Verlag, München 1999
Hermann Jungck, 75 Jahre Ernst Reinhardt Verlag München Basel. Verlagsgeschichte, München 1974

Ela Kaczmarska, Kindertransport: Britain's rescue plan (https://media.nationalarchives.gov.uk/index.php/kindertransport-britains-rescue-plan/)
Stephen Kinzer, The Brothers. John Foster Dulles, Allen Dulles and their secret World War, New York 2013
Egon Erwin Kisch, Marktplatz der Sensationen, (Neuauflage von 33 Reportagen, E-Book 2019)

Victor Klemperer, Ich will Zeugnis ablegen bis zum letzten. Tagebücher 1933–1941, Bd. 1, Berlin 1995
Marie Kolkenbrock, Stereotype and Destiny in Arthur Schnitzler's Prose, London 2018
Hubert Kolling, Riederer von Paar, Viola, in: Journal für Pflegewissenschaft und Pflegepraxis 2004, Bd. 3
Angelika Königseder, Walter de Gruyter. Ein Wissenschaftsverlag im Nationalsozialismus, Tübingen 2016
Karl Kraus, Reaktion auf Sigmund Mayers Vortrag vom 5. Februar 1903 über »Die Schaffung großer Vermögen und die ökonomische Wissenschaft«, in: Die Fackel, Nr. 131, Februar 1903, S. 15–16
Hiroaki Kuromiya, Stalin's Great Terror and the Asian Nexus, in: Europe-Asia Studies 2014, Bd. 66 (5), S. 775–793
Tony Kushner, Politics and Race, Gender and Class: Refugees, Fascists and Domestic Service in Britain, 1933–40, in: Tony

Kushner/Kenneth Lunn, The Politics of Marginality. Race, the Radical Right and Minorities in 20th century Britain, Oxford 1990

Kurt Landsberger, Prisoners of War at Camp Trinidad, Colorado 1943–1946. Internment, Intimidation, Incompetence and Country Club Living, Wisconsin 2007

Charles Landstone, I Gate-Crashed, London 1976

Eran Laor, Vergangen und ausgelöscht. Erinnerungen an das slowakisch-ungarische Judentum, Stuttgart 1972

Joe Lederer, Blatt im Wind. Roman, München 1951 (Erstausgabe Wien 1936)

Deborah E. Lipstadt, Beyond Belief. The American Press and the Coming of the Holocaust 1933–1945, New York 1986

Michael Löffelsender, Kölner Rechtsanwälte im Nationalsozialismus. Eine Berufsgruppe zwischen Gleichschaltung und Kriegseinsatz, Tübingen 2015

Ernst Lothar, Die Rückkehr. Roman, Wien 2018 (Erstveröffentlichung 1949)

Janwillem van de Loo, Auf den Kommentaren der Muff von 1000 Jahren? Palandt, Maunz, das NS-Regime und die zweite Aufarbeitung, in: Sebastian Bretthauer, Christina Henrich u. a. (Hrsg.), Wandlungen im Öffentlichen Recht, Baden Baden 2020

Robert Mackay, The Test of War. Inside Britain 1939–45, London 1999

Kurt Salomon Maier, Unerwünscht. Kindheits- und Jugenderinnerungen eines jüdischen Kippenheimers, Heidelberg 2018

Stephan Malinowski, Vom König zum Führer. Sozialer Niedergang und politische Radikalisierung im deutschen Adel zwischen Kaiserreich und NS-Staat, Berlin 2003

Julian Marcuse/Bernardine Woerner, Die fleischlose Küche, München 1909

Franz Marischka, Immer nur lächeln. Geschichten und Anekdoten von Theater und Film, München 2001

Christof Mauch, Schattenkrieg gegen Hitler. Das Dritte Reich im Visier der amerikanischen Geheimdienste 1941–1945, Stuttgart 1999

Adelheid Mayer/Elmar Samsinger, Fast wie Geschichten aus 1001 Nacht. Die jüdischen Textilkaufleute Mayer zwischen Europa und dem Orient, Wien 2015

F. Arnold Mayer/Heinrich Rietsch, Die Mondsee-Wiener Liederhandschrift und der Mönch von Salzburg. Eine Untersuchung von Literatur- und Musikgeschichte nebst den zugehörigen Texten aus der Handschrift mit Anmerkungen, 2 Bde, Berlin 1894–1896

Sigmund Mayer, Ein jüdischer Kaufmann 1831–1911. Lebenserinnerungen, Berlin/Wien 1926. (Die engl. Übersetzung von Karl Urbach erscheint 2021 in erweiterter und aktualisierter Form in einer Neubearbeitung von Michael Livni)

Ders., Die Wiener Juden 1700–1900, Wien/Berlin 1917

Ders., Die soziale Frage in Wien. Studie eines Arbeitgebers, Wien 1871

Ders., Die Aufhebung der Gewerbefreiheit, in: Neue Freie Presse, 8.–10. Februar 1882

Ders., Der Reichtum der Juden, in: Die Neuzeit, 2. April 1886

Ders., Die Aufhebung der Gewerbefreiheit. Streit- und Fehdeschrift gegen die Wiederherstellung der Zunft in Österreich, Wien 1883

Thomas Mayer, My Background, in: Roger Backhouse (Hg.), Exemplary Economists. North America, Band 1, Aldershot 2000

Elizabeth P. McIntosh, Sisterhood of Spies. The Women of the OSS, Maryland 1998

Andrew Meier, The Lost Spy. An American in Stalin's Secret Service, New York 2008

Ib Melchior, Case by Case. A U. S. Army Counterintelligence Agent in World War II, Novato 1993

George Mikes, How to be a Brit, London 1984

James V. Milano/Patrick Brogan, Soldiers, Spies, and the Rat Line. America's Undeclared War Against the Soviets, Washington 2000

Norman Ohler, Der totale Rausch. Drogen im Dritten Reich, Köln 2015

Sandra Oster, Das Autorenfoto in Buch und Buchwerbung. Autorinszenierung und Kanonisierung mit Bildern, Berlin 2014

Eugen Felix Pagast/Viola Riederer von Paar, Zoologie für Studierende und zum Selbstunterricht, München 1938

Dies, Botanik für Studierende und zum Selbstunterricht, München 1938

Iris Pawlitschko, Jüdische Buchhandlungen in Wien. Arisierung und Liquidierung in den Jahren 1938–1945, Diplomarbeit Universität Wien 1996

Hella Pick, Simon Wiesenthal. A Life in Search of Justice, London 1996

Alfred Polgar, Im Lauf der Zeit, Hamburg 1954

Daniela Punkl, Verlag Moritz Perles, Diplomarbeit Universität Wien 2002

Emma Quenzer, Das süddeutsche Koch- und Haushaltsbuch. Mit Beiträgen von Prof. Rud. Hecker und Dr. Julian Marcuse, München 1933

Stefan Rebenich, C. H. Beck 1763–2013. Der kulturwissenschaftliche Verlag und seine Geschichte, München 2013

Heidi Reuschel, Tradition oder Plagiat? Die ›Stilkunst‹ von Ludwig Reiners und die ›Stilkunst‹ von Eduard Engel im Vergleich, Bamberg 2014

Viola Riederer von Paar, Vererbungslehre für Studierende und zum Selbstunterricht. Grundriß, Kurzes Repertorium, Prüfungsfragen und Antworten (= Reinhardts naturwissenschaftliche Kompendien, Bd. 9), München 1937 (Auflagen bis 1946)

Curt Riess, The Nazis Go underground, New York 1944

Ders., Total espionage. Germany's Information and Disinformation Apparatus 1932–40, New York 1941

Ders., Das war ein Leben! Erinnerungen, München 1977

Felix Römer, Kameraden. Die Wehrmacht von innen, München 2014

Rudolf Rösch, So kocht man in Wien! (Deutsche und österreichische Ausgaben von 1939–1966)

Rudolf Rösch, Wiener Mehlspeisen, München 1954

Rudolf Rösch, Fleischlose Kost. Bewährte Rezepte für die fleischlose Küche, München 1939 und 1954

Sidonie Rosenberg/Emma Schreiber, Das Kochbuch des Junggesellen, Wien/Leipzig 1926

Anders Rydell, The Book Thieves. The Nazi Looting of Europe's Libraries and the Race to Return a Literary Inheritance, London 2017

Anja Salewsky, »Der olle Hitler soll sterben!« Erinnerungen an den jüdischen Kindertransport nach England, München 2001

Roman Sandgruber, Traumzeit für Millionäre. Die 929 reichsten Wienerinnen und Wiener im Jahr 1910, Wien/Graz/Klagenfurt 2013

Klaus G. Saur (Hg.), Verlage im »Dritten Reich«, Frankfurt a. M. 2013

Ian Sayer/Douglas Botting, America's Secret Army. The Untold Story of the Counter Intelligence Corps, New York 1989

Frederik Steven Louis Schouten, Ernst Toller. An Intellectual Youth Biography, 1893–1918, European University Institute, PhD Florenz 2007

Günther Schwarberg, Dein ist mein ganzes Herz: Die Geschichte von Fritz Löhner-Beda, der die schönsten Lieder der Welt schrieb, und warum Hitler ihn ermorden ließ, Göttingen 2000

Tom Segev, Simon Wiesenthal. Die Biographie, München 2010

Peter M. F. Sichel, The Secrets of My Life. Vintner, Prisoner, Soldier, Spy, Bloomington 2016

Stefan Stirnemann, Das gestohlene Buch, in: Schweizer Monat 2003, Ausgabe 927

Franziska Tausig, Shanghai Passage. Emigration ins Ghetto, Wien 2007

Toni Tipton-Martin, The Jemima Code: Two Centuries of African American Cookbooks, Austin 2015

Friedrich Torberg, Die Tante Jolesch oder der Untergang des Abendlandes in Anekdoten, Teil 1 und 2, Wien 1986 (Erstveröffentlichung 1975)

Ders., Eine tolle, tolle Zeit. Briefe und Dokumente aus den Jahren der Flucht 1938 bis 1941, München 1989

Florian Traussnig, Militärischer Widerstand von außen. Österreicher in US-Armee und Kriegsgeheimdienst im Zweiten Weltkrieg, Wien 2016

Fred Uhlman, The Making of an Englishman. Erinnerungen eines deutschen Juden, Zürich 1998

Alice Urbach, So kocht man in Wien! (verschiedene Auflagen 1935–1938)
Dies./Sidonie Rosenberg, Das Kochbuch für Feinschmecker, Wien/Leipzig 1925
Karina Urbach, Hitlers heimliche Helfer. Der Adel im Dienst der Macht, Darmstadt 2016
Dies., Nützliche Idioten. Die Hohenzollern und Hitler, in: Thomas Biskup/Jürgen Luh/Truc Vu Minh (Hg.), Preußendämmerung. Die Abdankung der Hohenzollern und das Ende Preußens, Heidelberg 2019
Dies., »England is pro-Hitler«. German opinion during the Czechoslovakian Crisis 1938, in: Julie Gottlieb/Daniel Hucker/Richard Toye (Hg.), The Munich Crisis, politics and the people, Manchester 2021
Dies., Geraubte Bücher, in: *Die Zeit*, Nr. 52, 10. Dezember 2020, S. 21

Peter Viertel, Dangerous Friends. At Large with Huston and Hemingway in the Fifties, London 1992
Peter Voswinckel, Um das Lebenswerk betrogen:
Walter Guttmann (1873–1941) und seine Medizinische
Terminologie, in: Medizinhistorisches Journal 32
(1997), S. 321–354
Ders., Dr. Josef Löbel. Botschafter eines heiteren
deutschen Medizin-Feuilletons in Wien-Berlin-Prag,
Berlin 2018

Frederic Wakeman, Policing Shanghai 1927–1937, Berkeley 1995
Guy Walters, Hunting Evil. The Nazi War Criminals Who Escaped and the Quest to Bring Them to Justice, London 2010
John R. Watt, Saving Lives in Wartime China: How Medical Refor-

mers Built Modern Healthcare Systems Amid War and Epidemics, 1928–1945 (China Studies), Leiden 2014
Rüdiger von Wechmar, Akteur in der Loge. Weltläufige Erinnerungen, München 2000
Uwe Wesel u. a., 250 Jahre rechtswissenschaftlicher Verlag C.H. Beck. 1763–2013, München 2013
Pablo Wessel/Viola Riederer von Paar, Curso general di Fisica, Madrid 1942
Paul Wessel, Physik, Teil I, Mechanik, Wellenlehre, Akustik, Kalorik, Optik, Physik, Teil II, Magnetik, Elektrik, Elektronik, Atomistik. Atomistik, Teil III, Kurzes Repertorium und Formelsammlung, Prüfungsfragen und Antworten, Tabellen und Zahlenwerte, München 1937
Ders./Viola Riederer von Paar, Physik für das Studium an technischen Hochschulen und zum Gebrauch in der Praxis. München 1938–1946
Dorit B. Whiteman, Die Entwurzelten: Neuanfang jüdischer Flüchtlinge im Exil 1933 bis 1942, Wien/Köln/Weimar 1995
Simon Wiesenthal, Ich jagte Eichmann, Gütersloh 1961
Ders., Doch die Mörder leben, München 1967

Elisabeth Young-Bruehl, Anna Freud, Teil 1, Die Wiener Jahre, Wien 1995
Dies., Anna Freud, Teil 2, Die Londoner Jahre, Wien 1995

Stefan Zweig, Die Welt von gestern. Erinnerungen eines Europäers, Frankfurt 1978 (Erstveröffentlichung 1942)
Veronika Zwerger/Ursula Seeber, Küche der Erinnerung. Essen und Exil, Wien 2018

Abbildungsnachweis

S. 314: Die Schauspielerin Wera Friedberg, später Frydtberg, ca. 1947/48 (Privatbesitz Karina Urbach)

S. 317: Wera als Ruth mit Herbert Herbe als Professor Mamlock in Friedrich Wolfs gleichnamigen Drama, Staatstheater Stuttgart 1946 (Privatbesitz Karina Urbach)

S. 333: Brief von Alice Urbach an den Verlag Gerlach und Wiedling, 4. April 1980 (Privatbesitz Karina Urbach)

S. 335: Nachkriegswerbung des Ernst Reinhardt Verlags für die Bücher von Rudolf Rösch

S. 341: Alice und Otto 1948/49 (Privatbesitz Karina Urbach)

S. 347: Auszug aus dem *San Francisco Examiner*, 1978 (Bancroft Library, UC Berkeley)

Die Fotos auf dem Cover und an den Kapitelanfängen zeigen Alice Urbachs »jüdische Hände«, entnommen aus ihrem Buch *So kocht man in Wien!*

Personenregister